Christian Bélanger
Sébastien Beaumont

SANTÉ
et activité physique

Avec la collaboration de Laurence Boisvert,
nutritionniste, pour la rédaction du chapitre 9.

LES ÉDITIONS
CEC

9001, boul. Louis-H.-La Fontaine, Anjou (Québec) Canada H1J 2C5
Téléphone : 514-351-6010 • Télécopieur : 514-351-3534

Direction de l'édition
Philippe Launaz

Direction du développement éditorial
Hugo Paquette

Direction de la production
Danielle Latendresse

Direction de la coordination éditoriale
Rodolphe Courcy

Charge de projet
Francine Cloutier

Correction d'épreuves
Carolyne Roy
Odile Dallaserra

Révision scientifique
Laurent Bosquet (docteur en physiologie de l'exercice), doyen de la Faculté des sciences du sport, Université de Poitiers (chapitres 1 à 6)
Sylvain Turcotte (docteur en éducation à la santé), directeur du Département de kinanthropologie, Faculté d'éducation physique et sportive, Université de Sherbrooke (chapitres 7, 8, 10, 11 et 12)
Jackie Demers, nutritionniste (chapitre 9)
Matthieu Latourelle (maîtrise en ergonomie), professeur d'éducation physique (chapitre 13)

Conception et réalisation graphique
Dessine-moi un mouton

Illustrations
Bertrand Lachance (illustrations anatomiques)
Manon Larivière (illustrations d'ambiance)

Sources photographiques complémentaires
Page couverture : Sergej Khakimullin/Shutterstock 66156253.
Pour les documents mis à disposition aux conditions de la licence *Creative Commons* (version 3.0 et précédentes), l'adresse est la suivante : CC-BY (*Paternité*) : <creativecommons.org/licenses/by/3.0/deed.fr_CA>.

Les Éditions CEC inc. remercient le gouvernement du Québec de l'aide financière accordée à l'édition de cet ouvrage par l'entremise du Programme de crédit d'impôt pour l'édition de livres, administré par la SODEC.

Santé et activité physique

Dépôt légal : 2012
Bibliothèque et Archives nationales du Québec
Bibliothèque et Archives Canada

ISBN 978-2-7617-3227-7
Imprimé au Canada
1 2 3 4 5   16 15 14 13 12

Remerciements de l'Éditeur

L'Éditeur tient à remercier les consultants et consultantes dont les noms suivent pour leurs judicieuses suggestions, leur grande disponibilité et leur professionnalisme.

Rodrigue Bédard, *Cégep du Vieux Montréal*

Roxane Brosseau, *Collège de Maisonneuve*

André D'Amboise, *Cégep de Sainte-Foy*

Frédéric Deschênes, *Cégep Limoilou*

Caroline Drolet, *Collège Montmorency*

Anny Morin, *Collège Ahuntsic*

François Paquin, *Cégep de Saint-Jérôme*

Claudine Portelance, *Cégep régional de Lanaudière à L'Assomption*

Mathieu Roger, *Cégep régional de Lanaudière à Terrebonne*

Pierre Tessier, *Cégep de Sherbrooke*

Catherine Voyer, *Collège Édouard-Montpetit*

Remerciements des auteurs
Les auteurs tiennent à remercier les personnes suivantes.

Luc Léger (Ph. D.), professeur titulaire retraité de l'Université de Montréal, pour son aide et son expertise en évaluation de la condition physique.

Guy Thibault (Ph. D.), auteur du livre *Entraînement cardio : Sports d'endurance et performance*, pour son aide et son expertise en entraînement et en évaluation de la condition physique.

Sylvia Kairouz (Ph. D.), professeure agrégée au Département de sociologie et d'anthropologie de l'Université Concordia et directrice du Laboratoire de recherche sur les habitudes de vie et les dépendances, pour son expertise sur les dépendances.

Louise Nadeau (Ph. D.), professeure titulaire du Département de psychologie de l'Université de Montréal et directrice scientifique du Centre Dollard-Cormier, Institut universitaire sur les dépendances, pour son expertise sur les dépendances.

Suzanne Laberge (Ph. D.), professeure titulaire à l'Université de Montréal, pour ses références.

Éric Beaumont (Ph. D.), pour son aide et son expertise en physiologie.

Dr Pierre Beaumont, pour son aide et son expertise en orthopédie.

YMCA et Néhal Nassif, pour leur hospitalité lors de la prise de photos dans leur établissement de Cartierville.

Philippe Richard, Laurie Kingsbury et Lysiane Rivest, modèles pour les photos.

Michel Galarneau, Katherine Lalonde et Matthieu Latourelle pour leurs commentaires constructifs.

Yannick Gentes, pour son aide.

Hugo Paquette et Philippe Launaz, pour leur implication et leur aide dans le projet.

Francine Cloutier, pour son aide et son travail de révision assidu.

Dessine-moi un mouton, pour sa grande créativité.

Geneviève et Laurence, pour leur support, leur amour et leur patience.

CARACTÉRISTIQUES DU MANUEL

Une introduction « Anatomie et physiologie »

Un premier chapitre introductif est consacré aux aspects anatomiques et physiologiques de l'activité physique. Tout au long du manuel, des rubriques viendront compléter ou approfondir ces notions dans le contexte de chaque chapitre.

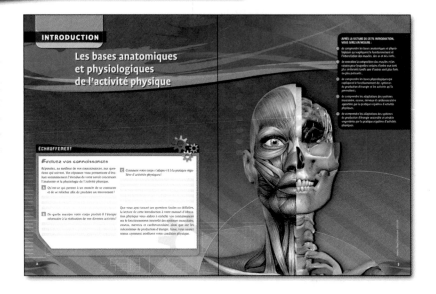

Deux parties

L'ouvrage se poursuit en deux parties : la première porte sur l'**évaluation et l'amélioration de la condition physique**, la deuxième sur les **saines habitudes de vie** à acquérir et à maintenir.

Tous les **tests d'évaluation** des déterminants variables de la condition physique sont réunis dans le premier chapitre.

L'ouverture des chapitres

Chaque chapitre débute par un **« Échauffement »** qui vous permet de vous sensibiliser à la matière et d'évaluer vos connaissances et vos pratiques. Les **objectifs du chapitre** sont également présentés en ouverture de chapitre.

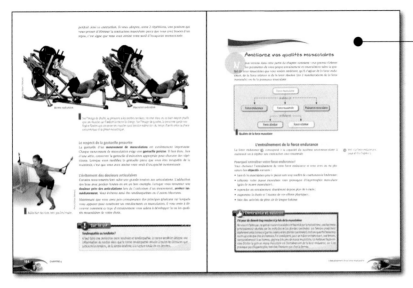

La présentation des notions

La présentation des notions est synthétique et les éléments importants sont bien identifiés. Le propos est supporté de diverses manières :

- par des **illustrations anatomiques** ;
- par des **tableaux** et des **schémas** synthétisant l'information en un coup d'oeil ;
- par de nombreuses **photos** qui aident à bien visualiser certains mouvements et certaines positions.
- par des **renvois** qui établissent des ponts vers des notions traitées dans un même chapitre ou dans un autre chapitre. ✿

Les différentes **rubriques** apportent de plus une dimension pratique et pédagogique.

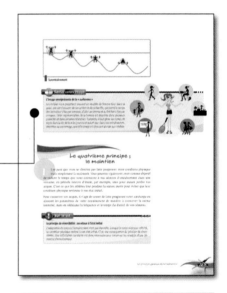

- La rubrique **« Sur le vif »** approfondit certains sujets d'intérêt liés au contenu.

- La rubrique **« En pratique »** comprend des indications sur la façon d'aborder une action ou une situation présentée dans le propos.

- La rubrique **« Santé contre image »** soulève des enjeux de société dans lesquels la santé est mise en péril par la pression sociale et le besoin de correspondre à une image.

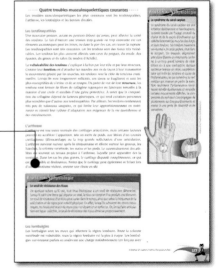

- La rubrique **« Contrainte et solution »** propose des stratégies pour relever des défis spécifiques.

- Quant à la rubrique **« Anatomie et physiologie »**, elle comporte des précisions sur les fondements scientifiques du propos, afin de mieux faire comprendre les mécanismes physiologiques associés à la santé. Ces rubriques complètent le chapitre introductif du même nom.

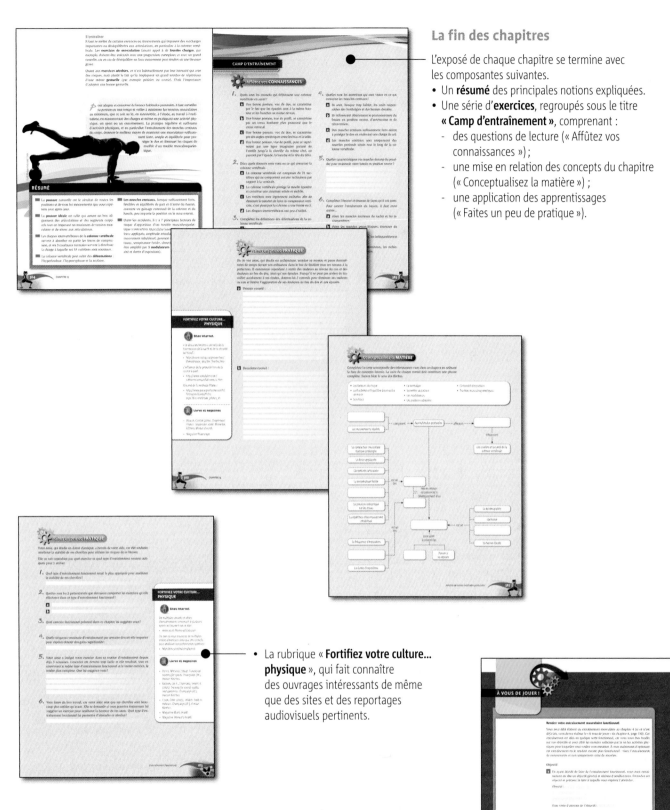

La fin des chapitres

L'exposé de chaque chapitre se termine avec
les composantes suivantes.

- Un **résumé** des principales notions expliquées.
- Une série d'**exercices**, regroupés sous le titre
  « Camp d'entraînement », comprenant :
  - des questions de lecture (« Affûtez vos
    connaissances ») ;
  - une mise en relation des concepts du chapitre
    (« Conceptualisez la matière ») ;
  - une application des apprentissages
    (« Faites un peu de pratique »).

- La rubrique « **Fortifiez votre culture...
  physique** », qui fait connaître
  des ouvrages intéressants de même
  que des sites et des reportages
  audiovisuels pertinents.

Pour clore le chapitre, la section **« À vous de jouer ! »** vous
permet, à l'aide d'une série de questionnaires et de bilans,
d'entreprendre une démarche personnelle à partir de ce que vous
avez appris pour adopter une hygiène de vie favorisant la santé.

TABLE DES MATIÈRES

CHAPITRE 6
L'entraînement de la flexibilité. 186

CHAPITRE 9
Bien se nourrir

CHAPITRE 10

Viser une composition corporelle équilibrée et un poids santé

CHAPITRE 11

Se défaire de ses dépendances

CHAPITRE 12
Éviter l'excès de stress et bien gérer son sommeil 346

CHAPITRE 13
Adopter de saines habitudes posturales

Les bases anatomiques et physiologiques de l'activité physique

ÉCHAUFFEMENT

Évaluez vos connaissances

Répondez, au meilleur de vos connaissances, aux questions qui suivent. Vos réponses vous permettront d'évaluer sommairement l'étendue de votre savoir concernant l'anatomie et la physiologie de l'activité physique.

A Qu'est-ce qui permet à un muscle de se contracter et de se relâcher afin de produire un mouvement?

B De quelle manière votre corps produit-il l'énergie nécessaire à la réalisation de vos diverses activités?

C Comment votre corps s'adapte-t-il à la pratique régulière d'activités physiques?

Que vous ayez trouvé ces questions faciles ou difficiles, la lecture de cette introduction à votre manuel d'éducation physique vous aidera à enrichir vos connaissances sur le fonctionnement interrelié des systèmes musculaire, osseux, nerveux et cardiovasculaire, ainsi que sur les mécanismes de production d'énergie. Ainsi, vous saurez mieux comment améliorer votre condition physique.

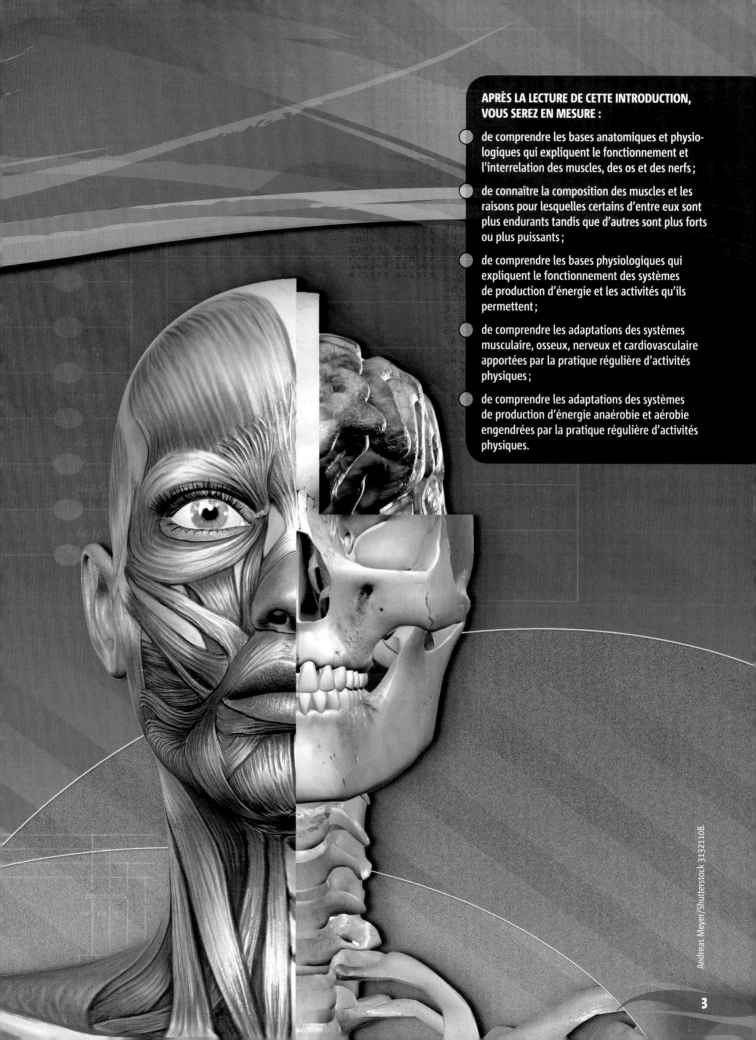

APRÈS LA LECTURE DE CETTE INTRODUCTION, VOUS SEREZ EN MESURE :

- de comprendre les bases anatomiques et physiologiques qui expliquent le fonctionnement et l'interrelation des muscles, des os et des nerfs ;

- de connaître la composition des muscles et les raisons pour lesquelles certains d'entre eux sont plus endurants tandis que d'autres sont plus forts ou plus puissants ;

- de comprendre les bases physiologiques qui expliquent le fonctionnement des systèmes de production d'énergie et les activités qu'ils permettent ;

- de comprendre les adaptations des systèmes musculaire, osseux, nerveux et cardiovasculaire apportées par la pratique régulière d'activités physiques ;

- de comprendre les adaptations des systèmes de production d'énergie anaérobie et aérobie engendrées par la pratique régulière d'activités physiques.

3

L'activité physique regroupe toutes les activités qui font bouger et dépenser de l'énergie. Cependant, il faut distinguer l'activité physique de l'entraînement. Faire de l'activité physique quelques fois par semaine, comme marcher, courir, jardiner ou jouer au hockey, procure de nombreux bienfaits pour la santé. L'entraînement est une pratique plus formelle d'activités physiques et se compose d'exercices structurés et planifiés dans le but d'atteindre un objectif précis d'amélioration de la condition physique.

Avant d'examiner comment notre condition physique peut être améliorée grâce à l'entraînement, dans la première partie de ce manuel, et de quelles manières de saines habitudes de vie contribuent à son état optimal, dans la deuxième partie, nous verrons dans cette introduction quelques notions de base sur ce qui permet à notre corps d'exécuter des mouvements.

Notre corps est apte à exécuter toutes sortes de mouvements. Que ce soit pour effectuer un mouvement simple ou une suite de mouvements complexes, des milliers de mécanismes se mettent en place et s'orchestrent pour assurer et réguler à la fois les contractions musculaires et un apport continu en énergie.

Nous nous pencherons dans un premier temps sur le fonctionnement et l'interrelation des muscles, des os et des nerfs qui réalisent concrètement les mouvements que nous exécutons.

Nous nous attarderons ensuite sur le fonctionnement des systèmes de production d'énergie anaérobie et aérobie, lesquels permettent aux muscles de générer la force essentielle à tous nos mouvements.

Nous traiterons enfin brièvement des adaptations physiques et physiologiques des muscles, des os et des nerfs suscitées par l'activité physique, ainsi que celles des systèmes de production d'énergie.

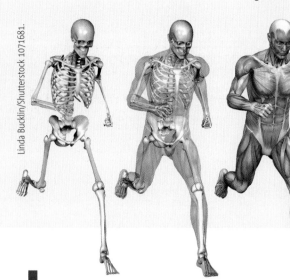

Linda Bucklin/Shutterstock 1071681.

L'interrelation des os, des nerfs et des muscles.

Une interrelation engendrant le mouvement : muscles, os et nerfs

Tout mouvement, aussi simple soit-il, est possible grâce à l'interaction des muscles, des os et des nerfs. Les os fournissent une structure solide, tandis que les muscles, en se contractant, permettent le mouvement de cette structure. Pour ce faire, les muscles ont besoin des nerfs qui activent la contraction musculaire et assurent la rétroaction sensorielle essentielle à notre survie. Voyons donc quel est le rôle du système musculaire, du système nerveux et du système osseux.

----- Le rôle du système musculaire -----

Le corps humain est composé de **centaines de muscles** qui représentent pratiquement la moitié de la masse totale d'une personne en bonne condition physique. Avec les os, les muscles forment la majorité de la masse qui produit et consomme de l'énergie, la **masse maigre**. Bien que certains muscles, comme le coeur, aient des tâches particulières,

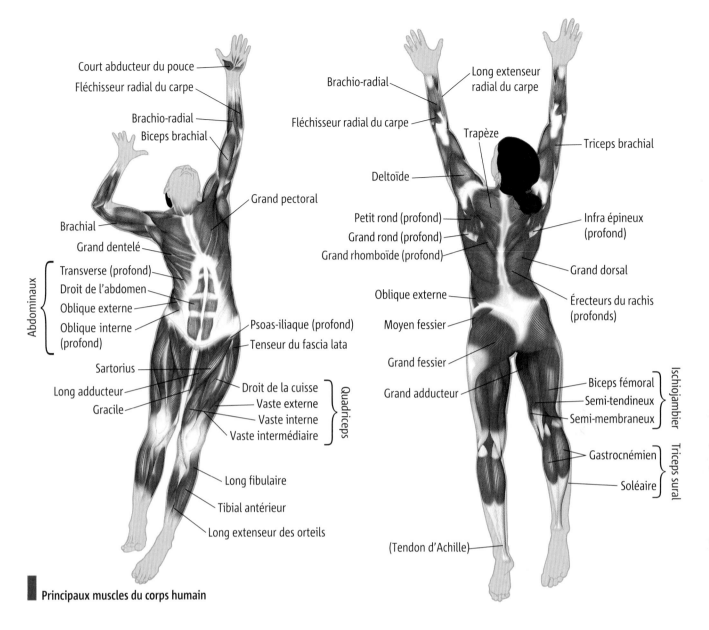

Court abducteur du pouce
Fléchisseur radial du carpe
Brachio-radial
Biceps brachial
Brachial
Grand dentelé
Transverse (profond)
Droit de l'abdomen
Oblique externe
Oblique interne (profond)
Abdominaux
Sartorius
Long adducteur
Gracile
Grand pectoral
Psoas-iliaque (profond)
Tenseur du fascia lata
Droit de la cuisse
Vaste externe
Vaste interne
Vaste intermédiaire
Quadriceps
Long fibulaire
Tibial antérieur
Long extenseur des orteils

Brachio-radial
Fléchisseur radial du carpe
Trapèze
Deltoïde
Petit rond (profond)
Grand rond (profond)
Grand rhomboïde (profond)
Oblique externe
Moyen fessier
Grand fessier
Grand adducteur
Long extenseur radial du carpe
Triceps brachial
Infra épineux (profond)
Grand dorsal
Érecteurs du rachis (profonds)
Biceps fémoral
Semi-tendineux
Semi-membraneux
Ischiojambier
Gastrocnémien
Soléaire
Triceps sural
(Tendon d'Achille)

Principaux muscles du corps humain

ils ont tous un même **rôle clé** dans la pratique de l'activité physique, celui de **permettre le mouvement**, grâce aux qualités particulières des fibres qui les composent.

La composition des muscles

Les muscles sont faits de milliers de petites fibres contractiles placées les unes à côté des autres. Ces **fibres musculaires contractiles** sont réunies en plusieurs **faisceaux** qui, à leur tour, comprennent des regroupements d'autres faisceaux de plus en plus petits jusqu'aux sarcomères. Les **sarcomères** sont constitués de filaments d'actine et de myosine, qui sont des protéines contractiles microscopiques, comme le montre l'illustration de la page 6.

Cette structure en faisceaux donne une plus grande solidité aux muscles, car chaque faisceau est enveloppé d'un **tissu conjonctif** très résistant composé de collagène et présent un peu partout dans le corps humain (enveloppe musculaire, ligament, cartilage, par exemple) ; il a pour rôle de solidifier et de protéger l'intégrité des muscles (et aussi des os et des organes internes). C'est pourquoi une blessure musculaire, par exemple une déchirure ou une contusion, ne touche que rarement tous les faisceaux du muscle visé. Comme une corde dont certains brins seraient endommagés, le muscle continue à pouvoir être utilisé, mais pas à sa pleine capacité.

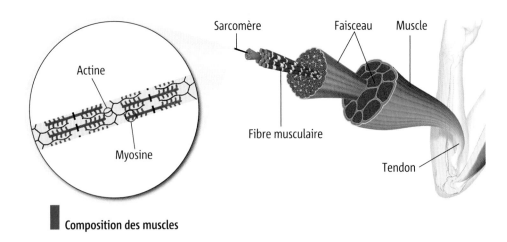

Composition des muscles

Les types de fibres musculaires

Les fibres musculaires sont de 3 types, dont les caractéristiques sont résumées dans le tableau ci-après.

Caractéristiques des 3 types de fibres musculaires			
	Types de fibres		
Caractéristiques	I Fibres rouges oxydatives	IIA Fibres blanches oxydatives (intermédiaires)	IIB Fibres blanches glycolytiques (rapides)
Vitesse de contraction	Lente	Lente-moyenne	Rapide
Résistance à la fatigue	Excellente	Bonne	Très faible
Durée maximale d'utilisation	Plusieurs heures	Moins de 30 minutes	Moins de 1 minute
Source énergétique principale (voir p. 9-13)	Acides gras libres (lipides)	Glucose (glucides)	Créatine phosphate et glucose (glucides)
Utilité	Activités de longue durée • Se promener à vélo • Jouer du piano • Courir un marathon	Activités de durée moyenne • S'entraîner en musculation • Jouer au tennis • Jouer au soccer • Une séquence au hockey	Activités de très courte durée • Sprint de 100 m à la course • Saut maximal • Swing au golf • Lancer de poids ou de javelot

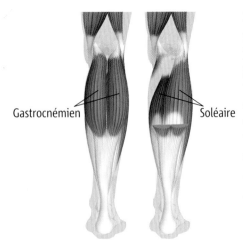

Muscles du mollet

La proportion de chaque type de fibres présente dans un muscle dépend de l'emplacement de ce dernier, de la génétique de chaque individu et du type d'activité physique qu'il pratique régulièrement. En effet, **les fibres musculaires ne se créent pas, elles se transforment en un type différent**, selon la sollicitation. Par exemple, un haltérophile a une très grande proportion de fibres de type IIB dans l'ensemble de ses muscles ; ces fibres sont propices à l'effort très intense de courte durée et elles augmentent de volume facilement : elles s'hypertrophient. À l'opposé, un marathonien aura nettement moins de fibres de type IIB dans l'ensemble de ses muscles et beaucoup plus de fibres de type I.

Il est donc tout à fait normal de trouver proportionnellement plus de fibres de type I dans un muscle postural sollicité sur de longues périodes, comme le soléaire (dans l'illustration ci-contre), que dans un muscle superficiel qui l'est pour des efforts intenses de courte durée, comme le gastrocnémien (dans l'illustration ci-contre). Le soléaire et le gastrocnémien forment le mollet et s'attachent au talon par le tendon d'Achille. Bien qu'ils participent tous deux à la flexion du pied, le soléaire sert davantage au contrôle postural en position debout, tandis que le gastrocnémien sert majoritairement à générer la puissance nécessaire pour avancer, courir et sauter.

----- **Le rôle du système nerveux** -----

Les fibres musculaires, si bien développées soient-elles, ne peuvent fournir aucun effort si celui-ci n'est pas commandé par un **influx nerveux** (un signal électrique) activé par la volonté d'agir ou un réflexe. Les fibres musculaires et le système nerveux sont donc intimement liés, car un influx nerveux doit absolument passer **d'un nerf à un muscle** pour qu'il y ait **mouvement**.

 Sur le vif

Les réflexes

Les réflexes sont des gestes très rapides qui se produisent sans notre recours conscient pour prévenir les blessures, tels que la stabilisation du pied lorsque nous marchons sur une surface inégale ou le lâcher-prise d'un plat bouillant. C'est le chemin particulier que l'influx nerveux franchit qui assure cette rapidité d'action. En effet, les influx nerveux qui régulent les réflexes ne passent pas par le cerveau mais seulement par la moelle épinière, qui envoie instantanément un signal électrique aux muscles concernés. Ces chemins nerveux sont appelés *boucles réflexes*.

La constitution du système nerveux

Le système nerveux comprend le **système nerveux central**, formé du cerveau et de la moelle épinière, ainsi que le système nerveux périphérique. Le **système nerveux périphérique**, qui régit les mouvements, est fait d'un **réseau de nerfs**, composés de **neurones**, lesquels permettent la transmission des influx nerveux à travers tout le corps.

Les nerfs sont de deux sortes : les nerfs moteurs et les nerfs sensitifs. Les **nerfs moteurs** servent à transmettre le message aux muscles et donc à engendrer les mouvements. Quant aux **nerfs sensitifs**, ils assurent la **rétroaction sensorielle** : ils acheminent les informations sensorielles provenant de tous les organes sensibles du corps à la moelle épinière ou au système nerveux central et régulent principalement la coordination des mouvements, les tensions musculaires et les réflexes.

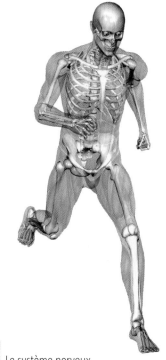

Linda Bucklin/Shutterstock 1071681.

Le système nerveux.

 Sur le vif

Les blessures à la moelle épinière

Les blessures à la colonne vertébrale sont très dangereuses, particulièrement lorsqu'elles provoquent le déplacement d'une vertèbre, endommageant ainsi la moelle épinière. L'acheminement de l'information essentielle au mouvement par les nerfs sensitifs et les nerfs moteurs ne peut alors plus se faire.

Il y a cicatrisation rapide de l'endroit partiellement ou complètement endommagé, mais la moelle épinière ne retrouve pas sa forme initiale, au contraire des os ou des muscles blessés. C'est ce qui fait qu'une lésion entraîne souvent une paralysie irréversible. Plusieurs chercheurs soutiennent que ce phénomène qui, à première vue, semble inefficace, relève en fait d'un mécanisme de sécurité propre au type de tissus dont est faite la moelle épinière. En effet, ces tissus sont si spécialisés qu'une régénérescence parfaite après une lésion est dans bien des cas impossible. Plutôt que d'exposer le corps aux conséquences de mauvaises reconnexions (gestes désordonnés, dérèglement des sensations, hypersensibilités), tout se passe comme si la moelle épinière était programmée pour ne pas tenter une réparation impossible de ses lésions.

Une liaison neuromusculaire essentielle : l'unité motrice

Lorsqu'il est intact et qu'il est stimulé quotidiennement, le système nerveux contrôle de façon très précise chaque geste de notre quotidien grâce à une liaison bien particulière : l'unité motrice. L'unité motrice est un **ensemble fonctionnel constitué d'un nerf moteur et des fibres musculaires qu'il innerve**. Lorsqu'un nerf moteur envoie un influx nerveux à un muscle, ce sont toutes les fibres musculaires liées à ce nerf qui se contractent. C'est donc le nombre d'unités motrices sollicitées qui fait qu'une contraction musculaire est plus ou moins forte. C'est la synapse, par un phénomène chimique, qui assure la transmission de l'influx nerveux aux fibres musculaires (ainsi qu'entre deux neurones) et le bon fonctionnement des unités motrices. En activant la contraction des muscles, celles-ci entraînent le déplacement des os.

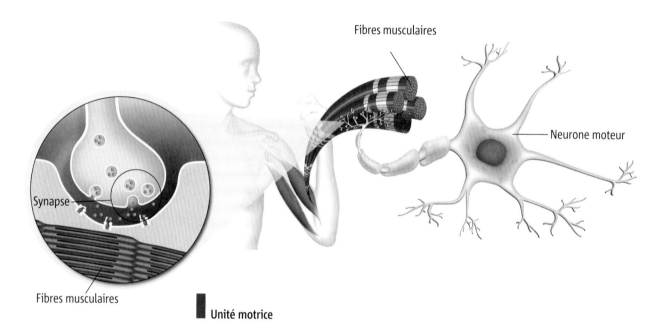

Fibres musculaires

Neurone moteur

Synapse

Fibres musculaires

Unité motrice

----- Le rôle du système osseux -----

Les os forment notre **squelette**, qui **protège nos organes** (dont les poumons, le coeur, le foie, le pancréas). Le **rôle principal** des os est de **fournir une structure solide** nous permettant d'effectuer des mouvements. Ils jouent également d'**autres rôles**. Leur partie interne non rigide, la moelle osseuse, est responsable de la production des globules rouges et blancs. Les os stockent également les minéraux absorbés par l'alimentation, dont le calcium, qui est essentiel aux contractions musculaires, et le phosphore (sous forme de phosphate), qui rend possible la production d'énergie.

La contraction musculaire

Lorsque les fibres musculaires sont stimulées par le système nerveux, les filaments d'actine et de myosine se lient à la manière d'un velcro. En se rapprochant, ils créent un raccourcissement, la contraction musculaire. Lorsqu'il y a contraction musculaire, nous percevons soit un rapprochement, soit un éloignement de 2 os ou un maintien statique entre ceux-ci.

Pour illustrer ce phénomène, prenons l'exemple d'une personne qui mange une pomme. Une des contractions musculaires qui permet à l'avant-bras de se rapprocher du bras, et par le fait même de la bouche, est celle du biceps. Dans le cas contraire, le triceps provoque en se contractant l'éloignement de l'avant-bras et du bras. Pour tenir la pomme dans une position statique, le biceps et le triceps se contractent simultanément.

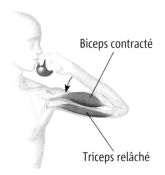

Biceps contracté

Triceps relâché

Rapprochement de deux os

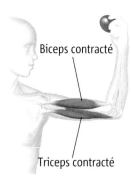

Biceps contracté

Triceps contracté

Position statique entre deux os

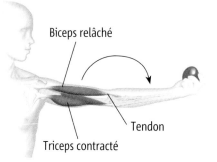

Biceps relâché

Tendon

Triceps contracté

Éloignement de deux os

Contraction du biceps et du triceps

Les tendons, liens entre os et muscles

Ce sont les tendons qui relient les os et les muscles, permettant ainsi le mouvement. Les tendons sont constitués de fibres de collagène qui ont une bonne capacité à reprendre leur forme initiale (capacité plastique), ce qui assure une liaison optimale entre les os et les muscles.

Les tendons, au contraire des muscles et des os, sont **très peu vascularisés**, c'est-à-dire qu'il y a moins de vaisseaux sanguins qui les approvisionnent. Ils mettent par conséquent **plus de temps pour s'adapter aux demandes**. Si, par exemple, vous commencez à vous entraîner à vélo sans une progression adéquate et que vous ressentez de la douleur, il se peut fort bien que cette dernière provienne des tendons de vos genoux plutôt que des muscles et des os impliqués dans le mouvement.

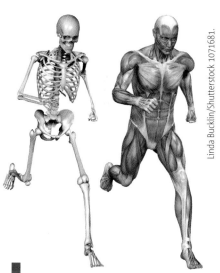

Le système musculosquelettique.

La production de l'énergie nécessaire aux mouvements

L'exécution des mouvements par les muscles, les os et les nerfs nécessite de l'énergie. Ce sont nos systèmes de production d'énergie, le système anaérobie alactique, le système anaérobie lactique et le système aérobie, qui en sont responsables. Les termes *aérobie* et *anaérobie* font référence à la **présence ou non d'oxygène** dans le processus de production d'énergie : le système aérobie recourt à l'oxygène alors que les systèmes anaérobies n'y recourent pas. Toutefois, pour fonctionner, ces systèmes ont besoin du « carburant » fourni par les glucides et les lipides. À noter que les protéines servent aussi de source énergétique, mais dans une proportion minime.

Les glucides et les lipides : sources d'énergie essentielles

Les glucides (les sucres) et les lipides (les gras) servent de carburant et produisent, en se consumant, l'énergie nécessaire aux contractions musculaires, sous la forme d'adénosine triphosphate.

**Le taux de glucose sanguin :
la glycémie**

Le taux de glucose sanguin, appelé *glycémie*, est directement lié à l'action de 2 hormones : l'insuline et le glucagon. La première fait diminuer la glycémie, tandis que la seconde la fait augmenter. Ensemble, elles permettent d'équilibrer finement et rapidement la glycémie, dont le taux doit être le plus stable possible. Les principaux facteurs qui influencent la glycémie sont le niveau d'activité physique, l'alimentation et le taux de gras corporel.

Les glucides

Les glucides absorbés par le système digestif sont **scindés en petites molécules de glucose** qui se retrouvent ensuite en circulation dans le sang. Certaines d'entre elles sont utilisées sur-le-champ dans la production d'énergie. D'autres qui ne servent pas immédiatement sont mises en réserve dans le foie sous forme de glycogène hépatique (des agglomérations de molécules de glucose). D'autres encore entreprennent leur chemin vers les muscles, où elles seront stockées sous forme de glycogène musculaire (ces réserves de glucose serviront de carburant aux contractions musculaires). Celles qui restent sont entreposées sous forme de tissus adipeux.

Les lipides

Quant aux lipides que nous ingérons, ils sont **scindés en petites molécules d'acides gras libres** qui se retrouvent aussi en circulation dans le sang. Certaines d'entre elles sont utilisées sur-le-champ dans la production d'énergie et la construction cellulaire, notamment. Les molécules d'acides gras libres qui ne servent pas immédiatement sont mises en réserve sous forme de tissus adipeux.

Du carburant pour la production d'énergie

Pour servir de carburant dans les systèmes de production d'énergie, les **acides gras libres** et les **molécules de glucose** doivent être **transformés** au moyen de 2 processus chimiques : la **lipolyse,** pour la dégradation des molécules d'acides gras libres, et la **glycolyse**, pour la dégradation des molécules de glucose.

Ce sont ces processus qui synthétisent l'**adénosine triphosphate** (ATP), la molécule énergétique de base. Elle fournit l'énergie nécessaire aux contractions musculaires en libérant un phosphate (Pi) en présence d'eau (H_2O). Cette réaction appelée *hydrolyse* dégage de l'énergie à chaque fois qu'elle a lieu, ainsi qu'un proton H^+ et de la chaleur, tel qu'illustré par la formule ci-dessous.

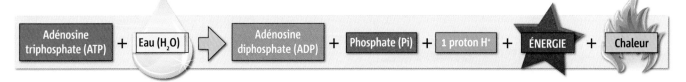

Ainsi, l'hydrolyse déclenche les réactions de production d'énergie des systèmes anaérobie alactique, anaérobie lactique et aérobie.

----- Le système anaérobie alactique : ----- pour un effort intense et de courte durée

Le système **anaérobie alactique** (ATP-CP) fonctionne **sans oxygène**. Il permet de soutenir un **effort intense** mais pour un **très court laps de temps** ; il ne dure en effet que 6 à 10 secondes. Il vous fournit, par exemple, l'énergie pour faire un sprint très rapide vers votre arrêt d'autobus.

La première étape

Dans un premier temps, le système anaérobie alactique produira son énergie en dégradant une **molécule d'adénosine triphosphate** (ATP), tel qu'illustré par la formule chimique ci-dessus, cette molécule d'adénosine triphosphate ayant préalablement été mise en réserve pour toute amorce d'effort. Dans ce processus de production d'énergie, cette molécule sera toujours dégradée puis reconstituée et remise en réserve.

La seconde étape

Dans un deuxième temps, l'énergie produite par le système anaérobie alactique sera possible grâce à de **petites réserves musculaires de créatine phosphate** (CP) que nous absorbons lorsque nous mangeons des protéines animales. La production d'énergie est possible grâce à la liaison des molécules de créatine phosphate aux molécules d'adénosine diphosphate (ADP) présentes au sein des muscles. En se joignant, elles synthétisent de nouvelles molécules d'adénosine triphosphate à répétition jusqu'à ce que les réserves de créatine phosphate s'épuisent. Ce système, bien que très puissant, car il produit **beaucoup d'énergie rapidement**, ne permet pas de soutenir un effort intense plus de 10 secondes. Cette réaction est illustrée par la formule chimique ci-dessous.

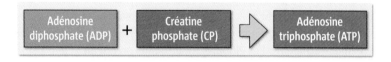

Adénosine diphosphate (ADP) + Créatine phosphate (CP) → Adénosine triphosphate (ATP)

----- Le système anaérobie lactique : ----- pour un effort intense et de durée moyenne

Si l'effort intense persiste plus de 10 secondes, les réserves de créatine phosphate s'épuisent et l'énergie ne peut plus être produite grâce au système anaérobie alactique. Ce sera le système **anaérobie lactique** qui prendra le relais pour produire l'énergie nécessaire grâce aux molécules de glucose. Il produit lui aussi de l'énergie pour un **court laps de temps**, de 10 secondes à 2 minutes. Il fonctionne **sans oxygène** et il est **relativement puissant**. C'est ce système qui se met en branle pour l'exécution de nos **activités intenses de durée moyenne**, comme gravir rapidement quelques étages ou jouer une séquence de hockey. Le système anaérobie lactique produit, grâce à la glycolyse, des éléments résiduels comme le lactate, qui est nécessaire au système de production d'énergie aérobie.

----- Le système aérobie : ----- pour un effort faible ou modéré et de longue durée

Plus l'effort se prolonge, plus la production d'énergie du **système aérobie** prend une place prépondérante. Lors d'un effort intense, le système anaérobie lactique et le système aérobie fournissent de l'énergie de façon équivalente après seulement 60 à 70 secondes. Si l'effort dure plus de 1 minute, le système aérobie commence à produire la majorité de l'énergie. Ce système, au contraire des systèmes anaérobies, fonctionne **avec de l'oxygène** et, bien que **moins puissant**, il permet de pratiquer des **activités de longue durée** : une randonnée à vélo pendant tout un après-midi ou une randonnée de ski de fond de plusieurs dizaines de kilomètres, par exemple.

Le système aérobie est notre système le plus important, car c'est aussi lui qui nous permet d'effectuer toutes nos **tâches quotidiennes** ainsi que nos **activités de faible intensité**, comme marcher, parler, lire, manger et dormir.

Rob Kints/Shutterstock 47545897.

Les carburants du système aérobie

Le système aérobie utilise à la fois les réserves de **glucose** et d'**acides gras libres** pour produire de l'énergie, au contraire du système anaérobie lactique, qui n'emploie que du glucose. Il produit avec une molécule de glucose 18 fois le nombre de molécules d'adénosine triphosphate produites par les systèmes anaérobies, soit 36 molécules d'adénosine triphosphate au lieu de 2. Cette grande production énergétique augmente encore davantage lorsque ce sont des acides gras libres qui sont brûlés. En effet, les molécules d'acides gras libres sont très riches en énergie et, selon leur composition, chacune d'elles peut fournir jusqu'à 129 molécules d'adénosine triphosphate.

Si l'activité se prolonge mais ne requiert qu'un effort musculaire de faible intensité, elle puisera davantage dans les réserves d'acides gras libres. Si l'effort aérobie est modéré, l'utilisation des acides gras libres et du glucose comme source énergétique sera à peu près égale, jusqu'à ce que les réserves de glucose diminuent trop, moment où nous commencerons normalement à ressentir de la fatigue et un manque d'énergie. Si l'intensité de l'effort est élevée, ce sera majoritairement le glucose qui servira de source d'énergie.

Le transport de l'oxygène jusqu'aux fibres musculaires

L'oxygène essentiel à la production d'énergie dans le système aérobie provient de l'air inspiré et absorbé par les poumons, lesquels le diffusent dans le sang à l'aide de millions de capillaires sanguins. Les globules rouges, plus précisément leur hémoglobine, sont responsables du transport de l'oxygène des poumons aux fibres musculaires, où des navettes microscopiques le transportent jusqu'aux **mitochondries**. Ces dernières se trouvent dans toutes les cellules du corps humain et elles assurent la survie de nos cellules ainsi que la **production de la grande majorité de notre énergie**.

Le processus par lequel est produite l'énergie dans les mitochondries est la **phosphorylation oxydative**. Plusieurs mécanismes complexes sont activés pour que la dégradation du glucose (la glycolyse) et la dégradation des acides gras libres (la lipolyse) fonctionnent conjointement. Dans les mitochondries, une boucle d'évènements resynthétise à partir de ces deux carburants, à répétition et sur une très longue période, des molécules d'adénosine triphosphate grâce à l'oxygène. C'est cette production en boucle qui nous permet de soutenir des efforts de longue haleine, capacité physique appelée *endurance*.

Le schéma ci-contre illustre le fonctionnement de l'ensemble du système de production de l'énergie aérobie.

Une bonne consommation maximale d'oxygène pour fournir des efforts

Ce qui manque aux personnes peu en forme, c'est une bonne consommation maximale d'oxygène, c'est-à-dire la **capacité à utiliser l'oxygène transporté aux fibres musculaires**. La consommation maximale d'oxygène est variable d'une personne à l'autre, car elle est influencée par la génétique et la pratique d'activités physiques. Elle est habituellement plus élevée chez les hommes que chez les femmes de 15 % à 30 % et elle décroît de façon progressive à partir de l'âge adulte. Une personne qui a une bonne consommation maximale d'oxygène a plus de facilité à faire un effort aérobie (de même qu'anaérobie). À noter que la consommation maximale d'oxygène est communément désignée par l'indication de son débit à l'aide de l'abréviation $VO_2\ max$.

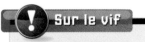

Sur le vif

La mitochondrie, un parasite utile

Fait cocasse, les mitochondries seraient issues d'une forme de parasitisme. Autrefois, des bactéries ressemblant aux mitochondries actuelles auraient migré à l'intérieur d'autres organismes vivants. Comme leur nouvelle vie se serait réalisée en symbiose avec leur hôte d'antan, elles se seraient lentement spécialisées dans la transformation de l'énergie par voie aérobie pour cet hôte, devenant ainsi, plusieurs millions d'années plus tard, nos « usines énergétiques » aérobies.

Système respiratoire

Poumons

CO_2 O_2

Système cardiovasculaire

Coeur

CO_2 O_2

Mitochondrie

Lipolyse

Phosphorylation oxydative

Lactate

ATP

Glycolyse

Chaleur

Énergie pour la contraction musculaire

H_2O

Acides gras

Glucose

Système de production d'énergie aérobie

Les caractéristiques générales des 3 systèmes de production d'énergie

Aucun des 3 systèmes de production d'énergie ne fonctionne isolément des autres. Comme l'illustre le graphique ci-dessous, il existe une continuité ainsi qu'une superposition dans la production d'énergie par les systèmes anaérobie alactique, anaérobie lactique et aérobie.

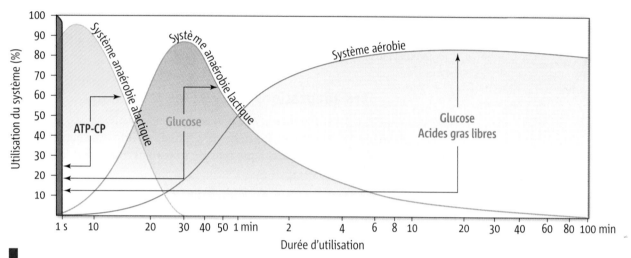

Chevauchement des systèmes de production d'énergie

Ces systèmes de production d'énergie se chevauchent et se complètent dans le temps selon les **principaux facteurs** suivants : l'**intensité** et la **durée de l'effort**, les **réserves de glycogène** (glucose) et l'**habitude** de pratiquer un certain type d'effort. Lors d'un effort d'intensité modérée à élevée, le système anaérobie alactique se met toujours en branle le premier, suivi du système anaérobie lactique et du système aérobie.

Le tableau suivant contient un résumé des caractéristiques des systèmes de production d'énergie anaérobie (alactique et lactique) et aérobie ainsi que des exemples d'activités physiques que chacun permet. Il comporte également les différentes sources de carburant qu'ils utilisent et la quantité d'énergie qu'ils peuvent produire, exprimée en nombre de molécules d'adénosine triphosphate.

Schmid Christophe/Shutterstock 22640926.

Légende
ATP : Molécules d'adénosine triphosphate
CP : Molécules de créatine phosphate

Caractéristiques des systèmes de production d'énergie						
Systèmes énergétiques	Nécessite de l'oxygène	Sources de carburant	Processus de production d'énergie	Durée approximative d'utilisation	Énergie produite	Exemples d'activités physiques
Anaérobie alactique	Non	Créatine phosphate	ATP + CP	0 s à 10 s	2 ATP	• Sprint de course 100 m, 200 m • Sprint de nage 50 m • Saut maximal • Lancer maximal
Anaérobie lactique	Non	Glucose	Glycolyse	10 s à 2 min	36 ATP	• Course 400 m, 800 m • Nage 200 m • Danse • Patinage de vitesse • Planche à neige • Hockey • Musculation
Aérobie	Oui	Glucose et acides gras libres	Glycolyse et lipolyse, phosphorylation oxydative	De 30 s à plusieurs heures	129 ATP	• Marche • Jogging longue durée • Course 1 km et plus • Vélo longue durée • Nage longue durée • Danse

Les adaptations physiques et physiologiques attribuables à l'activité physique

L a présente section est consacrée aux adaptations des systèmes musculaire, osseux, nerveux et cardiovasculaire ainsi qu'à celles des systèmes de production d'énergie attribuables à différentes activités physiques. Vous serez ainsi en mesure de mieux choisir vos activités physiques afin d'en retirer un maximum de bénéfices.

----- Les adaptations du système musculaire -----

Les adaptations du système musculaire **diffèrent** selon les activités physiques pratiquées, la durée de l'effort et la génétique de chaque individu. Ce sont avant tout les **proportions respectives de chaque type de fibres** qui composent les muscles qui **se modifient**.

Des modifications selon les activités physiques pratiquées

✿ Voir le tableau « Caractéristiques des 3 types de fibres musculaires », page 6 de cette introduction.

La plupart des muscles sont constitués de divers types de fibres ✿ et s'adaptent à l'effort fourni lors d'une activité physique en favorisant la croissance des types de fibres les plus mises à contribution lors de cet effort. Selon l'activité physique pratiquée, **un type de fibre musculaire pourra être plus stimulé au détriment d'un autre**, ce qui se traduira à la longue par une physionomie et une performance particulière. Par exemple, ce qui différencie les proportions des types de fibres chez la marathonienne et la culturiste, outre la génétique, ce sont les exercices de durée et d'intensité foncièrement opposées qu'elles font toutes deux de façon très assidue.

L'entraînement de la marathonienne favorise une augmentation du nombre de fibres de type I, qui s'hypertrophient très peu et qui permettent des efforts de très longue durée grâce au système énergétique aérobie. Cette augmentation se fait au détriment des fibres de type II. Si vous vous entraînez beaucoup dans un domaine, vous finirez par avoir une majorité de fibres musculaires propres à celui-ci (de type I, de type IIA ou de type IIB).

Des limites aux adaptations musculaires

Certains muscles ont cependant une capacité d'adaptation très limitée à certains types d'effort parce qu'ils sont constitués presque uniquement d'un seul type de fibres. Par exemple, certains muscles, comme les biceps brachiaux, majoritairement composés de fibres de type IIB, ne peuvent que difficilement produire un effort de longue durée, car ce type de fibres ne fonctionne qu'avec un mode de production d'énergie anaérobie (limité à environ 2 minutes).

De plus, pour un même entraînement, ce ne sera pas nécessairement la même adaptation qui sera possible d'un individu à l'autre.

Voyez en page 15 un résumé des principales adaptations des fibres musculaires selon que le type d'activité physique pratiqué régulièrement est aérobie ou anaérobie.

Les adaptations musculaires dues aux activités physiques aérobies

Les adaptations musculaires attribuables aux activités physiques aérobies de longue durée pratiquées régulièrement, comme le fait la marathonienne, sont les suivantes :

- croissance du nombre et de la proportion respective des fibres de type I dans les muscles ;
- augmentation du degré de vascularisation des fibres, ce qui favorise un meilleur approvisionnement en nutriments et en oxygène ;
- accroissement des réserves de glycogène musculaire ;
- élévation du nombre de mitochondries ;
- optimisation des mécanismes de production d'énergie du système aérobie.

Il résultera de toutes ces adaptations une plus grande endurance musculaire, mais très peu ou pas d'hypertrophie musculaire.

Shawn Pecor/Shutterstock 1035019.

Les adaptations musculaires dues aux activités physiques anaérobies

Les adaptations musculaires attribuables aux activités physiques anaérobies de courte durée pratiquées régulièrement, comme le fait la culturiste, sont les suivantes :

- croissance du nombre et de la proportion respective des fibres de types IIA et IIB dans les muscles ;
- augmentation du degré de vascularisation des fibres, ce qui favorise un meilleur approvisionnement en nutriments (et en oxygène) ;
- élévation des réserves de créatine phosphate ;
- accroissement des réserves de glycogène ;
- optimisation des mécanismes de production d'énergie anaérobie.

Il découlera de toutes ces adaptations une augmentation de la force et de la puissance musculaires, ainsi que de l'hypertrophie musculaire.

Même si l'activité physique n'est pas structurée comme l'est un entraînement, une pratique fréquente stimule les muscles et contribue graduellement à leurs adaptations. Les muscles qui sont sollicités régulièrement sont à leur tour responsables des adaptations osseuses, tendineuses et nerveuses.

Darren Hubley/Shutterstock 794073.

- - - - - Les adaptations du système osseux - - - - -

C'est la **densité** et, par le fait même, la **solidité des os** qui sont accrues par l'activité physique régulière. Comme pour les muscles, les adaptations physiologiques correspondent aux demandes. Par exemple, la densité osseuse des os du bras avec lequel les joueurs de tennis professionnels tiennent leur raquette est proportionnellement plus importante que celle des os de leur autre bras.

Les adaptations du système osseux sont **plus importantes durant l'enfance**, et ce, jusqu'à environ 20 ans, âge où, s'il y a eu suffisamment de stimulations, la personne pourra atteindre son **pic** de croissance osseuse.

■ Roger Federer a le bras droit nettement plus gros que le gauche.

Pour **optimiser les adaptations osseuses**, les recherches démontrent qu'il faut non seulement être régulièrement actif, mais surtout pratiquer des **activités intenses** qui exercent des forces de compression sur les os. Les pas de course, par exemple, assurent l'application de telles forces sur les os, ce qui stimule la densité osseuse, au contraire des mouvements de plus faible intensité, comme marcher.

Toutefois, il faut augmenter les charges d'entraînement de façon très progressive, car les **tendons** n'ont **pas le même rythme d'adaptation** que les muscles et les os, les prédisposant ainsi aux blessures.

----- Les adaptations du système nerveux -----

Les nerfs, tout comme les os et les muscles, s'adaptent selon les sollicitations puisqu'ils sont directement liés aux muscles, tant pour les sensations que pour l'action. Le système nerveux, bien qu'il réponde très bien aux exigences quotidiennes, est lui aussi optimisé par l'activité physique. Son adaptation se manifeste par des **améliorations des qualités musculaires**.

Le meilleur exemple en est l'augmentation de la force musculaire dans les trois premières semaines d'un entraînement en salle. En effet, il devient plus aisé de lever les mêmes charges et les gestes deviennent plus faciles à exécuter. Pourtant, pratiquement aucune modification musculaire n'est encore observable. Les modifications qui ont lieu durant ces premières semaines d'entraînement se situent dans le nombre de fibres musculaires sollicitées pour exécuter un mouvement et dans la coordination des différents muscles qui l'exécutent. En somme, les adaptations nerveuses donnent **plus de force et plus d'agilité**.

----- Les adaptations du système cardiovasculaire -----

Les adaptations du système cardiovasculaire sont influencées par toutes les autres adaptations physiques et physiologiques. Les **vaisseaux sanguins** sont en **adaptation constante** pour assurer un approvisionnement adéquat en oxygène et en nutriments à tous les systèmes du corps. Une personne qui s'entraîne a un **système vasculaire** beaucoup **plus développé** qu'une personne sédentaire parce qu'elle a une **musculature plus importante**. Cette masse musculaire requiert un approvisionnement en sang accru, d'où sa plus grande vascularisation. Les activités physiques de longue haleine favorisent encore davantage la vascularisation musculaire parce qu'elles stimulent une augmentation de la proportion des fibres musculaires de type I propres aux activités aérobies de longue durée. Ces fibres sont d'ailleurs communément appelées *fibres rouges* à cause de leur forte vascularisation.

Le **coeur**, il va sans dire, est lui aussi stimulé par toutes ces adaptations parce qu'il doit assurer le pompage du sang. C'est aussi un muscle qui s'adapte. Si le volume total de sang s'accroît parce que le réseau de vaisseaux sanguins prend de l'ampleur et que des efforts supplémentaires lui sont demandés régulièrement, le coeur **devient plus fort**. Son travail devient par conséquent plus facile, ce qui est souvent caractérisé par une **diminution des battements cardiaques** au repos ou pour une même intensité d'effort.

Des **liens étroits** existent également entre les **nerfs** et les **vaisseaux sanguins** qui se stimulent les uns les autres. Cette liaison assure qu'il y aura toujours un acheminement suffisant de sang dans une région innervée.

Les adaptations des systèmes anaérobies

L'efficacité des systèmes anaérobies peut être améliorée de façon notable grâce à des **exercices intenses et de courte durée, qui sollicitent spécifiquement la production d'énergie anaérobie**. C'est ainsi que les activités physiques qui requièrent force ou puissance musculaires et qui sollicitent davantage les fibres de types IIA et IIB favorisent le développement de notre capacité anaérobie. Les joueurs de hockey, qui doivent par exemple fournir des efforts très intenses le temps d'une séquence sur la glace (un maximum de 1 minute), vont beaucoup développer la musculature de leurs jambes ainsi que les systèmes de production d'énergie anaérobie.

La pratique régulière d'exercices anaérobies permet, entre autres, d'augmenter la vitesse de resynthèse des réserves de créatine phosphate nécessaires au système anaérobie alactique pendant les 6 à 10 premières secondes d'un effort intense. Il y aura aussi une plus grande mise en réserve de glycogène au sein des muscles, ce qui facilitera la production d'énergie par le système anaérobie lactique.

Jean Schweitzer/Shutterstock 1111858.

 Sur le vif

La vérité sur l'acide lactique

L'acide lactique a longtemps été pointé du doigt comme étant LA cause de la fatigue musculaire. En fait, il n'en est rien !

Il serait premièrement plus juste de parler de lactate plutôt que d'*acide lactique* puisque le système anaérobie lactique, qui produit 2 molécules d'adénosine triphosphate à partir de chaque molécule de glucose, libère également 2 molécules d'acide lactique qui se transforment en lactate à chaque fois.

Bien que l'augmentation de l'acidité fasse partie des facteurs qui limitent les efforts anaérobies intenses, elle n'en est pas la principale raison. Des recherches récentes démontrent en effet que pour 2 efforts égaux, soit l'un où il y a forte production de lactate et un autre où la production de lactate est faible, il n'y a aucune différence significative quant à la fatigue musculaire ressentie chez les sujets des 2 groupes testés.

Le lactate est donc un indicateur de l'intensité de l'effort qui a été fourni plutôt qu'une cause de fatigue musculaire. Ce qui implique qu'une personne qui aurait une plus forte concentration de lactate (musculaire et sanguin) à la suite d'un effort donné serait une personne en mesure de produire plus d'énergie par unité de temps qu'une autre qui produirait moins de lactate. En somme, plus une personne produit de lactate, plus elle performe et plus son système anaérobie lactique est efficient, ce qui est certes le contraire de l'hypothèse défendue antérieurement.

Une plus grande production d'énergie par le système anaérobie lactique implique cependant une plus grande libération d'ions H + en partie responsables de l'augmentation de l'acidité au sein du muscle, laquelle limite la durée de l'effort. Toutefois, avec une pratique régulière d'activités physiques, les fibres musculaires sécrètent plus de substances qui neutralisent (tamponnent) ces ions H + , ce qui génère **plus de puissance**, **plus longtemps**, et assure une **récupération plus rapide** après l'effort.

Les adaptations du système aérobie

L'efficacité du système aérobie peut être améliorée de façon notable grâce à des **exercices de longue haleine qui sollicitent spécifiquement la production d'énergie aérobie**, comme le vélo de route ou la course de fond. Des coureurs de fond, par exemple, ne vont pas développer la masse musculaire de leurs jambes comme les joueurs de hockey parce qu'ils vont beaucoup plus solliciter leurs fibres de

Photosani/Shutterstock 3630552.

type I qui ne sont pas propices à l'hypertrophie, mais qui augmenteront malgré tout en proportion à la suite de sollicitations aérobies répétées.

Cette **augmentation proportionnelle des fibres de type I** accroîtra par le fait même la quantité de mitochondries totales au sein des muscles, ce qui permettra une **meilleure production d'énergie grâce à l'oxygène**. Ici, comme pour l'entraînement anaérobie, il y aura de plus grandes réserves de glycogène dans les muscles, assurant ainsi un apport constant et durable en glucose, le glucose étant essentiel à l'utilisation des acides gras libres, et donc à la production des molécules énergétiques de base que sont les molécules d'adénosine triphosphate.

Il y aura également une optimisation des processus chimiques de la glycolyse et de la lipolyse, engendrant une **utilisation plus marquée et plus rapide des acides gras libres** lors des activités aérobies.

À la suite de cette lecture sur les bases physiologiques et anatomiques de l'activité physique, vous devriez mieux connaître ce qui permet la production des mouvements. De plus, la connaissance de l'interrelation des muscles, des os et des nerfs ainsi que du fonctionnement des systèmes de production d'énergie vous aidera non seulement à mieux comprendre les mécanismes d'adaptation physique et physiologique à l'effort, mais également à mieux saisir ce qui est mesuré lorsque vous ferez des tests de condition physique. Vous serez également en mesure de choisir des objectifs d'amélioration de votre condition physique plus réalistes, car il vous sera plus facile de prendre des moyens concrets pour les atteindre.

RÉSUMÉ

■ Tous les **mouvements** sont produits grâce à l'**interrelation** des **muscles**, **des os** et des **nerfs**.

■ Les **muscles** sont **composés de fibres contractiles** qui, lorsqu'elles sont activées par les nerfs (influx nerveux), permettent le déplacement des os.

■ Les **fibres musculaires** sont de trois **types** : type I (rouges oxydatives), type IIA (blanches oxydatives), type IIB (blanches glycolytiques).

■ L'**unité motrice** est la liaison neuromusculaire qui permet la contraction des muscles, entraînant le déplacement des os.

■ Les **os** fournissent une **structure solide** permettant d'effectuer des mouvements dynamiques. Ils **stockent** de plus **certains minéraux essentiels** aux contractions musculaires ainsi qu'à la production de l'énergie.

■ Les **tendons, composés de collagène**, lient les os aux muscles.

■ Les termes *aérobie* et *anaérobie* font référence à la **présence ou non d'oxygène** dans nos systèmes de production d'énergie : le **système anaérobie alactique**, le **système anaérobie lactique** et le **système aérobie**.

■ Ces trois systèmes énergétiques **produisent l'énergie nécessaire à l'exécution des mouvements grâce aux glucides** transformés en glucose et aux **lipides** transformés en acides gras libres.

■ Lors d'une activité physique, **les trois systèmes énergétiques produisent de l'énergie de façon continue en se chevauchant** selon les principaux **facteurs suivants** : l'intensité et la durée de l'effort, les réserves préalables de glucose et l'habitude de pratiquer un certain type d'effort.

■ Les **systèmes** musculaire, osseux, nerveux, cardiovasculaire et énergétiques **s'adaptent grâce aux activités physiques** pratiquées et permettent ainsi d'améliorer diverses qualités physiques.

CAMP D'ENTRAÎNEMENT

Affûtez vos CONNAISSANCES

1. Lequels des énoncés suivants sont vrais ?

a Les muscles sont composés de plusieurs faisceaux.

b Les muscles les plus endurants sont composés de fibres de type IIB.

c La génétique et le type d'activité physique pratiquée sont 2 des facteurs qui influencent le plus les types de fibres qui composent les muscles.

d Le fait que les muscles soient composés de plusieurs faisceaux affaiblit leur solidité.

2. Quel est le nom du système qui reçoit et donne des signaux aux muscles et qui permet par le fait même de produire des mouvements ?

3. Quel est le nom de l'ensemble fonctionnel constitué d'un nerf moteur et des fibres musculaires qu'il innerve ?

a Le neurone

b Le nerf sensitif

c La synapse

d L'unité motrice

4. Quel est le rôle principal des os ?

5. Les glucides ingérés sont digérés et scindés en de très petites molécules qui circulent dans le sang. Quel est le nom de ces molécules ?

6. Ces mêmes molécules sont stockées dans le foie ou dans les muscles afin de servir de réserves de carburant. Quel est le nom de ces agglomérations qui servent de réserves ?

a Acides aminés

b Acides gras libres

c Glucose

d Protéines

e Glycogène

7. Associez les définitions de *a* à *e* aux termes suivants.

Glycolyse • Lipolyse • Anaérobie
Adénosine triphosphate • Aérobie

a Terme qui englobe toute activité qui nécessite une production d'énergie grâce à la présence d'oxygène.

b Processus chimique qui transforme le glucose en carburant.

c Processus chimique qui transforme les acides gras libres en carburant.

d Terme qui englobe toute activité qui requiert une production d'énergie sans oxygène.

e Molécule énergétique de base.

8. Quel est l'élément chimique spécifiquement essentiel au processus de production d'énergie du système anaérobie alactique parmi la liste suivante ?

a Oxygène

b Acides gras libres

c Glucose

d Créatine phosphate

e Eau

9. Quel est le nom du système de production d'énergie le plus puissant du corps humain ?

10. Parmi les facteurs suivants, quels sont ceux qui influencent la production et le chevauchement des différents systèmes énergétiques ?

a Les réserves de tissus adipeux

b La durée de l'effort

c L'habitude de pratiquer un certain type d'effort

d Les réserves de glucose

e L'intensité de l'effort

11. Un vestige d'une ancienne bactérie habite nos cellules et est responsable de la grande majorité de la production de notre énergie. Quel est son nom ?

12. Quelles activités, parmi les suivantes, sont spécifiquement possibles grâce au système énergétique aérobie ?

a Musculation

b Plongeon

c Course à pied

d Raquette

e Hockey

13. Lequel des énoncés suivants est vrai ?

a Le système le moins durable est le système anaérobie alactique.

b Le système aérobie se met en branle de façon optimale dès les premières secondes d'un effort intense et peut fonctionner pendant plusieurs heures.

c Les systèmes anaérobies et aérobie ne peuvent pas fonctionner en même temps.

14. Quels types de fibres seront les plus stimulés et s'adapteront le plus si vous pratiquez régulièrement des exercices anaérobies très intenses et de courte durée ?

a Fibres de type IIA

b Fibres de type IIB

c Fibres de type I

15. Associez les adaptations physiques ou physiologiques attribuables aux activités physiques ci-dessous.

Culturisme • Triple saut • Triathlon

a Une augmentation des fibres de type I dans l'ensemble des muscles

b Une hypertrophie musculaire

c Une augmentation de la densité osseuse des membres inférieurs

Complétez la carte conceptuelle des informations vues dans cette introduction en utilisant la liste de concepts fournis. La suite de chaque noeud doit constituer une phrase complète. Suivez bien le sens des flèches.

- L'augmentation de la puissance musculaire
- L'augmentation des réserves de créatine phosphate
- L'augmentation du nombre de fibres de type IIB
- L'augmentation du nombre de fibres de type I et de la vascularisation
- L'hypertrophie des fibres musculaires
- L'oxygène

- Le système anaérobie alactique (ATP-CP)
- Le système anaérobie lactique
- Les efforts d'intensité faible à modérée de 30 s à plusieurs heures
- Les glucides
- Les lipides
- Les molécules d'acides gras libres

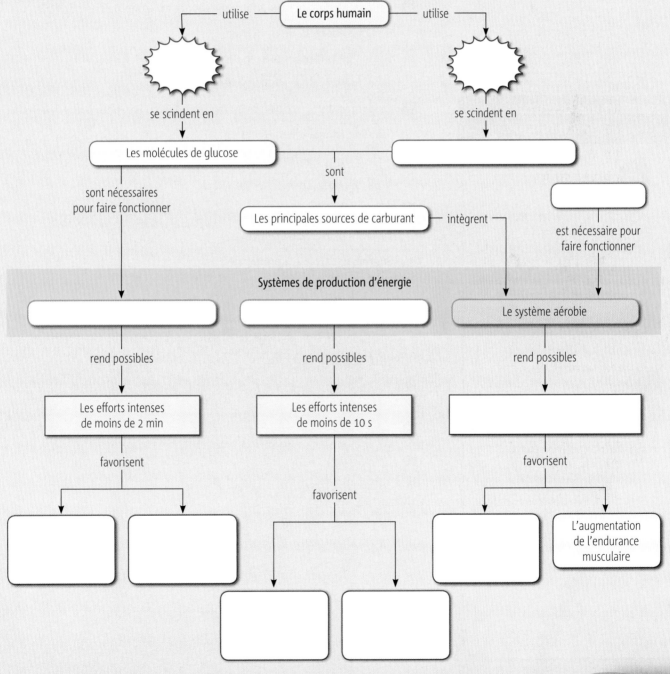

Faites un peu de PRATIQUE

1. Vous partez pour une expédition de plein air de quelques jours. Dites quel système de production d'énergie, quelle source de carburant et quel type de fibres musculaires seront principalement sollicités pour faire les activités physiques suivantes.

a Le voyage en auto pour vous rendre à destination

Système énergétique principal :

Source de carburant principale :

Type de fibres musculaires principal :

b La marche de 2 heures pour vous rendre au camp de base

Système énergétique principal :

Source de carburant principale :

Type de fibres musculaires principal :

c La grimpe d'une échelle de 20 mètres pour vous rendre à une tyrolienne

Système énergétique principal :

Source de carburant principale :

Type de fibres musculaires principal :

d Le saut en longueur pour franchir un gros ruisseau

Système énergétique principal :

Source de carburant principale :

Type de fibres musculaires principal :

2. Vous joggez depuis 2 mois à raison de 3 ou 4 fois par semaine. Nommez 4 adaptations physiologiques qui vous donnent une performance plus grande lorsque vous joggez maintenant.

Adaptations :

FORTIFIEZ VOTRE CULTURE... PHYSIQUE

 Sites Internet

Informations complémentaires sur la physiologie de l'exercice :

- http://www.dietetiquesportive.com
- www.volodalen.com

 Livres et magazines

- DELAVIER, FRÉDÉRIC (2010, 5ᵉ éd.). *Guide des mouvements de musculation : Approche anatomique*. Paris, Éditions Vigot.
- LEDOUX, MARIELLE, LACOMBE, NATALIE, ST-MARTIN, GENEVIÈVE (2009). *Nutrition, sport et performance*. Montréal, Vélo Québec Éditions, coll. « Géo Plein Air ».
- THIBAULT, GUY (2009). *Entraînement cardio, sports d'endurance et performance*. Montréal, Vélo Québec Éditions, coll. « Géo Plein Air ».
- Magazine *BodyFitness*
- Magazine *Courir*
- Magazine *Muscle & Fitness*
- Magazine *Runner's world*

Améliorer sa condition physique

ette première partie du manuel vous donne tous les outils nécessaires pour que vous puissiez vous entraîner de manière optimale, autonome et structurée : une panoplie de tests pratiques qui vous permettront d'évaluer et de dresser un portrait détaillé de votre condition physique ; l'explication des principes généraux d'entraînement essentiels, dont les éléments à respecter pour choisir des activités physiques qui vous permettront d'améliorer votre condition physique et qui vous conviendront aussi à long terme ; l'information nécessaire pour vous investir soit dans une démarche d'entraînement aérobie, de la force musculaire, d'entraînement fonctionnel ou de la flexibilité, en appliquant de façon personnelle les principes généraux d'entraînement dans la poursuite de vos objectifs.

L'évaluation des déterminants variables de la condition physique

ÉCHAUFFEMENT

Évaluez de façon subjective votre condition physique

Répondez aux questions suivantes avant de lire ce chapitre et, surtout, avant d'entamer l'évaluation de votre condition physique.

A Votre capacité à courir, à nager ou à faire du vélo longtemps avec une intensité soutenue est :

Très élevée	Faible
Élevée	Très faible
Moyenne	

B Votre capacité à porter un sac à dos assez lourd pendant 2 kilomètres est :

Très élevée	Faible
Élevée	Très faible
Moyenne	

C Votre capacité à faire des efforts courts mais très intenses, comme soulever une boîte très lourde, est :

Très élevée	Faible
Élevée	Très faible
Moyenne	

D Votre capacité à faire des mouvements amples est :

Très élevée	Faible
Élevée	Très faible
Moyenne	

E Votre poids en fonction de votre taille est, selon vous :

Insuffisant	Élevé
Santé	Très élevé

Après avoir effectué vos tests, vous serez en mesure de constater si vous estimez justement votre condition physique et où vous vous situez par rapport aux normes générales.

APRÈS LA LECTURE DE CE CHAPITRE, VOUS SEREZ EN MESURE :

- de nommer les déterminants variables de la condition physique ;

- d'associer des tests d'évaluation de la condition physique aux déterminants évalués ;

- de nommer et d'expliquer les unités de mesure de chacun des déterminants variables ;

- de sélectionner des tests pertinents pour évaluer vos qualités physiques ;

- d'évaluer votre condition physique.

Chad Zuber/Shutterstock 43351573.

Q ue vous soyez une sportive de haut niveau, un sportif de fin de semaine ou une personne sédentaire, vos activités quotidiennes exigent de vous certaines qualités physiques essentielles. Pensez notamment au transport de vos sacs d'épicerie, aux escaliers à monter dans le métro, à votre course pour arriver à temps à un cours.

La **capacité de répondre aux demandes de la vie quotidienne et d'avoir encore une certaine réserve d'énergie pour être capable de faire face à des évènements imprévus** définit sommairement ce qu'est la **condition physique**. Différents facteurs l'influencent, dont les déterminants invariables et variables de la condition physique.

Les **déterminants invariables** agissent sur la condition physique sans qu'ils puissent être modifiés, sauf par le dopage et les interventions chirurgicales. L'activité physique n'y change rien.

Les déterminants invariables sont entre autres :

- l'âge,
- le sexe,
- la génétique.

Les **déterminants variables** sont ceux qui peuvent être modifiés par l'activité physique et les habitudes de vie de façon à produire un effet bénéfique sur la santé et le bien-être.

Les déterminants variables de la condition physique sont :

- la capacité aérobie,
- la force musculaire,
- la flexibilité musculaire,
- la composition corporelle.

Dans ce chapitre, après une brève présentation de l'échauffement, nous vous proposerons plusieurs tests ainsi que des mesures pratiques pour évaluer l'état de chacun des déterminants variables de votre condition physique.

Des tableaux de référence vous permettront de comparer vos résultats à des résultats standards : vous pourrez ainsi évaluer l'état de votre condition physique et en identifier les déterminants variables à améliorer.

 Sur le vif

Ne confondez pas qualités physiques et qualités athlétiques

Bien qu'ils exercent certainement une influence sur la performance athlétique, il ne faut pas confondre les déterminants variables de la condition physique, qui sont des qualités physiques, et les qualités athlétiques. Les qualités athlétiques, comme l'équilibre, la coordination, la dissociation et l'agilité, contribuent aux performances sportives. Même si vous n'êtes pas en mesure de réussir un panier de 3 points au basket à chaque tentative ou de déjouer un hockeyeur avec une double feinte assurée, vous pouvez être en bonne condition physique.

Un préalable à toute activité physique : l'échauffement

L'échauffement consiste à faire un effort d'intensité faible à modérée dans le but de préparer graduellement le corps et l'esprit avant de pratiquer des activités physiques.

L'échauffement présente des **avantages physiologiques**.

- Il fait augmenter progressivement la fréquence cardiaque. Cette augmentation progressive favorise un meilleur apport d'oxygène et de nutriments aux muscles, ce qui permettra de soutenir une plus grande production d'énergie.

- L'échauffement fait hausser la température corporelle, ce qui facilite, entre autres, les réactions chimiques dans les fibres musculaires, et par le fait même la production d'énergie.

- L'échauffement peut amplifier l'étendue des mouvements puisque les membranes (ou fascias) qui entourent les muscles sont plus élastiques lorsque la température est plus élevée. Les muscles sont alors prêts à être étirés.

- L'échauffement aide également à l'éveil du système nerveux et au calibrage des senseurs internes (les propriocepteurs), ce qui assure une meilleure coordination musculaire.

- L'échauffement accroît ainsi la performance et réduit les risques de blessures ou de malaises.

En pratique

Calculez votre fréquence cardiaque

Pour connaître votre fréquence cardiaque, prenez votre pouls. Il vous faut seulement une montre avec trotteuse, ou un chronomètre, et une patience de 15 secondes. Appuyez sur votre artère carotide en plaçant votre index et votre majeur juste en dessous de la mâchoire. Pour obtenir votre fréquence cardiaque sur 1 minute, prenez vos pulsations pendant 15 secondes et multipliez le résultat par 4. Par exemple, si, au repos (au lever), vous comptez 16 pulsations cardiaques pendant 15 secondes, vous multipliez 16 par 4, ce qui vous donne 64 pulsations à la minute.

©iStockphoto 628692?/Sean Locke.

Anatomie & physiologie

Pas d'étirements statiques dans un échauffement

L'étirement statique, qui consiste à maintenir le muscle en pleine extension pendant quelques secondes, est souvent exécuté avant l'activité physique. Pourtant, il produit l'effet contraire à celui attendu : son exécution comprime les vaisseaux sanguins, ce qui ralentit l'irrigation sanguine du muscle. De plus, un étirement statique tend à diminuer l'efficacité de notre contrôle neuromusculaire plutôt qu'à l'optimiser.

Voici **comment faire votre échauffement**.

- Exécutez la même gestuelle ou la même activité que celle que vous réaliserez, mais avec moins d'intensité : une marche rapide, par exemple, suivie d'un jogging léger avant une séance de jogging.

- La durée de votre échauffement peut varier de 2 à 20 minutes selon le type d'activité et la température ambiante, l'important étant que votre fréquence cardiaque et votre température corporelle s'élèvent.

- Terminez votre échauffement à l'aide d'étirements balistiques ✿.

✿ Voir « La préparation de vos muscles avant une activité physique : les étirements balistiques », page 193 du chapitre 6.

La capacité aérobie

⚙ Voir « Le système aérobie », page 11 de l'introduction.

La capacité aérobie est la **capacité du corps à produire et à utiliser de l'énergie grâce à l'oxygène lors d'un effort de moyenne à longue durée**. Le terme *aérobie* fait référence à notre principal système de production d'énergie, le système aérobie ⚙, qui est responsable de la production de l'énergie nécessaire aux activités physiques de longue durée, comme faire du vélo pendant une heure.

Les avantages d'une bonne capacité aérobie

La capacité aérobie est **la qualité physique qui a la plus grande influence sur notre qualité de vie**. Au point de vue physiologique, il n'y a en effet aucune activité possible s'il n'y a pas production d'énergie, et c'est l'apport d'oxygène aux cellules du corps qui rend la grande majorité de cette production possible, grâce au système respiratoire et au système cardiovasculaire. La capacité aérobie est donc non seulement un déterminant de notre qualité de vie, mais également le préalable à la plupart de nos efforts physiques.

Dans cet ouvrage, nous parlons de *capacité aérobie* et non d'*endurance cardiovasculaire*. Il est en effet faux de ne parler que du système cardiovasculaire, lequel achemine le sang, puisqu'il fonctionne toujours conjointement avec le système respiratoire qui se charge des échanges gazeux.

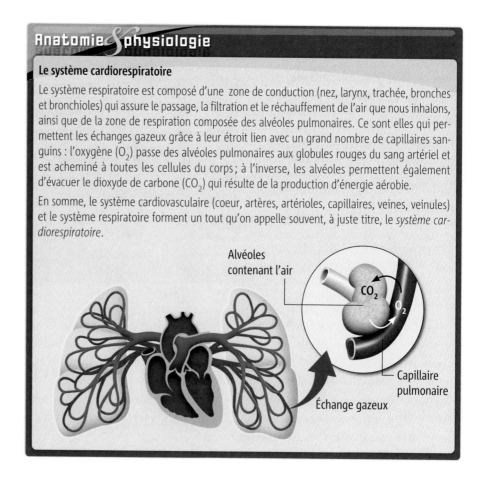

Anatomie & physiologie

Le système cardiorespiratoire

Le système respiratoire est composé d'une zone de conduction (nez, larynx, trachée, bronches et bronchioles) qui assure le passage, la filtration et le réchauffement de l'air que nous inhalons, ainsi que de la zone de respiration composée des alvéoles pulmonaires. Ce sont elles qui permettent les échanges gazeux grâce à leur étroit lien avec un grand nombre de capillaires sanguins : l'oxygène (O_2) passe des alvéoles pulmonaires aux globules rouges du sang artériel et est acheminé à toutes les cellules du corps ; à l'inverse, les alvéoles permettent également d'évacuer le dioxyde de carbone (CO_2) qui résulte de la production d'énergie aérobie.

En somme, le système cardiovasculaire (cœur, artères, artérioles, capillaires, veines, veinules) et le système respiratoire forment un tout qu'on appelle souvent, à juste titre, le *système cardiorespiratoire*.

Alvéoles contenant l'air

CO_2

O_2

Capillaire pulmonaire

Échange gazeux

Les composantes de la capacité aérobie

La capacité aérobie comprend 2 composantes : la consommation maximale d'oxygène (ou VO$_2$ max) et l'endurance aérobie.

La consommation maximale d'oxygène

La consommation maximale d'oxygène ☼ est la **quantité maximale d'oxygène que notre organisme peut utiliser par unité de temps au cours d'un effort aérobie maximal**. Nous pouvons la maintenir en moyenne jusqu'à 7 minutes. La consommation maximale d'oxygène s'exprime habituellement en millilitres par kilogramme de poids corporel par unité de temps (ml d'O$_2$/kg/min).

Au repos, la consommation maximale d'oxygène n'est évidemment pas au maximum. Elle se situe toujours dans un ordre d'environ 3,5 millilitres d'oxygène par kilogramme par minute, soit l'équivalent de 1 MET.

L'endurance aérobie

L'endurance aérobie correspond au pourcentage de consommation maximale d'oxygène qu'il est possible de maintenir pendant une durée ou une distance donnée. Par exemple, une personne qui court pendant 30 minutes à 80 % de sa consommation maximale d'oxygène est plus endurante qu'une personne qui ne peut en soutenir que 70 % pendant la même durée.

La composante mesurée pour évaluer la capacité aérobie : la consommation maximale d'oxygène

Plusieurs tests existent pour évaluer la capacité aérobie, mais la variable mesurée en laboratoire ou estimée sur le terrain est toujours la consommation maximale d'oxygène (VO$_2$ max). Pour l'**évaluer de façon précise**, il faut faire un **test d'effort maximal aérobie** continu d'environ 5 minutes. Vous atteindrez ainsi votre vitesse aérobie maximale (VAM), et ce, peu importe le test d'effort maximal aérobie que vous effectuerez.

> **! Sur le vif**
>
> **La vitesse aérobie maximale**
>
> La vitesse aérobie maximale (VAM) correspond à la plus petite vitesse qui sollicite la consommation maximale d'oxygène. Elle est atteinte au cours d'activités aérobies. Elle varie d'une personne à l'autre et selon l'activité aérobie pratiquée. Cette vitesse s'exprime habituellement en km/h ou en min/km.

En laboratoire, ce test se fait à l'aide d'un masque relié à un ordinateur qui calcule, seconde par seconde, le volume d'air expiré par minute ainsi que les fractions d'oxygène et de dioxyde de carbone. Ces mesures sont ensuite utilisées pour calculer la consommation d'oxygène. Lorsque la consommation d'oxygène ne s'accroît plus malgré l'augmentation de l'intensité de l'effort, la consommation maximale d'oxygène est atteinte. Ce test est habituellement fait sur un vélo stationnaire ou sur un tapis roulant, mais des appareils portatifs permettent maintenant de l'effectuer durant des activités physiques spécifiques (au soccer, par exemple).

Tous les tests d'effort maximal aérobie présentés dans les pages suivantes sont des tests où la consommation maximale d'oxygène est estimée et non mesurée directement.

☼ Voir « Une bonne consommation maximale d'oxygène pour fournir des efforts », page 12 de l'introduction.

> **! Sur le vif**
>
> **Le MET**
>
> Le MET (abréviation de *metabolic equivalency*, qui signifie «équivalence métabolique») est une unité de mesure de la consommation d'oxygène.

Angela Hawkey/Shutterstock 49565659.

Einstein/Shutterstock 28557707.

Les tests d'estimation de la consommation maximale d'oxygène

Il existe toute une panoplie de **tests d'effort maximal ou sous-maximal aérobie** qui servent à estimer la consommation maximale d'oxygène, dont les principaux sont :

- test de course progressif navette de 20 mètres (page 32),
- test de course à pied sur 1 kilomètre (page 35),
- test Cooper de 12 minutes à la course et à la marche (page 36),
- test Cooper de 12 minutes à la nage (page 38),
- test de course à pied progressif sur piste de Léger-Boucher (**CEC**plus),
- test de course progressif sur tapis roulant (**CEC**plus),
- test de marche progressif sur tapis roulant (**CEC**plus),
- test de marche Rockport de 1,6 kilomètre (**CEC**plus),
- test Cooper de 12 minutes à vélo (**CEC**plus),
- test de pédalage progressif sur vélo stationnaire (**CEC**plus),
- *step-test* de 3 minutes de Tecumseh (**CEC**plus),
- physitest aérobie canadien modifié ou PACm (**CEC**plus),
- test sur glace SMAT ou *skating multistage aerobic test* (**CEC**plus).

Un guide pour choisir votre test

Pour que l'évaluation de votre consommation maximale d'oxygène soit la plus représentative possible de votre capacité aérobie maximale, il faut choisir parmi les tests proposés un test d'effort maximal ou sous-maximal aérobie qui ressemble autant que possible aux activités physiques que vous pratiquez. Le tableau de la page suivante devrait vous éclairer sur les avantages et les désavantages de chacun de ces tests.

Notez que les **tests sous-maximaux** (qui n'exigent pas un effort maximal ou qui utilisent la fréquence cardiaque pour estimer la consommation maximale d'oxygène) ne sont **pas aussi précis ni aussi valides que les tests d'effort maximal**. Ces tests sont néanmoins présentés sur le site du **CEC**plus au cas où vous n'auriez pas la possibilité de faire l'un ou l'autre des tests d'effort maximal.

Des précautions à prendre avant le test

Vous devez vous assurer d'avoir la capacité de faire un test d'effort aérobie maximal avant de l'entreprendre. Voici quelques conseils.

- Répondez au questionnaire sur l'aptitude à l'activité physique (Q-AAP) avant d'effectuer le test. Vous trouverez ce questionnaire sur le site du **CEC**plus.
- Si vous souffrez d'un problème de santé connu, qu'il soit respiratoire ou cardiaque, choisissez le test qui vous convient le mieux pour éviter tout risque.
- Discutez avec votre professeur ou une spécialiste de la santé si vous avez des inquiétudes par rapport à votre état de santé et à la participation au test.
- Mangez de bonnes sources de glucides (fruits, barres de céréales, pâtes, riz) dans les 12 heures qui précèdent le test et ne mangez rien au moins 1 heure avant le début du test.
- Si vous faites un test d'effort maximal aérobie qui n'est pas progressif, vous devez faire un échauffement ☼ léger (fréquence cardiaque d'environ 120 pulsations à la minute) avant le test. Assurez-vous que l'échauffement ne vous fait pas perdre d'énergie et attendez ensuite environ 2 minutes avant de commencer votre test.

☼ Voir « Un préalable à toute activité physique : l'échauffement », page 27 de ce chapitre.

- Si vous faites un test d'effort maximal aérobie à l'extérieur, assurez-vous que le parcours est le plus plat possible et qu'il ne fait ni trop chaud ni trop humide.

Le respect rigoureux du protocole

N'oubliez pas qu'il faut respecter rigoureusement le protocole afin d'obtenir une estimation valide.

Choix de tests d'estimation de la consommation maximale d'oxygène (VO$_2$ max)			
Tests	**Avantages**	**Désavantages**	**Exemple d'activités physiques pratiquées**
Test de course progressif navette de 20 m (page 32)	• Progressif • Bonne validité • Besoin de relativement peu d'espace • Nécessite peu de matériel.	• Peut sous-estimer le VO$_2$ max des gens peu habitués des activités avec arrêts et départs rapides. • Nécessite la trame sonore du test.	Activités avec arrêts et départs rapides (soccer, hockey, basket-ball, disque volant d'équipe, parkour, tennis, badminton)
Test de course à pied sur 1 kilomètre (page 35)	• Très bonne validité • Évalue la VAM. • Nécessite peu de matériel.	Nécessite un parcours préétabli de 1 km.	• Course à pied • Athlétisme
Test de course à pied progressif sur piste (Léger-Boucher) (**CEC** plus)	• Progressif • Très bonne validité • Évalue la VAM qui permet d'estimer le VO$_2$ max.	• Nécessite une piste de 200 m ou 400 m. • Nécessite la trame sonore du test.	Course à pied
Test Cooper de 12 min à la course et à la marche (page 36)	• Nécessite peu de matériel. • Bonne validité si vous faites de la course à pied régulièrement.	Difficile de doser l'effort	• Course à pied • Athlétisme
Test de course progressif sur tapis roulant (**CEC** plus)	Évalue la VAM qui permet d'estimer le VO$_2$ max.	Nécessite un tapis roulant.	• Course à pied • Athlétisme
Test de marche progressif sur tapis roulant (**CEC** plus)	• Progressif • Pratique si vous souffrez d'une blessure.	• Test sous-maximal • Validité moyenne	Activités physiques de faible intensité
Test de marche Rockport de 1,6 km (**CEC** plus)	Pratique si vous souffrez d'une blessure ou êtes incapable de faire un test d'effort maximal	• Test sous-maximal • Validité moyenne	Activités physiques de faible intensité
Test Cooper de 12 min à la nage (page 38)	Bonne validité si vous faites de la natation régulièrement	• Difficile de doser l'effort • Nécessite une piscine de 25 m.	• Natation • Waterpolo
Test Cooper de 12 min à vélo (**CEC** plus)	Bonne validité si vous faites du vélo régulièrement	• Difficile de doser l'effort • Nécessite un odomètre ou un GPS.	Cyclisme
Test de pédalage progressif sur vélo stationnaire (**CEC** plus)	• Progressif • Évalue le wattage maximal de pédalage qui permet d'estimer le VO$_2$ max.	Peut sous-estimer le VO$_2$ max si le pédalage est inhabituel, car la gestuelle est coûteuse en énergie.	Cyclisme
Step-test de 3 min de Tecumseh (**CEC** plus)	Prend peu d'espace.	• Test sous-maximal • Utilise la fréquence cardiaque pour estimer le VO$_2$ max. • Validité moyenne	• Danse aérobie • Activités physiques de faible intensité
Physitest aérobie canadien modifié (PACm) (**CEC** plus)	• Progressif • Prend peu d'espace.	• Nécessite beaucoup de matériel. • Test sous-maximal • Utilise la fréquence cardiaque pour estimer le VO$_2$ max. • Validité moyenne	Danse aérobie
Test sur glace *SMAT* (**CEC** plus)	• Progressif • Très bonne validité pour les joueurs de hockey expérimentés	Les tableaux d'interprétation des résultats n'existent pour l'instant que pour les garçons de 13 à 16 ans ou pour des joueurs professionnels.	• Hockey • Ringuette

Des suggestions d'après-test

Voici ce que vous devriez faire après avoir réalisé le test.

- Arrêtez progressivement le test (en marchant, en nageant, en patinant ou en pédalant tranquillement).
- Prenez votre pouls dès l'arrêt du test pour connaître votre fréquence cardiaque maximale réelle.
- Consommez des glucides et des protéines (yogourt, lait, noix).
- Buvez un verre d'eau dans la demi-heure qui suit le test.

Sur le vif

Comparez votre capacité aérobie d'après votre consommation maximale d'oxygène (VO_2 max en ml d'O_2/kg/min) à celle de quelques athlètes reconnus mondialement.

Consommation maximale d'oxygène de quelques athlètes reconnus mondialement			
Sports	**Athlètes**	**VO_2 max (ml d'O_2/kg/min)**	
Ski de fond et cyclisme	Pierre Harvey	86	
Cyclisme	Lance Armstrong	84	
Course de fond	Joan Benoit	78	
Hockey	Les joueurs des Canadiens de Montréal	54 - 59	

Test

20 m

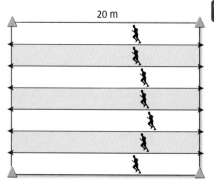

Test de course progressif navette de 20 mètres

Le test de course progressif navette est un test avec arrêts et départs rapides (de type *stop and go*). Il se fait sur une distance de 20 mètres entre 2 lignes. L'augmentation de la vitesse est régie par une trame sonore de manière que la vitesse augmente de 0,5 kilomètre à l'heure à chaque palier de 1 minute. L'objectif est de faire le maximum de paliers possible en faisant des allers-retours. C'est un test idéal si vous avez l'habitude des sports où les arrêts et les départs rapides sont fréquents. Vous pouvez l'effectuer en solo ou en groupe, à l'intérieur comme à l'extérieur.

Matériel

Vous devez disposer d'un espace de 20 mètres de longueur, délimité par 2 lignes, d'un appareil audio et d'une trame sonore qui indique chaque palier et demi-palier (celle des tests de Luc Léger).

Protocole

1. Balisez l'espace pour qu'une longueur de 20 mètres soit clairement identifiée.

2. Placez-vous derrière la ligne de départ et démarrez la trame sonore.

3. Au signal de départ, commencez tranquillement et augmentez progressivement la cadence de course en vous assurant d'avoir touché l'autre ligne du pied pendant ou avant que le signal sonore suivant se fasse entendre.

4. Effectuez le plus de paliers possible en faisant des allers-retours jusqu'à ce que vous ne puissiez plus suivre le rythme imposé par les signaux sonores.

5. Dès que vous arrêtez le test, notez bien le dernier palier ou demi-palier complété (entendu) et marchez pour un retour au calme progressif.

Palier :

6. Consultez l'un ou l'autre des tableaux suivants selon votre sexe pour connaître le niveau de votre capacité aérobie d'après le dernier palier ou demi-palier que vous avez complété.

Capacité aérobie des hommes d'après le nombre de paliers complétés au test de course progressif navette de 20 m					
Capacité aérobie	Paliers complétés par groupe d'âges				
	16 à 19 ans	20 à 29 ans	30 à 39 ans	40 à 49 ans	50 à 59 ans
Très élevée	> 11,0	> 11,5	> 9,5	> 8,5	> 7,0
Élevée	9,5 - 11,0	10,5 - 11,5	8,5 - 9,5	7,5 - 8,5	5,5 - 7,0
Moyenne	7,5 - 9,0	9,0 - 10,0	7,5 - 8,0	6,0 - 7,0	4,5 - 5,0
Faible	6,0 - 7,0	7,5 - 8,5	6,0 - 7,0	4,5 - 5,5	3,5 - 4,0
Très faible	< 6,0	< 7,5	< 6,0	< 4,5	< 3,5

Note : La catégorie « 16 à 19 ans » est adaptée de OLDS, T., TOMKINSON, G., LÉGER, L., CAZORLA, G. (2006). « Worldwide variation in the performance of children and adolescents : An analysis of 109 studies of the 20-m shuttle run test in 37 countries ». *Journal of Sports Sciences*, vol. 24, n° 10, p. 1025 - 1038.

Adapté de : *Trousse d'évaluation de l'aptitude physique : Manuel d'instructions pour l'utilisation des tests* (rév. 2008, document PDF). Luc Léger, équipe de la Fédération des kinésiologues du Québec (réviseurs). Société canadienne de la physiologie de l'exercice.

Capacité aérobie des femmes d'après le nombre de paliers complétés au test de course progressif navette de 20 m					
Capacité aérobie	Paliers complétés par groupe d'âges				
	16 à 19 ans	20 à 29 ans	30 à 39 ans	40 à 49 ans	50 à 59 ans
Très élevée	> 7,0	> 6,5	> 6,0	> 4,5	> 4,0
Élevée	6,0 - 7,0	5,5 - 6,5	4,5 - 6,0	4,0 - 4,5	3,5 - 4,0
Moyenne	4,0 - 5,5	4,5 - 5,0	3,5 - 4,0	3,0 - 3,5	2,5 - 3,0
Faible	3,0 - 3,5	3,0 - 4,0	2,5 - 3,0	2,0 - 2,5	1,5 - 2,0
Très faible	< 3,0	< 3,0	< 2,5	< 2,0	< 1,5

Note : La catégorie « 16 à 19 ans » est adaptée de OLDS, T., TOMKINSON, G., LÉGER, L., CAZORLA, G. (2006). « Worldwide variation in the performance of children and adolescents : An analysis of 109 studies of the 20-m shuttle run test in 37 countries ». *Journal of Sports Sciences*, vol. 24, n° 10, p. 1025 - 1038.

Adapté de : *Trousse d'évaluation de l'aptitude physique : Manuel d'instructions pour l'utilisation des tests* (rév. 2008, document PDF). Luc Léger, équipe de la Fédération des kinésiologues du Québec (réviseurs). Société canadienne de la physiologie de l'exercice.

7. Reportez-vous au tableau qui suit pour savoir quelle est l'estimation de votre consommation maximale d'oxygène et son équivalence en METS en fonction du nombre de paliers que vous avez complétés.

		Hommes et femmes			
Paliers	**Vitesse (km/h)**	**16 à 17 ans**		**18 ans et plus**	
		VO₂ max (ml d'O₂/kg/min)	**METS**	**VO₂ max (ml d'O₂/kg/min)**	**METS**
15	15	66,9	19,1	65,6	18,7
14,5	14,5	65,5	18,7	64,1	18,3
14	14,5	64,1	18,3	62,6	17,9
13,5	14	62,6	17,9	61,1	17,4
13	14	61,1	17,5	59,6	17
12,5	13,5	59,7	17,1	58,1	16,6
12	13,5	58,3	16,6	56,6	16,2
11,5	13	56,8	16,2	55,1	15,7
11	13	55,4	15,8	53,6	15,3
10,5	12,5	54,0	15,4	52,1	14,9
10	12,5	52,5	15,0	50,6	14,4
9,5	12	51,1	14,6	49,1	14
9	12	49,6	14,2	47,6	13,6
8,5	11,5	48,2	13,8	46,1	13,2
8	11,5	46,7	13,3	44,6	12,7
7,5	11	45,3	12,9	43,1	12,3
7	11	43,9	12,5	41,6	11,9
6,5	10,5	42,4	12,1	40,1	11,5
6	10,5	41,0	11,7	38,6	11
5,5	10	39,5	11,3	37,1	10,6
5	10	38,1	10,9	35,6	10,2
4,5	9,5	36,6	10,5	34,1	9,7
4	9,5	35,2	10,0	32,6	9,3
3,5	9	33,7	9,6	31,1	8,9
3	9	32,3	9,2	29,6	8,5
2,5	8,5	30,9	8,8	28,1	8
2	8,5	29,4	8,4	26,6	7,6
1,5	8	28,0	8,0	25,1	7,2
1	8	26,5	7,6	23,6	6,7

Table title: **VO₂ max, équivalence en METS, en fonction du nombre de paliers complétés au test de course à pied progressif navette de 20 m**

Note : Les METS équivalent approximativement à votre vitesse aérobie maximale (VAM) de course à pied.

Adapté de : *Trousse d'évaluation de l'aptitude physique : Manuel d'instructions pour l'utilisation des tests* (rév. 2008, document PDF). Luc Léger, équipe de la Fédération des kinésiologues du Québec (réviseurs). Société canadienne de la physiologie de l'exercice.

Test de course à pied sur 1 kilomètre

Le test de course à pied sur 1 kilomètre consiste à courir cette distance le plus vite possible (rythme constant). Il est inspiré du test que propose Guy Thibault dans son livre *Entraînement cardio, sports d'endurance et performance* (2009, p. 42 - 43). Le test de course à pied sur 1 kilomètre convient aux personnes qui n'ont pas de contre-indication médicale et qui ont la motivation nécessaire pour faire un test d'effort maximal à la course à pied. Il peut être effectué en solo ou en groupe, à l'intérieur (sur une piste suffisamment grande pour que les virages ne ralentissent pas la personne testée) comme à l'extérieur (les conditions de température et de vent doivent être favorables).

Matériel

Vous devez disposer d'un parcours de course avec distance préétablie de 1 kilomètre, une piste d'athlétisme ou un sentier de parc plat, par exemple, et d'un chronomètre. Une montre avec cardiofréquencemètre ou un GPS d'entraînement qui rapportent la distance et la vitesse en temps réel peuvent être pratiques. Il existe également des applications sur les cellulaires ainsi que sur Internet pour vous aider à connaître des distances de parcours extérieurs, comme < www.mapmyrun.com > ou < www.gmap-pedometer.com > .

Protocole

1. Assurez-vous que votre parcours mesure bien 1 km et situez la ligne de départ et d'arrivée.

2. Faites un échauffement avant de commencer votre test.

3. Au signal du départ, adoptez un rythme de course élevé de manière à parcourir la distance le plus rapidement possible.

4. Lorsque vous avez parcouru la distance de 1 kilomètre, notez la durée exacte, en secondes, de votre effort maximal à la course. Continuez de marcher pour un retour au calme progressif.

Durée :   s

5. Pour estimer votre consommation maximale d'oxygène, rendez-vous sur le site du **CEC**plus et inscrivez la distance (en mètres : 1 km = 1000 m) ainsi que la durée (en secondes) dans le calculateur de VO_2 max au test de course à pied sur 1 km.

VO_2 max =   ml d'O_2/kg/min

Il est possible d'estimer votre consommation maximale d'oxygène sur différentes distances et durées. Vous n'avez qu'à les inscrire dans ce calculateur.

6. Utilisez l'un ou l'autre des tableaux suivants selon votre sexe pour connaître le niveau de votre capacité aérobie d'après l'estimation de votre consommation maximale d'oxygène fournie par la durée de votre effort maximal à la course.

Capacité aérobie des hommes d'après le test de course à pied sur 1 km					
Capacité aérobie	VO₂ max (ml d'O₂/kg/min) par groupe d'âges				
	16 à 19 ans	20 à 29 ans	30 à 39 ans	40 à 49 ans	50 à 59 ans
Très élevée	≥ 55	≥ 49	≥ 48	≥ 45	≥ 42
Élevée	50 - 54	45 - 48	43 - 47	41 - 44	38 - 41
Moyenne	43 - 49	42 - 44	40 - 42	38 - 40	35 - 37
Faible	40 - 42	38 - 41	36 - 39	34 - 37	31 - 34
Très faible	≤ 39	≤ 37	≤ 35	≤ 33	≤ 30

Note : La catégorie « 16 à 19 ans » est adaptée de OLDS, T., TOMKINSON, G., LÉGER, L., CAZORLA, G. (2006). « Worldwide variation in the performance of children and adolescents : An analysis of 109 studies of the 20-m shuttle run test in 37 countries ». *Journal of Sports Sciences*, vol. 24, nº 10, p. 1025 - 1038.

Adapté de : *The physical fitness specialist certification manual* (éd. 1997, tableau 4.1). Dallas (Tex.), The Cooper Institute for Aerobics Research.

Capacité aérobie des femmes d'après le test de course à pied sur 1 km					
Capacité aérobie	VO₂ max (ml d'O₂/kg/min) par groupe d'âges				
	16 à 19 ans	20 à 29 ans	30 à 39 ans	40 à 49 ans	50 à 59 ans
Très élevée	≥ 44	≥ 42	≥ 40	≥ 37	≥ 33
Élevée	40 - 43	38 - 41	36 - 39	33 - 36	30 - 32
Moyenne	34 - 39	35 - 37	33 - 35	31 - 32	28 - 29
Faible	30 - 33	32 - 34	30 - 32	28 - 30	25 - 27
Très faible	≤ 29	≤ 31	≤ 29	≤ 27	≤ 24

Note : La catégorie « 16 à 19 ans » est adaptée de OLDS, T., TOMKINSON, G., LÉGER, L., CAZORLA, G. (2006). « Worldwide variation in the performance of children and adolescents : An analysis of 109 studies of the 20-m shuttle run test in 37 countries ». *Journal of Sports Sciences*, vol. 24, nº 10, p. 1025 - 1038.

Adapté de : *The physical fitness specialist certification manual* (éd. 1997, tableau 4.1). Dallas (Tex.), The Cooper Institute for Aerobics Research.

Andreja Donko/Shutterstock 27640789

 Test

Test Cooper de 12 minutes à la course et à la marche

Le test Cooper à la course et à la marche consiste à franchir le maximum de distance possible en 12 minutes. C'est un test idéal si vous avez une bonne expérience de la course. Vous pouvez l'effectuer en solo ou en groupe, à l'intérieur comme à l'extérieur.

Matériel

Vous devez disposer d'un parcours de course avec distance préétablie, une piste d'athlétisme ou un sentier de parc, par exemple, et d'un chronomètre. Une montre avec cardiofréquencemètre ou un GPS d'entraînement qui rapportent la distance et la vitesse en temps réel peuvent être pratiques. Il existe également des applications sur les cellulaires ainsi que sur Internet pour vous aider à connaître des distances de parcours extérieurs, comme < www.mapmyrun.com > ou < www.gmap-pedometer.com > .

Protocole

1. Utilisez un parcours le plus plat possible.

2. Faites un échauffement avant de commencer votre test.

3. Au signal du départ, effectuez le plus de distance possible à la course en 12 minutes. Si vous n'êtes pas capable de courir 12 minutes en continu, marchez pour récupérer, mais recommencez à courir progressivement dès que possible.

4. Après 12 minutes, notez où vous vous situez pour calculer la distance que vous avez parcourue. S'il s'agit d'une piste d'athlétisme, il vous sera facile de déterminer la distance par le nombre de tours exécutés. Sinon, vous aurez à mesurer votre distance par d'autres moyens. Continuez à marcher pour un retour au calme progressif.

Distance parcourue : _____ km

5. Pour estimer votre consommation maximale d'oxygène à partir de la distance que vous avez parcourue, utilisez la formule suivante :

VO_2 max = 22,351 × Distance (km) − 11,288 = _____ ml d'O_2/min/kg

> **Exemple**
>
> ⬤ *Un coureur parcourt 2,4 kilomètres en 12 minutes.*
> VO_2 max = 22,351 × 2,4 − 11,288 = *42,35* ml d'O_2/min/kg

6. Reportez-vous à l'un ou l'autre des tableaux suivants selon votre sexe pour connaître le niveau de votre capacité aérobie d'après la distance que vous avez parcourue.

Capacité aérobie des hommes d'après le test Cooper de 12 min à la course et à la marche					
Capacité aérobie	**Distance parcourue (km) par groupe d'âges**				
	19 ans et moins	**20 à 29 ans**	**30 à 39 ans**	**40 à 49 ans**	**50 à 59 ans**
Très élevée	> 3,0	> 2,9	> 2,8	> 2,7	> 2,6
Élevée	2,8 - 3,0	2,7 - 2,9	2,6 - 2,8	2,5 - 2,7	2,4 - 2,6
Moyenne	2,6 - 2,7	2,5 - 2,6	2,4 - 2,5	2,3 - 2,4	2,2 - 2,3
Faible	2,3 - 2,5	2,2 - 2,4	2,2 - 2,3	2,1 - 2,2	1,9 - 2,1
Très faible	< 2,3	< 2,2	< 2,2	< 2,1	< 1,9

Adapté de : COOPER, KENNETH H. (1985). *The aerobics program for total well-being : Exercise, diet, emotional balance* (p. 141). New York, Bantam Books.

Capacité aérobie des femmes d'après le test Cooper de 12 min à la course et à la marche					
Capacité aérobie	**Distance parcourue (km) par groupe d'âges**				
	19 ans et moins	**20 à 29 ans**	**30 à 39 ans**	**40 à 49 ans**	**50 à 59 ans**
Très élevée	> 2,5	> 2,4	> 2,3	> 2,2	> 2,1
Élevée	2,4 - 2,5	2,3 - 2,4	2,2 - 2,3	2,1 - 2,2	2,0 - 2,1
Moyenne	2,2 - 2,3	2,1 - 2,2	2,0 - 2,1	1,9 - 2,0	1,8 - 1,9
Faible	2,0 - 2,1	1,9 - 2,0	1,8 - 1,9	1,7 - 1,8	1,6 - 1,7
Très faible	< 2,0	< 1,9	< 1,8	< 1,7	< 1,6

Adapté de : COOPER, KENNETH H. (1985). *The aerobics program for total well-being : Exercise, diet, emotional balance* (p. 141). New York, Bantam Books.

Test Cooper de 12 minutes à la nage

Le test Cooper à la nage consiste à franchir le maximum de distance (ou le maximum de longueurs) possible en 12 minutes. C'est un test idéal si vous nagez régulièrement. Vous pouvez l'effectuer en solo, idéalement avec un ou une partenaire, ou en groupe, à l'intérieur comme à l'extérieur.

Matériel

Vous devez disposer d'une piscine de 25 mètres ou de 50 mètres et d'un chronomètre.

Protocole

1. Assurez-vous que la piscine mesure bien 25 mètres ou 50 mètres.

2. Si vous faites le test en solo, votre partenaire peut compter les longueurs que vous effectuez, vous encourager et vous informer du temps qu'il vous reste.

3. Faites un échauffement avant de commencer votre test.

4. Placez-vous dans un couloir avec des participants du même niveau d'habileté si vous êtes plusieurs à faire le test.

5. Démarrez le chronomètre et effectuez le plus de longueurs possible. Comptez le nombre de longueurs effectuées afin de connaître la distance parcourue en 12 minutes. Si vous n'êtes pas capable de nager 12 minutes en continu, ralentissez le rythme pour récupérer mais, dès que possible, recommencez à nager progressivement plus vite.

6. Après 12 minutes, notez bien le nombre de longueurs et continuez à nager doucement pour un retour progressif au calme.

Nombre de longueurs :

7. Calculez la distance totale parcourue ; pour ce faire, multipliez le nombre de longueurs effectuées par la longueur de la piscine ; le résultat doit être en mètres.

Distance totale parcourue = Nombre de longueurs ____ × 25 m (ou 50 m)
= ____ m

8. Reportez-vous à l'un ou l'autre des tableaux suivants pour connaître le niveau de votre capacité aérobie d'après la distance que vous avez parcourue à la nage en 12 minutes.

Capacité aérobie des hommes d'après le test Cooper de 12 min à la nage					
Capacité aérobie	Distance parcourue (m) par groupe d'âges				
	19 ans et moins	20 à 29 ans	30 à 39 ans	40 à 49 ans	50 à 59 ans
Très élevée	> 730	> 640	> 600	> 550	> 500
Élevée	640 - 730	550 - 640	500 - 600	460 - 550	410 - 500
Moyenne	550 - 639	450 - 549	410 - 499	360 - 459	320 - 409
Faible	460 - 549	360 - 449	320 - 409	275 - 359	230 - 319
Très faible	< 460	< 360	< 320	< 275	< 230

Adapté de : COOPER, KENNETH H. (1985). *The aerobics program for total well-being : Exercise, diet, emotional balance* (p. 142). New York, Bantam Books.

John Wollwerth/Shutterstock 45278365.

Capacité aérobie des femmes d'après le test Cooper de 12 min à la nage					
Capacité aérobie	**Distance parcourue (m) par groupe d'âges**				
	19 ans et moins	**20 à 29 ans**	**30 à 39 ans**	**40 à 49 ans**	**50 à 59 ans**
Très élevée	> 640	> 550	> 500	> 450	> 410
Élevée	550 - 640	450 - 550	410 - 500	360 - 450	320 - 410
Moyenne	450 - 549	360 - 449	320 - 409	275 - 359	230 - 319
Faible	360 - 449	275 - 359	230 - 319	180 - 274	140 - 229
Très faible	< 360	< 275	< 230	< 180	< 140

Adapté de : COOPER, KENNETH H. (1985). *The aerobics program for total well-being : Exercise, diet, emotional balance* (p. 142). New York, Bantam Books.

La force musculaire

Galyna Andrushko/Shutterstock 47144833.

L a force musculaire est la **capacité motrice qui permet de vaincre une résistance ou de s'y opposer par une contraction musculaire volontaire**. La force musculaire se manifeste de plusieurs façons. Ainsi, gravir 50 étages en utilisant les escaliers requerra un effort différent de l'effort exigé pour pousser une voiture sur quelques mètres. Pour être plus précis dans la définition et dans l'évaluation des capacités physiques relatives à la force musculaire, nous diviserons cette dernière en **trois catégories** : la force maximale, la force endurance (ou endurance musculaire) et la puissance musculaire. Chacune correspond à un type d'effort différent.

Les avantages d'une bonne force musculaire

La force musculaire est un aspect important de notre condition physique, car elle a une influence directe sur notre santé et notre bien-être. La force musculaire est mise à contribution dans plusieurs tâches quotidiennes telles que monter des escaliers ou transporter un sac d'école. Une bonne force musculaire nous permet d'être efficaces et de ne pas nous fatiguer trop rapidement.

La force maximale

La force maximale est déterminée par l'**intensité d'une contraction musculaire de courte durée** ou par l'exécution d'**un certain nombre de répétitions d'un mouvement avec une charge maximale ou quasi maximale**. La force maximale est la plus grande force qu'un muscle peut produire d'une manière volontaire. De manière générale, la force maximale est sollicitée lors d'un effort court et intense. La force maximale se divise en deux autres types de force : la force relative et la force absolue.

La force relative

La force relative est un rapport entre la charge déplacée et le poids de la personne qui la déplace. Par exemple, si une personne réussit à faire une seule répétition d'un mouvement d'accroupissement (*squat*) avec une charge de 50 kilogrammes et

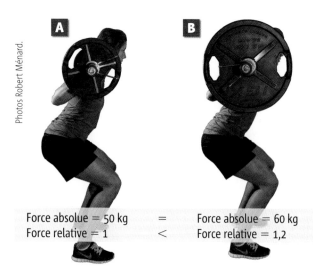

Force absolue = 50 kg	=	Force absolue = 60 kg
Force relative = 1	<	Force relative = 1,2

que la personne pèse également 50 kilogrammes, elle a une force relative de 1 (A). Si elle réussit à faire le même mouvement avec une charge de 60 kilogrammes, elle a une force relative de 1,2 (B).

La force absolue

Contrairement à la force relative, la force absolue fait abstraction du poids de la personne qui soulève la charge. Elle correspond simplement à la charge maximale qu'une personne peut soulever sans tenir compte de son poids. Ainsi, 2 personnes de poids différents soulevant la même charge auraient une force absolue équivalente.

La force endurance

La force endurance correspond à la **capacité du système neuromusculaire à maintenir ou à répéter une contraction sous-maximale**. Cette qualité physique est aussi appelée *endurance musculaire*. Elle est sollicitée lorsque l'effort musculaire est d'une durée de moyenne à longue et que son intensité est modérée.

De façon très générale, la force endurance est la **capacité d'une personne à résister à la fatigue musculaire**. Cependant, la fatigue musculaire peut prendre plusieurs formes. Par exemple, vous n'avez pas la même fatigue musculaire lorsque vous faites une randonnée à vélo que lorsque vous montez des escaliers. La fatigue est aussi différente lorsque vous faites une série de pompes ou que vous effectuez la grimpe d'un mur d'escalade. Pourtant, il s'agit dans tous les cas de fatigue musculaire dont le niveau dépend directement de votre force endurance.

La puissance musculaire

La puissance musculaire est la **capacité d'un muscle ou d'un groupe de muscles à effectuer la plus forte contraction musculaire le plus rapidement possible**. Elle correspond à la quantité de travail produite par unité de temps. Elle s'exprime généralement en watts (W) par seconde. Une personne qui soulève 100 kilogrammes en 1 seconde à l'exercice de poussée des jambes est donc plus puissante qu'une autre qui réussit à pousser la même charge en 4 secondes.

Les tests d'évaluation de la force maximale

Même s'il existe des nuances théoriques et pratiques entre les forces maximales relative et absolue, leur évaluation se fait à partir des mêmes tests. Il existe autant de tests de force maximale qu'il existe de mouvements de musculation. En général, il s'agit d'exécuter le mouvement à évaluer avec la charge la plus élevée possible. Voici quelques tests parmi les plus utilisés :

- test d'estimation de la charge correspondant à 1 répétition maximale, appelé *test d'estimation du 1RM* (page 42),

- test du dynamomètre (page 44),

- test de 1 répétition maximale, appelé *test du 1RM* (**CEC plus**).

Un guide pour choisir votre test

Pour choisir un test de force maximale, vous devez d'abord savoir quelle région musculaire vous voulez évaluer. Une fois celle-ci déterminée, vous devez sélectionner un mouvement qui sollicite cette dernière et être en mesure d'ajouter de la charge à ce mouvement. Par exemple, si vous désirez mesurer la force maximale de vos pectoraux, les pompes, même si elles sollicitent les muscles ciblés, ne conviennent pas parce que le poids de votre corps est la seule charge possible. Vous pourriez donc opter pour un exercice de musculation comme le développé couché sur banc, lequel vous permet d'ajouter de la charge au mouvement. Deux tests s'offrent à vous selon que vous avez ou non de l'expérience en musculation.

Si **vous faites déjà de la musculation**, vous devriez effectuer un test qui permet d'établir la charge maximale que vous pouvez déplacer en une seule fois, peu importe le mouvement exécuté ; c'est le test de 1 répétition maximale, dit *test du 1RM*.

Si **vous avez peu d'expérience en musculation**, vous devrez utiliser une formule de calcul pour estimer votre charge correspondant à 1 répétition maximale ; il s'agit du test d'estimation de la charge correspondant à 1 répétition maximale, dit *test d'estimation du 1RM*, qui pourra différer de la charge réelle jusqu'à environ 12 %, dépendamment des mouvements exécutés. Pour garantir une certaine précision, nous vous suggérons d'utiliser la formule de Mayhew ☼.

Enfin, pour une approximation de votre force maximale générale, faites le test du dynamomètre.

☼ Voir le numéro 6 du protocole d'exécution du test d'estimation de la charge correspondant à 1 répétition maximale, page 42.

Choix de tests d'évaluation de votre force maximale			
Tests	**Avantages**	**Désavantages**	**Expérience en musculation**
Test d'estimation du 1RM (page 42)	Facile à exécuter	Variation de la validité des formules d'estimation d'un exercice à l'autre	Expérience minimale
Test du dynamomètre (page 44)	• Facile à exécuter • Estimation de la force générale	Résultats surévalués des gens pratiquant des activités de préhension	Aucune expérience requise
Test du 1RM (CEC plus)	Exactitude de l'évaluation de la force	Prend du temps.	Grande expérience ou pratique de l'haltérophilie

Une précaution à prendre avant le test

Avant de procéder au test d'estimation de la charge correspondant à 1 répétition maximale, il faut vous échauffer en exécutant le mouvement que vous voulez évaluer avec une charge modérée.

Le respect rigoureux du protocole

N'oubliez pas qu'il faut respecter rigoureusement le protocole afin d'obtenir une estimation valide.

Test d'estimation de la charge correspondant à 1 répétition maximale (test d'estimation du 1RM)

Le test d'estimation du 1RM vise à estimer quelle est la charge maximale que vous êtes capable de déplacer pour un exercice en particulier. Pour effectuer ce test, il s'agit de faire le mouvement à évaluer avec une charge que vous pensez être capable de soulever au maximum 10 fois. La dernière répétition que vous exécutez doit être la dernière que vous êtes capable d'accomplir avant d'être dans l'impossibilité de continuer. La présence de 1 ou 2 partenaires est nécessaire pour votre sécurité.

Matériel

Le matériel dépend de l'exercice choisi. Il vous faut des poids libres ou des appareils de musculation. Il faut toutefois prévoir assez de lestage de façon à pouvoir augmenter la charge.

Le développé couché sur banc est un exercice couramment utilisé pour évaluer la force maximale de vos pectoraux.

Photo Robert Ménard.

Protocole

1. Choisissez un mouvement de musculation qui sollicite le muscle ou la chaîne musculaire que vous voulez évaluer.

2. Consultez un guide d'exécution de ce mouvement pour bien en distinguer les principaux points techniques. Vous devez exécuter le mouvement de la même façon à chaque fois afin de pouvoir comparer vos résultats.

3. Utilisez une charge que vous pensez être capable de soulever au maximum 10 fois. Commencez avec une charge correspondant à 70 % de votre poids. S'il vous est possible de faire plus de 10 répétitions (Rép.), la charge est trop légère.

4. S'il vous faut faire plus de 1 essai pour ajuster la charge, vous devez attendre de 5 à 6 minutes avant de retenter l'essai suivant. Augmentez la charge progressivement, selon l'expérience que vous avez de ce mouvement.

5. Il est conseillé de ne pas tenter de faire ce test plus de 3 ou 4 fois par séance pour obtenir un résultat fiable.

6. Pour estimer automatiquement votre charge correspondant à une répétition maximale (1RM), entrez la charge la plus élevée que vous avez soulevée et le nombre de fois que vous l'avez soulevée dans la formule de Mayhew.

Charge soulevée : ____ kg

Nombre de répétitions : ____

Formule de Mayhew :

$$1RM = 100 \times kg \div (52{,}2 + 41{,}9 \times e^{-0{,}055 \times \text{Rép.}})$$

La poussée des jambes est un exercice fréquemment employé pour évaluer la force maximale de vos jambes.

Photo Robert Ménard.

Exemple

Une personne qui soulève une charge de 75 kg 7 fois obtient un résultat de 93 kg.

$$1RM = 100 \times 75 \div (52{,}2 + 41{,}9 \times e^{-0{,}055 \times 7}) = 93 \text{ kg}$$

Vous pouvez aussi calculer automatiquement votre résultat avec le calculateur de 1RM selon la formule de Mayhew disponible sur le site du **CEC** plus.

7. Vous pouvez également utiliser la formule de Brzycki, qui est plus simple à appliquer mais moins fiable si vous faites au-delà de 5 répétitions maximales.

Formule de Brzycki :

1RM = Charge soulevée ___ kg ÷ (1,0278 − (0,0278 × ___ Rép.)) = ___ kg

Exemple

↳ *Une personne qui soulève une charge de 75 kg 4 fois obtient un résultat de 82 kg.*
1RM = 75 ÷ (1,0278 − (0,0278 × 4)) = 82 kg

Vous pouvez aussi calculer automatiquement votre résultat avec le calculateur de 1RM selon la formule de Brzycki sur le site du **CEC** plus .

8. Le calcul que vous avez fait avec la formule de Mayhew ou avec celle de Brzycki vous donne votre force absolue. Appliquez la formule suivante pour obtenir le coefficient de votre force relative.

Force relative = 1RM ___ ÷ poids ___ kg = ___

9. Si vous avez opté pour le développé couché sur banc ou la poussée des jambes comme test d'estimation du 1RM pour évaluer votre force relative, consultez l'un des tableaux suivants selon votre sexe.

Force relative des hommes au développé couché comme test d'estimation du 1RM

Force relative	Coefficient de force relative par groupe d'âges			
	17 à 29 ans	30 à 39 ans	40 à 49 ans	50 à 59 ans
Très élevée	≥ 1,32	≥ 1,12	≥ 1,00	≥ 0,90
Élevée	1,14 - 1,31	0,98 - 1,11	0,88 - 0,99	0,79 - 0,89
Moyenne	0,99 - 1,13	0,88 - 0,97	0,80 - 0,87	0,71 - 0,78
Faible	0,88 - 0,98	0,78 - 0,87	0,72 - 0,79	0,63 - 0,70
Très faible	≤ 0,87	≤ 0,77	≤ 0,71	≤ 0,62

Adapté de : AMERICAN COLLEGE OF SPORT MEDICINE (2010, 6ᵉ éd.). *ACSM's guidelines for exercise, testing and prescription resource manual* (p. 323). Philadelphie/Londres, Wolters Kluwer Health/Lippincott/Williams & Wilkins.

Force relative des femmes au développé couché comme test d'estimation du 1RM

Force relative	Coefficient de force relative par groupe d'âges			
	17 à 29 ans	30 à 39 ans	40 à 49 ans	50 à 59 ans
Très élevée	≥ 0,80	≥ 0,70	≥ 0,62	≥ 0,55
Élevée	0,70 - 0,79	0,60 - 0,69	0,54 - 0,61	0,48 - 0,54
Moyenne	0,59 - 0,69	0,53 - 0,59	0,50 - 0,53	0,44 - 0,47
Faible	0,51 - 0,58	0,48 - 0,52	0,43 - 0,49	0,39 - 0,43
Très faible	≤ 0,50	≤ 0,47	≤ 0,42	≤ 0,38

Adapté de : AMERICAN COLLEGE OF SPORT MEDICINE (2010, 6ᵉ éd.). *ACSM's guidelines for exercise, testing and prescription resource manual* (p. 323). Philadelphie/Londres, Wolters Kluwer Health/Lippincott/Williams & Wilkins.

Force relative des hommes à la poussée des jambes comme test d'estimation du 1RM

Force relative	Coefficient de force relative par groupe d'âges			
	17 à 29 ans	30 à 39 ans	40 à 49 ans	50 à 59 ans
Très élevée	≥ 2,13	≥ 1,93	≥ 1,82	≥ 1,71
Élevée	1,97 - 2,12	1,77 - 1,92	1,68 - 1,81	1,58 - 1,70
Moyenne	1,83 - 1,96	1,65 - 1,76	1,57 - 1,67	1,46 - 1,57
Faible	1,63 - 1,82	1,52 - 1,64	1,44 - 1,56	1,32 - 1,45
Très faible	≤ 1,62	≤ 1,51	≤ 1,43	≤ 1,31

Adapté de : AMERICAN COLLEGE OF SPORT MEDICINE (2010, 6ᵉ éd.). *ACSM's guidelines for exercise, testing and prescription resource manual* (p. 323). Philadelphie/Londres, Wolters Kluwer Health/Lippincott/Williams & Wilkins.

Force relative des femmes à la poussée des jambes comme test d'estimation du 1RM

Force relative	Coefficient de force relative par groupe d'âges			
	17 à 29 ans	30 à 39 ans	40 à 49 ans	50 à 59 ans
Très élevée	≥ 1,68	≥ 1,47	≥ 1,37	≥ 1,25
Élevée	1,50 - 1,67	1,33 - 1,46	1,23 - 1,36	1,10 - 1,24
Moyenne	1,37 - 1,49	1,21 - 1,32	1,13 - 1,22	0,99 - 1,09
Faible	1,22 - 1,36	1,09 - 1,20	1,02 - 1,12	0,88 - 0,98
Très faible	≤ 1,21	≤ 1,08	≤ 1,01	≤ 0,87

Adapté de : AMERICAN COLLEGE OF SPORT MEDICINE (2010, 6ᵉ éd.). *ACSM's guidelines for exercise, testing and prescription resource manual* (p. 323). Philadelphie/Londres, Wolters Kluwer Health/Lippincott/Williams & Wilkins.

Test du dynamomètre

Le dynamomètre est un appareil qui mesure en kilogrammes ou en livres la force maximale qu'une personne peut déployer en une contraction des muscles de l'avant-bras. De façon spécifique, ce test permet d'évaluer la force de préhension des muscles des doigts et de la main. Toutefois, il s'agit également d'un test qui estime la force globale du corps puisque la plupart des mouvements faits avec les membres supérieurs sollicitent les muscles de l'avant-bras (tirer, soulever et quelquefois pousser un objet).

Matériel

Il vous faut un dynamomètre.

Protocole

1. Prenez le dynamomètre dans une main.

2. Debout, allongez le bras de la main qui tient le dynamomètre près du corps. Le bras ne doit pas toucher au corps.

A

B

Photos Robert Ménard.

3. Pour obtenir un résultat optimal, ajustez la prise pour qu'elle soit à l'égalité de vos phalanges moyennes, comme sur la photo ci-contre.

4. Inspirez d'abord puis expirez en serrant de toutes vos forces la poignée du dynamomètre.

5. Prenez votre résultat (en kilogrammes) et reprenez la même procédure avec l'autre main.

6. Additionnez le résultat de chaque avant-bras.

Force maximale = Avant-bras 1   kg + Avant-bras 2   kg =   kg

7. Consultez l'un des tableaux suivants selon votre sexe pour connaître l'état de votre force maximale.

Force maximale des hommes au test du dynamomètre					
Force maximale	**Force de préhension (kg) par groupe d'âges**				
	15 à 19 ans	**20 à 29 ans**	**30 à 39 ans**	**40 à 49 ans**	**50 à 59 ans**
Très élevée	≥ 108	≥ 115	≥ 115	≥ 108	≥ 101
Élevée	98 - 107	104 - 114	104 - 114	97 - 107	92 - 100
Moyenne	90 - 97	95 - 103	95 - 103	88 - 96	84 - 91
Faible	79 - 89	84 - 94	84 - 94	80 - 87	76 - 83
Très faible	≤ 78	≤ 83	≤ 83	≤ 79	≤ 75

Adapté de : *Guide du conseiller en condition physique et habitudes de vie* (2004, 3ᵉ éd., p. 7-48, 7-49). Ottawa, Société canadienne de physiologie de l'exercice.

Force maximale des femmes au test du dynamomètre					
Force maximale	**Force de préhension (kg) par groupe d'âges**				
	15 à 19 ans	**20 à 29 ans**	**30 à 39 ans**	**40 à 49 ans**	**50 à 59 ans**
Très élevée	≥ 68	≥ 70	≥ 71	≥ 69	≥ 61
Élevée	60 - 67	63 - 69	63 - 70	61 - 68	54 - 60
Moyenne	53 - 59	58 - 62	58 - 62	54 - 60	49 - 53
Faible	48 - 52	52 - 57	51 - 57	49 - 53	45 - 48
Très faible	≤ 47	≤ 51	≤ 50	≤ 48	≤ 44

Adapté de : *Guide du conseiller en condition physique et habitudes de vie* (2004, 3ᵉ éd., p. 7-48, 7-49). Ottawa, Société canadienne de physiologie de l'exercice.

Les tests d'évaluation de la force endurance

La force endurance fait souvent l'objet de concours : celui ou celle qui fait le plus de pompes, le plus de redressements assis ou encore qui maintient le plus long-temps la position de la chaise au mur... sans les mains ! Ces petits concours mai-son, une fois standardisés, sont des façons intéressantes de mesurer la capacité à répéter ou à maintenir une contraction musculaire jusqu'à l'épuisement.

La force endurance est donc généralement mesurée à l'aide d'un test de contrac-tion cinétique (en mouvement) ou d'un test de contraction isométrique (sans mou-vement). Voici les principaux tests que vous pouvez utiliser :

- test des pompes à rythme imposé (page 46),
- test des redressements assis à rythme imposé (page 47),
- test des demi-redressements assis (**CEC** plus),
- test de la chaise au mur (**CEC** plus).

Les résultats s'expriment en nombre de répétitions pour un test avec contractions cinétiques et en durée pour un test avec contractions isométriques.

Un guide pour choisir votre test

Bien qu'il puisse y avoir un lien entre la force endurance des différents groupes musculaires du corps, ce déterminant de la condition physique concerne des mus-cles spécifiques. La sélection de votre test d'évaluation de votre force endurance se fera donc en considérant d'abord et avant tout la région musculaire que vous sou-haitez évaluer.

Choix de tests d'évaluation de votre force endurance				
Tests	Avantages	Désavantages	Régions musculaires évaluées	Exemples d'activités pratiquées
Test des pompes à rythme imposé (page 46)	Bonne validité	Nombre réel de répétitions limité par la vitesse d'exécution	Pectoraux, triceps deltoïdes	Toutes
Test des redres-sements assis à rythme imposé (page 47)	Bonne validité	Évaluation des abdominaux non isolée (jambes maintenues au sol par un partenaire)	Muscles abdomi-naux, psoas-iliaque, quadriceps	Toutes
Test des demi-redressements assis (**CEC** plus)	• Facile à exécuter • Facile à reproduire	Évalue seulement la région abdomi-nale sans solliciter le psoas-iliaque.	Muscles abdomi-naux	Toutes
Test de la chaise au mur (**CEC** plus)	• Facile à exécuter • Ne nécessite qu'un mur.	Impose un stress articulaire aux genoux.	Quadriceps, psoas-iliaque, muscles abdominaux, grands fessiers	• Ski alpin et planche à neige • Hockey • Patinage de vitesse

Test des pompes à rythme imposé

Le test des pompes à rythme imposé mesure l'endurance musculaire des pectoraux, des deltoïdes et des triceps brachiaux. Il consiste à effectuer le plus de répétitions possible d'extension des coudes au sol (pompes) à un rythme prescrit.

Matériel

Utilisez un métronome < metronomeonline.com > ou un appareil audio et une trame sonore (celle des tests de Luc Léger).

Protocole

1. Adoptez la position de départ selon votre sexe. Les hommes doivent aligner parfaitement les chevilles, les genoux, les hanches et les épaules en prenant appui sur leurs pieds. Les femmes doivent prendre appui sur leurs genoux et s'assurer d'aligner parfaitement leurs genoux, leurs hanches et leurs épaules.

Photos Robert Ménard.

2. Les mains doivent être placées au sol à la largeur des épaules et les doigts doivent pointer vers l'avant. Les pieds doivent être séparés d'une distance de 10 centimètres. La position de base est primordiale et ne doit pas être modifiée lors de l'exécution du test.

3. L'exécution du mouvement doit se faire sur toute son amplitude. Les coudes doivent être en extension (sans être verrouillés) à la fin de la phase concentrique et la poitrine doit être près du sol sans y toucher à la fin de la phase excentrique (coudes en flexion).

4. Le rythme imposé est de 50 pompes par minute. Pour respecter ce rythme, vous devez suivre la trame sonore du test ou le métronome, que vous programmez à 100 battements par minute (un battement pour la phase concentrique, un battement pour la phase excentrique). Si vous échouez à suivre ce rythme, votre test est terminé.

5. Le test est continu et il n'y a pas de pause possible. Le total des pompes réalisées correspond à votre résultat.

Nombre de pompes :

6. Reportez-vous à l'un ou l'autre des tableaux suivants selon votre sexe pour connaître l'état de votre force endurance.

Force endurance des hommes au test des pompes à rythme imposé				
Force endurance	**Nombre de pompes par groupe d'âges**			
	17 à 29 ans	**30 à 39 ans**	**40 à 49 ans**	**50 à 59 ans**
Très élevée	≥ 31	≥ 26	≥ 22	≥ 23
Élevée	24 - 30	21 - 25	14 - 21	16 - 22
Moyenne	19 - 23	15 - 20	9 - 13	11 - 15
Faible	13 - 18	8 - 14	5 - 8	6 - 10
Très faible	≤ 12	≤ 7	≤ 4	≤ 5

Adapté de : *Trousse d'évaluation de l'aptitude physique : Manuel d'instructions pour l'utilisation des tests* (rév. 2008, document PDF). Luc Léger, équipe de la Fédération des kinésiologues du Québec (réviseurs). Société canadienne de la physiologie de l'exercice.

Force endurance des femmes au test des pompes à rythme imposé				
Force endurance	**Nombre de pompes par groupe d'âges**			
	17 à 29 ans	**30 à 39 ans**	**40 à 49 ans**	**50 à 59 ans**
Très élevée	≥ 26	≥ 23	≥ 19	≥ 11
Élevée	20 - 25	18 - 22	12 - 18	4 - 10
Moyenne	14 - 19	11 - 17	6 - 11	2 - 3
Faible	8 - 13	6 - 10	3 - 5	1
Très faible	≤ 7	≤ 5	≤ 2	0

Adapté de : *Trousse d'évaluation de l'aptitude physique : Manuel d'instructions pour l'utilisation des tests* (rév. 2008, document PDF). Luc Léger, équipe de la Fédération des kinésiologues du Québec (réviseurs). Société canadienne de la physiologie de l'exercice.

 Test

Test des redressements assis à rythme imposé

Le test des redressements assis à rythme imposé mesure la force endurance des muscles abdominaux du psoas-iliaque et du quadriceps. Il s'agit d'effectuer le plus de flexions du tronc en respectant le rythme prescrit. Il vous faut l'aide d'un ou d'une partenaire.

Matériel

Utilisez un métronome ou un appareil audio et une trame sonore (celle des tests de Luc Léger).

Protocole

1. Votre partenaire maintient la plante de vos pieds contre le sol et peut compter le nombre de répétitions que vous exécutez. Vos pieds doivent être distancés d'environ 15 centimètres, tel qu'illustré ci-contre.

2. L'exécution du mouvement doit se faire sur toute son amplitude. La tête et les coudes doivent être en contact avec le sol à la phase descendante. Les coudes touchent les genoux à la phase ascendante. Le dos est également arrondi lors de la phase ascendante du mouvement. Vos bras ne doivent pas tirer votre tête ; ils touchent tout simplement vos oreilles.

3. Le rythme imposé est de 40 répétitions par minute. Pour respecter ce rythme, vous devez suivre la trame sonore du test ou le métronome, que vous programmez à 80 battements par minute (un battement pour la phase concentrique, un battement pour la phase excentrique). Si vous échouez à suivre ce rythme, votre test est terminé.

Photos Robert Ménard.

4. Le test est continu et il n'y a pas de pause possible. Le total des redressements exécutés correspond à votre résultat.

   Nombre de redressements assis :

5. Reportez-vous à l'un ou l'autre des tableaux suivants selon votre sexe pour connaître l'état de votre force endurance.

Force endurance des hommes au test des redressements assis à rythme imposé				
Force endurance	**Nombre de redressements assis par groupe d'âges**			
	17 à 29 ans	**30 à 39 ans**	**40 à 49 ans**	**50 à 59 ans**
Très élevée	≥ 36	≥ 28	≥ 22	≥ 22
Élevée	30 - 35	24 - 27	16 - 21	17 - 21
Moyenne	25 - 29	18 - 23	11 - 15	7 - 16
Faible	20 - 24	11 - 17	6 - 10	5 - 6
Très faible	≤ 19	≤ 10	≤ 5	≤ 4

Adapté de : *Trousse d'évaluation de l'aptitude physique : Manuel d'instructions pour l'utilisation des tests* (rév. 2008, document PDF). Luc Léger, équipe de la Fédération des kinésiologues du Québec (réviseurs). Société canadienne de la physiologie de l'exercice.

Force endurance des femmes au test des redressements assis à rythme imposé				
Force endurance	**Nombre de redressements assis par groupe d'âges**			
	17 à 29 ans	**30 à 39 ans**	**40 à 49 ans**	**50 à 59 ans**
Très élevée	≥ 29	≥ 22	≥ 12	≥ 4
Élevée	19 - 28	12 - 21	6 - 11	3
Moyenne	12 - 18	6 - 11	3 - 5	2
Faible	6 - 11	3 - 5	1 - 2	1
Très faible	≤ 5	≤ 2	0	0

Adapté de : *Trousse d'évaluation de l'aptitude physique : Manuel d'instructions pour l'utilisation des tests* (rév. 2008, document PDF). Luc Léger, équipe de la Fédération des kinésiologues du Québec (réviseurs). Société canadienne de la physiologie de l'exercice.

Les tests d'évaluation de la puissance musculaire

Nous vous proposons deux tests d'évaluation de la puissance musculaire :

- test de saut vertical (page 49),
- test Wingate sur vélo stationnaire (**CEC plus**).

Un guide pour choisir votre test

Pour que l'évaluation de votre puissance musculaire soit la plus représentative, choisissez le test qui ressemble autant que possible aux activités physiques que vous pratiquez. Le tableau suivant devrait vous éclairer sur les avantages et les désavantages de chacun de ces tests.

Choix de tests d'évaluation de votre puissance musculaire				
Tests	**Avantages**	**Désavantages**	**Régions musculaires évaluées**	**Exemples d'activités physiques pratiquées**
Test de saut vertical (page 49)	• Simple et fonctionnel • Nécessite très peu de matériel.	Nécessite plusieurs essais et une mesure très précise du saut pour une estimation assez juste de la puissance musculaire.	Quadriceps, ischiojambiers, grands fessiers, triceps suraux	Activités avec sauts en hauteur (basketball, volleyball, handball, parkour, danse, trampoline, gymnastique, planche à roulettes, etc.)
Test Wingate sur vélo stationnaire (**CEC plus**)	Permet de calculer la puissance maximale, la puissance moyenne et l'indice de fatigue.	• Nécessite un vélo stationnaire qui exprime la résistance en kg. • Nécessite un partenaire.	Quadriceps, ischiojambiers, grands fessiers, psoas, triceps suraux	Activités intenses de moins de 2 min par séquence (hockey, athlétisme, sprint en cyclisme)

Test de saut vertical

Le test de saut vertical sert à évaluer la puissance musculaire des membres infé-rieurs (quadriceps, ischiojambiers, grands fessiers). Il consiste à sauter le plus haut possible sans course d'élan. L'évaluation de votre puissance de saut se fera en mesurant la différence entre la hauteur touchée par le bout de vos doigts en posi-tion debout et la hauteur maximale touchée lors du saut. Vous pouvez l'effectuer en solo, à l'intérieur comme à l'extérieur.

Matériel

Vous devez disposer d'un outil de mesure gradué en centimètres (ruban, tableau, Vertek) et de craie.

Protocole

1. Pesez-vous (en kilogrammes) avant le test.

Poids :   kg

2. Assurez-vous que le ruban à mesurer, le tableau gradué ou le dispositif Vertek est installé solidement entre 130 centimètres et 350 centimètres.

3. Marquez le bout de vos doigts de craie.

4. Mesurez la hauteur maximale (en centimètres) atteinte par le bout des doigts de l'une de vos mains en position debout.

Hauteur maximale atteinte en position debout :   cm

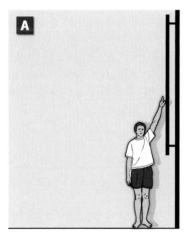

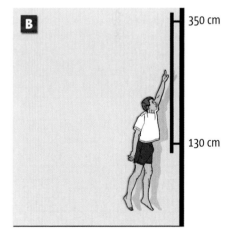

350 cm

130 cm

5. Sans course d'élan, les deux pieds ensemble, effectuez le plus haut saut possible afin d'atteindre la plus haute mesure possible du bout de vos doigts.

6. Effectuez au moins 3 essais, avec une pause d'au moins 15 secondes entre chaque essai et gardez le meilleur ré-sultat. Pour maximiser votre impul-sion, certaines recherches suggèrent d'exécuter une dizaine de sauts avec 1 minute de repos entre chaque saut.

Hauteur du meilleur saut vertical :   cm

7. La différence entre la marque de votre hauteur maximale atteinte en position debout et celle de votre meilleur saut vertical vous donne votre résultat brut.

Différence de hauteurs =

Meilleur saut vertical   cm − Position debout   cm =   cm

Puissance musculaire des membres inférieurs des hommes selon la hauteur (cm) de saut vertical					
Force relative	**Différence de hauteurs (cm) par groupe d'âges**				
	15 à 19 ans	**20 à 29 ans**	**30 à 39 ans**	**40 à 49 ans**	**50 à 59 ans**
Très élevée	≥ 56	≥ 58	≥ 52	≥ 43	≥ 41
Élevée	51 - 55	54 - 57	46 - 51	36 - 42	34 - 40
Moyenne	46 - 50	48 - 53	40 - 45	32 - 35	28 - 33
Faible	42 - 45	42 - 47	31 - 39	26 - 31	18 - 27
Très faible	≤ 41	≤ 41	≤ 30	≤ 25	≤ 17

Adapté de : *Guide du conseiller en condition physique et habitudes de vie* (2004, 3ᵉ éd., p. 7-48, 7-49). Ottawa, Société canadienne de physiologie de l'exercice.

Puissance musculaire des membres inférieurs des femmes selon la hauteur (cm) de saut vertical					
Force relative	**Différence de hauteurs (cm) par groupe d'âges**				
	15 à 19 ans	**20 à 29 ans**	**30 à 39 ans**	**40 à 49 ans**	**50 à 59 ans**
Très élevée	≥ 40	≥ 38	≥ 36	≥ 31	≥ 25
Élevée	36 - 39	34 - 37	32 - 35	27 - 30	21 - 24
Moyenne	32 - 35	29 - 33	28 - 31	23 - 26	16 - 20
Faible	28 - 31	25 - 28	24 - 27	18 - 22	10 - 15
Très faible	≤ 27	≤ 27	≤ 23	≤ 17	≤ 9

Adapté de : *Guide du conseiller en condition physique et habitudes de vie* (2004, 3ᵉ éd., p. 7-48, 7-49). Ottawa, Société canadienne de physiologie de l'exercice.

8. Pour évaluer rapidement la puissance musculaire de vos membres inférieurs en ne prenant en compte que la hauteur de votre saut, reportez-vous à l'un ou l'autre des tableaux ci-contre.

9. Pour calculer précisément la puissance musculaire de vos membres inférieurs (en watts), entrez votre poids (en kilogrammes) et votre hauteur de saut vertical (en centimètres) dans la formule suivante.

Puissance musculaire des membres inférieurs =
((60,7 × Difference de hauteurs [____] cm) +
(45,3 × Poids [____] kg)) − 2055 = [____] W

Exemple

Un individu qui fait un saut de 40 cm et qui pèse 70 kg a une puissance de 3544 W.
Puissance musculaire des membres inférieurs
= ((60,7 × 40 cm) + (45,3 × 70 kg)) − 2055
= 3544 W

Rendez-vous sur le site du **CEC plus** pour un calcul automatique en utilisant le calculateur de puissance musculaire en watts.

10. Reportez-vous à l'un ou l'autre des tableaux ci-après selon votre sexe pour évaluer la puissance musculaire de vos membres inférieurs.

Puissance musculaire (W) des membres inférieurs des hommes au test de saut vertical					
Puissance musculaire	**Coefficient de puissance musculaire (W) par groupe d'âges**				
	15 à 19 ans	**20 à 29 ans**	**30 à 39 ans**	**40 à 49 ans**	**50 à 59 ans**
Très élevée	≥ 4644	≥ 5094	≥ 4860	≥ 4320	≥ 4019
Élevée	4185 - 4643	4640 - 5093	4389 - 4859	3700 - 4319	3567 - 4018
Moyenne	3858 - 4184	4297 - 4639	3967 - 4388	3242 - 3699	2937 - 3566
Faible	3323 - 3857	3775 - 4296	3485 - 3966	2708 - 3241	2512 - 2936
Très faible	≤ 3322	≤ 3774	≤ 3484	≤ 2707	≤ 2511

Adapté de : *Guide du conseiller en condition physique et habitudes de vie* (2004, 3ᵉ éd., p. 7-48, 7-49). Ottawa, Société canadienne de physiologie de l'exercice.

Puissance musculaire (W) des membres inférieurs des femmes au test de saut vertical					
Puissance musculaire	**Coefficient de puissance musculaire (W) par groupe d'âges**				
	15 à 19 ans	**20 à 29 ans**	**30 à 39 ans**	**40 à 49 ans**	**50 à 59 ans**
Très élevée	≥ 3167	≥ 3250	≥ 3193	≥ 2675	≥ 2559
Élevée	2795 - 3166	2804 - 3249	2550 - 3192	2288 - 2674	2161 - 2558
Moyenne	2399 - 2794	2478 - 2803	2335 - 2549	2101 - 2287	1701 - 2160
Faible	2156 - 2398	2271 - 2477	2147 - 2334	1688 - 2100	1386 - 1700
Très faible	≤ 2155	≤ 2270	≤ 2146	≤ 1687	≤ 1385

Adapté de : *Guide du conseiller en condition physique et habitudes de vie* (2004, 3ᵉ éd., p. 7-48, 7-49). Ottawa, Société canadienne de physiologie de l'exercice.

La flexibilité musculaire

La flexibilité musculaire est la **capacité de bouger un membre autour d'une articulation dans toute son amplitude sans ressentir de douleur.** Les tendons, les ligaments et les capsules articulaires n'ont qu'un faible potentiel de gain en flexibilité. Ce sont les fibres musculaires qui en ont davantage.

Des avantages à être flexible

Il y a plusieurs avantages à avoir une bonne flexibilité. Entre autres, elle réduit les risques de blessures articulaires et musculaires. Elle permet également d'éviter des douleurs aux articulations du bassin, des hanches, des épaules et du cou, lesquels ont une influence sur la posture.

Les tests d'évaluation de la flexibilité musculaire

Il existe plusieurs tests pour évaluer la flexibilité d'un ou des muscles entourant une articulation, dont voici les principaux :

- test de flexibilité de la chaîne musculaire postérieure avec flexomètre (page 52),
- test de flexibilité des épaules avec bâton (page 54),
- test de flexibilité des adducteurs des hanches (**CEC**plus),
- test de flexibilité des épaules, les mains dans le dos (**CEC**plus),
- test de flexibilité des muscles influençant la position du bassin (**CEC**plus).

Il s'agit tout simplement d'éloigner le point d'insertion d'un muscle de son point d'origine et de mesurer l'écart obtenu pour tester la flexibilité d'une articulation.

Un guide pour choisir votre test

Le choix de votre test de flexibilité musculaire doit correspondre d'abord et avant tout à la région musculaire de l'articulation que vous souhaitez évaluer. Si, par exemple, vous effectuez une activité physique requérant de la flexibilité des muscles qui sont étirés lors du grand écart (les adducteurs des hanches), le test disponible sur le site du **CEC**plus est tout à fait indiqué pour vous. Vous pouvez également évaluer la flexibilité générale de vos grandes chaînes musculaires, comme votre chaîne postérieure. Vous pouvez aussi vérifier la flexibilité des articulations les plus susceptibles de subir des blessures, comme les épaules ou les chevilles.

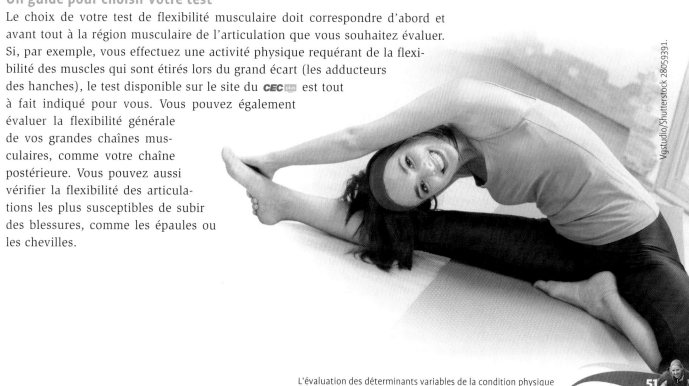

Vgstudio/Shutterstock 28059391.

Choix de tests d'évaluation de la flexibilité musculaire			
Tests	**Avantages**	**Désavantages**	**Exemples d'activités pratiquées**
Test de flexibilité de la chaîne musculaire postérieure avec flexomètre (page 52)	• Bon indicateur de la flexibilité générale • Bonne validité	Nécessite un flexomètre.	Toutes
Test de flexibilité des épaules avec bâton (page 54)	Très simple	Nécessite un partenaire.	Toutes
Test de flexibilité des adducteurs des hanches (**CEC** plus)	Bon indicateur de la mobilité des hanches	Nécessite un partenaire.	• Hockey • Patinage de vitesse • Gymnastique • Danse
Test de flexibilité des épaules (mains dans le dos) (**CEC** plus)	Permet de vérifier indépendamment la mobilité articulaire de l'épaule droite et de l'épaule gauche.	• Résultats très variables selon la physionomie osseuse, tendineuse et ligamentaire • Nécessite un partenaire ou un miroir.	• Natation • Waterpolo • Handball • Badminton • Tennis • Gymnastique
Tests de flexibilité des muscles influençant la position du bassin (**CEC** plus)	• Test simple • Évalue la flexibilité de plusieurs muscles des membres inférieurs. • Bon indicateur de la perte de souplesse due à un mode de vie trop sédentaire	Nécessite un évaluateur qui connaît les muscles des membres inférieurs.	Toutes

Une précaution à prendre avant le test

Notez qu'un échauffement est essentiel avant chaque test de flexibilité pour obtenir de bons résultats et pour éviter les blessures.

Le respect rigoureux du protocole

N'oubliez pas qu'il faut respecter rigoureusement le protocole afin d'obtenir une estimation valide.

Test

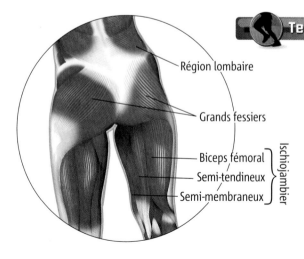

Région lombaire

Grands fessiers

Biceps fémoral

Semi-tendineux

Semi-membraneux

Ischiojambier

Test de flexibilité de la chaîne musculaire postérieure avec flexomètre

Le test de flexibilité de la chaîne musculaire postérieure est un test de flexibilité standardisé très répandu. Il permet d'évaluer la flexibilité de la plupart des muscles extenseurs du corps, principalement les ischiojambiers, les grands fessiers et la région lombaire (érecteurs du rachis).

Matériel

Ce test se fait à l'aide d'un flexomètre (gradué en centimètres et en pouces).

Protocole

1. En position assise, placez vos pieds (sans chaussures) contre le flexomètre.

2. Placez vos mains l'une sur l'autre de manière à joindre les majeurs.

3. Les bras en extension, poussez progressivement le curseur le long du flexomètre jusqu'à l'atteinte de la plus grande distance possible de ce dernier par rapport à la position de départ. Il est important de garder la partie arrière de vos genoux contre le sol et le dos courbé.

Photo Robert Ménard.

4. Une fois l'amplitude maximale atteinte, vous devez conserver la position 2 secondes pour valider le résultat. Vous pouvez répéter le test tant que le résultat s'améliore par rapport à la dernière amplitude atteinte.

Amplitude atteinte :   cm

5. Reportez-vous à l'un ou l'autre des tableaux suivants selon votre sexe pour connaître l'état de la flexibilité de votre chaîne musculaire postérieure.

Flexibilité de la chaîne musculaire postérieure des hommes au test du flexomètre					
Flexibilité	**Distance (cm) par groupe d'âges**				
	15 à 19 ans	**20 à 29 ans**	**30 à 39 ans**	**40 à 49 ans**	**50 à 59 ans**
Très élevée	≥ 39	≥ 40	≥ 38	≥ 35	≥ 35
Élevée	34 - 38	34 - 39	33 - 37	29 - 34	28 - 34
Moyenne	29 - 33	30 - 33	28 - 32	24 - 28	24 - 27
Faible	24 - 28	25 - 29	23 - 27	18 - 23	16 - 23
Très faible	≤ 23	≤ 24	≤ 22	≤ 17	≤ 15

Adapté de : *Guide du conseiller en condition physique et habitudes de vie* (2004, 3ᵉ éd., p. 7-48, 7-49). Ottawa, Société canadienne de physiologie de l'exercice.

Flexibilité de la chaîne musculaire postérieure des femmes au test du flexomètre					
Flexibilité	**Distance (cm) par groupe d'âges**				
	15 à 19 ans	**20 à 29 ans**	**30 à 39 ans**	**40 à 49 ans**	**50 à 59 ans**
Très élevée	≥ 43	≥ 41	≥ 41	≥ 38	≥ 39
Élevée	38 - 42	37 - 40	36 - 40	34 - 37	33 - 38
Moyenne	34 - 37	33 - 36	32 - 35	30 - 33	30 - 32
Faible	29 - 33	28 - 32	27 - 31	25 - 29	25 - 29
Très faible	≤ 28	≤ 27	≤ 26	≤ 24	≤ 24

Adapté de : *Guide du conseiller en condition physique et habitudes de vie* (2004, 3ᵉ éd., p. 7-48, 7-49). Ottawa, Société canadienne de physiologie de l'exercice.

Test de flexibilité des épaules avec bâton

Le test de flexibilité des épaules avec bâton permet d'évaluer la flexibilité de l'extension des épaules. Il représente bien la liberté de mouvement de cette articulation qui participe à pratiquement tous les gestes exécutés avec les bras. C'est un test facile qui nécessite toutefois la présence d'un ou d'une partenaire pour prendre les mesures.

Matériel

Il vous faut un bâton ayant très peu de charge (bâton de hockey, bâton de ballon sur glace ou manche à balai). Un tapis de sol améliore le confort.

Protocole

1. Couchez-vous sur le ventre et prenez le bâton avec vos mains en gardant un écart entre elles correspondant à la largeur de vos épaules, les coudes en extension.

Photo Robert Ménard.

2. Tentez de lever le bâton le plus haut possible tout en gardant le menton au sol. Attention, la position des mains sur le bâton va grandement influencer les résultats du test. Il faut absolument garder celles-ci à la largeur des épaules. De plus, les poignets doivent demeurer alignés avec l'avant-bras et non pas être relevés vers le haut.

Photo Robert Ménard.

3. Votre partenaire doit ensuite mesurer la distance entre le bâton et le sol.

Hauteur du bâton par rapport au sol :   cm

4. Reportez-vous au tableau ci-contre pour connaître l'état de la flexibilité de l'extension de vos épaules.

Flexibilité des épaules au test de flexibilité des épaules avec bâton	
Hommes et femmes	
Flexibilité	**Hauteur de bâton (cm) par rapport au sol**
Très élevée	≥ 33
Élevée	26 - 32
Moyenne	8 - 25
Faible	4 - 7
Très faible	0 - 3

La composition corporelle

Piotr Marcinski/Shutterstock 65110147.

La composition corporelle est **la relation entre le poids et la taille d'un individu et entre les proportions de masse grasse et de masse maigre qui le composent**. La **masse maigre** est constituée des os, des viscères et des muscles alors que la **masse grasse** est constituée des tissus adipeux. La composition corporelle est la résultante de plusieurs facteurs : l'hérédité, la pratique régulière d'activités physiques et l'alimentation.

Les avantages d'avoir une composition corporelle équilibrée

Une composition corporelle équilibrée est souvent synonyme d'une esthétique agréable qui favorise certainement l'estime de soi. Une proportion équilibrée des masses grasse et maigre diminue également les risques de contracter des maladies chroniques graves associées à un surplus de masse grasse ☼.

☼ Voir à ce sujet la section « Les maladies liées à un mode de vie sédentaire », pages 237 à 242 du chapitre 8.

Les mesures anthropométriques

Pour savoir quel est l'état de votre composition corporelle, il faut l'évaluer au moyen de mesures anthropométriques. Nous vous présentons 4 mesures :

- mesure de l'indice de masse corporelle (page 56),
- mesure du tour de taille et du rapport taille-hanches (page 57),
- mesure du pourcentage de graisse par la méthode des plis cutanés (page 58),
- mesure du pourcentage de graisse par impédance (page 60).

Un guide pour choisir votre mesure anthropométrique

Il est conseillé de prendre toutes ces différentes mesures afin d'avoir une évaluation aussi complète que possible, car elles sont toutes complémentaires. À titre d'exemple, il se peut que vous ayez un indice de masse corporelle au-delà de la norme mais que votre pourcentage de graisse soit idéal. C'est parce que votre masse maigre est plus élevée que la norme, ce qui n'est pas en soi un problème.

Par ailleurs, pour mesurer le pourcentage de graisse corporelle, nous vous proposons deux méthodes, dont l'une (la méthode des plis cutanés) est moins précise que l'autre (par impédance), mais plus accessible.

> **! Sur le vif**
>
> **La pesée hydrostatique**
>
> *Tout corps plongé dans un fluide au repos subit une force verticale, dirigée de bas en haut et opposée au poids du volume de fluide déplacé.* Celui qui a formulé cette loi était dans son bain et en est sorti en criant : « Eurêka ! » Il s'agit bien sûr d'Archimède. C'est grâce à cette loi qu'il est possible de mesurer avec le plus de justesse le pourcentage de graisse d'une personne.
>
> On pèse d'abord la personne dans l'eau et hors de l'eau en vérifiant le volume d'eau déplacé par cette dernière lorsqu'elle est immergée.
>
> Ensuite, il faut mesurer la densité du corps de la personne. Le muscle a une densité de 1,10 g/cm^3 sous l'eau alors que celle de la graisse est de 0,901 g/cm^3.
>
> Il devient donc possible, à l'aide d'une suite de formules, de calculer le pourcentage de graisse avec une marge d'erreur très réduite.

Choix de mesures anthropométriques		
Tests	**Avantages**	**Désavantages**
Indice de masse corporelle (IMC) (page 56)	• Mesure utilisée par le milieu de la santé pour établir le poids santé • Donne un portrait général de la composition corporelle.	Elle ne tient pas compte de la constitution de la masse corporelle (masse maigre et masse grasse).
Tour de taille (page 57)	• Facile à mesurer • Mesure la plus en lien avec le risque de maladie cardiovasculaire	Ne donne pas d'indication sur la répartition du poids.
Rapport taille-hanches (page 57)	Précise l'IMC en donnant une bonne estimation du type de morphologie.	Moins fiable que le tour de taille pour le risque de maladie cardiovasculaire
Pourcentage de graisse par mesure des plis cutanés (page 58)	Mesure le pourcentage de graisse de façon assez valide.	• Mesure longue à prendre • Mesure désagréable à faire prendre • Nécessite un ou une partenaire kinésiologue ou enseignant(e) d'éducation physique.
Pourcentage de graisse par impédance (page 60)	• Donne en quelques secondes une estimation du pourcentage de graisse. • Ne nécessite pas de partenaire.	• Mesure moins juste que d'autres • Mesure variable selon le taux d'hydratation

Mesure de l'indice de masse corporelle

L'indice de masse corporelle (IMC) est un rapport entre le poids et la taille. Une personne rondelette et petite aura par exemple un indice de masse corporelle plus élevé qu'une personne grande et svelte. Cette mesure doit être mise en relation avec le pourcentage de graisse dans le cas de certaines personnes qui ont une grande masse musculaire puisque la donnée recueillie ne fait pas de distinction entre graisses et muscles dans la composition de la masse corporelle.

Composition corporelle d'après l'indice de masse corporelle		
Hommes et femmes		
Composition corporelle	**Classification**	**Indice de masse corporelle**
Très faible	Poids insuffisant	< 16
Faible		16 - 18,4
Idéale	Poids santé	18,5 - 24,9
Élevée	Embonpoint léger	25 - 27
	Embonpoint	27,1 - 29,9
Très élevée	Obésité classe I	30 - 34,9
	Obésité classe II	35 - 39,9
	Obésité classe III Obésité morbide	≥ 40

Adapté de : ORGANISATION MONDIALE DE LA SANTÉ (2000). *Obesity : Preventing and managing the global epidemic : Report of a WHO consultation on obesity* (p. 9). Genève, OMS.

Matériel

Un simple galon à mesurer et un pèse-personne suffisent. Certains pèse-personnes programmables fournissent automatiquement l'indice de masse corporelle. Des appareils à impédance pour mesurer le pourcentage de graisse peuvent aussi l'indiquer.

Protocole

1. Mesurez votre taille et pesez-vous.

2. Pour calculer votre indice de masse corporelle, utilisez l'une des formules suivantes, selon l'unité de mesure de vos données :

Système métrique :
IMC = Poids   kg ÷ (Taille   m)^2 =

Système impérial :
IMC = Poids   lb ÷ (Taille   po)^2 × 703 =

3. Reportez-vous au tableau ci-contre pour connaître votre composition corporelle d'après votre indice de masse corporelle.

Mesure du tour de taille et du rapport taille-hanches

Le tour de taille et le tour de hanches donnent une indication de la répartition des graisses au sein du corps. Certaines personnes accumulent, par exemple, plus de graisse au niveau de l'abdomen alors que d'autres en accumulent plus au niveau des hanches. La mesure du tour de taille et du rapport taille-hanches consiste à établir la circonférence de votre taille ainsi qu'un rapport entre celle-ci et la circonférence de vos hanches. Ces circonférences donnent une indication de la façon dont les graisses du corps se répartissent. Un ou une partenaire doit prendre vos mesures.

Matériel

Il vous faut un galon à mesurer souple.

Protocole

1. Il est préférable de ne pas prendre la mesure par-dessus les vêtements pour éviter une erreur de mesure.

2. Vous devez expirer tout l'air de vos poumons avant que votre partenaire prenne la mesure.

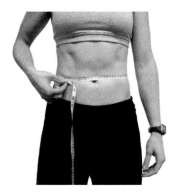

3. Mesurez la circonférence de votre taille :
Mettez-vous debout avec les pieds distancés de 25 cm à 30 cm ; votre partenaire mesure la circonférence de votre taille à mi-chemin entre la crête iliaque et la partie inférieure des côtes.

Tour de taille : _____ cm

4. Reportez-vous au tableau suivant pour interpréter la mesure de votre tour de taille.

Composition corporelle d'après la mesure du tour de taille				
Tour de taille	Hommes	Femmes	Hommes	Femmes
	Circonférence (cm)		Circonférence (po)	
Idéal	< 94	< 80	< 37	< 32
Élevé	≥ 94 - < 102	≥ 80 - < 88	≥ 37 - < 40	≥ 32 - < 35
Très élevé	≥ 102	≥ 88	≥ 40	≥ 35

Source : <http://obesite.ulaval.ca/obesite/generalites/evaluation.php>.

5. Mesurez la circonférence de vos hanches :
Mettez-vous debout avec les pieds distancés de 25 centimètres à 30 centimètres ; votre partenaire mesure la circonférence de vos hanches à l'endroit le plus fort sous la taille.

Tour de hanches : _____ cm

6. Pour déterminer votre rapport taille-hanches, divisez la mesure de la circonférence de votre taille par la mesure de la circonférence de vos hanches.

Rapport taille-hanches = Tour de taille ÷ Tour de hanches = _____

7. Reportez-vous au tableau suivant pour interpréter votre rapport taille-hanches.

Composition corporelle d'après le rapport taille-hanches			
Rapport taille-hanches	**Hommes**	**Femmes**	**Type de distribution des graisses**
Idéal ou dans la moyenne	< 1,0	< 0,8	
Élevé à très élevé	≥ 1,0	≥ 0,8	

Note : La graisse accumulée à la taille est plus nocive que la graisse accumulée aux hanches.

Test

Mesure du pourcentage de graisse par la méthode des plis cutanés

Il est possible d'estimer de façon assez précise votre pourcentage de graisse. Un ou une partenaire qui pratique la kinésiologie ou qui enseigne l'éducation physique mesure d'abord quelques-uns de vos plis cutanés à l'aide d'une pince spécialisée. Il s'agit ensuite d'additionner ces plis pour en faire un facteur de comparaison.

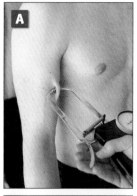

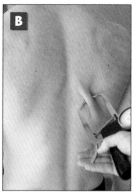

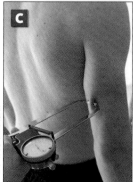

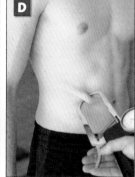

Vous pouvez aussi utiliser une formule mathématique pour transformer l'épaisseur totale des plis cutanés en pourcentage de masse grasse, comme la formule de Durnin et Womersley à quatre plis qui est valide pour les hommes et les femmes.

Matériel

La mesure des plis cutanés s'effectue à l'aide d'un adipomètre.

Protocole

1. Votre partenaire mesure vos plis cutanés au biceps (A), au sous-scapulaire (B), au triceps (C) et à la crête iliaque (D).

2. Votre partenaire doit prendre la mesure 3 fois à chaque endroit.

3. Faites ensuite la moyenne des 3 mesures prises pour chaque pli pour en établir l'épaisseur.

Épaisseur au biceps (A) = _____ mm

Épaisseur au sous-scapulaire (B) = _____ mm

Épaisseur au triceps (C) = _____ mm

Épaisseur à la crête iliaque (D) = _____ mm

4. Additionnez ces moyennes pour obtenir l'épaisseur totale des 4 plis cutanés.

   Épaisseur totale des 4 plis cutanés = _____ mm

5. Vérifiez quelle est l'estimation de votre pourcentage de graisse en consultant l'un ou l'autre des tableaux ci-dessous selon votre sexe.

Pourcentage de graisse des hommes selon la méthode des plis cutanés				
Épaisseur totale des 4 plis (mm)	Pourcentage de graisse par groupe d'âges			
	17 à 29 ans	30 à 39 ans	40 à 49 ans	50 ans et plus
4 - 15	2 - 4,8	2 - 9,1	2 - 8,5	10,2
16 - 20	5,5 - 8,1	9,7 - 12,2	9,3 - 12,2	10,2 - 16,6
21 - 30	8,6 - 12,9	12,6 - 16,2	12,8 - 17,7	13,2 - 18,6
31 - 40	13,3 - 16,4	16,5 - 19,2	18,1 - 21,4	19,0 - 22,9
41 - 50	16,7 - 19,0	19,4 - 21,5	21,7 - 24,6	23,3 - 26,5
51 - 60	19,9 - 21,2	21,7 - 23,5	24,9 - 27,1	26,8 - 29,2
61 - 70	21,4 - 23,1	23,7 - 25,1	27,3 - 29,3	29,4 - 31,6
71 - 80	23,3 - 24,8	25,3 - 26,6	29,5 - 31,2	31,8 - 33,8
81 - 90	25,1 - 26,2	26,7 - 27,8	31,4 - 33,0	34,0 - 35,8
91 - 100	26,3 - 27,6	27,9 - 29,0	33,1 - 34,4	36,0 - 37,4
100 +	≥ 27,7	≥ 29,1	≥ 34,5	≥ 37,6

Pourcentage de graisse des femmes selon la méthode des plis cutanés				
Épaisseur totale des 4 plis (mm)	Pourcentage de graisse par groupe d'âges			
	17 à 29 ans	30 à 39 ans	40 à 49 ans	50 ans et plus
4 - 15	2 - 10,5	2 - 13,5	2 - 16,4	2 - 17,8
16 - 20	11,2 - 14,1	14,3 - 17,0	17,2 - 19,8	18,6 - 21,4
21 - 30	14,6 - 19,5	17,5 - 21,8	20,3 - 24,5	21,9 - 26,6
31 - 40	19,9 - 23,4	22,2 - 25,5	24,9 - 28,2	27,0 - 30,3
41 - 50	23,7 - 26,5	25,8 - 28,2	28,5 - 31,0	30,6 - 33,4
51 - 60	26,8 - 29,1	28,4 - 30,6	31,2 - 33,2	33,6 - 35,7
61 - 70	29,3 - 31,2	30,8 - 32,5	33,4 - 35,0	35,9 - 37,7
71 - 80	31,4 - 33,1	32,7 - 34,3	35,2 - 36,7	37,9 - 39,6
81 - 90	33,3 - 34,8	34,5 - 35,8	36,9 - 38,3	39,8 - 41,2
91 - 100	35,0 - 36,4	35,9 - 37,2	38,4 - 39,7	41,3 - 42,6
100 +	≥ 36,5	≥ 37,3	≥ 39,8	≥ 42,7

6. Allez sur le site du **CEC**▣ pour appliquer automatiquement la formule de Durnin et Womersley et connaître votre pourcentage de graisse en vous servant du calculateur du pourcentage de graisse selon la formule de Durnin et Womersley.

   Pourcentage de graisse = _____ %

7. Évaluez votre composition corporelle d'après votre pourcentage de graisse en consultant le tableau «Composition corporelle selon la mesure du pourcentage de graisse» selon votre sexe (page 60).

Mesure du pourcentage de graisse par impédance

L'impédance est la mesure de la résistance que subit un circuit électrique. Comme la masse grasse s'oppose plus à la conductivité du courant électrique que la masse maigre, il est possible de calculer le pourcentage de votre graisse corporelle en mettant en relation la vitesse de conduction du courant dans votre corps avec votre taille, votre poids et votre âge. La mesure du pourcentage de graisse par impédance exige donc un appareil capable d'envoyer dans votre corps un courant électrique insensible. Cette mesure donne une très bonne estimation bien qu'elle ne soit pas la plus précise. Votre consommation d'eau dans les heures précédant le test aura une influence sur le résultat parce que l'eau facilite la conduction du courant électrique.

Matériel

Il existe des appareils à tenir à deux mains (photo A), d'autres de type pèse-personne (photo B) et de petits ordinateurs munis d'électrodes.

Photos Robert Ménard.

Protocole

1. Mesurez votre pourcentage de graisse en suivant le protocole de l'appareil que vous utilisez. Le protocole est différent pour chaque appareil.

Pourcentage de graisse :

2. Évaluez votre composition corporelle selon votre pourcentage de graisse en consultant l'un ou l'autre des tableaux ci-dessous selon votre sexe.

Composition corporelle des hommes selon la mesure du pourcentage de graisse				
Composition corporelle	**Pourcentage de graisse par groupe d'âges**			
	17 à 25 ans	**26 à 35 ans**	**36 à 45 ans**	**46 à 55 ans**
Faible	< 8	< 13	< 16	< 18
Idéale	8 - 13	13 - 18	16 - 21	18 - 23
Élevée	14 - 20	19 - 24	22 - 26	24 - 28
Très élevée	> 20	> 24	> 26	> 28

Note : Si vous êtes un athlète, il est possible que votre pourcentage de graisse corresponde à la catégorie « Faible » sans que cela vous soit nuisible.

Adapté de : Morrow, James R. et coll. (2010, 4ᵉ éd). *Measurement and evaluation in human performance* (p. 240), Human Kinetics, Champaign.

Composition corporelle des femmes selon la mesure du pourcentage de graisse				
Composition corporelle	**Pourcentage de graisse par groupe d'âges**			
	17 à 25 ans	**26 à 35 ans**	**36 à 45 ans**	**46 à 55 ans**
Faible	< 18	< 19	< 20	< 23
Idéale	18 - 23	19 - 23	20 - 26	23 - 28
Élevée	24 - 28	24 - 30	27 - 32	29 - 34
Très élevée	> 28	> 30	> 32	> 34

Note : Si vous êtes un athlète, il est possible que votre pourcentage de graisse corresponde à la catégorie « Faible » sans que cela vous soit nuisible.

Adapté de : Morrow, James R. et coll. (2010, 4ᵉ éd). *Measurement and evaluation in human performance* (p. 240), Human Kinetics, Champaign.

L'évaluation des déterminants variables de votre condition physique que vous avez effectuée à l'aide de tests et de mesures anthropométriques vous a permis de vous situer par rapport aux normes de la population générale. De plus, cette évaluation est un préalable essentiel au choix de vos objectifs d'amélioration, qui seront par conséquent à la fois concrets, mesurables et atteignables. Vous réévaluer régulièrement vous aidera à constater votre évolution à travers votre démarche d'entraînement. Dans les chapitres qui suivent, vous trouverez l'information ainsi que les outils nécessaires pour élaborer des programmes personnels d'entraînement.

RÉSUMÉ

- Les **déterminants invariables** de la condition physique, comme l'âge, le sexe, la génétique, influencent notre condition physique mais ne peuvent pas être modifiés par l'activité physique.

- Les **déterminants variables** de la condition physique modifiables par l'activité physique sont la capacité aérobie, la force musculaire, la flexibilité musculaire et la composition corporelle.

- La **capacité aérobie** est la capacité du corps à produire et à utiliser de l'énergie grâce à l'oxygène lors d'un effort de moyenne à longue durée.

- La **consommation maximale d'oxygène** (VO_2 max) est la quantité maximale d'oxygène que notre organisme peut utiliser par unité de temps au cours d'un effort aérobie maximal.

- La **force musculaire** est la capacité du système neuromusculaire de vaincre une résistance ou de s'y opposer par une contraction musculaire volontaire.

- La **force maximale** est déterminée par l'intensité d'une contraction musculaire de courte durée ou par l'exécution d'un nombre restreint de répétitions d'un mouvement avec une charge maximale ou quasi maximale.

- La **force endurance** ou l'**endurance musculaire** est la capacité du système neuromusculaire à maintenir ou à répéter une contraction sous-maximale.

- La **puissance musculaire** est la capacité d'un muscle ou d'un groupe de muscles à effectuer la plus forte contraction musculaire le plus rapidement possible.

- La **flexibilité musculaire** est la capacité de bouger un membre autour d'une articulation dans toute son amplitude sans ressentir de douleur.

- La **composition corporelle** est la relation entre le poids et la taille d'un individu et entre les proportions de masse grasse et de masse maigre qui le composent.

- La **masse maigre** est constituée des os, des viscères et des muscles.

- La **masse grasse** comprend la totalité des cellules adipeuses du corps.

- Les **mesures anthropométriques** sont les mesures de la taille, du poids, de l'indice de masse corporelle, du tour de taille, du rapport taille-hanches et du pourcentage de graisse.

- L'**indice de masse corporelle** (IMC) est un rapport entre la masse et la taille.

Affûtez vos **CONNAISSANCES**

1. Quels sont les énoncés concernant les déterminants variables et invariables de la condition physique qui sont faux parmi les suivants?

a Les déterminants variables vont vous donner les mêmes résultats tout au long de votre vie.

b Les déterminants variables sont l'âge, le sexe et la génétique.

c Tous les déterminants invariables peuvent être modifiés au fil du temps.

d Les déterminants variables sont ceux mesurés lors des tests de condition physique.

2. À quoi sert l'évaluation de sa condition physique? Choisissez la ou les bonnes réponses.

a À dresser un portrait réaliste de sa condition physique.

b À élaborer un plan d'entraînement qui permettra d'améliorer de façon plus spécifique les déterminants invariables de sa condition physique.

c À quantifier l'évolution des déterminants variables de sa condition physique sur une période donnée.

d À savoir sur quel déterminant il serait le plus profitable de travailler durant les mois à venir.

3. Quels sont les énoncés qui sont vrais concernant l'échauffement avant un test d'effort aérobie maximal?

a Prépare psychologiquement au test.

b Augmente la température corporelle et la fréquence cardiaque.

c Assure un meilleur apport en oxygène et en nutriments aux muscles.

d Diminue le risque de se blesser.

4. Quel est l'énoncé qui définit la consommation maximale d'oxygène (VO_2 max)?

a La consommation maximale d'oxygène équivaut à la quantité totale d'oxygène que nous pouvons inspirer en une heure.

b La consommation maximale d'oxygène équivaut à la quantité totale d'oxygène que nous pouvons utiliser pendant une activité physique donnée.

c La consommation maximale d'oxygène est la quantité maximale d'oxygène que notre organisme peut utiliser par unité de temps au cours d'un effort aérobie maximal.

d La consommation maximale d'oxygène est une mesure de la production d'énergie aérobie exprimée en METS.

5. De quelle manière faut-il procéder pour connaître sa fréquence cardiaque au repos ou à l'effort? Choisissez la bonne réponse.

a Il faut calculer le nombre d'inspirations à la minute au lever et à la suite d'un effort maximal aérobie.

b Par la mesure d'impédance.

c Par la prise du pouls au lever et à la suite d'un test d'effort maximal aérobie.

6. Pour quelle raison est-il préférable d'avoir un ou une partenaire lors du test d'estimation du 1RM (1 répétition maximale)? Choisissez la bonne réponse.

a Pour nous aider à effectuer quelques répétitions supplémentaires.

b Pour assurer notre sécurité.

c Pour calculer le temps d'effort.

7. Un adulte qui complète 12 paliers lors du test de course à pied progressif navette de 20 mètres estime approximativement par la même occasion sa vitesse aérobie maximale (VAM) de course à 12 km/h.

a Vrai **b** Faux

8. Vous avez fait 2 tests d'effort maximal aérobie différents à 1 semaine d'intervalle : le premier test était le test de course à pied progressif navette de 20 mètres et le deuxième était le test Cooper de 12 minutes à la nage. Vos résultats étaient meilleurs au test navette. Qu'est-ce qui explique cette différence ?

a Vous jouez au soccer depuis longtemps et vous jouez 2 soirs par semaine dans une ligue.

b Vous avez participé à un tournoi de soccer la fin de semaine précédant votre test navette, qui se tenait un lundi, tandis que vous avez pris du repos la fin de semaine précédant votre test Cooper.

c Vous avez commencé votre test Cooper trop intensément et vous avez manqué d'énergie pour le terminer au maximum de vos capacités.

9. Qu'est-ce qui fait qu'un test d'estimation de la consommation maximale d'oxygène est représentatif de votre capacité aérobie maximale ?

a L'effort doit être poussé au maximum.

b Le test doit être représentatif de l'activité que vous pratiquez habituellement.

c Le test doit être précédé d'un échauffement progressif ou doit être progressif en soi.

d Le test doit durer un minimum de 10 minutes.

10. Vous vous entraînez à la natation 5 fois par semaine à raison de 2 heures intensives chaque fois. Pourtant, vous n'avez réussi qu'à atteindre le palier 5 au test de course à pied progressif navette de 20 mètres. Quels sont les énoncés qui expliquent ce faible résultat ?

a Vous êtes expert ou experte des sprints de nage et c'est ce que vous pratiquez principalement.

b Les gestuelles de nage et de course sont très différentes.

c Vous avez participé à un entraînement particulièrement rigoureux la veille.

d Aucune de ces réponses.

11. Les tests de puissance musculaire servent à déterminer non seulement la puissance des muscles, mais aussi la capacité aérobie.

a Vrai   **b** Faux

12. Quels sont les énoncés qui sont vrais en ce qui concerne le test du dynamomètre (force de préhension) ?

a C'est un test qui n'est pas représentatif de notre force maximale réelle parce qu'il ne prend en compte que notre main dominante.

b C'est un test qui est un bon indicateur de notre force maximale réelle parce que nous utilisons presque toujours nos mains pour empoigner et transporter des charges.

c Il faut ajuster la grandeur du dynamomètre avant la passation du test pour avoir un résultat représentatif de notre force maximale réelle.

d C'est un test qui mesure notre endurance musculaire et non notre force maximale.

13. Les tendons et les ligaments sont les composantes qui ont le plus grand potentiel de gain en flexibilité.

a Vrai   **b** Faux

14. Quels sont les énoncés qui sont vrais en ce qui concerne les tests de flexibilité ?

a Avant d'effectuer un test qui mesure la flexibilité de toute la chaîne musculaire postérieure, il est suggéré de faire un échauffement.

b Avant d'effectuer un test qui mesure la flexibilité de toute la chaîne musculaire postérieure, il est déconseillé de faire un échauffement.

c Lors du test du flexomètre, le curseur peut être poussé en 2 étapes successives et en se donnant un élan afin de maximiser le résultat.

d Lors du test du bâton qui mesure l'amplitude d'extension de l'articulation des épaules, la position des mains sur le bâton influence le résultat du test.

15. Quelle est l'utilité de connaître notre indice de masse corporelle ? Choisissez la bonne réponse.

a Cette donnée permet de déterminer si notre tour de taille est trop grand ou trop petit par rapport à notre grandeur.

b Aucune utilité, car c'est une donnée sur laquelle nous n'avons malheureusement aucune influence.

c Cette donnée nous permet de savoir si nous avons un poids santé.

d Cette donnée nous renseigne sur notre pourcentage de masse grasse.

Conceptualisez la MATIÈRE

Complétez la carte conceptuelle des informations vues dans ce chapitre en utilisant la liste de concepts fournis. La suite de chaque noeud doit constituer une phrase complète. Suivez bien le sens des flèches.

- L'intensité d'une contraction musculaire de courte durée ou un certain nombre de répétitions d'un mouvement avec une charge maximale ou quasi maximale
- La capacité aérobie
- La capacité du système neuromusculaire à maintenir ou à répéter une contraction sous-maximale
- La capacité motrice de vaincre une résistance ou de s'y opposer par une contraction musculaire volontaire
- La condition physique
- La consommation maximale d'oxygène
- La flexibilité
- La puissance musculaire
- Les déterminants invariables
- Les déterminants variables
- Les mesures anthropométriques

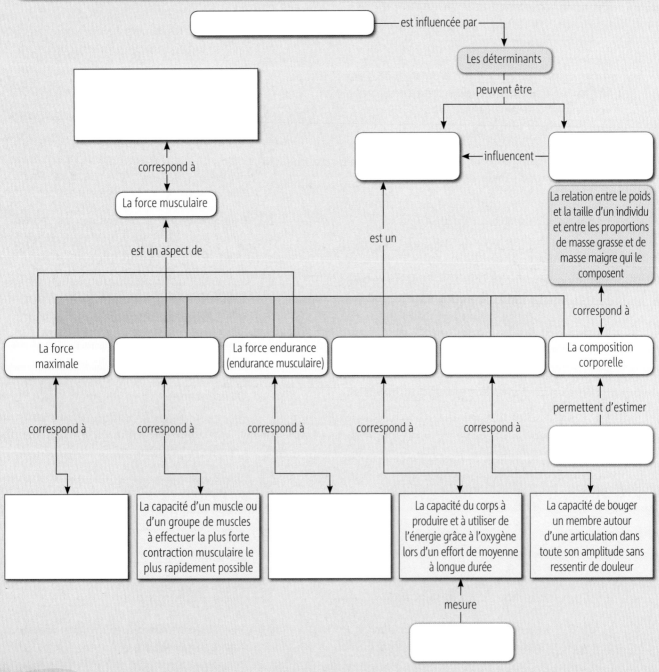

1. Sébastien est un cycliste. Comparez 2 tests qui permettraient d'évaluer sa capacité aérobie et donnez-en les avantages et les inconvénients.

Test 1 :

Avantages :

Inconvénients :

Test 2 :

Avantages :

Inconvénients :

2. Geneviève s'entraîne sérieusement au jogging depuis 2 mois et voudrait connaître précisément sa vitesse aérobie maximale réelle. Quel test lui permettrait d'obtenir cette information ?

Test :

3. Laurie et Julie-Anne veulent évaluer la force maximale de leurs pectoraux. Laurie opte pour un test de 1 répétition maximale (test du 1RM) au développé couché. Son résultat est de 70 kilogrammes. Julie-Anne, quant à elle, choisit de faire un test d'estimation de la charge correspondant à 1 répétition maximale (test d'estimation du 1RM) aussi au développé couché. Elle a fait 5 répétitions avec une charge de 60 kilogrammes.

a Laquelle des deux a la force absolue la plus élevée pour les pectoraux ? Justifiez votre réponse à l'aide des calculs nécessaires.

b Laquelle des deux a la force relative la plus élevée si Laurie a un poids de 60 kilogrammes et Julie-Anne de 65 kilogrammes ? Justifiez votre réponse à l'aide des calculs nécessaires.

4. Voici le résultat de l'épaisseur des plis cutanés de Martin (19 ans) :

Biceps : 10 mm   Sous-scapulaire : 15 mm
Triceps : 12 mm   Crête iliaque : 20 mm

a Utilisez le calculateur du pourcentage de graisse selon la formule de Durnin et Womersley disponible sur le site du pour connaître le pourcentage de masse grasse de Martin ou le tableau « Pourcentage de graisse des hommes selon la méthode des plis cutanés » (page 59).

Estimation du pourcentage de graisse de Martin =

b Évaluez la composition corporelle de Martin à l'aide du tableau « Composition corporelle des hommes selon la mesure du pourcentage de graisse » (page 60).

Composition corporelle de Martin :

Notez les résultats de vos tests

Faites vos tests d'évaluation de votre condition physique. Notez les résultats de votre évaluation dans la grille ci-dessous. Cochez ensuite les cases appropriées en comparant vos résultats aux normes de la population générale. Rendez-vous sur le site du **CEC**plus pour reporter ou noter directement vos résultats aux tests d'évaluation que vous avez faits.

Date :

Âge :   Poids :   kg   Taille :   m

Condition physique personnelle						
Nom du test		**Résultats**				
		Très élevée	Élevée	Moyenne	Faible	Très faible
Capacité aérobie		☐	☐	☐	☐	☐
Force maximale		☐	☐	☐	☐	☐
Force endurance		☐	☐	☐	☐	☐
		☐	☐	☐	☐	☐
Puissance musculaire		☐	☐	☐	☐	☐
Flexibilité musculaire		☐	☐	☐	☐	☐
		☐	☐	☐	☐	☐

Nom de la mesure		Résultats			
		Très élevée	Élevée	Idéale	Faible ou très faible
Composition corporelle		☐	☐	☐	☐
		☐	☐	☐	☐

Les principes généraux de l'entraînement

Que connaissez-vous de l'entraînement ?

Vous avez sûrement des connaissances sur l'entraînement ou, du moins, des idées sur ce que fait quelqu'un qui s'entraîne. Peut-être que certaines d'entre elles sont justes, peut-être que d'autres sont inexactes et pourraient vous mener sur de fausses pistes lorsque vous aurez à planifier un programme d'entraînement.

Répondez par *vrai* ou *faux* aux questions suivantes au meilleur de vos connaissances, d'abord avant la lecture du chapitre, puis après.

		Avant la lecture		Après la lecture	
		Vrai	Faux	Vrai	Faux
A	S'entraîner, c'est faire différentes activités physiques quotidiennement.				
B	L'entraînement vise l'amélioration ou le maintien de la condition physique.				
C	Il est possible de profiter des bienfaits de l'activité physique sur la santé sans s'entraîner.				
D	Tout le monde a le même potentiel d'amélioration, il s'agit d'effectuer un entraînement adapté.				
E	Les redressements assis constituent un entraînement spécifique visant la perte de la masse grasse abdominale.				

Avez-vous constaté si la lecture de ce chapitre a confirmé ou enrichi vos connaissances ?

APRÈS LA LECTURE DE CE CHAPITRE, VOUS SEREZ EN MESURE :

○ de définir ce qu'est l'entraînement ;

○ de nommer et d'expliquer 4 principes généraux essentiels de l'entraînement ;

○ de classer des activités physiques selon 4 types d'exercices ;

○ d'expliquer la séquence d'entraînement *fatigue-récupération-surcompensation* ;

○ de connaître le processus de modification des paramètres de la surcharge ;

○ d'établir les bases de vos connaissances sur la façon de s'entraîner pour modifier un déterminant précis de la condition physique.

ous avons vu dans le chapitre précédent quels étaient les déterminants variables de la condition physique. Si vous avez évalué quelques-uns des vôtres, vous avez peut-être remarqué que certains d'entre eux laissent à désirer. Si vous voulez obtenir des **adaptations** concrètes et relativement rapides de **déterminants variables** précis de votre condition physique, vous devez vous entraîner.

L'**entraînement** doit être **planifié** et **méthodique**. Pour ce faire, vous devez vous appuyer sur des principes généraux qui vont vous aider à l'élaborer et à le mettre en oeuvre. Vous devez également vous fixer un **objectif d'entraînement** qui vous servira de source de motivation et d'outil d'évaluation.

Nous traiterons en profondeur des **principes généraux** de spécificité, de surcharge, de progression et de maintien, qui sont **récurrents et essentiels**, et nous expliquerons brièvement les principes de variété, d'individualité et de réversabilité. Nous décrirons enfin les caractéristiques que doit avoir votre objectif d'entraînement.

Le premier principe : la spécificité

orsque vous souhaitez accroître vos compétences en mathématiques, le fait d'entreprendre un cours d'histoire aura probablement peu d'influence ! Cet exemple un peu saugrenu exprime le fondement du principe de spécificité. **Pour améliorer un déterminant** précis de votre condition physique, il vous faut un **entraînement qui sollicite ce déterminant**. Vous devez donc choisir avec soin les exercices qui composent vos entraînements. Par exemple, si vous joggez quelques fois par semaine, il y a peu de chances pour que votre flexibilité musculaire s'améliore. Par contre, votre capacité aérobie pourrait augmenter de façon intéressante. Il existe donc des activités physiques appropriées à l'entraînement de chacun des déterminants variables de votre condition physique.

Trois critères pour choisir une activité physique spécifique

Il y a trois critères à considérer dans la sélection de vos activités physiques. Ces trois critères paraissent aller de soi, mais vous devez absolument en tenir compte pour persister dans votre entraînement. Il s'agit d'opter pour une activité physique qui répond non seulement à vos besoins (le déterminant de la condition physique à travailler), mais qui correspond aussi à vos goûts et à vos capacités.

Vos besoins

Vos besoins sont liés aux objectifs qui motivent votre entraînement. Il se peut, par exemple, qu'en évaluant votre composition corporelle, vous constatiez que votre tour de taille est plus élevé que les normes recommandées. Vous voudrez donc perdre de la masse grasse. Il vous faudra alors **déterminer le type d'exercices à effectuer** : exercices **aérobies**, exercices **anaérobies**, exercices **avec charge** ou exercices **d'étirement**.

Ce sont ces exercices qui contribuent à l'amélioration des déterminants variables de la condition physique. Vous en trouverez la description dans le tableau suivant, ainsi que des exemples d'activités physiques appartenant à ces différents types d'exercices et les déterminants variables que chacun sert à améliorer.

Milan Petrovic/Shutterstock 61621150.

Types d'exercices et amélioration des déterminants variables de la condition physique			
Type d'exercices	**Description**	**Exemples d'activités physiques**	**Déterminant à améliorer**
Exercices aérobies	Les exercices aérobies sont ceux où nous reproduisons une même gestuelle pendant une période de temps prolongée.	• Jogging • Vélo • Appareils cardiovasculaires (tapis roulant, vélo stationnaire, exerciseur elliptique, rameur) • Natation	• Capacité aérobie • Composition corporelle • Force endurance
Exercices anaérobies	Les exercices anaérobies sont ceux où l'intensité de l'effort est élevée à très élevée, tant et si bien qu'il faudra que l'intensité varie pour être en mesure de poursuivre l'exercice.	• Hockey sur glace • Basketball • Saut à la corde • Handball • Waterpolo • Entraînement par circuit (Crossfit)	• Capacité aérobie • Composition corporelle • Puissance musculaire
Exercices avec charge	Les exercices avec charge sont souvent des exercices de musculation avec des poids libres ou sur appareils ; le poids du corps (comme dans le cas des pompes) peut aussi constituer une charge.	• Musculation • Pompes • Redressements assis • Pilates	• Force musculaire • Force endurance • Puissance musculaire • Composition corporelle
Exercices d'étirement musculaire	Les exercices d'étirement musculaire sont ceux où l'on provoque ou maintient l'allongement d'un muscle.	• Stretching • Yoga • Pilates • Activités nécessitant une grande amplitude de mouvement	• Flexibilité musculaire

Vos goûts

Il existe toute une panoplie d'activités physiques : individuelles, de groupe, aquatiques, de plein air, de compétition, à émotions fortes et autres. Il s'agit donc de choisir celle qui vous plait le plus pour vous assurer que vous persévèrerez dans votre pratique. Si vous désirez entraîner votre capacité aérobie et que vous préférez le jogging au vélo, optez pour le jogging. Demandez-vous également si vous préférez les salles d'entraînement ou un environnement naturel, vous entraîner seul, avec un partenaire ou en groupe. **L'important, c'est votre plaisir et le maintien de votre motivation.**

Vos capacités

Le dernier critère est celui de vos capacités. Vous devrez prendre en considération les blessures, les qualités athlétiques, les qualités physiques ou les contraintes d'argent ou de temps qui pourraient restreindre votre engagement et votre assiduité dans une activité physique en particulier. Pour reprendre l'exemple utilisé précédemment, si vous avez besoin de développer votre aptitude aérobie, mais que vous avez une blessure qui vous empêche de jogger, le vélo répond peut-être mieux à vos capacités. Si vous préférez faire du vélo stationnaire et que vous avez les capacités monétaires pour vous en procurer un ou vous abonner dans une salle d'entraînement qui en possède, cela répond alors d'autant plus à vos capacités.

En choisissant une activité qui correspond à vos besoins, à vos goûts et à vos capacités, vous sentirez que votre entraînement est efficace et que vous détenez une recette gagnante. C'est ainsi que vous favoriserez l'un des aspects les plus importants de la **persévérance dans une démarche d'entraînement** : le fait de sentir que vous vous améliorez.

Le principe de spécificité appliqué aux sportifs

Lorsque vous pratiquez un sport de façon rigoureuse, vous voulez vous entraîner de manière à améliorer votre performance. Le principe de spécificité s'applique donc ici de façon plus particulière.

Prenons l'exemple d'une skieuse alpine. Le déterminant principal de sa condition physique est la force endurance. La skieuse doit maintenir une position accroupie, instable et changeante au cours de la descente (sauts, bosses, terrain accidenté, glace, etc.) d'une durée d'environ 2 minutes. Pour que cette skieuse s'entraîne de la façon la plus spécifique, elle devra non seulement viser l'amélioration de sa force endurance, mais recréer le mieux possible les conditions réelles d'une course, en choisissant bien ses exercices d'entraînement.

Voyez ci-dessous une série d'exercices en position accroupie allant du moins spécifique au plus spécifique pour augmenter la force endurance des skieurs alpins.

Lindsey Vonn, gagnante de la Coupe du monde de slalom supergéant à Bansko, en Bulgarie, le 1er mars 2009.

B. Stefanov/Shutterstock 25988701.

Photos Robert Ménard.

Charles Knox Photo/Shutterstock 28193119.

| Accroupissement | Accroupissement sur BOSU | Accroupissement sur ballon suisse | Accroupissement sur coussins d'air | Ski alpin |

Comme le démontre la dernière photographie, l'exercice le plus spécifique à l'entraînement d'un sport reste encore sa pratique. Cependant, les circonstances ne la permettant pas toujours, l'entraînement doit s'en rapprocher le plus possible.

Le deuxième principe : la surcharge

Pour **faire évoluer votre condition physique**, vous devez pratiquer vos activités physiques avec une **surcharge** : vos **efforts** doivent être **plus élevés que ce à quoi votre corps est habitué**. Plus l'effort imposé au corps est exigeant, plus il s'adapte.

Pour créer une surcharge, il s'agit d'en déterminer les paramètres de façon à vous entraîner avec une **charge de travail légèrement supérieure à l'état de votre condition physique**. Si vous faites un entraînement et que vous ne ressentez pas que votre corps effectue un effort physique particulier, c'est que vous ne lui demandez pas de s'adapter à une charge de travail plus grande que celle à laquelle il est habitué. Plus votre condition physique est bonne, plus votre charge de travail devrait être élevée. Vous devez cependant veiller à demeurer dans votre zone optimale d'effort physique.

Plus votre condition physique est bonne, plus votre charge de travail devrait être élevée.

Votre zone optimale d'effort physique

Il faut en effet que la charge de travail de votre entraînement vous situe dans une **zone optimale d'effort physique** : les exercices qui le composent ne doivent être ni trop faciles, ni trop difficiles ; ils doivent être juste assez éprouvants au moment où vous les faites. Vous risquez de perdre de la motivation si votre charge est trop faible ; vous en perdrez de même si vous vous blessez parce que votre charge est trop élevée, comme l'illustre le graphique ci-dessous.

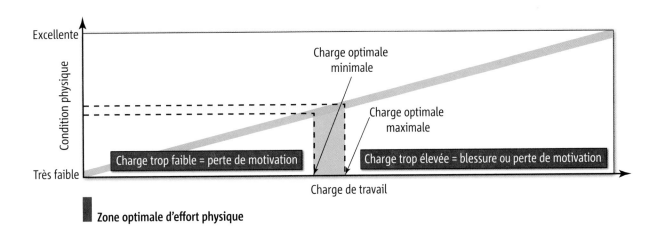

Zone optimale d'effort physique

L'établissement des paramètres de votre surcharge initiale

La **surcharge** comprend **trois paramètres**, souvent représentés par l'abréviation *FIT* :

- la **fréquence** (F), le nombre de vos séances d'entraînement par semaine ;
- l'**intensité** (I), l'effort que vous déployez en vous entraînant ;
- le **temps** (T) que durent vos séances.

En commençant tout programme d'entraînement, vous devez fixer votre **surcharge initiale d'entraînement** en en établissant la fréquence, l'intensité et le temps en fonction de votre condition physique.

Pour mieux comprendre, prenons l'exemple de 2 personnes qui s'entraînent pour accroître leur capacité aérobie et qui ont donc choisi une activité physique de type aérobie pour leur entraînement, le vélo. Selon leur condition physique (telle que leur capacité aérobie de base), elles ne structureront pas les paramètres de leur surcharge initiale de façon identique. Par exemple, l'une fera 3 séances d'entraînement par semaine de 30 minutes chacune, à une intensité correspondant à un pédalage à 20 km/h, alors que l'autre adoptera la même fréquence d'entraînement et la même durée, mais avec une intensité correspondant à 25 km/h. Il se peut que les différences touchent un autre paramètre que l'intensité. L'important est que les deux personnes aient une surcharge appropriée à leur condition physique.

Anatomie & physiologie

L'évaluation subjective de l'intensité de l'effort d'après l'échelle de Borg

L'échelle de Borg est un outil qui vous permet de connaître l'intensité approximative d'un effort. Elle est particulièrement appropriée pour l'entraînement aérobie mais utilisable aussi pour l'entraînement en musculation ou en flexibilité, que nous verrons dans les chapitres ultérieurs.

Cette façon d'évaluer l'intensité d'un effort s'appuie sur les sensations physiques ressenties lors d'un exercice ou d'un entraînement. Pour ce faire, il faut :

- exécuter un exercice ou un entraînement à différentes intensités qui auront été ciblées avec les méthodes présentées dans les chapitres 3, 4 ou 6 et les associer à une cote sur l'échelle de Borg ;

- remarquer quelles sont les sensations physiques ressenties (sudation, degré d'essoufflement, impossibilité de tenir une conversation, par exemple) aux différentes intensités et associer ces différentes sensations aux cotes de l'échelle de Borg.

Bien que subjectif, cet outil permet à la personne qui s'entraîne d'identifier les sensations physiques qui correspondent au degré d'intensité qu'elle a ciblé.

Nous reviendrons sur l'utilisation de cette méthode à chacun des entraînements dans les chapitres subséquents.

Perception de l'intensité de l'effort selon l'échelle de Borg		
Cote	Effort	Exemples de sensations pouvant être ressenties
6	Nul	• Respiration normale • Aucun essoufflement
7	Extrêmement faible	• Rythme cardiaque très légèrement accéléré • Très faible essoufflement • Aucun problème à tenir une conversation
8		
9	Très faible	
10		
11	Faible	• Rythme cardiaque légèrement accéléré • Faible essoufflement • Début de la sensation de chaleur • Possibilité de tenir une conversation
12		
13		
14	Modéré	• Rythme cardiaque accéléré • Essoufflement modéré • Début de la sudation • Conversation saccadée
15		
16		
17	Élevé	• Rythme cardiaque assez accéléré • Essoufflement élevé • Possibilité de dire quelques mots, mais impossibilité de tenir une conversation
18		
19	Très élevé	• Impossibilité de parler
20	Effort maximal	• Maintien de cette intensité d'effort quelques secondes seulement (fréquence cardiaque maximale atteinte ou presque atteinte)

Le troisième principe :
la progression

Le corps s'adapte aux demandes qui lui sont imposées. Une demande grandissante va amener une évolution constante de la condition physique. Lorsque la surcharge initiale n'apporte plus de changement, il faut **accroître la charge de travail progressivement** pour continuer l'entraînement avec une surcharge adéquate.

Vous pouvez **ajuster la surcharge** de votre entraînement en modifiant, en cours de programme, la **fréquence** (F), l'**intensité** (I) ou le **temps** (T). Il suffit de modifier un seul des paramètres de la surcharge pour l'augmenter. Vous pouvez aussi en changer plusieurs. Vous devez cependant porter une attention particulière à la fréquence de vos séances d'entraînement.

Augmentez un paramètre
de la surcharge à la fois

L'augmentation de la surcharge doit être graduelle et elle doit demeurer dans une zone optimale d'effort physique. C'est pourquoi elle se fait rarement plus d'un paramètre à la fois. Par exemple, la personne qui veut améliorer sa capacité aérobie en pratiquant le vélo pourrait faire progresser sa surcharge en augmentant soit la fréquence, soit l'intensité, soit la durée de son activité physique.

Trois exemples différents de progression

But visé : amélioration de la capacité aérobie par la pratique du vélo

Charge initiale	Augmentation de la fréquence (F)	Augmentation de l'intensité (I)	Augmentation de la durée (T)
F : 3 x/semaine	4 x/semaine	3 x/semaine	3 x/semaine
I : 20 km/h	20 km/h	23 km/h	20 km/h
T : 30 min	30 min	30 min	35 min

Vos **contraintes** seront le premier critère à considérer pour faire le choix du paramètre à hausser. Il vous faudra évaluer notamment le temps disponible dans une journée et le nombre de jours par semaine où vous pouvez vous entraîner ainsi que votre capacité à maintenir une intensité plus élevée. L'important est de rendre votre entraînement un peu plus difficile que ce qu'il était lorsque vous n'étiez plus en surcharge.

Appliquez le principe de progression
dans le temps

Il y a plusieurs façons d'appliquer le principe de progression dans le temps. Il est possible d'élever la charge de travail à chaque 2 ou 3 semaines, à chaque semaine ou à chaque séance d'entraînement.

Auremar/Shutterstock 64625185.

Le temps dont vous disposez fait partie des contraintes à considérer pour choisir le paramètre de votre entraînement à hausser.

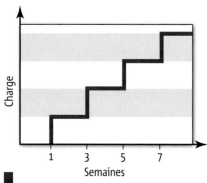

Ajustement aux 2 ou 3 semaines de la surcharge

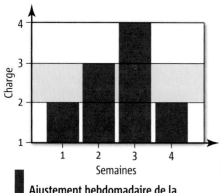

Ajustement hebdomadaire de la surcharge

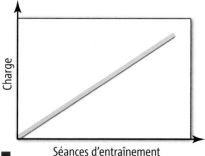

Ajustement constant de la surcharge

Une augmentation de la surcharge aux 2 ou 3 semaines

L'augmentation de la charge de travail peut se faire aux 2 ou 3 semaines. C'est la façon de procéder suggérée aux personnes qui commencent un entraînement structuré. Les augmentations de charge sont progressives et ne se font que lorsque la condition physique est adaptée.

Un ajustement hebdomadaire de la surcharge

L'augmentation de la surcharge à chaque semaine est très exigeante puisque le corps n'a pas nécessairement le temps de s'adapter. Avec ce type d'ajustement, il faut toujours réduire la charge d'entraînement après 3 ou 4 semaines pour permettre au corps de vraiment récupérer. C'est la façon de faire la plus utilisée dans le milieu sportif.

Un ajustement constant de la surcharge

L'ajustement de la charge peut également être constant, surtout dans le cas des entraînements musculaires. Par exemple, en musculation (chapitre 4), la charge de travail peut être augmentée à chaque séance en modifiant soit le nombre de répétitions, le nombre de séries, le poids soulevé ou le temps de repos. Cette façon de faire progresser la charge est moins répandue, car il vous faut une très bonne expérience en entraînement pour recourir à ce type de progression.

Sur le vif

Le principe d'individualité : des différences dans les résultats

Les déterminants invariables de la condition physique (âge, sexe, génétique) ont une influence sur votre entraînement. Ces caractéristiques font partie du principe d'individualité, qui s'applique à toutes les activités physiques. Ainsi, si vous suivez un programme d'entraînement avec un ou une partenaire et que vous le respectez tous les deux à la lettre, vous aurez des résultats intéressants certes, mais différents l'un de l'autre.

Olly/Shutterstock 50071180.

Si vous avez bien appliqué le principe de progression à votre surcharge et que vous remarquez que, malgré tout, l'amélioration de votre condition physique stagne, c'est que vous avez atteint un plateau. Il est alors temps de varier vos exercices.

Sur le vif

Le principe de variété : contrez l'atteinte d'un plateau

L'application du principe de variété consiste à diversifier ou à modifier les activités physiques qui composent vos entraînements tout en gardant la même charge de travail. En modifiant votre entraînement, vous stimulerez à la fois vos adaptations physiques et physiologiques ainsi que votre motivation. De cette façon, une personne qui désire améliorer sa force endurance pourrait faire varier ses exercices de musculation en utilisant, par exemple, un ballon suisse plutôt qu'un banc.

Les réactions du corps à la fréquence des entraînements

La fréquence des séances d'entraînement joue un rôle important dans l'amélioration de la condition physique. Il faut y apporter une attention particulière en respectant la **courbe** *fatigue-récupération-surcompensation*.

À la suite d'une séance d'entraînement, la condition physique diminue temporairement car le corps est en état de **fatigue**. Dépendamment du déterminant travaillé et de l'intensité de l'exercice, le corps met de 6 à 72 heures à récupérer. Pendant cette période de **récupération**, il n'est pas souhaitable de reprendre l'entraînement de ce déterminant.

Une fois sa récupération terminée, le corps va augmenter ses réserves d'énergie au-dessus de la normale de façon temporaire : c'est la **surcompensation**. C'est à ce moment précis qu'il faut reprendre l'entraînement puisque la condition physique est alors plus élevée. Comme le corps est alors au maximum de ses capacités, la fatigue causée par l'entraînement sera moindre et les adaptations seront accrues.

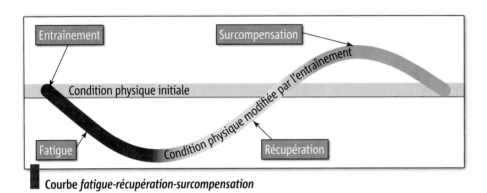

Courbe *fatigue-récupération-surcompensation*

Une amélioration de la condition physique

En reprenant l'**entraînement en période de surcompensation**, vous améliorez constamment votre condition physique. Attention, cependant, le corps ne surcompense que pendant 12 à 36 heures. Il est donc primordial de répéter les **séances d'entraînement au moins 3 fois par semaine** pour qu'il y ait progrès.

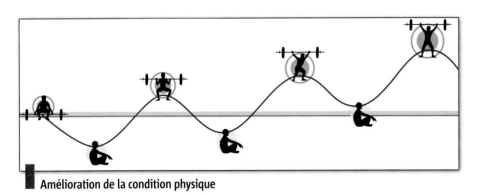

Amélioration de la condition physique

☼ Voir aussi « Le quatrième principe : le maintien », page 79 de ce chapitre.

Le maintien de la condition physique

Même si l'intensité est adéquate et que la durée de l'entraînement est suffisante pour créer un effet de surcompensation, si l'entraînement n'est pas repris au moment où la surcompensation a lieu, il n'y aura pas amélioration mais plutôt maintien ☼ de la condition physique.

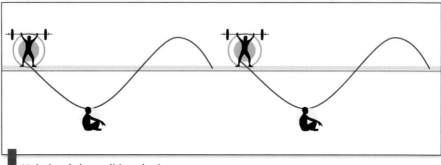

■ Maintien de la condition physique

Anatomie & physiologie

Les courbatures

Lorsque vous poursuivez votre entraînement avec une nouvelle surcharge, vous demandez à votre corps d'assumer une charge dont il n'a pas l'habitude. Vos muscles subissent donc un stress musculaire qui provoque des courbatures. Ces dernières sont dues à des microdéchirures musculaires. Souffrir de courbatures n'est pas garant d'une amélioration de la condition physique si elles sont dues à une surcharge trop élevée. Elles sont toutefois le signe que votre charge de travail correspond à une surcharge. Les courbatures devraient apparaître environ 24 heures après l'entraînement et vous feront souffrir de 24 à 72 heures, ce qui correspond à votre période de récupération. Dès que vous ne les sentez plus, vous êtes en mesure de reprendre l'entraînement du déterminant travaillé puisque oedèmes et inflammations auront disparu. Après quelque temps, lorsque votre muscle sera habitué à cette charge de travail, les courbatures ne devraient plus se produire à la suite de vos entraînements, tant que vous ne changerez pas votre charge de travail pour qu'elle redevienne... une surcharge.

Le danger du surentraînement

Il est important de bien répartir vos séances d'entraînement. Un bon étalement vous assurera d'avoir suffisamment de repos entre vos séances pour bien récupérer et, surtout, pour ne pas subir les effets contraires à ceux souhaités, c'est-à-dire les **effets** du surentraînement.

Si vous ne vous reposez pas entre vos entraînements, votre corps n'a non seulement pas la possibilité de surcompenser, il n'a même pas la chance de récupérer de ses efforts. À long terme, ce manque de répit cause des problèmes qui vont de la **diminution** du niveau **de performance** à l'**affaiblissement du système immunitaire**. Le corps est épuisé, il a besoin de beaucoup de repos, et un retour à l'activité physique ne devrait se faire que de manière très progressive.

■ Du carburant pour fonctionner.

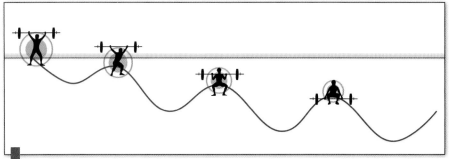

 Surentraînement

Le quatrième principe : le maintien

l se peut que vous ne désiriez pas faire progresser votre condition physique mais simplement la maintenir. Vous pourriez également avoir comme objectif de réduire le temps que vous consacrez à vos séances d'entraînement dans une semaine, en période intense d'étude, par exemple, sans pour autant perdre vos acquis. C'est ce que les athlètes font pendant la saison morte pour éviter que leur condition physique revienne à son état initial.

Pour conserver vos acquis, il s'agit de cesser de faire progresser votre surcharge en ajustant les paramètres de votre entraînement de manière à conserver la même intensité, mais en réduisant la fréquence et le temps (la durée) de vos séances.

 Sur le vif

Le principe de réversibilité : un retour à l'état initial

L'adaptation du corps à l'entraînement n'est pas éternelle. Lorsque le corps n'est pas sollicité, sa condition physique revient à son état initial. C'est une conséquence du principe de réversibilité. Une sollicitation constante est donc nécessaire pour conserver les résultats d'une démarche d'entraînement.

L'importance de se fixer un objectif

Il est important de vous fixer un objectif lorsque vous entreprenez un programme d'entraînement. Cet objectif va vous servir à la fois de source de motivation et d'outil d'évaluation.

Pour qu'il vous motive, votre objectif doit d'abord être **réaliste**, c'est-à-dire ni trop facile ni trop difficile à atteindre. Pour servir d'outil d'évaluation, il doit être **mesurable** (une unité de mesure), **spécifique** (qu'est-ce qui est mesuré ?) et **déterminé dans le temps** (quand doit-il être atteint ?). Par exemple, un objectif clairement formulé pourrait être pour une personne ayant réussi 8,5 paliers au test navette : *Je vais améliorer ma capacité aérobie de façon à réussir 10 paliers au test navette d'ici 8 semaines.*

Maintenant que vous connaissez les 4 principes généraux essentiels de l'entraînement (spécificité, surcharge, progression et maintien), vous êtes prêts à les appliquer à différents types d'entraînements concrets selon le ou les déterminants variables de votre condition physique que vous désirez améliorer. Vous verrez dans les prochains chapitres comment utiliser ces principes pour élaborer des programmes d'entraînement.

RÉSUMÉ

- L'**entraînement** doit être méthodique, planifié, et viser l'amélioration ou le maintien des déterminants variables de la condition physique.

- Il faut appliquer **4 principes généraux essentiels d'entraînement** pour que celui-ci soit efficace : spécificité, surcharge, progression et maintien.

- Selon le **principe de spécificité**, pour améliorer un déterminant variable précis de votre condition physique, le sport ou l'activité physique de votre entraînement doit solliciter ce déterminant.

- L'**activité spécifique** de votre entraînement doit correspondre à vos besoins, à vos goûts et à vos capacités.

- Pour améliorer un déterminant particulier de votre condition physique, vous choisirez parmi **4 types d'exercices** : aérobies, anaérobies, avec charge ou d'étirement musculaire.

- Votre **charge de travail** lors de votre entraînement doit demeurer dans une **zone optimale d'effort physique**.

- Le **principe de surcharge** porte sur l'ajustement de 3 paramètres représentés par l'abréviation *FIT* : la fréquence, l'intensité et le temps (durée).

- Pour appliquer le **principe de progression** et améliorer votre condition physique, il vous faut élever graduellement les paramètres de la surcharge.

- Il faut respecter la **courbe *fatigue-récupération-compensation*** pour obtenir des résultats d'entraînement optimaux.

- L'application du **principe de maintien** vous permet de conserver votre condition physique. Il s'agit de diminuer la fréquence et la durée de vos séances d'entraînement, mais de conserver la même intensité.

Affûtez vos CONNAISSANCES

1. Lequel des énoncés suivants correspond à la notion d'*entraînement*?

  a La pratique d'activités physiques exécutées de manière planifiée et méthodique fondée sur des principes généraux.

  b Une pratique régulière d'une activité physique en particulier.

  c Faire de l'activité physique de façon régulière.

  d Pratiquer des activités physiques avec une intensité élevée au moins 3 fois par semaine.

2. Le principe de spécificité suppose que le sport ou l'activité physique de l'entraînement sollicite le plus possible le déterminant à améliorer.

  a Vrai

  b Faux

3. À quel type d'exercices chacune des définitions suivantes correspond-elle?

  a Les exercices où l'intensité de l'effort est tellement élevée qu'il n'est pas possible de la maintenir très longtemps.

  b Les exercices où l'on maintient un allongement musculaire.

  c Les exercices où l'on utilise des poids libres ou le poids du corps.

  d Les exercices où l'on répète une même gestuelle sur une longue période de temps.

4. Si vous souhaitez persister dans la pratique d'une activité physique, il faut tenir compte de 3 facteurs. Quels sont-ils?

5. Indiquez quels sont les 3 paramètres de la surcharge.

  a La variété

  b Le temps (la durée)

  c L'intensité

  d Le repos

  e La surcompensation

  f La fréquence

  g L'individualité

  h La charge

6. Lesquels des énoncés ci-dessous définissent le mieux la zone optimale d'effort physique?

  a Une zone où l'effort est sous-maximal.

  b Une zone où l'effort n'est pas trop faible.

  c Une zone où l'effort n'est pas trop élevé.

  d Une zone où l'effort est juste assez éprouvant pour la condition physique de la personne.

7. L'augmentation de la charge de travail est éventuellement nécessaire; sans cela, il est impossible d'améliorer sa condition physique.

  a Vrai

  b Faux

Laquelle des affirmations suivantes est fausse?

a Le principe de progression peut être appliqué à chaque entraînement.

b Le principe de progression s'applique idéalement en ajustant un paramètre d'entraînement à la fois.

c Le principe de progression peut s'appliquer aux 2 ou 3 semaines.

d Pour améliorer sa condition physique, il n'est jamais profitable de réduire sa charge de travail pendant une semaine.

9. Parmi les facteurs suivants, quels sont ceux qui influencent le principe d'individualité?

a L'âge

b La fréquence des entraînements

c La période de la journée des séances d'entraînement

d Les capacités physiques de votre père

10. Quel est le principe d'entraînement qui est appliqué lorsqu'une personne modifie les activités physiques qu'elle a choisies pour son entraînement sans changer la surcharge ni ses objectifs d'entraînement?

a La spécificité

b La progression

c Le maintien

d La variété

11. Placez les concepts suivants aux bons endroits dans le schéma.

Surcompensation • Entraînement
Fatigue • Récupération

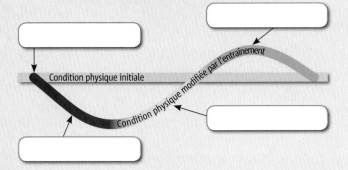

Condition physique initiale

Condition physique modifiée par l'entraînement

12. Associez chacun des énoncés suivants au phénomène qu'il représente.

Maintien de la condition physique
• Amélioration de la condition physique
• Surentraînement

a Les entraînements sont trop rapprochés les uns des autres.

b L'entraînement suivant a lieu après la surcompensation.

c L'entraînement suivant a lieu pendant la surcompensation.

13. Quels sont les 2 facteurs les plus en cause lorsque quelqu'un est en surentraînement?

a La fréquence

b L'intensité

c Le temps (la durée)

d Le repos

14. Que faut-il faire pour appliquer le principe de maintien de la condition physique?

a Diminuer l'intensité des séances d'entraînement tout en maintenant leur nombre et leur durée.

b Diminuer la durée et la fréquence des séances d'entraînement tout en gardant la même intensité.

c S'entraîner avant de déjeuner pour que les réserves énergétiques soient incomplètes.

d Poursuivre le même entraînement sans appliquer à nouveau le principe de surcharge.

15. Même si vous arrêtez complètement de vous entraîner, votre condition physique ne reviendra jamais à son état initial après une amélioration attribuable à l'entraînement.

a Vrai

b Faux

Complétez la carte conceptuelle des informations vues dans ce chapitre en utilisant la liste de concepts fournis. La suite de chaque noeud doit constituer une phrase complète. Suivez bien le sens des flèches.

- L'amélioration de la condition physique
- L'entraînement
- L'intensité
- La fréquence
- La réversibilité
- La surcharge
- La zone optimale d'effort physique pour une personne
- Le maintien
- Les paramètres de la surcharge
- Les types d'exercices à pratiquer

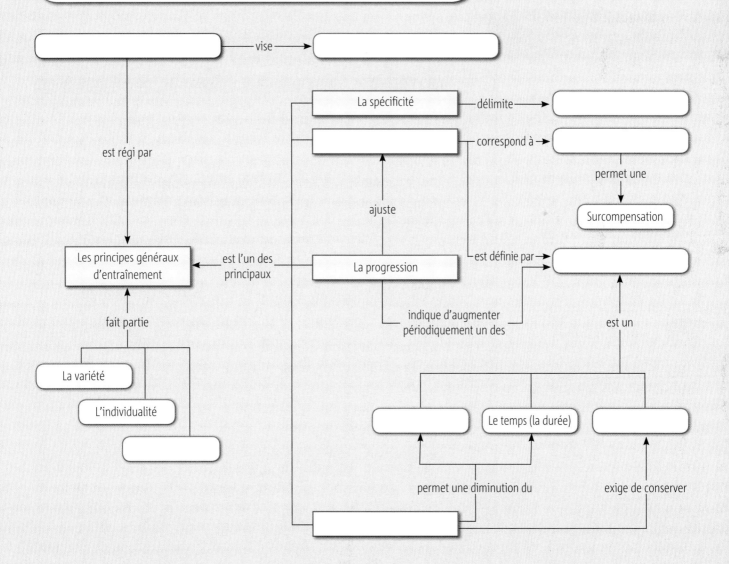

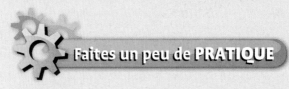

Faites un peu de PRATIQUE

Yohan fait une évaluation de sa condition physique et constate de graves lacunes lors de l'évaluation de sa capacité aérobie. Il décide de commencer un entraînement avec la surcharge suivante :

Fréquence (**F**) : 3 X
Intensité (**I**) : marche à 5 km/h
Durée ou temps (**T**) : 20 min

1. Indiquez une possibilité d'augmentation de cette charge de façon que Yohan applique le principe de progression. Il désire mettre en pratique le principe de progression à chaque 3 semaines.

Semaine 3		Semaine 6	
F		F	
I		I	
T		T	

Semaine 9		Semaine 12	
F		F	
I		I	
T		T	

2. Si Yohan constate qu'après 9 semaines ses résultats ne progressent plus malgré l'augmentation de la surcharge, quel principe d'entraînement doit-il appliquer ?

3. Que pourrait-il faire pour appliquer ce principe ?

4. Comment Yohan devrait-il modifier les paramètres de la surcharge pour appliquer le principe de maintien après la semaine 12 ?

F
I
T

Choisissez vos activités physiques

Indiquez d'abord le déterminant variable de votre condition physique que vous avez à travailler. Ensuite, choisissez parmi les activités physiques de la liste ci-dessous celles qui correspondent à vos goûts et placez-les dans la première bande du triangle inversé ci-après. Choisissez par la suite parmi ces activités seulement celles qui correspondent à vos besoins et placez-les dans la deuxième bande du triangle inversé. Enfin, reprenez parmi ces dernières activités seulement celles qui correspondent à vos capacités et placez-les dans la troisième bande du triangle inversé.

Déterminant variable à améliorer :

Activités physiques

- Arts martiaux (judo, kung-fu, etc.)
- Athlétisme (courses, sauts, lancers)
- Badminton
- Baseball
- Basketball
- Boxe
- Canot
- Corde à danser
- Danse (ballet, tango, etc.)
- Danse aérobie
- Escalade
- Escrime
- Football
- Golf
- Gymnastique
- Haltérophilie
- Handball
- Hockey
- Musculation
- Natation
- Parkour
- Patin à roues alignées
- Patinage
- Pingpong
- Planche à roulettes
- Plongée sous-marine
- Ski alpin
- Ski de fond
- Ski nautique
- Soccer
- *Stretching*
- Tennis
- Vélo
- Volleyball
- Waterpolo
- Yoga

Goûts

Besoins

Capacités

Les activités physiques que vous avez placées dans la dernière bande du triangle inversé correspondent à celles que vous pouvez pratiquer. Si vous avez fait ce travail avec soin, ce sont aussi celles qui vont favoriser votre motivation et votre persévérance à l'entraînement.

L'entraînement de la capacité aérobie

Quel type d'entraînement choisir ?

Pour améliorer votre capacité aérobie tout en répondant à vos besoins personnels, vous devrez cibler le type d'entraînement qui vous conviendra le mieux. Lisez les énoncés ci-dessous et encerclez le signe (☼ ou ☼) de ceux dont le contenu vous décrit le mieux.

La majorité des activités que je pratique régulièrement ne requièrent que très peu d'endurance (par exemple, hockey, football, volleyball).	☼
Je pratique surtout des activités qui demandent une grande endurance (par exemple, randonnée de 2 h de ski de fond l'hiver et de vélo l'été).	☼
Ma capacité aérobie est faible et je souhaite l'améliorer le plus rapidement possible.	☼
Je veux améliorer mes performances dans des activités ou des sports qui exigent des sprints à répétition (par exemple, soccer, danse, hockey, planche à roulettes) plutôt que de longs efforts en endurance.	☼
Je veux me préparer adéquatement pour avoir suffisamment d'endurance lors d'activités de plein air (par exemple, randonnée de 2 jours en vélo).	☼
Lorsque je prolonge trop la durée de mes entraînements, je ressens davantage de douleurs dans les articulations.	☼
J'aime l'entraînement de longue durée et j'ai beaucoup de temps à y consacrer (par exemple, séances de vélo ou jogging de plus de 1 h).	☼
Je veux améliorer mes performances pour une épreuve spécifique d'endurance (par exemple, 1,5 km de natation, 10 km de course ou 60 km de vélo)	☼

Si vous avez encerclé davantage de ☼, l'entraînement de votre consommation maximale d'oxygène (VO_2 max) vous conviendra mieux. Si vous avez encerclé davantage de ☼, dirigez-vous plutôt vers l'entraînement de l'endurance aérobie.

**APRÈS LA LECTURE DE CE CHAPITRE,
VOUS SEREZ EN MESURE :**

- de connaître les avantages à acquérir une meilleure capacité aérobie ;

- de cibler des intensités d'effort qui correspondent à votre condition physique et à vos besoins ;

- d'appliquer les principes généraux de l'entraînement à l'amélioration des 2 composantes de la capacité aérobie : la consommation maximale d'oxygène et l'endurance aérobie ;

- de vous investir dans une démarche progressive d'entraînement qui respecte vos goûts, besoins et capacités.

À l'aide des tests du chapitre 1, vous avez évalué votre condition physique et estimé quelle était votre capacité aérobie. Dans ce chapitre, vous apprendrez comment la maintenir ou l'améliorer grâce à l'entraînement aérobie, communément appelé *entraînement cardiovasculaire*.

L'entraînement aérobie permet au corps de s'adapter et d'augmenter ses capacités à produire des efforts physiques : les activités telles que marcher, courir, nager, pédaler, ramer ou patiner vous sembleront plus faciles et agréables à pratiquer. Cet entraînement sera tout aussi utile aux sportifs qui pourront se fixer des objectifs plus précis et augmenter notablement leur performance.

Comme l'intensité de vos efforts physiques est le facteur qui influe le plus sur l'amélioration de votre capacité aérobie, vous verrez d'abord dans ce chapitre les méthodes qui vous permettront de cibler des intensités d'entraînement adéquates. Vous prendrez ensuite connaissance de 2 types d'entraînement aérobie : l'entraînement en intervalles, qui est à privilégier, et l'entraînement en continu, qui le complète. Suivront les explications sur la façon d'appliquer les principes généraux d'entraînement vus au chapitre 2 pour améliorer les **2 composantes** de votre **capacité aérobie**, votre **consommation maximale d'oxygène** (VO$_2$ max) et votre **endurance aérobie**.

Les avantages à acquérir une bonne capacité aérobie

L'amélioration de votre capacité aérobie présente des avantages considérables, tant à court qu'à long terme.

- Certaines tâches vous sembleront plus faciles, comme gravir les escaliers ou faire du ménage.

- Vous serez moins essoufflés et vous aurez plus d'énergie lorsque vous exécuterez des activités physiques quelconques, comme danser, marcher ou faire du vélo.

- Votre qualité de vie générale sera meilleure : votre sommeil sera plus récupérateur, votre humeur plus stable, votre gestion du stress plus facile.

- Vous gagnerez de la densité osseuse, ce qui vous donnera des os plus solides.

- Vous renforcerez votre tonus musculaire général, ce qui vous aidera à maintenir une bonne posture.

- Vous augmenterez votre dépense énergétique, ce qui vous permettra de conserver ou d'atteindre un poids santé.

- Vous acquerrez une esthétique corporelle agréable, ce qui pourrait accroître votre estime personnelle.

- Vous augmenterez votre espérance de vie en santé en diminuant significative-ment le risque de développer de nombreuses maladies (diabète, maladies cardio-vasculaires, certains cancers, par exemple).

- Finalement, avec une capacité aérobie accrue, vous adopterez peut-être le trans-port actif (marche, vélo et autres déplacements non motorisés), ce qui est bon pour votre santé et pour l'environnement.

Déterminez l'intensité de vos efforts

Avant de passer à l'élaboration de votre programme d'entraînement aérobie, il vous faut d'abord être en mesure de **cibler** l'intensité des efforts physiques qui vous permettra d'atteindre les résultats escomptés. Comme il y a plus d'une intensité qui convienne, nous parlerons de **plages d'intensité d'effort** exprimées en pourcentage de votre capacité aérobie maximale. C'est sur cette base que vous pourrez aménager un programme d'entraînement qui corresponde à vos besoins et donnera les résultats que vous voulez obtenir.

Nous vous proposons 3 méthodes pour arriver à ce but : la méthode des fré-quences cardiaques cibles, celle des vitesses cibles et celle des METS cibles.

Kafer photo/Shutterstock 29858194.

La méthode des fréquences cardiaques cibles

La méthode des fréquences cardiaques cibles (FCcibles) consiste à **estimer les fréquences cardiaques à cibler pour savoir à quelle intensité travailler.** C'est la méthode la plus répandue parce qu'elle est la plus simple à utiliser. Cette méthode se **base** sur votre **fréquence cardiaque maximale** (FCmax). Elle est utile à quiconque n'a pas de matériel pour calculer toute autre équivalence d'intensité (vitesse, METS, watts ou autres résistances), car elle ne nécessite qu'un chronomètre ou une montre avec les secondes pour être utilisée en entraînement.

Première étape : établissez votre fréquence cardiaque maximale
Il existe 2 façons de calculer votre fréquence cardiaque maximale : l'une théorique (en l'estimant selon votre âge), l'autre réelle (en la calculant après un effort aéro-bie maximal).

De façon théorique
Pour estimer de façon théorique votre fréquence cardiaque maximale à partir de votre âge, utilisez l'une ou l'autre des formules suivantes.

- La formule d'Astrand, la plus courante et la plus simple :
  $FCmax = 220 - votre\ âge$.
  Résultat :

- La formule de Tanaka, plus précise que la précédente :
  $FCmax = 208 - (0,7 \times votre\ âge)$.
  Résultat :

Anatomie & physiologie

Fréquence cardiaque maximale plus basse dans l'eau

La pression de l'eau est supérieure à celle de l'air. Les pressions appliquées sur toutes les parties du corps submer-gées sont donc plus grandes, ce qui fait hausser la pression artérielle tout en favorisant le retour veineux. Pour com-penser ce phénomène, un mécanisme de régulation s'active et le rythme car-diaque diminue d'environ 14 pulsations par minute alors que le diamètre des artères augmente. Pour estimer votre fréquence cardiaque maximale sous l'eau, vous devez utiliser la formule $206 - votre\ âge$.

☼ Voir « Calculez votre fréquence cardiaque », page 27 du chapitre 1.

☼ Voir « Choix de tests d'estimation de la consommation maximale d'oxygène (VO₂ max) », page 31 du chapitre 1.

De façon réelle

Vous pouvez établir votre fréquence cardiaque maximale de façon réelle en prenant votre **fréquence cardiaque** ☼ **après un effort maximal** (test de course à pied sur 1 kilomètre, test de course progressif navette de 20 mètres ou autre ☼). Il est possible que la fréquence cardiaque maximale que vous obtiendrez soit plus élevée ou plus basse que celle que vous estimerez de façon théorique.

Deuxième étape : déterminez les fréquences cardiaques à cibler

Connaissant votre fréquence cardiaque maximale, vous pouvez maintenant déterminer les fréquences cardiaques cibles à soutenir lors de vos efforts pour atteindre votre objectif d'amélioration de votre capacité aérobie. Il y a **4 principales plages d'intensité** :

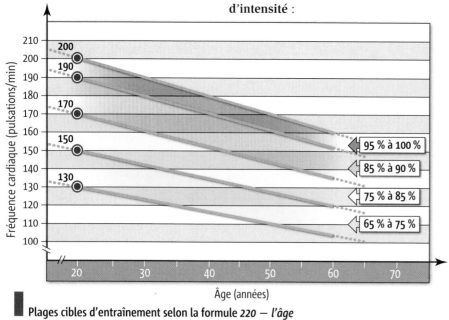

Plages cibles d'entraînement selon la formule *220 − l'âge*

Intensité faible 65 % à 75 % de FCmax	Effort faible
Intensité modérée 75 % à 85 % de FCmax	Effort modéré
Intensité élevée 85 % à 95 % de FCmax	Effort élevé
Intensité très élevée 95 % à 100 % de FCmax	Effort très élevé à supramaximal

Vous verrez plus loin, lorsqu'il sera question de réaliser vos objectifs personnels, dans quelles circonstances cibler l'une ou l'autre de ces intensités.

Le graphique ci-contre présente les différentes plages d'intensité selon l'âge, calculées à l'aide de la formule théorique classique *220 − votre âge*.

👣 En pratique

Ciblez vos fréquences cardiaques cibles avec la formule de Karvonen

Il existe une autre manière de cibler vos fréquences cardiaques : la formule de Karvonen. Elle est plus exacte car elle tient compte non seulement de votre fréquence cardiaque maximale réelle, mais aussi de votre fréquence cardiaque au repos (au lever le matin, page 27 du chapitre 1). Cependant, elle demande un peu plus de calculs.

1. Prenez votre fréquence cardiaque maximale (FCmax) réelle et votre fréquence cardiaque de repos (FCrepos).

    FCmax :   pulsations/min   FCrepos :   pulsations/min

2. Ces deux données vous permettent de calculer votre fréquence cardiaque de réserve (FCréserve) comme suit :

    FCréserve = FCmax   − FCrepos   =   pulsations/min

3. Grâce à la fréquence cardiaque de réserve, vous pouvez maintenant calculer précisément vos fréquences cardiaques cibles selon l'intensité à privilégier en entrant les pourcentages minimaux et maximaux de la plage d'intensité dans la formule suivante :

    FCcible minimale = FCrepos   + (Intensité minimale choisie   % × FCréserve   ) =   pulsations/min

    FCcible maximale = FCrepos   + (Intensité maximale choisie   % × FCréserve   ) =   pulsations/min

4. Vous obtenez ainsi votre plage de fréquences cardiaques à cibler lors de votre entraînement exprimée en pulsations par minute.

Rendez-vous sur le site du **CEC**plus pour calculer rapidement vos fréquences cardiaques cibles avec la formule de Karvonen.

Quelques limites de la méthode des fréquences cardiaques cibles

La méthode des fréquences cardiaques cibles comporte certaines limites. D'une part, lors d'un entraînement à effort très élevé, elle devient relativement imprécise, car elle sous-entend qu'il est **impossible de faire un effort d'une intensité supérieure à votre fréquence cardiaque maximale**. Dans la pratique, il est néanmoins possible de dépasser l'intensité où votre fréquence cardiaque plafonne. La fréquence cardiaque plafonne en effet à environ 85 % à 90 % de votre capacité aérobie maximale. Cela signifie qu'au-delà de cette intensité votre fréquence cardiaque sera à peu près la même, que vous soyez à 90 %, 100 % ou 110 % de votre capacité aérobie maximale lors de votre effort. Vous pourriez par exemple atteindre votre fréquence cardiaque maximale en courant à 15 km/h et tout de même être capable d'accélérer à 17 km/h pendant 20 secondes sans que celle-ci n'augmente.

D'autre part, il est également **impossible de connaître l'intensité réelle de vos efforts lorsque votre entraînement comporte des fractions d'effort de courte durée et d'intensités variées,** puisque la fréquence cardiaque ne s'adapte pas instantanément à un changement d'effort subi.

Il existe d'autres méthodes pour déterminer plus précisément l'intensité de vos efforts physiques, notamment celles des vitesses cibles et des METS cibles.

La méthode des vitesses cibles

La méthode des vitesses cibles (Vcibles) consiste à **déterminer l'intensité de vos efforts physiques au moyen de vitesses cibles**. Cette méthode se **base** sur votre **vitesse aérobie maximale** (VAM), qui correspond à la vitesse maximale à laquelle vous pouvez effectuer un effort aérobie donné, soit la vitesse à laquelle vous atteignez votre consommation maximale d'oxygène (VO_2 max). Cette méthode requiert toutefois un appareil qui vous permettra de connaître votre vitesse de manière continue tout au long de votre entraînement (GPS d'entraînement, odomètre, tapis roulant, appareil elliptique, vélo stationnaire) et ainsi de vous entraîner à une intensité adéquate.

! Sur le vif

Outils intéressants pour votre entraînement aérobie

Voici quelques suggestions d'outils qui pourraient vous aider à optimiser vos séances d'entraînement aérobie.

Outil	Intérêt
Une montre cardio-fréquencemètre	• Connaître son pouls en temps réel et de façon plus précise qu'avec la prise digitale au cou
• Une montre GPS d'entraînement • Une application GPS sur téléphone intelligent	• Connaître son pouls en temps réel et de façon plus précise qu'avec la prise digitale au cou • Connaître sa vitesse en temps réel et de façon très précise • Connaître ses temps d'effort pour des distances données • Courir contre soi-même • Enregistrer ses données dans un ordinateur et comparer ses adaptations cardio-respiratoires selon l'intensité ainsi que les améliorations au cours de l'année • Transférer ses données sur des logiciels comme *Google earth* et voir son parcours en 3 dimensions

Première étape : calculez votre vitesse aérobie maximale

Vous pouvez connaître votre vitesse aérobie maximale à l'aide de certains **tests d'efforts maximaux**, comme le test de course progressif navette de 20 mètres ☼. Si vous voulez estimer votre vitesse aérobie maximale au moyen d'une **autre**

☼ Voir « Choix de tests d'estimation de la consommation maximale d'oxygène (VO_2 max) », page 31 du chapitre 1.

activité aérobie telle que le vélo ou la natation, vous devez calculer le maximum de distance (en kilomètres) que vous pouvez parcourir en environ 5 minutes à l'aide de la formule suivante :

VAM = Distance parcourue en 5 min _____ km × 12 = _____ km/h

Exemple

Une personne parcourt 2 kilomètres à vélo en 5 minutes.
VAM = 2 km × 12 = 24 km/h.

Notez que votre VAM sera différente selon l'activité pratiquée (jogging, vélo, natation).

Deuxième étape : déterminez les vitesses à cibler

Connaissant votre vitesse aérobie maximale, il devient facile de déterminer les vitesses cibles à soutenir lors de vos efforts pour atteindre votre objectif d'amélioration de votre capacité aérobie. Il y a **4 principales plages d'intensité** :

Intensité faible	50 % à 65 % de votre VAM	Effort faible
Intensité modérée	65 % à 85 % de votre VAM	Effort modéré
Intensité élevée	85 % à 95 % de votre VAM	Effort élevé
Intensité très élevée	95 % à 110 % de votre VAM	Effort très élevé à supramaximal

Par exemple, une personne qui désire s'entraîner à intensité modérée et qui aurait une vitesse aérobie maximale à la course à pied de 15 km/h devrait courir à des vitesses allant de 9,75 km/h (65 %) à 12,75 km/h (85 %).

La méthode des METS cibles

La méthode des METS cibles (Mcibles) consiste à déterminer l'intensité de vos efforts au moyen de METS cibles. Cette méthode se **base** sur votre **METmax**, qui correspond à votre capacité aérobie maximale, soit l'intensité d'effort à laquelle vous atteignez votre consommation maximale d'oxygène. Rappelons qu'un MET correspond à la consommation d'oxygène au repos (environ 3,5 ml d'O_2/kg/min).

La méthode des METS cibles a l'avantage de permettre de cibler approximativement une même intensité d'effort peu importe l'activité physique pratiquée. Par exemple, un effort d'intensité élevée de 9 METS à la natation est équivalent à un effort de 9 METS à la course à pied, bien que la vitesse correspondante ne soit pas du tout la même. Notez également que les METS expriment un indice d'intensité tout indiqué pour les coureurs, car ils équivalent aux vitesses de course à pied en kilomètres à l'heure ; par exemple, courir à 9 km/h équivaut à courir à 9 METS. Utilisez cette méthode si vous prévoyez vous entraîner dans diverses activités aérobies ou à l'aide d'appareils « cardio » qui expriment l'intensité en METS.

Jbor/Shutterstock 3553332.

Les appareils d'entraînement cardiovasculaires en salle (vélo, aviron, elliptique et autres) expriment souvent les niveaux d'intensité de résistance en METS.

☼ Voir « Choix de tests d'estimation de la consommation maximale d'oxygène (VO₂ max) », page 31 du chapitre 1.

Première étape : calculez votre capacité aérobie maximale en METS

Vous devez d'abord connaître votre consommation maximale d'oxygène (VO$_2$ max) en faisant un **test d'effort maximal** ☼. Ensuite, pour calculer votre capacité aérobie maximale en METS, il suffit de diviser votre consommation maximale d'oxygène par 3,5 ml d'O_2/kg/min (1 MET).

METmax = _____ VO$_2$ max ÷ 3,5 = _____ METS

Exemple

Une personne a un VO$_2$ max de 49 ml d'O_2/kg/min.
METmax = 49 ÷ 3,5 = 14 METS

Deuxième étape : déterminez les METS à cibler

Connaissant votre METmax, il suffit de calculer vos METS cibles (Mcibles) à soutenir lors de vos efforts pour atteindre votre objectif d'amélioration de la capacité aérobie. Il y a **4 principales plages cibles d'intensité** :

Intensité faible	50 % à 65 % de votre METmax	Effort faible
Intensité modérée	65 % à 85 % de votre METmax	Effort modéré
Intensité élevée	85 % à 95 % de votre METmax	Effort élevé
Intensité très élevée	95 % à 110 % de votre METmax	Effort très élevé à supramaximal

Par exemple, une personne qui a estimé son METmax à 13 et qui voudrait s'entraîner à une intensité modérée devra rester dans une plage allant de 65 % à 85 % de son METmax, soit 8,45 METS à 11,05 METS.

Voici un tableau qui résume l'intensité en METS de bon nombre d'activités physiques aérobies.

Intensité en METS de plusieurs activités physiques					
Activités physiques	**METS**	**Activités physiques**	**METS**	**Activités physiques**	**METS**
Aéroboxe	10,0	Jogging léger combiné avec marche	6,0	Ski alpin à effort modéré	6,0
Aviron compétitif	11,0	Jogging léger à ≤ 7 km/h	7,0	Ski alpin à effort élevé	8,0
Aviron récréatif	7,0	Jogging à 8 km/h	8,0	Ski de randonnée sur plat à effort faible	7,0
Badminton compétitif	10,0	Jogging à 10 km/h	10,0	Ski de randonnée à effort modéré (7 km/h)	8,0
Badminton récréatif amateur	7,0	Jogging à 13 km/h (4,5 min/km)	13,0	Ski de randonnée à effort élevé (10,5 km/h)	9,0
Badminton récréatif débutant	4,5	Jogging crosscountry	9,0	Soccer récréatif	7,0
Ballet classique ou moderne	6,0	Judo	10,0	Soccer compétitif	10,0
Basketball compétitif	9,0	Karaté	10,0	Squash récréatif	8,5
Basketball en fauteuil roulant	6,5	Kayak récréatif en eaux calmes	5,0	Squash compétitif	11,0
Basketball récréatif	6,0	Kayak compétitif en eaux vives	8,5	Taekwondo	10,0
Canotage récréatif	4,0	Marche à 5 km/h	5,0	Taïchi	4,0
Corde à sauter à effort modéré	8,5	Marche rapide à 6,5 km/h	6,5	Tennis de table compétitif	7,0
Corde à sauter à effort élevé	11,5	Marche olympique	9,5	Tennis en simple récréatif	7,5
Crosse	8,0	Musculation	4,5	Tennis en double récréatif	6,0
Danse aérobie à effort modéré	5,5	Nage synchronisée	8,0	Vélo récréatif	4,0
Danse aérobie à effort élevé	7,5	Natation récréative	6,0	Vélo à effort moyen	7,0
Danse folklorique	5,5	Natation style libre à effort modéré	8,0	Vélo à effort élevé (22-30 km/h)	10,0
Équitation récréative	4,0	Natation style libre à effort élevé	10,0	Vélo à effort très élevé (>30 km/h)	14,0
Équitation au trot, au galop	7,5	Patinage récréatif	5,5	Vélo stationnaire à effort faible (50 watts)	3,0
Escalade à effort élevé	11,0	Patinage intense	9,0	Vélo stationnaire à effort modéré (100 watts)	5,5
Escrime récréative	6,0	Patinage de vitesse compétitif	15,0	Vélo stationnaire à effort élevé (150 watts)	7,0
Escrime compétitive	8,0	Patinage à roues alignées récréatif	7,0	Vélo stationnaire à effort très élevé (>200 watts)	11,0
Football contact	9,0	Planche à roulettes	5,0	Volleyball récréatif	3,0
Football-toucher, football drapeau	8,0	Racketball récréatif	8,0	Volleyball compétitif	4,5
Golf en transportant les bâtons	5,5	Racketball compétitif	10,0	Waterpolo	10,0
Golf en voiturette électrique	3,5	Raquette à neige	8,0	Yoga	3,0
Handball	10,0	Simulateur d'escalier	6,0	*Adapté de : <http://www.masanteausommet.com/tableau_depenses_ener. pdf>. Adapté de : WILMORE, JACK H., COSTILL, DAVID L. (2002, 2ᵉ éd.). Physiologie du sport et de l'exercice (p. 622). Paris, DeBoeck Université.*	
Hockey sur glace	9,0	Ski alpin à effort léger	5,0		

L'échelle de Borg et l'entraînement aérobie

Même si l'échelle de Borg (page 74 du chapitre 2) ne permet pas de cibler des intensités de façon précise, elle reste une méthode intéressante pour évaluer subjectivement l'intensité de votre entraînement. Nous vous suggérons des intensités de 10 à 13 pour une intensité faible, de 14 à 16 pour une intensité modérée, de 17 à 18 pour une intensité élevée et de 19 à 20 pour une intensité très élevée à supramaximale.

En somme, il importe de choisir la méthode (FCcibles, Vcibles ou Mcibles) qui vous convient le mieux, en prenant bien sûr en compte le matériel à votre disposition. Vous pouvez également utiliser les résistances en niveaux ou en watts des appareils «cardio» ainsi que des vitesses de pédalage en tours par minute (rpm) sur des vélos stationnaires pour cibler vos plages d'intensité d'entraînement.

Enfin, pour vous aider à visualiser la correspondance entre les différentes plages d'intensité, reportez-vous au tableau résumé qui suit.

Exemples d'activités physiques et de leurs intensités pour un individu de 18 ans ayant une capacité aérobie maximale dans la moyenne (VO$_2$ max de 45 ml d'O$_2$/kg/min)	
Activités physiques	**Intensité approximative**
Marche rapide (≥ 5,5 km/h) Tondre la pelouse	Faible
Jogging (7 à 9 km/h) Vélo (≈ 20 km/h) Pelleter de la neige	Modérée
Natation intense Course à pied (10 à 12 km/h) Vélo (25 à 30 km/h)	Élevée
Ski de fond (≥ 13 km/h) Course à pied (≥ 13 km/h)	Très élevée

Deux types d'entraînement : en intervalles et en continu

Après avoir vu les méthodes pour cibler des intensités d'entraînement, nous nous attarderons maintenant à 2 types d'entraînement : l'entraînement en intervalles, qui est à privilégier, et l'entraînement en continu, qui le complète. Vous serez ainsi pleinement prêts à passer à la réalisation de vos objectifs personnels et à développer de façon plus poussée l'une ou l'autre des 2 composantes de la capacité aérobie, soit la consommation maximale d'oxygène ou l'endurance aérobie.

L'entraînement en intervalles

L'entraînement en intervalles est composé de **fractions d'effort d'intensités variées**. Il ressemble beaucoup à la vie courante. Lorsque vous faites une randonnée de vélo, l'intensité de votre effort varie au gré du terrain et de votre forme ; vous effectuez donc certaines portions d'effort à une intensité moindre que d'autres. Vous favoriserez ainsi la récupération durant les portions d'effort moindre, ce qui permet entre autres de répéter plusieurs fois des fractions d'effort élevé.

Pour vous entraîner en intervalles, il suffit de **cibler 2 intensités d'effort** : l'une faible et l'autre élevée ou très élevée, par exemple 50 % et 85 % de votre capacité aérobie maximale. Pendant toute la durée de votre séance d'entraînement, il s'agira de faire des fractions d'effort à chacune des intensités ciblées et d'**alterner entre les 2 intensités** : faites par exemple 2 minutes à intensité faible et 30 secondes à intensité élevée et répétez pendant au moins 15 minutes (ce qui est appelé une «série»). Votre entraînement pourra comporter plusieurs séries. En variant les intensités, **l'entraînement en intervalles permet de cumuler beaucoup plus de temps à intensité élevée ou très élevée pour une même durée d'entraînement.**

Les fractions d'effort à intensité élevée et très élevée

Les fractions d'effort à intensité élevée et très élevée doivent se situer entre 85 % et 110 % de votre capacité aérobie maximale. Les fractions d'effort se rapprochant de votre capacité aérobie maximale, ou la dépassant (supramaximales), sont celles qui stimulent le plus les adaptations de votre capacité aérobie.

Les fractions d'effort à intensité moindre : la récupération active

Les fractions d'effort de plus faible intensité servent quant à elles à la récupération active. Il faut cependant éviter de descendre en dessous du minimum de la plage de faible intensité (50 % à 65 % de votre capacité aérobie maximale) lors des fractions de récupération active afin que l'effort global soit maintenu à une intensité suffisante.

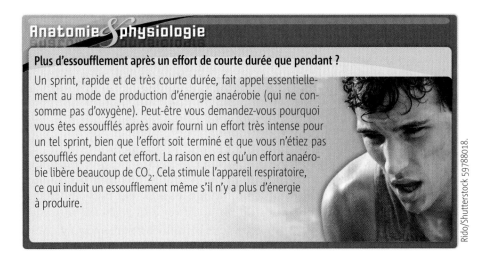

Anatomie & physiologie

Plus d'essoufflement après un effort de courte durée que pendant ?

Un sprint, rapide et de très courte durée, fait appel essentiellement au mode de production d'énergie anaérobie (qui ne consomme pas d'oxygène). Peut-être vous demandez-vous pourquoi vous êtes essoufflés après avoir fourni un effort très intense pour un tel sprint, bien que l'effort soit terminé et que vous n'étiez pas essoufflés pendant cet effort. La raison en est qu'un effort anaérobie libère beaucoup de CO_2. Cela stimule l'appareil respiratoire, ce qui induit un essoufflement même s'il n'y a plus d'énergie à produire.

Rido/Shutterstock 59788018.

Les paramètres de la méthode d'entraînement aérobie en intervalles

Une méthode d'entraînement aérobie pratiqué en intervalles nécessite l'agencement de divers paramètres :

- le nombre de séries de fractions d'effort d'intensité élevée ou très élevée ;
- le nombre de fractions d'effort à intensité élevée ou très élevée par série ;
- la durée des fractions d'effort à intensité élevée ou très élevée ;
- la durée des fractions d'effort à intensité moindre (récupération active) entre les fractions d'effort à intensité élevée ou très élevée à l'intérieur d'une série ;
- la durée des fractions d'effort à intensité moindre (récupération active) entre les séries.

Voici la façon de noter ces paramètres.

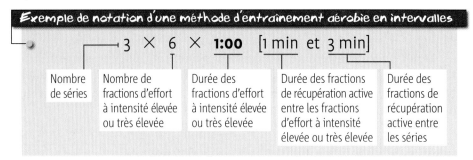

Exemple de notation d'une méthode d'entraînement aérobie en intervalles

$$3 \times 6 \times 1{:}00 \quad [1 \text{ min et } 3 \text{ min}]$$

| Nombre de séries | Nombre de fractions d'effort à intensité élevée ou très élevée | Durée des fractions d'effort à intensité élevée ou très élevée | Durée des fractions de récupération active entre les fractions d'effort à intensité élevée ou très élevée | Durée des fractions de récupération active entre les séries |

La notation des paramètres donnés dans cet exemple se lit de la manière suivante : 3 séries (3) de 6 fractions d'effort à intensité élevée ou très élevée (6) de 1 minute (**1:00**) avec des fractions d'effort à intensité moindre (récupération active) de 1 minute [1 min] entre les fractions d'effort à intensité élevée ou très élevée et de 3 minutes [3 min] entre les séries.

L'entraînement en continu

L'entraînement en continu est un **entraînement à intensité constante**. Il s'agit de cibler une intensité, par exemple 70 % de votre capacité aérobie maximale, et de maintenir cette intensité pendant toute la durée de votre séance d'entraînement. Celle-ci devrait durer au moins 15 minutes. Ce type d'entraînement s'avère très intéressant comme **complément à l'entraînement en intervalles** pour travailler votre endurance aérobie, ou encore pour apprendre à doser vos efforts lors d'épreuves de longue durée ou mesurer votre avancement. Il est toutefois impossible de maintenir une intensité suffisamment élevée pour stimuler de façon optimale les adaptations physiologiques de la consommation maximale d'oxygène ou de l'endurance aérobie.

Une comparaison entre l'entraînement en continu et l'entraînement en intervalles

Pour mieux comprendre comment fonctionne l'alternance des fractions d'effort intense et de plus faible intensité (récupération active) et la différence entre l'entraînement en intervalles et l'entraînement en continu, voici

Pete Saloutos/Shutterstock 19406086.

l'exemple de 2 individus (A et B) qui s'entraînent pendant 20 minutes. L'individu A s'entraîne en intervalles en alternant entre des fractions d'effort d'intensité élevée (85 % de sa capacité aérobie maximale) de 30 secondes et des fractions d'effort d'intensité faible (50 % de sa capacité aérobie maximale) de 2 minutes. L'individu B s'entraîne de façon continue à une intensité modérée de 70 % de sa capacité aérobie maximale. Au bout des 20 minutes, l'individu B aura cumulé 0 minute à intensité élevée tandis que l'individu A aura cumulé 4 minutes. Voilà la façon de rendre l'entraînement aérobie plus stimulant, possiblement moins long et, surtout, significatif sur le plan de l'amélioration de votre capacité aérobie.

Améliorez votre capacité aérobie

Maintenant que vous connaissez les méthodes pour cibler des intensités adéquates d'entraînement ainsi que les différences entre l'entraînement en intervalles et l'entraînement en continu, vous êtes en mesure d'élaborer votre propre programme afin d'atteindre vos objectifs personnels.

L'amélioration de la capacité aérobie se réalise selon 2 composantes : **l'amélioration de la consommation maximale d'oxygène (VO$_2$ max)** ou **l'amélioration de l'endurance aérobie**, c'est-à-dire le pourcentage d'intensité de la consommation maximale d'oxygène qu'il est possible de maintenir pendant un effort de longue durée. Selon vos objectifs, vous serez amenés à privilégier l'une ou l'autre de ces composantes.

La spécificité de l'entraînement de la capacité aérobie

Pour améliorer votre capacité aérobie, peu importe votre objectif précis, la règle est simple : **il faut pratiquer des exercices aérobies** ☼. Les exercices, quels qu'ils soient, doivent faire participer l'ensemble des muscles afin de stimuler spécifiquement et assez intensément le système cardiorespiratoire. C'est pourquoi les activités physiques comme le vélo, le jogging, la nage ou le ski de fond sont souvent associées à juste titre à des activités «cardio». Il est également possible de pratiquer des **exercices anaérobies**, comme le hockey et le basketball, et espérer une certaine amélioration de la capacité aérobie.

☼ Voir « Types d'exercices et amélioration des déterminants variables de la condition physique », page 71 du chapitre 2.

█ Spécificité de l'entraînement de votre consommation maximale d'oxygène

Pour entraîner votre consommation maximale d'oxygène, il faut choisir des **exercices aérobies**.

█ Spécificité de l'entraînement de votre endurance aérobie

Pour entraîner votre endurance aérobie, il faut choisir des **exercices aérobies**.

! Sur le vif

Des exercices anaérobies ou avec charge pour entraîner sa capacité aérobie

Bien que beaucoup plus ardu et moins habituel, il est possible d'améliorer votre capacité aérobie en pratiquant des exercices anaérobies comme le hockey sur glace ou des exercices avec charge les uns à la suite des autres, par exemple une série de pompes suivie d'une série d'accroupissements suivie d'une série de redressements assis. De cette manière, le système cardiorespiratoire est maintenu à un niveau d'intensité suffisamment élevé pour stimuler des adaptations de la capacité aérobie, si cet enchaînement d'exercices dure au moins 15 minutes. Il est également possible de faire des entraînements avec alternance entre des exercices aérobies, par exemple le jogging, et des exercices avec charge, comme des pompes et des fentes. Cette dernière façon de structurer l'entraînement aérobie est de plus en plus répandue et a donné jour à des entraînements comme l'entraînement en circuit.

La surcharge dans l'entraînement de la capacité aérobie

Tout le monde peut améliorer sa capacité aérobie, mais pour y arriver efficacement, il faut respecter une **fréquence** d'entraînement minimale et, surtout, une **intensité** et une **durée** adéquates à chaque séance d'entraînement.

D'une personne à l'autre, la **surcharge initiale** (fréquence, intensité et durée d'entraînement) à imposer au corps pour l'entraînement aérobie va varier quelque peu. L'important est de ne pas commencer de manière trop intense, ce qui aurait pour effet de nuire à votre entraînement et à votre motivation.

La fréquence de vos séances d'entraînement de la capacité aérobie

Une **fréquence minimale** de **3 séances d'entraînement par semaine** est nécessaire pour obtenir des gains. Le nombre de séances par semaine peut être plus élevé selon votre degré de motivation, votre expérience d'entraînement et vos capacités individuelles. Il ne faut cependant pas dépasser un **maximum de 4 séances d'entraînement par semaine**.

▌Fréquence de vos séances d'entraînement de la consommation maximale d'oxygène

Expérience d'entraînement	Capacité aérobie maximale très faible à faible		Capacité aérobie maximale moyenne à très élevée	
	Type d'entraînement		Type d'entraînement	
	En intervalles	En continu	En intervalles	En continu
Débutant (0-1 mois)	0 jour	3 jours		
Amateur (1-6 mois)	1 jour	2 jours	2 jours	1 jour
Confirmé (6 mois et plus)			2 jours	2 jours
			3 jours	1 jour

Fréquence (par semaine)

Vous devez faire un **minimum de 3 séances** d'entraînement et un **maximum de 4 séances** d'entraînement **par semaine**. Pour diminuer les risques de vous blesser et obtenir de meilleures améliorations, il est **conseillé d'alterner vos séances entre l'entraînement en intervalles** (de 1 à 3 par semaine) **et l'entraînement en continu** (de 1 à 2 par semaine). Voyez dans le tableau ci-contre des suggestions du nombre et du type d'entraînement qu'il est possible de pratiquer selon votre capacité aérobie maximale et votre expérience d'entraînement.

▌Fréquence de vos séances d'entraînement de l'endurance aérobie

Expérience d'entraînement	Capacité aérobie maximale très faible à faible		Capacité aérobie maximale moyenne à très élevée	
	Type d'entraînement		Type d'entraînement	
	En intervalles	En continu	En intervalles	En continu
Débutant (0-1 mois)	0 jour	3 jours		
Amateur (1-6 mois)	1 jour	2 jours	2 jours	1 jour
Confirmé (6 mois et plus)			1 jour	3 jours
			2 jours	2 jours

Fréquence (par semaine)

Vous devez faire un **minimum** de **3 séances** d'entraînement et un **maximum de 4 séances** d'entraînement **par semaine**. Pour diminuer les risques de vous blesser et obtenir de meilleures améliorations, il est **conseillé d'alterner vos séances entre l'entraînement en intervalles** (de 1 à 2 par semaine) **et l'entraînement en continu** (de 1 à 3 par semaine). Voyez dans le tableau ci-contre des suggestions du nombre et du type d'entraînement qu'il est possible de pratiquer selon votre capacité aérobie maximale et votre expérience d'entraînement.

L'intensité de vos séances d'entraînement de la capacité aérobie

Comme nous l'avons vu en début de chapitre, le paramètre le plus important de l'entraînement est l'intensité. L'intensité pour une activité donnée n'a bien sûr pas la même valeur d'une personne à l'autre. Par exemple, une personne qui fait du vélo à une vitesse d'environ 20 km/h pourra atteindre sa plage d'intensité très élevée, tandis qu'une autre devra peut-être faire du vélo à 27 km/h pour atteindre cette même intensité et stimuler les adaptations lui correspondant.

Pour obtenir des gains, il faut vous entraîner à des intensités **allant de modérée à très élevée de votre capacité aérobie maximale**. Pour cibler adéquatement l'intensité à laquelle vous entraîner, choisissez la méthode (FCcibles, Vcibles, Mcibles), parmi celles présentées au début du chapitre, qui convient le mieux à votre discipline et au matériel dont vous disposez.

Mario Savoia/Shutterstock 3458116.

Intensité de vos séances d'entraînement de la consommation maximale d'oxygène

Plus vous cumulerez de minutes d'entraînement à intensité élevée à très élevée, plus vous stimulerez les adaptations physiologiques de votre consommation maximale d'oxygène. Pour un **effet optimal**, pratiquez un **entraînement en intervalles**, en alternant entre des fractions d'effort à intensité très élevée (95 % à 110 % de votre capacité aérobie maximale) et des fractions d'effort à intensité faible (50 % à 65 % de votre capacité aérobie maximale).

Le tableau suivant contient un résumé des paramètres d'intensité à respecter pour augmenter votre consommation maximale d'oxygène.

	Capacité aérobie maximale très faible à faible		Capacité aérobie maximale moyenne à très élevée	
	Type d'entraînement		Type d'entraînement	
	En intervalles	En continu	En intervalles	En continu
Durée des fractions d'effort	20 s – 2 min	15 min et plus	30 s – 3 min 30 s	15 min et plus
Intensité des fractions d'effort (% de capacité aérobie maximale)	Intensité élevée ≈ 85 % – 95 %	Intensité faible à modérée ≈ 60 % – 75 %	Intensité très élevée ≈ 95 % – 110 %	Intensité modérée ≈ 65 % – 85 %
Durée des fractions de récupération active entre les fractions d'effort	1 min – 5 min		1 min – 5 min	
Intensité des fractions de récupération active (% de capacité aérobie maximale)	≥ 50 %		≥ 50 %	
Nombre de fractions d'effort par série	3 – 20	1	3 – 30	1
Nombre de séries par entraînement	1 – 3		1 – 3	
Durée des fractions de récupération active entre les séries	2 min – 10 min		2 min – 10 min	

Anatomie & physiologie

La pompe musculaire

Lorsque vous faites un entraînement aérobie, vous faites entre autres travailler les muscles de vos jambes et vous contribuez par le fait même à un meilleur retour veineux. À chaque contraction musculaire, les veines se font compresser, ce qui favorise le retour du sang vers le coeur, phénomène appelé *pompe musculaire*. C'est ce mécanisme qui amène à conseiller un arrêt progressif à la suite d'un effort aérobie soutenu, car le coeur, qui bat très vite, reçoit alors beaucoup de sang. Si vous arrêtez brusquement l'effort, le coeur pompe encore rapidement mais la quantité de sang lui étant acheminée est beaucoup moindre. Il se peut alors que vous ressentiez des étourdissements et même que vous vous évanouissiez dans le pire des cas. Pour éviter cela, respectez un retour au calme progressif d'au moins 1 minute ou 2 à la fin de votre séance d'entraînement. Par exemple, diminuez la vitesse de pédalage et la résistance à la fin d'un entraînement de vélo.

Intensité de vos séances d'entraînement de l'endurance aérobie

Plus vous cumulerez de minutes d'entraînement à intensité modérée à élevée, plus vous stimulerez les adaptations physiologiques de votre endurance aérobie. Pour de meilleurs résultats, il faut combiner l'**entraînement en intervalles et** l'**entraînement en continu**. Pour un **effet optimal**, lorsque vous vous entraînez **en intervalles**, vous devez alterner entre des fractions d'effort d'intensité élevée (85 % à 95 % de votre capacité aérobie maximale) et des fractions d'effort à intensité faible (50 % à 65 % de votre capacité aérobie maximale). Lorsque vous vous entraînez **en continu**, vous devez tenter de maintenir au minimum une intensité représentative de votre indice d'endurance aérobie (que vous pouvez determiner à l'aide de la rubrique « En pratique » de la page 101).

Le tableau suivant contient un résumé des paramètres d'intensité à respecter pour augmenter votre endurance aérobie.

	Capacité aérobie maximale très faible à faible		Capacité aérobie maximale moyenne à très élevée	
	Type d'entraînement		Type d'entraînement	
	En intervalles	En continu	En intervalles	En continu
Durée des fractions d'effort	30 s – 2 min	15 min et plus	1 min – 6 min 30 s	30 min et plus
Intensité des fractions d'effort (% de capacité aérobie maximale)	Intensité modérée ≈ 75 % – 85 %	Intensité faible à modérée ≈ 60 % – 75 %	Intensité modérée à élevée ≈ 80 % – 90 %	Intensité faible à modérée ≈ 60 % – 85 %
Durée des fractions de récupération active entre les fractions d'effort	1 min – 5 min		1 min – 5 min	
Intensité des fractions de récupération active (% de capacité aérobie maximale)	≈ 50 % – 65 %		≈ 50 % – 65 %	
Nombre de fractions d'effort par série	3 – 20	1	3 – 30	1
Nombre de séries par entraînement	1 – 3		1 – 3	
Durée des fractions de récupération active entre les séries	2 min – 10 min		2 min – 10 min	

Déterminez votre indice d'endurance aérobie

1. Calculez d'abord votre vitesse réelle moyenne (VRM).
   La vitesse réelle moyenne est la vitesse que vous maintenez pendant un temps donné sur une distance donnée. Pour connaître votre vitesse réelle moyenne, calculez la distance parcourue lors d'un exercice de votre choix (vélo, course, patinage, nage ou autre) :

   VRM = Distance _____ km × 60 min ÷ Durée de l'effort _____ min = _____ km/h

2. Calculez votre indice d'endurance aérobie (IEA).
   Pour connaître votre indice d'endurance aérobie (qui est un bon indicateur de votre progression) pour une durée ou une distance donnée, intégrez votre vitesse aérobie maximale (VAM), calculée en début de chapitre (page 91), et votre vitesse réelle moyenne (VRM) dans la formule suivante :

   IEA = VRM _____ km/h ÷ VAM _____ km/h × 100 = _____ %

 Exemple

Une personne ayant une VAM de 14 km/h parcourt 2,4 km en 12 minutes.
VRM = 2,4 km × 60 min ÷ 12 min = 12 km/h
IEA = 12 km/h ÷ 14 km/h × 100 ≅ 85 %

La durée de vos séances d'entraînement de la capacité aérobie

Pour favoriser les adaptations physiologiques, il est recommandé de faire des séances d'entraînement d'une **durée minimale de 15 minutes**. Il n'existe cependant pas de durée exemplaire pour améliorer votre capacité aérobie, car tout dépend de l'intensité et de la fréquence à laquelle vous ferez vos entraînements.

Durée de vos séances d'entraînement de la consommation maximale d'oxygène

La durée des séances d'entraînement pour améliorer votre consommation maximale d'oxygène dépend de l'intensité à laquelle vous travaillez et de la fréquence de vos séances par semaine. Comme il faut un temps minimum d'entraînement pour susciter des adaptations physiologiques, il est recommandé de faire des séances d'entraînement aérobie d'une **durée minimale** de **15 minutes** et **maximale** de **60 minutes**.

Anatomie & physiologie

La fatigue causée par le manque de glycogène

La fatigue est un des principaux facteurs qui nous limitent dans nos entraînements. Lorsque nous commençons à nous sentir faiblir, c'est que nos réserves de glycogène (sucres stockés dans les muscles) diminuent à un niveau trop bas. Heureusement, si vous vous entraînez régulièrement et que vous vous alimentez bien, vous aurez des réserves de glycogène de plus en plus grandes et vous serez en mesure de produire des efforts plus intenses plus longtemps. La fatigue du muscle est malgré tout inévitable, car nous ne pouvons malheureusement pas puiser dans les réserves en glycogène des autres muscles ni instantanément dans celles du foie. Le graphique ci-contre illustre l'évolution du glycogène musculaire chez des sujets entraînés et sédentaires lors d'un effort de 100 minutes sur vélo stationnaire.

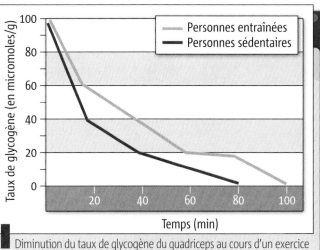

Diminution du taux de glycogène du quadriceps au cours d'un exercice sur vélo stationnaire à 77 % de la capacité aérobie maximale

Adapté de : http://www.volodalen.com/13physiologie/energie.htm

Maridav/Shutterstock 77336371.

La durée des séances d'entraînement pour améliorer votre endurance aérobie peut varier dépendamment de la raison qui vous amène à l'entraîner.

- Si l'entraînement aérobie est nouveau pour vous ou si vous avez une faible capacité aérobie, des **séances d'entraînement en continu ou en intervalles d'au moins 15 minutes peuvent s'avérer suffisantes.** Par contre, puisque l'endurance, comme son nom le dit, est la capacité à soutenir un effort de longue haleine, **il est très rare que les séances d'entraînement aient une durée inférieure à 30 minutes.** Elles ne devraient cependant pas dépasser 120 minutes.

- Si vous entraînez votre endurance aérobie dans le but d'améliorer votre performance dans une épreuve spécifique (le 30 km à vélo par exemple), vous devrez faire des entraînements d'une durée représentative de l'épreuve réelle.

Des conseils et des suggestions pour améliorer votre capacité aérobie

Après avoir vu comment appliquer la surcharge à votre entraînement aérobie, voici quelques conseils et suggestions pour vos entraînements respectifs.

- Que vous débutiez ou que vous soyez un athlète confirmé en entraînement aérobie, n'hésitez pas à vous informer et à lire sur le sujet en plus de vous faire superviser et conseiller par un professionnel en entraînement (kinésiologue, éducateur physique).

- Si vous débutez, ne vous découragez pas si vos premières séances d'entraînement vous semblent trop ardues. Après seulement 2 ou 3 semaines, vous serez en mesure de les exécuter sans vous épuiser.

- Vous devez vous laisser une période de repos de 48 heures avant de refaire une autre séance d'entraînement et possiblement plus (jusqu'à 72 heures) si votre surcharge est très exigeante (intensité ou durée) ou si vous débutez.

- Si vous faites de l'entraînement aérobie en intervalles et désirez faire plus de 2 séances d'entraînement par semaine, faites un entraînement complémentaire en continu ou complètement différent entre vos séances en intervalles, en flexibilité par exemple, afin d'introduire un peu de variété dans votre entraînement.

- Pour éviter de vous blesser et conserver votre motivation si vous débutez en entraînement aérobie, n'effectuez durant les 2 à 3 premières semaines que 2 ou 3 courtes séances d'entraînement (10 minutes) en continu et à intensité faible ou modérée.

- Comme vous trouverez facilement des excuses pour ne pas faire votre entraînement, tentez plutôt de vous rappeler les raisons qui vous motivent à le faire (par exemple, la détente post-exercice, l'amélioration de votre humeur ou encore de votre composition corporelle).

Aleksandr Markin/Shutterstock 86382667.

Stefan Schurr /Shutterstock 68259100.

Conseils et suggestions pour améliorer votre consommation maximale d'oxygène

- Si vous faites plus de 3 séances d'entraînement par semaine, incluez une séance d'entraînement par semaine qui vise l'amélioration de l'endurance aérobie afin de maintenir ou d'améliorer cette composante et d'introduire par la même occasion un peu de variété dans votre entraînement.

- Lorsque vous commencerez votre entraînement en intervalles, il vous faudra faire des ajustements afin de trouver l'agencement des durées et des intensités de fractions d'effort qui vous convient.

Conseils et suggestions pour améliorer votre endurance aérobie

- Si vous faites plus de 3 entraînements par semaine, incluez 1 entraînement par semaine de votre consommation maximale d'oxygène afin de maintenir ou d'améliorer cette composante et d'introduire par la même occasion un peu de variété dans votre entraînement.

- Si vous vous tournez vers l'entraînement de l'endurance aérobie dans le but d'améliorer votre performance dans une **épreuve spécifique** (le 10 km ou le 21 km de course par exemple), vous devrez progressivement vous rendre à des entraînements en continu représentatifs de l'épreuve réelle : premièrement, pour apprendre à doser vos efforts pour cette dite épreuve ; deuxièmement, pour pouvoir quantifier vos améliorations, que ce soit simplement en comparant vos temps de semaine en semaine ou en calculant votre indice d'endurance aérobie ou votre vitesse réelle moyenne.

  Attention ! Si vous vous entraînez pour une **épreuve de très longue distance** (un marathon de 42 km par exemple), vous devriez attendre le jour de l'épreuve pour exécuter la distance totale. Plus vous progresserez dans vos entraînements, plus vous pourrez vous approcher de la durée (ou de la distance) réelle afin d'évaluer vos capacités et d'ajuster vos entraînements suivants. Par contre, pour éviter de vous surmener et de vous blesser, répétez des entraînements d'une durée (ou d'une distance) d'**environ la moitié** de ce que vous souhaitez accomplir éventuellement. À titre d'exemple, un coureur qui se prépare pour un marathon devrait exécuter des séances d'entraînement de 21 km, soit la moitié d'un marathon, et ce serait suffisant pour améliorer son endurance sans pour autant trop stresser son organisme.

- Si vous visez l'amélioration de votre endurance aérobie dans le but de faire progresser votre performance dans une **discipline particulière**, vous devrez travailler la **gestuelle spécifique** à cette discipline afin de l'optimiser. Vous obtiendrez ainsi une meilleure **économie de locomotion** qui se traduira par une endurance accrue dans cette discipline. Par contre, si vous changez de discipline, pour une autre dont vous ne maîtrisez pas la gestuelle, vous ne pourrez profiter de l'économie de locomotion et votre endurance sera moindre. En effet, une personne qui s'entraîne en endurance au crawl ne sera pas aussi endurante en vélo, car elle n'aura pas développé son endurance pour cette gestuelle.

- Lorsque vous commencerez votre entraînement en intervalles, il vous faudra faire quelques ajustements afin de trouver l'agencement des durées et des intensités de fractions d'effort qui vous convient.

La progression dans l'entraînement de la capacité aérobie

Comme les adaptations physiologiques sont plus importantes au début de l'entraînement, vous constaterez une **nette amélioration au cours des premières semaines**. Vos **adaptations physiologiques** se feront **par étapes**, et vous atteindrez des plateaux dans votre progression ✿. Ces plateaux signifient qu'il faut augmenter la surcharge, car une charge de travail qui était préalablement pénible sera devenue plus facile et n'amènera plus d'amélioration.

✿ Voir « Le troisième principe : la progression », page 75 du chapitre 2.

Sur le vif

Vous manquez de repos ?

Si vous trouvez votre séance d'entraînement beaucoup plus difficile qu'à l'habitude en la commençant, il se peut que vous n'ayez pas pris assez de repos. Comme l'entraînement aérobie, quel qu'il soit, exige une forte dépense d'énergie, diminuez la durée de votre séance ou faites un entraînement moins intense et complémentaire en flexibilité ou en musculation, ou ne vous entraînez tout simplement pas.

Sur le vif

Vous pourriez monter l'Empire State Building en courant ?

En février 2011, Thomas Dold, âgé de 26 ans, remportait pour la sixième année consécutive la course de l'Empire State Building et établissait un nouveau record mondial en gravissant les 86 étages (1 576 marches) du gratte-ciel en 10 minutes et 10 secondes !

Il n'existe **pas de progression exemplaire** pour améliorer votre capacité aérobie, car les adaptations ne seront pas les mêmes d'une personne à l'autre en raison des déterminants invariables de la condition physique (la génétique, l'âge, le sexe) et d'autres facteurs comme le repos, l'alimentation, la surcharge appliquée, le type et la variété des entraînements ainsi que les autres activités pratiquées.

Progression de l'entraînement de votre consommation maximale d'oxygène

Lorsque votre surcharge initiale a porté ses fruits et n'est plus adéquate pour la poursuite de votre entraînement, il est temps d'augmenter la charge pour vous mettre à nouveau en situation de surcharge. Voici quelques suggestions d'ajustements qui peuvent vous aider à progresser dans l'amélioration de votre consommation maximale d'oxygène.

- Diminuez la durée de vos fractions d'effort d'intensité très élevée (par exemple 20 secondes au lieu de 40 secondes) et augmentez leur intensité à des valeurs plus élevées, voire supramaximales (par exemple, de 95 % à 105 % de votre capacité aérobie maximale).
- Visez l'accroissement progressif du nombre total de fractions d'effort d'intensité très élevée (par exemple de 12 à 16).
- Ajoutez un peu de variété à votre entraînement hebdomadaire en effectuant une ou des séances d'entraînement en continu. Ceci vous apprendra à savoir bien doser vos efforts sur de longues distances.

Les options sont diverses et pratiquement infinies, l'important restera toujours de vous assurer de créer une surcharge qui, bien que très difficile, soit maintenable.

Voici un résumé des ajustements possibles des paramètres d'intensité pour progresser dans votre entraînement de la consommation maximale d'oxygène.

- ⬆ l'intensité des fractions d'effort élevé à très élevé
- ⬆ le nombre de fractions d'effort élevé à très élevé
- ⬆ le nombre de séries
- ⬆ la fréquence des séances d'entraînement
- ⬇ le temps de récupération entre les fractions d'effort
- ⬇ le temps de récupération entre les séries

Légende
⬆ : Augmentez.
⬇ : Diminuez.

Indicateurs de la progression de votre consommation maximale d'oxygène

Si votre consommation maximale d'oxygène s'améliore, c'est que vous avez appliqué adéquatement les principes de spécificité et de surcharge et que des adaptations physiologiques se sont produites.

Voici des **indicateurs mesurables** qui permettent d'évaluer l'accroissement de votre consommation maximale d'oxygène :

- estimation plus élevée de votre consommation maximale d'oxygène lorsque vous refaites un test d'effort maximal aérobie (le test de course progressif navette de 20 mètres par exemple) ;
- diminution plus rapide de la fréquence cardiaque dans les fractions d'effort d'intensité moindre (récupération active) et à l'arrêt de l'entraînement ;
- diminution de la fréquence cardiaque de repos ;
- respiration plus facile pendant et après l'entraînement (vous êtes capable de parler à votre partenaire de vélo par exemple) ;
- récupération plus rapide après l'entraînement qui permet une plus grande fréquence d'entraînement ;
- meilleur niveau d'énergie dans la période qui suit la séance d'entraînement.

Wavebreakmedia ltd/Shutterstock 54293929.

👍 Contrainte et solution

Je suis une personne très active, mais je me blesse fréquemment ! Que faire ?

Il est possible d'éviter la majorité des blessures lors de vos séances d'entraînement. Les blessures sont habituellement dues à une mauvaise gestuelle répétée ou à une progression trop rapide. Si le corps n'a pas assez de temps pour récupérer, il s'affaiblit et se blesse plus facilement.

L'autre problème des personnes actives est relié au cumul de leurs séances hebdomadaires d'entraînement et de leurs autres activités physiques. Il faut tenir compte de ce cumul, qui peut imposer une trop grosse surcharge au corps.

Une douleur à un genou à la suite d'un entraînement à vélo n'est peut-être pas attribuable à l'entraînement même, mais plutôt au cumul de celui-ci avec la randonnée pédestre de la veille. Vous pouvez toujours vous fier à votre fatigue et à vos courbatures, car elles sont les indicateurs les plus fiables de votre état.

Progression de l'entraînement de votre endurance aérobie

Lorsque votre surcharge initiale a porté ses fruits et n'est plus adéquate pour la poursuite de votre entraînement, il est temps d'augmenter la charge pour vous mettre à nouveau en situation de surcharge. Voici quelques suggestions d'ajustements qui peuvent vous aider à progresser dans l'amélioration de votre endurance aérobie.

- Allongez la durée des fractions d'effort faites à intensité élevée (par exemple, de 2 minutes à 3 minutes à 4 minutes). L'objectif n'est pas d'aller chercher des intensités au-delà de 90 %, comme c'est le cas pour l'amélioration de la consommation maximale d'oxygène, mais de maintenir des fractions d'effort de plus en plus longues à des intensités s'approchant de 85 % à 90 % de votre capacité aérobie maximale. En procédant de cette manière, vous augmenterez l'intensité moyenne de votre séance d'entraînement.

- Ajoutez un peu de variété à votre entraînement hebdomadaire en effectuant une ou des séances d'entraînement en continu. Ceci vous apprendra à savoir bien doser vos efforts sur de longues distances.

- Utilisez la vidéo afin d'analyser votre gestuelle. Vous pourrez ainsi améliorer votre économie de locomotion, ce qui vous rendra plus efficients tout en diminuant les risques de vous blesser.

Les options sont diverses et pratiquement infinies, l'important restera toujours de vous assurer de créer une surcharge qui, bien que très difficile, soit maintenable.

Voici un résumé des ajustements possibles des paramètres d'intensité pour progresser dans votre entraînement de l'endurance aérobie.

- ⬆ l'intensité des fractions d'effort modéré à élevé
- ⬆ le nombre de fractions d'effort modéré à élevé
- ⬆ la durée des fractions d'effort modéré à élevé
- ⬆ le nombre de séries
- ⬆ la fréquence des séances d'entraînement
- ⬆ la distance totale
- ⬆ l'intensité moyenne
- ⬇ le temps de récupération entre les fractions d'effort
- ⬇ le temps de récupération entre les séries

Légende
⬆ : Augmentez.
⬇ : Diminuez.

Sur le vif

Variez vos séances d'entraînement

Il est important de varier vos séances d'entraînement, car les adaptations du corps sont moindres si elles sont toujours les mêmes, et ce, même si la progression de votre surcharge est adéquate. N'hésitez pas à changer de terrain, à changer de type d'entraînement (en intervalles ou en continu) et à en diversifier les activités pour que votre entraînement demeure stimulant.

Indicateurs de la progression de votre endurance aérobie

Si votre endurance aérobie s'améliore, c'est que vous avez appliqué adéquatement les principes de spécificité et de surcharge et que des adaptations physiologiques de votre endurance aérobie se sont produites.

Voici des **indicateurs mesurables** qui permettent d'évaluer l'accroissement de votre endurance aérobie :

- diminution du temps requis pour exécuter une distance donnée ;
- augmentation de votre indice d'endurance aérobie (page 101 de ce chapitre) pour une durée ou une distance donnée ;
- diminution plus rapide de la fréquence cardiaque et de l'essoufflement dans les fractions d'effort moindre (récupération active) et à l'arrêt de l'entraînement ;

- diminution de la fréquence cardiaque de repos ;
- respiration plus facile pendant et après l'entraînement (par exemple, vous êtes capable de parler à votre partenaire durant l'effort) ;
- récupération plus rapide après l'entraînement qui permet une plus grande fréquence d'entraînements ;
- meilleur niveau d'énergie durant l'entraînement et dans la période qui suit la séance d'entraînement.

 Contrainte et solution

J'ai toujours des périostites ! Comment les éviter ?

Une périostite est une réaction inflammatoire douloureuse, mais relativement commune, de l'enveloppe externe du tibia, le périoste. La course à pied en est souvent la cause, car elle implique une grande répétition du geste de relevé du pied (dorsiflexion) et d'impact au sol. D'autres causes peuvent s'y ajouter, telles qu'une surface de course trop dure ou trop inclinée, des activités complémentaires qui comportent des sauts répétés, une mauvaise gestuelle de course, une hydratation insuffisante, ou encore des muscles postérieurs des jambes et des cuisses trop peu flexibles. Si vous en souffrez, évitez la course à pied et les plans inclinés autant que possible pour guérir le périoste irrité. Vous pouvez également appliquer de la glace en cas de douleur aigüe ou consommer des anti-inflammatoires et des analgésiques pendant les premiers jours pour limiter l'inflammation et la douleur.

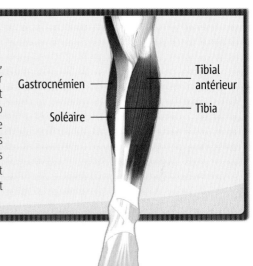

Gastrocnémien — Tibial antérieur — Tibia — Soléaire

Le maintien dans l'entraînement de la capacité aérobie

Il est possible, comme pour tous les autres déterminants variables de la condition physique, de maintenir les acquis obtenus. Pour ce faire, il faut garder la même intensité d'entraînement sans pour autant en conserver la même fréquence ou la même durée.

Maintien de l'entraînement de votre consommation maximale d'oxygène

Pour simplement maintenir les acquis obtenus, il faut garder la même intensité d'entraînement, bien qu'il soit possible de réduire la fréquence et la durée des séances. Par exemple, passez de 3 séances d'entraînement en intervalles de 30 minutes par semaine à 2 séances d'entraînement en intervalles de 25 minutes, mais toujours avec les mêmes intensités de fractions d'effort d'intensité élevée ou très élevée.

Maintien de l'entraînement de votre endurance aérobie

Pour maintenir vos acquis, il sera possible de réduire la fréquence et la durée de vos séances d'entraînement, mais vous devrez en garder la même intensité.

Des exemples de planification de début d'entraînement aérobie

Voici un exemple de planification d'entraînement de la consommation maximale d'oxygène et un autre de planification d'entraînement de l'endurance aérobie. Ces suggestions sont valables pour une personne qui a une faible capacité aérobie maximale et qui est une débutante dans ce type d'entraînement. Bien que l'activité présentée soit le jogging, vous pouvez adapter une telle planification à toute autre activité aérobie.

Andresr/Shutterstock 23134795.

Exemple d'une planification d'entraînement de la consommation maximale d'oxygène (VO_2 max) sur 8 semaines

	Semaine 1	Semaine 2	Semaine 3	Semaine 4	Semaine 5	Semaine 6	Semaine 7	Semaine 8
Type d'entraînement	En intervalles et en continu	En intervalles et en continu	En intervalles	En intervalles	En intervalles	En intervalles	En intervalles et en continu	En intervalles et en continu
Spécificité	Jogging léger	Jogging léger	Jogging	Jogging	Jogging	Jogging	Jogging	Jogging
Fréquence (Surcharge)	3 séances	3 séances	3 séances	3 séances	3 séances	3 séances	4 séances	4 séances
Intensité (Surcharge)	• Séances 1 et 3 : en intervalles • Paramètres d'entraînement : 1 × 6 × 0:20 [2:00] • 80% de capacité aérobie maximale • Séance 2 : en continu • 60 – 75 % de capacité aérobie maximale	• Séances 1 et 3 : en intervalles • Paramètres d'entraînement : 1 × 6 × 0:20 [2:00] • 80% de capacité aérobie maximale • Séance 2 : en continu • 60 – 75 % de capacité aérobie maximale	• Séances 1, 2 et 3 : en intervalles • Paramètres d'entraînement : 1 × 6 × 0:20 [2:00] • 80% de capacité aérobie maximale	• Séances 1, 2 et 3 : en intervalles • Paramètres d'entraînement : 1 × 7 × 0:30 [2:00] • 85 – 90 % de capacité aérobie maximale	• Séances 1, 2 et 3 : en intervalles • Paramètres d'entraînement : 1 × 7 × 0:30 [2:00] • 95 % de capacité aérobie maximale	• Séances 1, 2 et 3 : en intervalles • Paramètres d'entraînement : 1 × 4 × 2:15 [5:00] • 100 % de capacité aérobie maximale	• Séances 1, 2 et 4 : en intervalles • Paramètres d'entraînement : 1 × 4 × 2:15 [5:00] • 100 % de capacité aérobie maximale • Séance 3 : en continu • 80 % de capacité aérobie maximale	• Séances 1, 3 et 4 : en intervalles • Paramètres d'entraînement : 1 × 4 × 2:15 [5:00] • 100 % de capacité aérobie maximale • Séance 2 : en continu • 85 % de capacité aérobie maximale
Durée (Surcharge)	• Séance 1 : 14 min • Séance 2 : 10 min • Séance 3 : 14 min	• Séance 1 : 14 min • Séance 2 : 12 min • Séance 3 : 14 min	• Séance 1 : 14 min • Séance 2 : 14 min • Séance 3 : 14 min	• Séance 1 : 17,5 min • Séance 2 : 17,5 min • Séance 3 : 17,5 min	• Séance 1 : 17,5 min • Séance 2 : 17,5 min • Séance 3 : 17,5 min	• Séance 1 : 29 min • Séance 2 : 29 min • Séance 3 : 29 min	• Séance 1 : 29 min • Séance 2 : 29 min • Séance 3 : 30 min • Séance 4 : 29 min	• Séance 1 : 29 min • Séance 2 : 30 min • Séance 3 : 29 min • Séance 4 : 29 min
Durée totale / semaine	38 min	40 min	42 min	52,5 min	52,5 min	87 min	117 min	117 min

Note : Voir « Les paramètres de la méthode d'entraînement aérobie en intervalles » (pages 95 et 96 de ce chapitre) pour lire la notation des paramètres.

Exemple d'une planification d'entraînement de l'endurance aérobie sur 8 semaines

	Semaine 1	Semaine 2	Semaine 3	Semaine 4	Semaine 5	Semaine 6	Semaine 7	Semaine 8
Type d'entraînement	En intervalles et en continu	En intervalles et en continu	En intervalles et en continu	En intervalles et en continu	En intervalles et en continu	En intervalles et en continu	En intervalles et en continu	En intervalles et en continu
Spécificité	Jogging léger	Jogging léger	Jogging	Jogging	Jogging	Jogging	Jogging	Jogging
Fréquence	3 séances	3 séances	3 séances	3 séances	3 séances	3 séances	4 séances	4 séances
Intensité	• Séances 1 et 3 : en intervalles • Paramètres d'entraînement : 1 × 6 × 0:30 [2:00] • 80 % de capacité aérobie maximale • Séance 2 : en continu • 65 % de capacité aérobie maximale	• Séances 1 et 3 : en intervalles • Paramètres d'entraînement : 1 × 6 × 0:30 [2:00] • 80 % de capacité aérobie maximale • Séance 2 : en continu • 65 % de capacité aérobie maximale	• Séance 2 : en intervalles • Paramètres d'entraînement : 1 × 6 × 0:30 [2:00] • 80 % de capacité aérobie maximale • Séances 1 et 3 : en continu • 70 % de capacité aérobie maximale	• Séance 2 : en intervalles • Paramètres d'entraînement : 1 × 5 × 1:30 [3:00] • 85 % de capacité aérobie maximale • Séances 1 et 3 : en continu • 70 % de capacité aérobie maximale	• Séances 1 et 3 : en intervalles • Paramètres d'entraînement : 1 × 5 × 1:30 [4:00] • 85 % de capacité aérobie maximale • Séance 2 : en continu • 70 % de capacité aérobie maximale	• Séances 1 et 3 : en intervalles • Paramètres d'entraînement : 1 × 6 × 1:30 [5:00] • 85 % de capacité aérobie maximale • Séance 2 : en continu • 70 % de capacité aérobie maximale	• Séances 1 et 4 : en intervalles • Paramètres d'entraînement : 1 × 5 × 1:30 [5:00] • 85 % de capacité aérobie maximale • Séances 2 et 3 : en continu • 70 % de capacité aérobie maximale	• Séances 1 et 4 : en intervalles • Paramètres d'entraînement : 1 × 4 × 2:15 [5:00] • 85 % de capacité aérobie maximale • Séances 2 et 3 : en continu • 75 % de capacité aérobie maximale
Durée	• Séance 1 : 15 min • Séance 2 : 10 min • Séance 3 : 15 min	• Séance 1 : 15 min • Séance 2 : 15 min • Séance 3 : 15 min	• Séance 1 : 15 min • Séance 2 : 20 min • Séance 3 : 15 min	• Séance 1 : 22,5 min • Séance 2 : 17,5 min • Séance 3 : 22,5 min	• Séance 1 : 27,5 min • Séance 2 : 25 min • Séance 3 : 27,5 min	• Séance 1 : 39 min • Séance 2 : 30 min • Séance 3 : 39 min	• Séance 1 : 32,5 min • Séance 2 : 30 min • Séance 3 : 30 min • Séance 4 : 32,5 min	• Séance 1 : 29 min • Séance 2 : 30 min • Séance 3 : 30 min • Séance 4 : 29 min
Durée totale / semaine	40 min	45 min	50 min	62,5 min	80 min	108 min	125 min	118 min

(Les rangées Fréquence, Intensité et Durée appartiennent à la catégorie « Surcharge ».)

Note : Voir « Les paramètres de la méthode d'entraînement aérobie en intervalles » (pages 95 et 96 de ce chapitre) pour lire la notation des paramètres.

S i vous avez peu de temps à consacrer à l'entraînement, l'entraînement aérobie est à privilégier, car il est un moyen très efficace de conserver votre forme et votre santé.

Il existe heureusement des dizaines d'activités aérobies pour tous les goûts, besoins et capacités. De plus, lorsque les entraînements sont bien construits et appliqués, ils accroissent vos performances sportives. Enfin, une bonne capacité aérobie facilite l'entraînement de tous les autres déterminants de la condition physique, en optimisant les mécanismes de production d'énergie aérobie et anaérobie.

Vous verrez dans les chapitres qui suivent diverses autres façons de vous entraîner afin d'atteindre vos objectifs d'amélioration personnels. Assurez-vous de toujours joindre l'utile à l'agréable et, si possible, le fonctionnel à l'agréable.

RÉSUMÉ

■ L'**entraînement aérobie**, communément appelé *entraînement cardiovasculaire*, permet d'**améliorer** les **2 composantes** de la **capacité aérobie** : la **consommation maximale d'oxygène** et l'**endurance aérobie**.

■ Pour améliorer votre capacité aérobie, vous devez vous entraîner à des **intensités cibles** calculées à partir de votre capacité aérobie maximale.

■ Différentes **méthodes** existent **pour cibler des intensités d'entraînement** correspondant à des pourcentages de votre capacité aérobie maximale, dont les 3 suivantes : les fréquences cardiaques cibles, les vitesses cibles, les METS cibles.

■ Il existe **2 types d'entraînement** pour améliorer votre capacité aérobie : l'entraînement en intervalles et l'entraînement en continu.

■ L'**entraînement en intervalles** consiste à **cibler 2 intensités d'effort** (l'une faible, l'autre élevée ou très élevée) et à **alterner entre ces 2 intensités** pendant **au moins 15 minutes**. Cet entraînement permet de **cumuler beaucoup plus de temps à intensité élevée ou très élevée** que l'entraînement en continu pour une même durée d'entraînement.

■ L'**entraînement en continu** est **un entraînement à une intensité constante** pendant toute la durée d'une séance d'entraînement. Il s'avère très intéressant comme **complément à l'entraînement en intervalles**.

■ Pour entraîner votre capacité aérobie, qu'il s'agisse de votre consommation maximale d'oxygène ou de votre endurance aérobie, vous devez choisir des **exercices aérobies**.

■ Votre **surcharge initiale** d'entraînement doit respecter une **fréquence minimale** (3 séances par semaine) et, surtout, une **intensité** (élevée à très élevée) et une **durée** (au moins 15 minutes) **adéquates** à chaque séance d'entraînement.

■ Les options de **progression** sont diverses et pratiquement infinies, l'important restera toujours de vous assurer de créer une surcharge qui, bien que très difficile, soit maintenable.

■ Le **maintien** des acquis obtenus est réalisable en gardant la même intensité d'entraînement sans pour autant en conserver la même fréquence et / ou la même durée.

Affûtez vos CONNAISSANCES

1. Quel est le vrai nom de l'entraînement cardiovasculaire?

- **a** L'entraînement anaérobie
- **b** L'entraînement cardio
- **c** L'entraînement aérobie
- **d** L'entraînement à la course

2. Quels sont les avantages de l'entraînement aérobie?

- **a** Il augmente la dépense d'énergie.
- **b** Il diminue l'essoufflement lors de la pratique d'activités physiques.
- **c** Il favorise la prise de masse musculaire.
- **d** Il permet d'améliorer la production d'énergie des puissants systèmes anaérobies.
- **e** Il peut améliorer les performances sportives et la qualité de vie.

3. Quel énoncé est vrai en ce qui concerne l'entraînement aérobie?

- **a** Un entraînement aérobie doit absolument durer plus de 30 minutes pour avoir un effet.
- **b** L'entraînement aérobie permet de perdre du poids sans beaucoup d'efforts.
- **c** L'entraînement aérobie est composé d'activités qui permettent de faire travailler le système cardiorespiratoire à un niveau suffisamment élevé pendant au moins 15 minutes.
- **d** L'entraînement aérobie doit toujours être fait à une intensité continue de plus de 50 % de sa capacité aérobie maximale.

4. Choisissez, parmi les activités qui suivent, celles que vous pourriez pratiquer pour améliorer votre capacité aérobie.

- **a** Le taïchi
- **b** Le ski alpin
- **c** Le ski de fond
- **d** Le patin à roues alignées
- **e** Le jogging
- **f** Les quilles

5. Attribuez aux activités physiques qui suivent les nombres de *1* à *6* en fonction de leur effet potentiel sur l'amélioration de la capacité aérobie; *1* équivaut au plus petit effet et *6* au plus grand.

- **a** Faire de la raquette 3 fois par semaine pendant environ 45 minutes à intensité modérée.
- **b** Faire de la raquette 3 fois par semaine pendant environ 45 minutes à intensité élevée.
- **c** Faire 3 entraînements de cardiovélo par semaine pendant environ 45 minutes à intensité très élevée.
- **d** Faire du vélo 4 jours par semaine pour se rendre au travail pour un total d'environ 45 minutes par jour à faible intensité.
- **e** Faire de la marche 4 fois par semaine après le souper pendant environ 45 minutes à faible intensité.
- **f** Faire 4 séances de taïchi par semaine pendant environ 45 minutes à une faible intensité.

...iste plusieurs méthodes pour transposer des ...ourcentages d'intensités cibles de sa capacité aérobie maximale à ses entraînements. Quelle est la méthode la moins précise parmi les suivantes ?

a La méthode des fréquences cardiaques cibles

b La méthode des vitesses cibles

c La méthode des METS cibles

7. Donnez 2 raisons de choisir l'entraînement en intervalles plutôt que l'entraînement en continu.

8. Lesquels des énoncés suivants sont faux concernant l'entraînement en intervalles ?

a L'entraînement en intervalles, pour être efficace, doit durer un minimum de 30 minutes puisque l'intensité varie sans cesse.

b Les fractions d'effort les plus intenses peuvent atteindre jusqu'à 110 % de la capacité aérobie maximale.

c La méthode la plus précise pour estimer l'intensité des fractions d'effort intense est la méthode des fréquences cardiaques cibles.

d Pour vraiment bénéficier de ce type d'entraînement, il faut s'assurer que l'intensité des périodes de récupération active est au minimum à 80 % de sa capacité aérobie maximale.

9. Choisissez, dans la liste qui suit, 3 paramètres de surcharge à appliquer pour que votre entraînement vise l'amélioration de votre consommation maximale d'oxygène.

a Une durée d'entraînement minimale de 30 minutes.

b Une intensité d'entraînement continue équivalente à environ 80 % de votre capacité aérobie maximale.

c Des intensités d'entraînement qui varient entre 50 % et 110 % de votre capacité aérobie maximale.

d Une fréquence d'entraînement de 6 jours par semaine.

e Une fréquence d'entraînement de 3 jours par semaine.

f Une durée d'entraînement minimale de 15 minutes.

10. Choisissez, dans la liste qui suit, les paramètres de surcharge appropriés pour que votre entraînement vise l'amélioration de votre endurance aérobie.

a Une durée d'entraînement minimale de 30 minutes.

b Des séances d'entraînement en continu pour compléter l'entraînement en intervalles.

c Des intensités d'entraînement qui varient entre 50 % et 90 % de votre capacité aérobie maximale.

d Une fréquence d'entraînement de 7 jours par semaine.

e Une fréquence d'entraînement de 3 jours par semaine.

f Toutes ces réponses.

11. Quels sont les énoncés vrais en ce qui concerne l'entraînement de l'endurance aérobie ?

a L'entraînement en endurance est une composante de la capacité aérobie qu'il faut absolument travailler pour améliorer sa capacité aérobie maximale.

b Pour travailler optimalement l'endurance aérobie, il faut perfectionner la gestuelle spécifique de l'activité d'entraînement (par exemple la foulée de course) afin d'optimiser son économie de locomotion.

c L'entraînement en intervalles est déconseillé lorsqu'on veut améliorer son endurance aérobie, car il améliorerait la consommation maximale d'oxygène au détriment de l'endurance.

d L'entraînement de l'endurance aérobie n'est pas recommandé si vous manquez de temps pour vous entraîner.

12. Les énoncés suivants sont-ils vrais ou faux ?

a Les entraînements aérobies doivent être composés d'activités qui sollicitent l'ensemble des muscles.

Vrai   Faux

b Lorsqu'on souhaite améliorer rapidement sa capacité aérobie, il est suggéré de s'entraîner en continu à une intensité se situant entre 70 % et 80 % de sa capacité aérobie maximale.

Vrai   Faux

c La consommation maximale d'oxygène n'est pas la seule composante qui influence notre capacité aérobie maximale.

Vrai   Faux

d L'entraînement de l'endurance aérobie représente habituellement une plus petite durée totale d'entraînement hebdomadaire.

Vrai   Faux

e Le plus important pour performer dans la majorité des activités aérobies est d'avoir une consommation maximale d'oxygène élevée.

Vrai   Faux

13. Pour quelles raisons est-il approprié pour un débutant ou une débutante en entraînement aérobie de faire des entraînements de 15 minutes et moins les premières semaines ?

a Pour éviter de se blesser.

b Pour ne pas perdre sa motivation.

c Pour favoriser l'amélioration de l'endurance aérobie avant celle de la consommation maximale d'oxygène.

d Pour respecter le principe de progression.

14. Quelles sont les options de progression de la surcharge qui sont justes en ce qui a trait à des entraînements qui visent l'amélioration de l'endurance aérobie ?

a Diminuer le nombre total de minutes à intensité élevée.

b Faire des fractions d'effort d'intensité très élevée plutôt qu'élevée.

c Augmenter la durée des fractions d'effort faites à intensité élevée.

d Augmenter le nombre de séries.

e Faire 4 séances d'entraînement en intervalles et compléter avec 2 séances en continu.

15. Pour favoriser des adaptations de la consommation maximale d'oxygène, quelles intensités doivent avoir les fractions d'effort très élevé (en pourcentage de la capacité aérobie maximale) ?

a De 65 % à 90 %

b De 75 % à 85 %

c De 85 % à 90 %

d De 95 % à 110 %

e De 110 % à 120 %

Complétez la carte conceptuelle des informations vues dans ce chapitre en utilisant la liste de concepts fournis. La suite de chaque noeud doit constituer une phrase complète. Suivez bien le sens des flèches.

- De 95 % à 105 % de sa capacité aérobie maximale
- L'endurance aérobie
- L'entraînement en intervalles
- La capacité aérobie
- La méthode des METS cibles (Mcibles)
- La méthode des fréquences cardiaques cibles (FCcibles)
- La méthode des vitesses cibles (Vcibles)

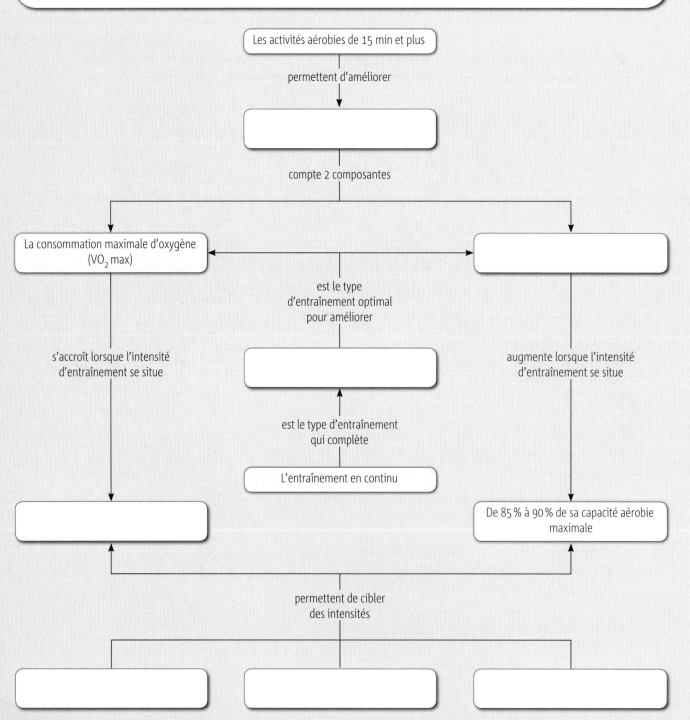

Les activités aérobies de 15 min et plus

permettent d'améliorer

compte 2 composantes

La consommation maximale d'oxygène (VO$_2$ max)

est le type d'entraînement optimal pour améliorer

s'accroît lorsque l'intensité d'entraînement se situe

augmente lorsque l'intensité d'entraînement se situe

est le type d'entraînement qui complète

L'entraînement en continu

De 85 % à 90 % de sa capacité aérobie maximale

permettent de cibler des intensités

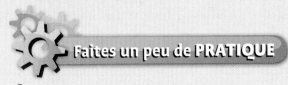

1. Simon a commencé son entraînement en jogging il y a 3 mois. Il a débuté par des séances de 10 minutes et il jogge maintenant pendant 45 minutes à une intensité continue d'environ 60 % de sa vitesse aérobie maximale, 4 jours par semaine. Il voudrait modifier des paramètres de son entraînement, car il manque de temps et ne s'améliore plus.

Suggérez-lui 2 ajustements possibles afin de diminuer sa durée totale d'entraînement tout en ajustant la surcharge pour que l'effort global soit plus exigeant et stimulant.

		Entraînement actuel	Ajustement n° 1	Ajustement n° 2
Type d'entraînement		En continu		
Spécificité		Jogging	Jogging	Jogging
Surcharge	**Fréquence**	4 fois/semaine		
	Intensité	60 % de la VAM		
	Durée	45 min		
Durée totale / semaine		3 h 45		

2. Judith vient d'apprendre que l'entraînement en intervalles permet d'améliorer significativement la consommation maximale d'oxygène. Elle vous demande de l'aide afin d'établir les plages d'intensité dans lesquelles elle devrait se situer pour se construire un entraînement de course à pied optimal, selon les 3 méthodes présentées en début de chapitre.

Plages selon la méthode des vitesses cibles (Vcibles)

La VAM de Judith : 11 km/h

- Vcible minimale de récupération :

    _____ % de la VAM = _____ km/h

- Vcible maximale de récupération :

    _____ % de la VAM = _____ km/h

- Vcible minimale à intensité élevée ou très élevée :

    _____ % de la VAM = _____ km/h

- Vcible maximale à intensité élevée ou très élevée :

    _____ % de la VAM = _____ km/h

Le METmax de Judith : 11 METS

- Mcible minimal de récupération :

          % du METmax =   METS

- Mcible maximal de récupération :

          % du METmax =   METS

- Mcible minimal à intensité élevée ou très élevée :

          % du METmax =   METS

- Mcible maximal à intensité élevée ou très élevée :

          % du METmax =   METS

Plages selon la méthode des fréquences cardiaques cibles (FCcibles)

La FCmax de Judith : 190 pulsations/min

- FCcible minimale de récupération :

          % de FCmax =   pulsations/min

- FCcible maximale de récupération :

          % de FCmax =   pulsations/min

- FCcible minimale à intensité élevée ou très élevée :

          % de FCmax =   pulsations/min

- FCcible maximale à intensité élevée ou très élevée :

          % de FCmax =   pulsations/min

FORTIFIEZ VOTRE CULTURE... PHYSIQUE

Sites Internet

Application pour votre cellulaire qui enregistre et vous donne de l'information (par exemple sur votre vitesse, votre distance) en temps réel sur vos entraînements :

- imapmyrun

Outils pour vous aider à calculer des distances de trajets d'entraînement extérieurs :

- www.gmap-pedometer.com
- www.mapmyrun.com

Livres et magazines

- CLOUTIER, JEAN-YVES, GAUTHIER, MICHEL (2011). *Courir au bon rythme*. Montréal, Les éditions La Presse.
- THIBAULT, GUY (2009). *Entraînement cardio, sports d'endurance et performance*. Montréal, Vélo Québec Éditions, coll. « Géo Plein Air ».
- Magazine *Courir*
- Magazine *kmag, le magazine québécois de la course à pied*
- Magazine *Runner's world*
- Magazine *Vélo mag*

Élaborez votre programme d'entraînement aérobie

Vous êtes maintenant outillés pour vous construire un programme adapté qui vous permettra de faire progresser significativement votre capacité aérobie. Il ne vous reste plus qu'à élaborer votre entraînement en fonction de vos besoins personnels, de vos capacités, de vos goûts, de votre degré de motivation, ainsi que des ressources et du temps que vous avez à y consacrer.

Préalable suggéré

1 Si ce n'est déjà fait, faites un test d'effort aérobie maximal (voir «Choix de tests d'estimation de la consommation maximale d'oxygène (VO_2 max)», page 31 du chapitre 1) et indiquez les données qu'il vous a permis de connaître parmi les suivantes.

Test :

Date du test :

VO_2 max :   ml d'O_2/kg/min

Niveau de votre capacité aérobie d'après le test :

VAM :   km/h

METmax :   METS

FCmax :   pulsations/min

Objectif d'amélioration

2 Indiquez la **composante de la capacité aérobie** que vous voulez améliorer.

VO_2 max ☐   ou   Endurance aérobie ☐

3 Pourquoi voulez-vous accorder la **priorité** à cette composante ?

4 Formulez un objectif personnel d'amélioration réaliste et mesurable, par exemple : *D'ici 12 semaines, je voudrais améliorer ma consommation maximale d'oxygène d'au moins 5 millilitres de manière à être en mesure d'atteindre le 8ᵉ palier au test de course progressif navette de 20 mètres.*

Objectif :

Date visée d'atteinte de l'objectif :

Spécificité d'entraînement

5 Indiquez maintenant l'**activité** qui convient à vos goûts, capacités et besoins, et qui vous permettra de persévérer dans l'entraînement de votre capacité aérobie. Pour vous aider, revoyez vos choix d'activités dans la section «À vous de jouer» du chapitre 2 (page 85).

Activité spécifique :

Surcharge initiale d'entraînement

6 Déterminez la **fréquence** à laquelle vous exécuterez chacun des **types** d'entraînement à chaque semaine.

Entraînement en intervalles	Entraînement en continu
jour(s)/semaine	jour(s)/semaine

7 Choisissez la **méthode** que vous utiliserez **pour cibler les intensités** adéquates d'entraînement qui vous permettront d'améliorer votre capacité aérobie.

Fréquences cardiaques cibles ☐   Vitesses cibles ☐   METS cibles ☐

Autre ☐ :

8 Calculez les **4 principales plages d'intensité** correspondant à la méthode que vous avez choisie et à votre résultat au test d'effort aérobie maximal.

Méthode	Intensité	Principales plages d'intensité selon la méthode	Plages d'intensité correspondantes exprimées dans l'unité de la méthode utilisée (km/h, METS, FC, autre)
	Faible	% – %	–
	Modérée	% – %	–
	Élevée	% – %	–
	Très élevée	% – %	–

9 Déterminez vos **intensités cibles** selon la méthode que vous avez choisie et le type d'entraînement.

Entraînement en intervalles

Fraction d'effort d'intensité faible (récupération active) :

       % ⇒   (selon unité choisie)

Fraction d'effort d'intensité élevée ou très élevée :

       % ⇒   (selon unité choisie)

Entraînement en continu

Intensité d'effort élevée :

       % ⇒   (selon unité choisie)

10 Établissez maintenant les **paramètres** de votre méthode d'entraînement en intervalles et/ou en continu.

Entraînement en intervalles

    ×   ×   : [min et   min]

Nombre de séries × Nombre de fractions d'effort intense × Durée des fractions d'effort intense [Durée des périodes de récupération active entre les fractions d'effort intense et Durée des périodes de récupération active entre les séries]

Entraînement en continu

Intensité constante visée :   %

Durée :   min

11 Pour mieux visualiser votre entraînement, tracez la **représentation graphique de l'intensité de votre entraînement** en intervalles ou en continu dans la ligne de temps ci-dessous.

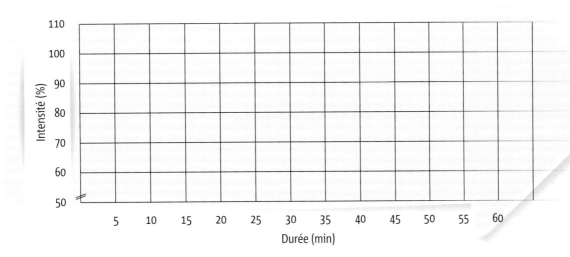

Résumé de votre programme d'entraînement aérobie

12 Notez le résumé de votre programme d'entraînement aérobie initial.

Application personnelle du principe de surcharge				
Objectif d'amélioration :				
Spécificité	Activité :			
	Fréquence (F)	Entraînement en intervalles		Entraînement en continu
		/ semaine		/ semaine
Surcharge	**Intensité (I)**	**Méthode pour cibler les intensités :** **Fractions d'effort à intensité élevée ou très élevée** Intensité : (cible)　　　(unité) • Nombre de séries : • Nombre de fractions d'effort : • Durée des fractions d'effort élevé ou très élevé :　　　min　　　s **Fractions de récupération active** • Durée entre les fractions d'effort élevé ou très élevé :　　　min　　　s • Durée entre les séries :　　　min　　　s		• Méthode pour cibler l'intensité : • Intensité constante : (cible)　　　(unité) • Durée :　　　min
		Méthode d'entraînement :　　×　　×　: [　min et　min]		
Durée de la séance (T)		min		min

Progression d'entraînement

13 Vous devrez **modifier régulièrement** les **paramètres** de votre **surcharge initiale**. Planifiez votre première application du principe de progression.

Application personnelle du principe de progression				
Objectif de progression :				
Spécificité	Activité :			
	Fréquence (F)	Entraînement en intervalles		Entraînement en continu
		/ semaine		/ semaine
Surcharge	**Intensité (I)**	**Méthode pour cibler les intensités :** **Fractions d'effort à intensité élevée ou très élevée** Intensité : (cible)　　　(unité) • Nombre de séries : • Nombre de fractions d'effort : • Durée des fractions d'effort élevé ou très élevé :　　　min　　　s **Fractions de récupération active** • Durée entre les fractions d'effort élevé ou très élevé :　　　min　　　s • Durée entre les séries :　　　min　　　s		• Méthode pour cibler l'intensité : • Intensité constante : (cible)　　　(unité) • Durée :　　　min
		Méthode d'entraînement :　　×　　×　: [　min et　min]		
Durée de la séance (T)		min		min

Maintien de vos acquis

14 Si tel est votre objectif, établissez les paramètres de votre surcharge appropriés au maintien de vos acquis.

Application personnelle du principe de maintien			
Objectif de maintien :			
Spécificité	Activité :		
Surcharge	**Fréquence (F)**	**Entraînement en intervalles**	**Entraînement en continu**
		/ semaine	/ semaine

	Intensité (I)	**Méthode pour cibler les intensités :**
		
		 Fractions d'effort à intensité élevée ou très élevée
		 Intensité :
		     (cible) (unité)
		 • Nombre de séries :
		 • Nombre de fractions d'effort :
		 • Durée des fractions d'effort élevé ou très élevé : min s
		 Fractions de récupération active
		 • Durée entre les fractions d'effort élevé ou très élevé : min s
		 • Durée entre les séries : min s
			• Méthode pour cibler l'intensité :
			
			 • Intensité constante :
			
			     (cible) (unité)
			 • Durée : min

		Méthode d'entraînement : × × : [min et min]	
Durée de la séance (T)		min	min

L'entraînement de la force musculaire

ÉCHAUFFEMENT

Qui est la personne la plus forte ?

Voici une liste d'athlètes qui excellent dans des activités physiques sollicitant leur force musculaire. Selon vous, laquelle de ces personnes est la plus forte ?

A	Jay Cutler, culturiste plusieurs fois vainqueur de la compétition Monsieur Olympia, a un tour de biceps de 56 cm.	
B	Hugo Girard, concurrent au championnat des hommes forts, soulève un haltère de 78,5 kg 22 fois.	
C	Marilou Dozois-Prévost, haltérophile qui soulève à l'arraché presque 2 fois son poids.	
D	Tomasz Majewski, lanceur de poids, champion aux Jeux olympiques de Pékin en 2008, a lancé son poids à 21,5 cm.	
E	Luka Kipkemboi Chelimo, champion du marathon de Montréal en 2011, qui effectue environ 50 000 pas de course par marathon.	

Expliquez brièvement pourquoi vous avez fait ce choix.

Revenez sur votre réponse et la justification que vous en avez donnée après la lecture de ce chapitre. Peut-être aurez-vous besoin de nuancer votre justification grâce aux connaissances que vous aurez acquises.

**APRÈS LA LECTURE DE CE CHAPITRE,
VOUS SEREZ EN MESURE :**

- de connaître les avantages d'avoir une bonne force musculaire ;

- de comprendre pourquoi la musculation est l'activité la plus spécifique pour le développement de la force ;

- de comprendre comment ajuster les paramètres de la surcharge en musculation ;

- de comprendre comment appliquer les principes de progression et de maintien en musculation ;

- d'appliquer les principes généraux d'entraînement aux différentes qualités de la force musculaire afin d'élaborer votre propre programme d'entraînement.

©iStockphoto 12704305/Tim McClean.

L'importance d'avoir un système musculosquelettique en santé est indéniable. Les résultats obtenus aux tests des diverses qualités de force musculaire (force endurance, force maximale et puissance musculaire) que vous avez effectués au chapitre 1 sont les témoins de la santé de ce système.

Nous verrons d'abord dans ce chapitre les bénéfices qu'apporte une bonne force musculaire. Nous nous pencherons ensuite sur la façon dont les principes généraux de spécificité, de surcharge, de progression et de maintien s'appliquent à l'entraînement de la force musculaire.

Vous apprendrez par la suite comment structurer vos entraînements pour obtenir les améliorations que vous désirez, soit en force endurance, en force maximale ou en puissance musculaire.

Les avantages à acquérir une bonne force musculaire

Christopher Edwin Nuzzaco/Shutterstock 15575764.

Les avantages qu'il y a à entraîner votre force musculaire sont considérables, tant à court qu'à long terme.

- Certaines tâches vous sembleront plus faciles, comme gravir les escaliers ou transporter des objets lourds.
- Vous améliorerez la solidité de vos os en renforçant votre densité osseuse par l'effet de la tension que les muscles exercent sur vos tendons et vos os.
- Votre posture bénéficiera d'une force musculaire plus adaptée puisqu'elle est directement liée à l'équilibre du tonus des muscles de l'ensemble de votre corps.
- Vous améliorerez vos performances sportives.
- Votre masse musculaire deviendra plus importante, ce qui élèvera votre **métabolisme de base** et rendra notamment plus facile l'atteinte ou le maintien de votre poids santé.
- Finalement, vous acquerrez une musculature plus définie, ce qui pourrait accroître votre estime personnelle.

Sur le vif

Le métabolisme de base

Le métabolisme de base correspond à la quantité d'énergie minimale dont le corps a besoin lorsqu'il est au repos. C'est l'énergie nécessaire pour entretenir les tissus, maintenir une température corporelle adéquate et assurer les fonctions physiologiques de base telles la respiration, la circulation sanguine et l'utilisation des organes.

Développez votre force musculaire par la musculation

ous nous attarderons dans cette partie du chapitre à l'entraînement de la force musculaire au moyen de la musculation, à laquelle s'appliquent les principes généraux d'entraînement.

La musculation : l'activité spécifique de l'entraînement de la force musculaire

L'entraînement de la force musculaire exige le recours à une activité physique qui impose au corps une charge. La musculation est l'activité physique **idéale** pour ce faire parce qu'elle permet un **ajustement précis de la surcharge** de séance en séance.

La **musculation** désigne **tout exercice physique répété avec une même gestuelle qui a pour principal objectif le développement musculaire**. Elle se fait généralement en salle d'entraînement à l'aide d'appareils, d'haltères, de ballons lestés. Il est également possible de la pratiquer de façon beaucoup moins coûteuse et tout aussi efficace à la maison ou en plein air, en se servant du poids du corps (pompes, redressements assis, tractions à la barre), d'haltères ou de bandes élastiques. De plus, il existe plusieurs programmes d'entraînement de qualité offerts sur supports numériques.

> ### ! Sur le vif
>
> **Y a-t-il des exercices spécifiques pour perdre le « mou » aux triceps ou les « poignées d'amour » ?**
>
> Le mou aux triceps et les poignées d'amour sont principalement du gras et non du muscle mou. Il est physiologiquement impossible de cibler l'endroit précis où éliminer du gras. Surtout, ne faites pas 300 redressements assis par jour en espérant que votre graisse abdominale se transforme en muscles... Vous devez d'abord perdre votre gras de façon générale à l'aide d'exercices aérobies (page 71 du chapitre 2), ce que la musculation n'est pas. Toutefois, la prise de masse musculaire fait augmenter le métabolisme de base, augmentation qui équivaut à une « mini diète naturelle », dans la mesure où le corps a besoin de plus de calories pour assurer ses fonctions vitales et donc brûlera peu à peu de la masse grasse pour y arriver, dévoilant ainsi la fermeté des muscles.

Voyons maintenant comment le principe de surcharge s'applique à l'entraînement en musculation.

La surcharge en musculation

Le principe de surcharge porte sur les paramètres de **fréquence**, d'**intensité** et de **durée** ou de temps (FIT) d'une séance d'entraînement. Ils doivent être appliqués de façon à stimuler suffisamment les muscles entraînés pour produire une adaptation ☼.

☼ Voir « Les adaptations du système musculaire », page 14 de l'introduction.

La fréquence des séances d'entraînement en musculation

Le nombre de vos séances d'entraînement hebdomadaire va contribuer à augmenter le degré d'amélioration que vous obtiendrez. Cependant, une **règle est à respecter** : il faut toujours donner aux muscles entraînés un **minimum de 48 heures de repos** ☼ entre les séances.

☼ Voir « Les réactions du corps à la fréquence des entraînements », page 77 du chapitre 2.

Ostill/Shutterstock 50081542.

Dans ces conditions, **quelques choix de modèles d'entraînement** (groupes de muscles entraînés et répartition de séances) s'offrent à vous selon votre temps disponible et vos objectifs :

- un entraînement musculaire complet aux 2 jours ;
- un entraînement en alternance de 2 grands groupes de muscles à raison de 3 à 6 jours par semaine ;
- un entraînement en alternance de 3 grands groupes de muscles à raison de 6 jours par semaine.

Dans une approche globale visant la santé, il faut s'assurer que l'**ensemble des muscles du corps** ait été **sollicité** à la fin de la semaine d'entraînement.

Un entraînement musculaire complet aux 2 jours

Cette fréquence de séances d'entraînement vous convient si :

- vous désirez avoir un entraînement **simple à gérer** ;
- vous n'avez **pas plus de 4 jours par semaine** à consacrer à votre entraînement ;
- vous voulez entraîner **tous les muscles** de votre corps à chacune des séances.

Comme un entraînement musculaire complet **fait travailler tous les muscles du corps**, il faut espacer les séances en laissant au moins **48 heures entre chaque séance** d'entraînement.

Vous pouvez vous entraîner, par exemple, **tous les lundis, mercredis et vendredis** ; vous aurez ainsi vos fins de semaine libres pour d'autres activités ! En vous entraînant les mêmes journées à chaque semaine, vous soutiendrez votre assiduité.

Répartition des séances d'un entraînement musculaire complet sans entraînement les fins de semaine						
Semaine type						
Lundi	**Mardi**	**Mercredi**	**Jeudi**	**Vendredi**	**Samedi**	**Dimanche**
Entraînement complet		Entraînement complet		Entraînement complet		

Pour maximiser ce type d'entraînement, vous pourriez également répartir vos séances **aux 2 jours sur 2 semaines** (4 fois la première semaine et 3 fois la semaine suivante), comme le montre le tableau suivant. Cette formule demande un peu plus de souplesse dans l'horaire, car les journées d'entraînement ne sont pas les mêmes de semaine en semaine.

Répartition des séances d'un entraînement musculaire complet aux 2 jours sur 2 semaines						
Semaine 1						
Lundi	**Mardi**	**Mercredi**	**Jeudi**	**Vendredi**	**Samedi**	**Dimanche**
Entraînement complet		Entraînement complet		Entraînement complet		Entraînement complet
Semaine 2						
Lundi	**Mardi**	**Mercredi**	**Jeudi**	**Vendredi**	**Samedi**	**Dimanche**
	Entraînement complet		Entraînement complet		Entraînement complet	

Une alternance entre 2 grands groupes de muscles à raison de 3 à 6 jours par semaine

Cette fréquence vous convient si :

- vous désirez faire **travailler un seul groupe de muscles** par séance d'entraînement ;
- vous avez la possibilité de faire **plus de séances d'entraînement par semaine**.

L'alternance de séances d'entraînement de 2 grands groupes de muscles fonctionne comme suit :

- vous **entraînez un groupe de muscles** (par exemple ceux des membres supérieurs) **au cours d'une séance** ;
- vous **entraînez l'autre groupe de muscles** (par exemple ceux des membres inférieurs) lors de la **séance suivante** ;
- et vous **alternez** ainsi d'une **séance à l'autre**.

De cette façon, la règle des 48 heures de repos entre les séances d'entraînement est respectée pour chaque groupe de muscles.

Selon votre temps disponible et vos objectifs d'amélioration, il est possible de vous entraîner de 3 à 6 jours par semaine avec ce modèle, comme l'illustrent les tableaux suivants. Pourquoi un maximum de 6 jours par semaine ? C'est qu'il vous faut au moins 1 jour de repos complet pour pouvoir entreprendre la semaine suivante avec énergie.

©iStockphoto 12705075/Tim McClean.

Répartition des séances d'un entraînement en alternance de 2 grands groupes de muscles sur 2 semaines						
Semaine 1						
Lundi	Mardi	Mercredi	Jeudi	Vendredi	Samedi	Dimanche
Groupe de muscles 1		Groupe de muscles 2		Groupe de muscles 1		Groupe de muscles 2
Semaine 2						
Lundi	Mardi	Mercredi	Jeudi	Vendredi	Samedi	Dimanche
	Groupe de muscles 1		Groupe de muscles 2		Groupe de muscles 1	

Répartition des séances d'un entraînement en alternance de 2 grands groupes de muscles à raison de 6 jours par semaine						
Semaine type						
Lundi	Mardi	Mercredi	Jeudi	Vendredi	Samedi	Dimanche
Groupe de muscles 1	Groupe de muscles 2	Groupe de muscles 1	Groupe de muscles 2	Groupe de muscles 1	Groupe de muscles 2	

Si vous voulez maximiser votre entraînement en vous entraînant 6 jours par semaine, l'alternance entre 2 modèles présente des limites. En effet, il n'est pas optimal de donner le même temps de repos aux **grosses masses musculaires** que sont les **muscles des membres inférieurs** et aux **plus petites masses musculaires du haut du corps**, car les grosses masses musculaires ont besoin de plus de temps de repos pour pouvoir profiter d'une surcompensation ☼. C'est pourquoi, pour de meilleurs résultats encore, vous pourriez alterner entre 3 groupes de muscles.

☼ Voir « Les réactions du corps à la fréquence des entraînements », page 77 du chapitre 2.

Une alternance entre 3 grands groupes de muscles à raison de 6 jours par semaine

Cette fréquence vous convient si :

- vous voulez maximiser votre entraînement pour obtenir une **performance optimale** (athlètes, entre autres) ;
- vous pouvez consacrer **un grand nombre de jours à l'entraînement par semaine**.

Il s'agit de sélectionner pour **chaque séance** d'entraînement des exercices où les **muscles travaillent en synergie** (ensemble) lors de l'exécution d'un mouvement. Par exemple, votre grand pectoral avec vos triceps et vos deltoïdes travaillent de façon synergique lors des mouvements de développé, tandis que vos muscles du haut du dos et vos biceps font de même lors des mouvements de traction. En entraînant des groupes de muscles en synergie au cours d'une même séance, il devient possible de passer plus de temps à l'entraînement de ces derniers.

L'alternance de séances d'entraînement de 3 grands groupes de muscles procède comme suit :

- vous **entraînez le groupe de muscles 1** (par exemple les muscles de vos membres inférieurs, de votre région lombaire et vos muscles abdominaux) au cours d'une **première séance** ;
- vous **entraînez le groupe de muscles 2** (par exemple vos pectoraux, vos triceps et vos deltoïdes antérieurs) lors de la **deuxième séance** ;
- vous **entraînez le groupe de muscles 3** (par exemple vos muscles dorsaux, vos biceps et vos deltoïdes postérieurs) lors de la **troisième séance**.

En alternant entre 3 groupes de muscles qui couvrent l'ensemble des muscles du corps, vous vous laissez suffisamment de temps de repos avant de réentraîner le même groupe. De cette façon, les muscles que vous entraînez profitent d'un repos d'au moins 48 heures. Vous devez répéter cette alternance 2 fois par semaine en vous assurant d'avoir au moins 1 jour de repos complet.

Il est important cependant de modifier l'alternance de façon à donner plus de repos aux grosses masses musculaires, comme les muscles des membres inférieurs (groupe 1), comme le montre le tableau suivant.

Répartition des séances d'un entraînement en alternance de 3 grands groupes de muscles sur 3 semaines						
Semaine 1						
Lundi	Mardi	Mercredi	Jeudi	Vendredi	Samedi	Dimanche
Groupe de muscles 1	Groupe de muscles 2	Groupe de muscles 3	Groupe de muscles 2	Groupe de muscles 1	Groupe de muscles 3	
Semaine 2						
Lundi	Mardi	Mercredi	Jeudi	Vendredi	Samedi	Dimanche
Groupe de muscles 2	Groupe de muscles 3	Groupe de muscles 1	Groupe de muscles 2	Groupe de muscles 3	Groupe de muscles 1	
Semaine 3						
Lundi	Mardi	Mercredi	Jeudi	Vendredi	Samedi	Dimanche
Groupe de muscles 2	Groupe de muscles 3	Groupe de muscles 2	Groupe de muscles 1	Groupe de muscles 2	Groupe de muscles 3	

Quelques conseils sur la répartition de vos séances d'entraînement

Deux conseils peuvent vous être utiles pour aider à votre récupération et favoriser votre développement musculaire :

- adoptez un horaire fixe d'entraînement avec des heures semblables pour vos séances ; de cette façon, vous créerez une habitude et votre corps saura se préparer adéquatement à ce type d'effort ;

- effectuez vos séances d'entraînement au moins 3 heures avant votre coucher de façon à ne pas retarder votre endormissement ☼.

☼ Voir « L'activité physique et le sommeil », page 359 du chapitre 12.

L'intensité en musculation

L'intensité de l'entraînement en musculation comprend divers paramètres : la **charge**, le **nombre de répétitions par série**, le **nombre de séries par exercice et par séance**, le **tempo** et le temps de repos.

La charge avec laquelle effectuer un exercice

Pour déterminer la charge avec laquelle vous devez effectuer un exercice, vous devez établir votre charge maximale pour cet exercice. La **charge maximale**, pour un mouvement donné, est celle que vous n'êtes en mesure de déplacer qu'une seule fois. Pour la connaître, vous devez effectuer, pour chacun des exercices composant votre entraînement, le test d'estimation de la charge correspondant à 1 répétition maximale ☼ (test d'estimation du 1RM). Ensuite, selon votre objectif d'entraînement, vous devrez respecter le **pourcentage approprié de** cette **charge maximale** pour déterminer la charge avec laquelle vous ferez les répétitions de vos exercices. À défaut de faire un test de 1 répétition maximale pour chaque exercice, vous devrez procéder par essai et erreur.

☼ Voir « Test d'estimation de la charge correspondant à 1 répétition maximale », page 42 du chapitre 1.

ⓘ Sur le vif

Les exercices pluriarticulaires avant les segmentaires

Les exercices pluriarticulaires sollicitent l'entraînement de plusieurs muscles qui travaillent en synergie et, par conséquent, de plusieurs articulations. Par exemple, l'accroupissement nécessite en phase concentrique une flexion plantaire (cheville), une extension de la jambe et une extension de la hanche. Au contraire, un exercice segmentaire exige le travail d'une seule articulation. l'extension de la jambe en position assise en est un bon exemple. Les exercices segmentaires doivent être restreints au minimum dans vos séances d'entraînement et doivent être faits après les exercices pluriarticulaires. Ces derniers devront être faits au début de l'entraînement parce qu'ils sollicitent plusieurs articulations, exigent plus de travail musculaire et demandent donc plus d'énergie.

Exercice pluriarticulaire

Exercice segmentaire

Photos Robert Ménard.

Le nombre de répétitions d'un exercice

Le nombre de répétitions correspond au **nombre de répétitions d'un exercice avant un temps de repos**.

Pour obtenir des résultats optimaux, les répétitions de l'exercice que vous effectuez doivent être exécutées en **répétitions maximales** (RM). Cela signifie que votre dernière répétition provoquera l'**atteinte du seuil d'incapacité momentanée** (SIM), le point après lequel il vous est impossible de poursuivre l'exécution du mouvement. Selon votre objectif d'entraînement, vous devrez respecter un **nombre de répétitions prescrit**.

En pratique

Faites des répétitions sous-maximales pour débuter

Si vous débutez en musculation (moins de 1 mois d'expérience), pratiquez plutôt un entraînement en répétitions sous-maximales, c'est-à-dire en vous arrêtant 2 ou 3 répétitions avant l'atteinte de votre seuil d'incapacité momentanée. L'entraînement en répétitions sous-maximales donne des résultats beaucoup moins probants et beaucoup moins rapidement que l'entraînement en répétitions maximales, mais permet d'éviter les blessures et les courbatures trop douloureuses.

Le nombre de séries de répétitions

Une fois établi le nombre de répétitions d'un exercice en fonction de la qualité musculaire que vous souhaitez développer, vous devez déterminer le nombre de séries de répétitions que vous exécuterez. Le nombre de séries est un paramètre qui doit être considéré pour chaque exercice ainsi que par séance d'entraînement. Le **nombre de séries par exercice** doit être conforme au nombre exigé pour le développement de la qualité musculaire travaillée. Le **nombre de séries par séance** aura une grande influence sur votre fatigue générale. Il doit donc être assez élevé pour créer une surcharge, mais assez restreint pour que vous ne perdiez pas votre motivation ou que vous ne vous blessiez pas. À cet effet, une personne qui débute devra faire moins de séries par séance qu'une pratiquante confirmée.

Sur le vif

Les abdominaux requièrent-ils un entraînement particulier ?

Il y a 4 muscles abdominaux (voir « Principaux muscles du corps humain », page 5 de l'introduction) : le grand droit de l'abdomen, l'oblique externe, l'oblique interne et le transverse, qui doivent être entraînés selon les mêmes principes que les autres muscles et recevoir le même temps de repos entre 2 séances d'entraînement (48 heures de repos). Comme tout autre muscle, il est possible d'entraîner ses abdominaux selon la qualité musculaire de son choix. Une restriction s'impose : comme les muscles abdominaux stabilisent le tronc lors de la plupart des exercices de musculation, il ne faut pas les épuiser au début de l'entraînement, mais plutôt réserver cet effort pour les dernières minutes de la séance.

Le tempo d'une répétition

Le tempo correspond à la **vitesse d'exécution d'une répétition** d'un exercice. Une **répétition** comporte **4 phases** :

- une **phase excentrique**, pendant laquelle le muscle devient plus long en retenant la charge contre la gravité ;

- une **phase statique**, où la contraction est isométrique (le muscle est contracté mais ne bouge pas) ;

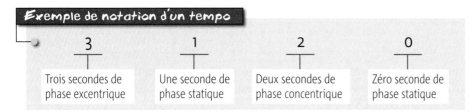

Phase excentrique | Phase statique / isométrique | Phase concentrique | Phase statique / isométrique

- une **phase concentrique**, au cours de laquelle les fibres musculaires se rapprochent le plus les unes des autres en arrachant la charge à l'effet de la gravité ;

- une **phase statique**, où la contraction est isométrique.

Le tempo de l'exercice dicte la durée qui est associée à chaque phase du mouvement répété et, du même coup, le temps pendant lequel le muscle est sous tension. Selon la qualité musculaire travaillée, des temps sous tension, donc des tempos, différents sont prescrits.

Le **tempo** est **noté à l'aide de 4 chiffres** qui représentent, dans l'ordre, la **durée en secondes** de la phase excentrique, de la phase statique, de la phase concentrique et d'une deuxième phase statique.

Exemple de notation d'un tempo

3	1	2	0
Trois secondes de phase excentrique	Une seconde de phase statique	Deux secondes de phase concentrique	Zéro seconde de phase statique

Les chiffres *3120* signifient 3 secondes de phase excentrique, 1 seconde de phase statique, 2 secondes de phase concentrique et 0 seconde de phase statique.

La notation d'une **phase explosive**, c'est-à-dire au tempo d'exécution le plus rapide possible, se fait à l'aide d'un *X* dans la représentation du tempo : par exemple 30X0 pour l'expression d'une phase concentrique explosive.

Sur le vif

La phase excentrique pour maximiser les gains

L'entraînement de certaines qualités musculaires comporte des exigences particulières quant au tempo. Entre autres, il est plus qu'important d'exécuter des phases excentriques longues et contrôlées lorsque vous désirez améliorer votre force maximale, car c'est durant cette phase que le muscle a le plus grand potentiel de force. En effet, un muscle est de 20 % à 50 % plus fort pendant cette phase. C'est pourquoi il faut adopter un tempo lent lors de cette phase si vous visez le gain de force maximale.

Photos Robert Ménard.

Le temps de repos entre chaque série de répétitions

Entre chacune des séries de répétitions, les muscles ont besoin d'un temps de repos plus ou moins long selon la qualité musculaire travaillée. Attention, lors d'un repos entre 2 séries (souvent appelé *pause*), vous pouvez entraîner d'autres muscles qui ne sont pas sollicités par l'exercice pour lequel vous êtes en repos. Des temps de repos particuliers sont prescrits selon la qualité musculaire que vous désirez travailler.

Les paramètres d'une méthode d'entraînement en musculation

Une méthode d'entraînement en musculation comprend l'agencement des paramètres suivants :

- le nombre de séries de répétitions,
- le temps de repos entre chaque série de répétitions en minutes,
- le nombre et le type de répétitions d'un exercice,
- le tempo d'une répétition.

La représentation écrite de ces éléments pour un exercice donné se fait généralement par l'indication, dans l'ordre, du nombre de séries, du temps de repos entre les séries en minutes, du nombre et du type de répétitions (maximales ou sous-maximales) de l'exercice et enfin du tempo, comme ci-dessous.

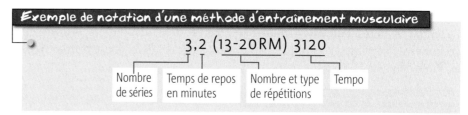

Exemple de notation d'une méthode d'entraînement musculaire

$$3,2 \ (13\text{-}20\text{RM}) \ 3120$$

Nombre de séries | Temps de repos en minutes | Nombre et type de répétitions | Tempo

Plusieurs méthodes d'entraînement peuvent être utilisées pour travailler une même qualité de la force musculaire. Vous devez **attribuer une méthode à chaque exercice** que vous choisissez de faire. Cette méthode peut être la même ou différée : vous pouvez faire tous les exercices d'une séance d'entraînement avec la même méthode, mais vous pouvez également varier cette dernière selon les régions musculaires sollicitées et vos objectifs d'entraînement. Par exemple, un boxeur pourrait utiliser une méthode d'entraînement correspondant au développement de la force absolue (force de frappe) pour ses muscles des membres supérieurs et une méthode d'entraînement visant le développement de la force endurance (déplacements fréquents pendant 12 rounds de 3 minutes) pour ses membres inférieurs. Sachez cependant que pour qu'il y ait une adaptation optimale, un même muscle doit être entraîné pour une seule qualité musculaire à la fois.

La durée des séances d'entraînement en musculation

La durée moyenne d'une séance d'entraînement se situe entre 45 minutes et 1 heure 30 minutes. Les méthodes d'entraînement à la mode, comme celles présentées dans la série de DVD *P90X* ou offertes dans les gymnases d'entraînement par circuit, ont généralement une durée inférieure à 60 minutes.

Votre programme d'entraînement

Le nombre de séances que vous ferez par semaine, leur durée, les exercices que vous ferez à chacune de ces séances et les méthodes avec lesquelles vous les ferez formeront votre programme d'entraînement.

Passons à l'application des principes de progression et de maintien en musculation.

Anatomie & physiologie

Hormones et durée d'entraînement

La durée optimale d'une séance d'entraînement dépend de la réserve d'hormones androgènes, comme la testostérone, qui contribuent au développement musculaire. Après 45 à 60 minutes d'entraînement actif et intense, la quantité de ce type d'hormones a déjà commencé à diminuer et elle a radicalement baissé après 1 heure 30 minutes. Physiologiquement, les meilleurs gains se produisent donc dans la première heure d'entraînement. Rien ne sert d'en faire trop, les gains musculaires relatifs aux minutes additionnelles ne valent pas l'effort que vous devrez y mettre.

La progression en musculation

Pour progresser en musculation, il faut élever graduellement l'intensité. La première et principale manière de le faire est d'**augmenter** le **nombre de répétitions** à l'intérieur de la fourchette recommandée selon la qualité musculaire travaillée. Une fois le sommet de la fourchette atteint, il faudra passer à la seconde manière d'élever l'intensité en augmentant la **charge**, de façon à pouvoir à nouveau vous entraîner dans la fourchette de répétitions prévue.

À un moment donné, ni le nombre de répétitions ni la charge n'auront augmenté depuis 2 ou 3 séances. C'est le signal que votre corps vous donne pour vous indiquer qu'il faut **modifier** d'autres aspects de votre méthode, comme le **temps de repos** entre chaque série de répétitions, le **tempo** des répétitions, le **nombre de séries** par exercice et la **fréquence** des séances d'entraînement.

Vous devriez modifier ces paramètres selon l'ordre suivant.

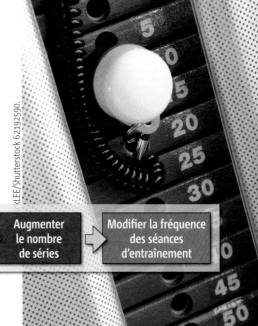

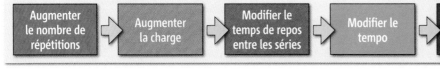

| Augmenter le nombre de répétitions | Augmenter la charge | Modifier le temps de repos entre les séries | Modifier le tempo | Augmenter le nombre de séries | Modifier la fréquence des séances d'entraînement |

Portez une **attention particulière aux ajustements** que vous faites pour ne pas modifier votre méthode au-delà ou en deçà de la fourchette de répétitions qui correspond à la qualité musculaire que vous souhaitez développer. ✿

Le maintien en musculation

Il est possible, comme pour tous les autres déterminants variables de la condition physique, de maintenir les acquis obtenus. Pour ce faire, il faut garder la même intensité d'entraînement tout en réduisant la fréquence et la durée des séances. En musculation, il s'agit de réduire le nombre de séances par semaine jusqu'à 2 et de réduire le nombre de séries par séance jusqu'à 12.

Des conseils pour l'entraînement en musculation

Voici des conseils particuliers qui concernent la **qualité du mouvement** lors d'un exercice de musculation : il faut exécuter l'exercice avec l'amplitude maximale du mouvement, garder le muscle sous tension, maintenir la gestuelle prescrite et éviter les douleurs articulaires.

L'exécution de l'exercice avec l'amplitude complète du mouvement

Pour que l'entraînement soit efficace, les **fibres musculaires** doivent être **sollicitées sur toute leur longueur**. Il faut donc exécuter le mouvement à partir du point où le muscle est complètement contracté jusqu'au point où il est presque complètement allongé. Si vous réduisez volontairement ou involontairement l'amplitude d'un mouvement pour être en mesure de poursuivre une série, c'est que vous avez atteint votre seuil d'incapacité momentanée.

Le maintien de la tension du muscle

Le muscle doit être maintenu sous tension **tout au long d'une série de répétitions**. Lors de la phase excentrique, il faut limiter l'amplitude maximale du mouvement de 1 ou 2 degrés pour que le muscle ne soit pas complètement allongé, car il

✿ Voir « Améliorez vos qualités musculaires », page 135 de ce chapitre.

perdrait ainsi sa contraction. Si vous adoptez, entre 2 répétitions, une position qui vous permet d'éliminer la contraction musculaire parce que vous avez besoin d'un repos, c'est signe que vous avez atteint votre seuil d'incapacité momentanée.

Bonne exécution   Mauvaise exécution

*Photos Robert Ménard.*

■ Sur l'image de droite, la personne a les jambes tendues ; ce sont alors ses os bien alignés plutôt que ses muscles qui l'aident à retenir la charge. Sur l'image de gauche, la personne garde une légère flexion qui conserve ses muscles sous tension même lors du temps d'arrêt entre la phase concentrique et la phase excentrique.

Le respect de la gestuelle prescrite

La gestuelle d'un **mouvement de musculation** est extrêmement importante. Chaque mouvement de musculation exige une **gestuelle précise**. Il faut donc, lors d'une série, conserver la gestuelle d'exécution appropriée pour chacune des répétitions. Lorsque vous modifiez la gestuelle parce que vous êtes incapable de la maintenir, c'est que vous avez atteint votre seuil d'incapacité momentanée.

L'évitement des douleurs articulaires

Certains mouvements font subir une grande tension aux articulations. L'adduction des bras avec poulies hautes en est un bon exemple. Lorsque vous ressentez une **douleur près des articulations** lors de l'exécution d'un mouvement, **arrêtez immédiatement**. Vous éviterez ainsi des tendinopathies ou d'autres blessures.

Maintenant que vous avez pris connaissance des principes généraux sur lesquels vous appuyer pour construire un entraînement en musculation, il vous reste à découvrir comment ce type d'entraînement vous aidera à développer la ou les qualités musculaires de votre choix.

■ Adduction des bras avec poulies hautes.

Photo Robert Ménard.

Sur le vif

Tendinopathie ou tendinite ?

Il faut faire une distinction entre tendinite et tendinopathie. Le terme *tendinite* désigne une inflammation du tendon alors que le terme *tendinopathie* renvoie à toutes les blessures que subissent les tendons, de la simple tendinite à la rupture totale de ces derniers.

Améliorez vos qualités musculaires

ous verrons dans cette partie du chapitre comment vous pouvez élaborer les paramètres de votre propre entraînement en musculation selon la qualité de force musculaire que vous voulez améliorer, qu'il s'agisse de la force endurance, de la force relative et de la force absolue (les 2 manifestations de la force maximale) ou de la puissance musculaire.

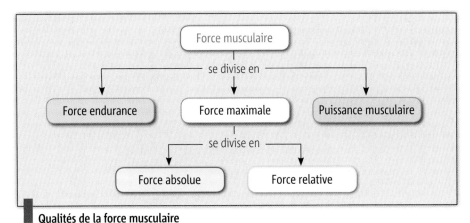

Qualités de la force musculaire

L'entraînement de la force endurance

La force endurance correspond à la capacité du système neuromusculaire à maintenir ou à répéter une contraction sous-maximale.

Voir « La force endurance », page 40 du chapitre 1.

Pourquoi entraîner votre force endurance ?

Vous choisirez l'entraînement de votre force endurance si vous avez un ou plusieurs des **objectifs** suivants :

- faire de la musculation pour le plaisir sans trop souffrir de courbatures le lendemain ;
- raffermir votre masse musculaire sans provoquer d'hypertrophie musculaire (gain de masse musculaire) ;
- reprendre un entraînement abandonné depuis plus de 6 mois ;
- augmenter la durée et l'aisance de vos efforts physiques ;
- faire des activités de plein air de longue haleine.

👍 Contrainte et solution

J'ai peur de devenir trop massive si je fais de la musculation

Ne vous en faites pas. Le gain en masse musculaire est favorisé par la testostérone, une hormone principalement sécrétée par les testicules et les glandes surrénales. Les femmes produisent également cette hormone (par les ovaires et les glandes surrénales), mais en quantité beaucoup moins grande que chez les hommes. Par conséquent, pour un même entraînement, une femme, comparativement à un homme, gagnera très peu de masse musculaire. La meilleure façon encore d'éviter le gain en masse musculaire est l'entraînement de la force endurance, car il ne provoque pas d'hypertrophie, tant chez l'homme que chez la femme.

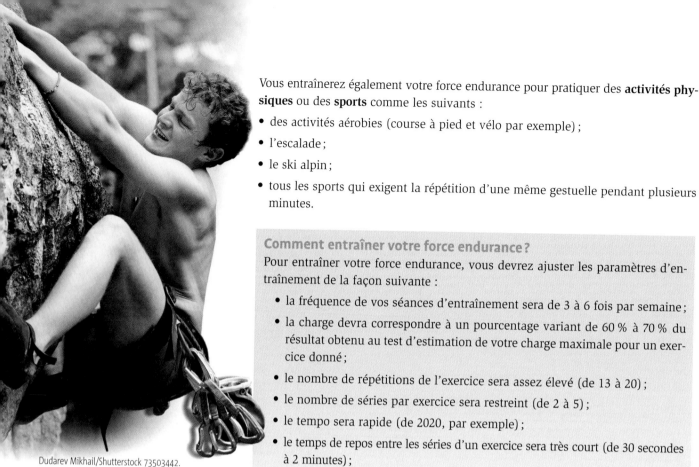

Vous entraînerez également votre force endurance pour pratiquer des **activités physiques** ou des **sports** comme les suivants :

- des activités aérobies (course à pied et vélo par exemple) ;
- l'escalade ;
- le ski alpin ;
- tous les sports qui exigent la répétition d'une même gestuelle pendant plusieurs minutes.

Comment entraîner votre force endurance ?

Pour entraîner votre force endurance, vous devrez ajuster les paramètres d'entraînement de la façon suivante :

- la fréquence de vos séances d'entraînement sera de 3 à 6 fois par semaine ;
- la charge devra correspondre à un pourcentage variant de 60 % à 70 % du résultat obtenu au test d'estimation de votre charge maximale pour un exercice donné ;
- le nombre de répétitions de l'exercice sera assez élevé (de 13 à 20) ;
- le nombre de séries par exercice sera restreint (de 2 à 5) ;
- le tempo sera rapide (de 2020, par exemple) ;
- le temps de repos entre les séries d'un exercice sera très court (de 30 secondes à 2 minutes) ;
- le nombre de séries par entraînement sera assez élevé (de 15 à 40) ;
- la durée de vos séances d'entraînement va se situer entre 45 minutes et 1 heure 30 minutes.

 En pratique

Entraînez-vous sans bouger !

Si votre objectif est d'améliorer votre endurance musculaire, une alternative simple à la musculation en salle est le travail en contractions isométriques : tous les exercices de musculation traditionnels peuvent être adaptés pour en faire des exercices de travail isométrique. La particularité de cet entraînement est qu'une seule des phases de la contraction musculaire est exécutée. Par exemple, une série de 20 répétitions de l'exercice de musculation traditionnel d'accroupissement à un tempo de 2020 correspond à un temps sous tension musculaire de 80 secondes (20 répétitions × 4 secondes de tempo). Son équivalence en travail isométrique serait de faire la chaise au mur pendant 80 secondes ; informez-vous pour trouver les équivalences appropriées au besoin.

Il est possible de faire votre entraînement de la force endurance par exercice ou par circuit. L'**entraînement par exercice** consiste à effectuer toutes les séries d'un exercice avant de passer à un autre. L'**entraînement par circuit**, qui ne se pratique généralement que dans le cas du travail en force endurance, consiste à exécuter l'une à la suite de l'autre une série de répétitions de chaque exercice prévu dans votre programme d'entraînement et à répéter ce circuit jusqu'à l'atteinte du nombre de séries souhaitées par exercice.

D'**autres activités physiques que la musculation**, telles que l'escalade, le vélo ou la marche en montagne qui sollicitent la force endurance, amélioreront cette qualité musculaire, mais de manière moins contrôlée et moins ciblée.

L'entraînement de la force maximale-relative

La force relative, l'une des 2 manifestations de la force maximale ✹ (la plus grande force qu'un muscle peut produire d'une manière volontaire), correspond au rapport entre la charge maximale que vous pouvez déplacer et votre poids.

✹ Voir « La force maximale », page 39 du chapitre 1.

Pourquoi entraîner votre force relative ?

Vous choisirez l'entraînement de votre force relative si vous avez l'un des **objectifs** suivants :

- augmenter votre force maximale tout en minimisant l'hypertrophie musculaire (gain en masse musculaire) ;
- rendre plus facile la pratique d'activités physiques où vous avez à déplacer votre masse corporelle puisque vous devenez plus forts sans devenir plus lourds.

Vous entraînerez également votre force relative pour pratiquer des **sports** comme les suivants :

- l'haltérophilie ;
- la lutte olympique ;
- tous les sports dans lesquels il faut être le plus fort ou la plus forte possible dans une catégorie de poids (la boxe, par exemple).

Marilou Dozois-Prévost a terminé 10ᵉ aux Jeux olympiques de Pékin en soulevant 76 kilogrammes à l'arraché et 90 kilogrammes à l'épaulé-jeté.

© Mark Kolbe/Getty Images.

Comment entraîner votre force relative ?

Pour entraîner votre force relative, vous devrez ajuster les paramètres d'entraînement de la façon suivante :

- la fréquence de vos séances d'entraînement sera de 3 à 4 fois par semaine ;
- la charge devra correspondre à un pourcentage variant de 85 % à 100 % du résultat obtenu au test d'estimation de votre charge maximale pour un exercice donné ;
- le nombre de répétitions de l'exercice sera restreint (de 1 à 6) ;
- le nombre de séries par exercice sera élevé (de 4 à 12) ;
- le tempo sera lent (de 4120, par exemple) ;
- le temps de repos entre les séries d'un exercice sera très élevé (de 3 à 8 minutes) ;
- le nombre de séries par entraînement sera assez restreint (de 12 à 20) ;
- la durée de l'entraînement sera de 45 minutes à 1 heure 30 minutes.

La durée d'une séance d'entraînement de la force relative, qui peut atteindre 1 heure 30 minutes, dépasse la durée moyenne d'entraînement ✹ à cause du temps de repos requis entre les séries d'un exercice.

L'entraînement de la force relative a des **limites** : à partir d'un certain niveau, il devient impossible de soulever plus lourd si la masse musculaire n'augmente pas. Il faudrait donc passer à un entraînement en force absolue. C'est le dilemme de tous les boxeurs : maintenir leur poids le plus bas possible tout en conservant le plus de force maximale.

Anatomie & physiologie

L'adaptation neurophysiologique apportée par l'entraînement de la force relative

Lors de l'exécution d'un mouvement, le cerveau envoie un influx nerveux qui, en passant par la moelle épinière, termine sa course vers une unité motrice (voir « Une liaison neuromusculaire essentielle : l'unité motrice », page 8 de l'introduction). Cette unité motrice est reliée à plusieurs fibres musculaires. Lorsqu'une unité motrice est sollicitée, toutes les fibres musculaires qui y sont liées se contractent. Plus une contraction est intense, plus le nombre d'unités motrices sollicitées est élevé. L'entraînement de la force relative fait augmenter l'intensité des contractions, et donc le pourcentage de fibres sollicitées. Une personne entraînée peut mettre à contribution jusqu'à 70 % des fibres du muscle sollicité, alors que cette proportion est d'environ 50 % chez les sédentaires.

✹ Voir « La durée des séances d'entraînement en musculation », page 132 de ce chapitre.

Voir « La force absolue », page 40
du chapitre 1.

L'entraînement de la force maximale-absolue

La force absolue , l'autre manifestation de la force maximale, correspond à la charge la plus élevée que vous pouvez soulever sans tenir compte de votre poids. En améliorant votre force absolue, votre masse musculaire augmente également. Il est possible de l'entraîner de manière à provoquer peu d'hypertrophie (gain en masse musculaire) ou, au contraire, à en provoquer davantage.

Sur le vif

Est-ce que l'entraînement aérobie à haute intensité fait fondre la masse musculaire ?

L'entraînement aérobie n'affecte pas la masse musculaire si vous le pratiquez 1 ou 2 fois par semaine. Les activités sollicitant la capacité aérobie tirent leur énergie des glucides et des lipides, ce qui n'a pas d'effet sur les muscles, constitués de protéines. En fait, ce type d'entraînement rend tout simplement la masse musculaire plus apparente puisqu'il brûle les graisses qui pourraient la couvrir. Cependant, si vous pratiquez l'entraînement aérobie plus de 2 fois par semaine, vos fibres musculaires s'adapteront, améliorant ainsi votre force endurance, laquelle ne procure pas d'augmentation de la masse musculaire.

Pourquoi entraîner votre force absolue ?

Vous choisirez l'entraînement de votre force absolue si vous avez un ou plusieurs des **objectifs** suivants :

- augmenter votre force maximale et votre masse musculaire ;
- maintenir un poids santé en faisant augmenter votre métabolisme de base ;
- développer votre masse musculaire dans un but esthétique ;
- accroître votre masse musculaire pour satisfaire les exigences d'un sport.

Vous entraînerez également votre force absolue pour pratiquer des **activités physiques** ou des **sports** comme les suivants :

- le hockey sur glace ;
- le football ;
- tous les sports sans catégories de poids qui impliquent la confrontation physique directe avec un adversaire lors de fractions d'effort de courte durée.

Richard Paul Paul Kane/Shutterstock 79472305.

Anatomie & physiologie

L'adaptation physiologique apportée par l'entraînement de la force absolue

L'entraînement de la force absolue apporte une adaptation de l'épaisseur des fibres musculaires. En effet, cet entraînement contribue à l'ajout de protéines contractiles d'actine et de myosine aux fibres musculaires et accroît leur vascularisation (voir « La composition des muscles », page 5 de l'introduction) ; les fibres musculaires s'adaptent alors en devenant plus volumineuses. Ce sont principalement ces 2 facteurs qui provoquent l'augmentation de la masse apparente et réelle du muscle.

Comment entraîner votre force absolue avec moins d'hypertrophie ?

Pour entraîner votre force absolue en gagnant moins en masse musculaire, vous devrez ajuster les paramètres d'entraînement de la façon suivante :

- la fréquence de vos séances d'entraînement sera de 3 à 6 fois par semaine ;
- la charge devra correspondre à un pourcentage variant de 80 % à 85 % du résultat obtenu au test d'estimation de votre charge maximale pour un exercice donné ;
- le nombre de répétitions de l'exercice sera assez restreint (de 6 à 8) ;
- le nombre de séries par exercice sera aussi modéré (de 3 à 8) ;
- le tempo sera également modéré (de 3120, par exemple) ;
- le nombre de séries par entraînement sera modéré (de 16 à 36) ;
- le temps de repos entre les séries d'un exercice sera modéré (de 2 à 4 minutes) ;
- la durée de l'entraînement va se situer entre 45 minutes et 1 heure 30 minutes.

Comment entraîner votre force absolue avec davantage d'hypertrophie ?

Pour entraîner votre force absolue en gagnant davantage en masse musculaire, vous devrez ajuster les paramètres d'entraînement de la façon suivante :

- la fréquence de vos séances d'entraînement sera de 3 à 6 fois par semaine ;
- la charge devra correspondre à un pourcentage variant de 70 % à 80 % du résultat obtenu au test d'estimation de votre charge maximale pour un exercice donné ;
- le nombre de répétitions de l'exercice sera également modéré (de 8 à 12) ;
- le nombre de séries par exercice sera aussi modéré (de 3 à 8) ;
- le tempo sera également modéré (de 3120, par exemple) ;
- le temps de repos entre les séries d'un exercice sera court (de 1 à 3 minutes) ;
- le nombre de séries par entraînement sera modéré (de 16 à 36) ;
- la durée de l'entraînement va se situer entre 45 minutes et 1 heure 30 minutes.

! Sur le vif

Des suppléments de créatine pour augmenter la masse musculaire, une bonne idée ?

Les suppléments de créatine (un dérivé d'un acide aminé naturellement présent dans les muscles) permettent la poursuite d'un effort anaérobie un peu plus longtemps. La créatine a donc des effets positifs sur les gains en masse musculaire puisqu'elle permet de poursuivre au-delà du temps maximal normal un mouvement avec charge. La prise de créatine est cependant une pratique controversée. À court terme, elle provoque de la rétention d'eau dans les muscles. C'est d'ailleurs une des raisons pour lesquelles on croit à tort qu'elle a un effet direct sur l'hypertrophie musculaire. Autre effet négatif à court terme, la possibilité de blessures aux tendons : en effet, même si la créatine permet à votre muscle d'exécuter 1 ou 2 répétitions de plus, votre tendon n'est peut-être pas prêt à les supporter. Quant aux effets à long terme de la prise de créatine, ils ne sont pas encore connus.

☼ Voir « La puissance musculaire », page 40 du chapitre 1.

L'entraînement de la puissance musculaire

La puissance musculaire ☼ est la capacité d'un muscle ou d'un groupe de muscles à effectuer à la plus grande vitesse possible la plus forte contraction musculaire. La puissance relève donc de l'**application de la force avec vitesse**. La puissance musculaire est d'ailleurs fréquemment appelée *force vitesse*.

Pourquoi entraîner votre puissance musculaire ?

Vous choisirez l'entraînement de votre puissance musculaire si vous visez un ou plusieurs des **objectifs** suivants :

- augmenter légèrement votre masse musculaire en devenant plus rapide dans des activités physiques qui exigent de la force (le sprint, par exemple) ;
- être capable d'exécuter plus rapidement des mouvements qui demandent de la force.

Vous entraînerez également votre puissance musculaire pour pratiquer les **activités physiques** ou les **sports** suivants :

- le hockey sur glace ;
- le volleyball ;
- le basketball ;
- la boxe ;
- l'athlétisme sur piste et pelouse ;
- toutes les activités physiques qui exigent l'exécution de mouvements avec force et rapidité.

Les infopubs sur l'entraînement

Les infopubs concernant l'entraînement foisonnent : le *ab-roller*, le *rondo-abdo*, le *abdoer twist* ! Tous ces appareils de musculation font vanter leurs mérites par des porte-parole qui semblent en avoir bénéficié. Si l'offre de ces appareils augmente et que les compagnies qui les commercialisent décident encore d'en produire, c'est qu'il existe une demande réelle. Toutefois, non seulement ces appareils peuvent être dangereux, mais ils ne produisent pas les résultats qu'ils garantissent. Avez-vous remarqué qu'avec chacun de ces appareils vient un guide alimentaire qui accompagne l'entraînement ? L'effet réel de la perte de poids des personnes qui disent avoir utilisé l'appareil en question pendant 30 jours provient probablement du fait qu'elles ont modifié leur régime alimentaire pendant cette période. Ayez l'esprit critique, la perte de graisse ciblée est impossible, sauf par... liposuccion.

☼ Voir « L'entraînement pliométrique », page 172 du chapitre 5.

Comment entraîner votre puissance musculaire ?

Pour entraîner votre puissance musculaire, les paramètres d'entraînement devront être ajustés de la façon suivante :

- la fréquence de vos séances d'entraînement sera de 2 à 4 fois par semaine ;
- la charge devra correspondre à un pourcentage variant de 30 % à 60 % du résultat obtenu au test d'estimation de votre charge maximale pour un exercice donné ;
- le nombre de répétitions de l'exercice sera assez restreint (de 3 à 6) ;
- le nombre de séries par exercice sera modéré (de 3 à 6) ;
- le tempo sera aussi modéré avec une phase concentrique explosive (de 30X0, par exemple) ;
- le temps de repos entre les séries d'un exercice sera élevé (de 2 à 3 minutes) ;
- le nombre de séries par entraînement sera assez restreint (de 12 à 15) ;
- la durée de l'entraînement devra être d'environ 45 minutes.

Ainsi, l'entraînement de la puissance musculaire se fait avec des paramètres semblables à ceux de la force absolue ou de la force relative. Toutefois, le tempo est beaucoup plus rapide : la **phase concentrique** du tempo est **exécutée le plus rapidement possible**, c'est-à-dire **de manière explosive** (identifiée par un *X* dans la représentation du tempo, par exemple 30X0). De plus, étant donné cette phase explosive, la charge doit correspondre à un pourcentage de 30 % à 60 % du résultat obtenu au test d'estimation de votre charge maximale, même si le nombre de répétitions est restreint de 3 à 6. Le type de répétitions doit être maximal ; cependant, pour éviter les blessures, ne tentez jamais d'effectuer une répétition que vous n'avez pas la certitude de réussir. C'est un entraînement assez exigeant qui, pour être efficace, ne devrait pas dépasser 45 minutes.

Par ailleurs, l'utilisation de la **pliométrie** ☼, dont les exercices consistent à placer les muscles en position d'allongement juste avant leur contraction, est tout à fait indiquée pour le développement de cette qualité musculaire. Les exercices peuvent aussi être exécutés avec le **seul poids du corps** (les pompes, par exemple), ce qui ne nécessite pas de matériel coûteux.

Une vue d'ensemble de l'entraînement des qualités de la force musculaire

Vous trouverez dans cette section une synthèse des informations sur les paramètres d'entraînement des différentes qualités musculaires, des précisions sur la détermination de la charge selon le nombre de répétitions que vous voulez effectuer, quelques exemples de progression ainsi que des exemples de muscles à entraîner selon les sports pratiqués.

Le tableau de la page 141, « Principes généraux et paramètres de l'entraînement musculaire », comprend un résumé de la façon dont les principes généraux d'entraînement s'appliquent au développement de la force endurance, de la force maximale et de la puissance musculaire. Lorsque vous avez décidé de la qualité musculaire que vous voulez améliorer, vous pouvez consulter ce tableau pour en avoir un aperçu rapide ainsi que pour établir les paramètres qui formeront votre programme d'entraînement.

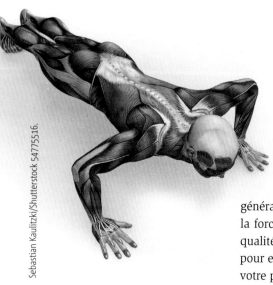

	Force endurance	Force maximale		Force relative	Puissance musculaire
Principes généraux et paramètres de l'entraînement musculaire					
		Force absolue avec moins d'hypertrophie	Force absolue avec davantage d'hypertrophie		
Spécificité	Musculation	Musculation	Musculation	Musculation	Musculation Pliométrie
Fréquence	3 à 6 fois/semaine	3 à 6 fois/semaine	3 à 6 fois/semaine	3 à 4 fois/semaine	2 à 4 fois/semaine
Charge	60 % à 70 % 1RM	80 % à 85 % 1RM	70 % à 80 % 1RM	85 % à 100 % 1RM	30 % à 60 % 1RM
Nombre de répétitions par série	13 à 20 Réps ou RM	6 à 8 RM	8 à 12 RM	1 à 6 RM	3 à 6 RM
Nombre de séries par exercice	2 à 5	3 à 8	3 à 8	4 à 12	3 à 6
Tempo	Rapide (ex. : 2020)	Modéré (ex. : 3120)	Modéré (ex. : 3120)	Lent (ex. : 4120)	Explosif en phase concentrique (ex. : 30×0)
Temps de repos entre les séries	30 s à 2 min	2 à 4 min	1 à 3 min	3 à 8 min	2 à 3 min
Nombre de séries par séance	15 à 40	16 à 36	16 à 36	12 à 20	12 à 15
Durée des séances	45 min à 1 h 30 min	45 min à 1 h 30 min	45 min à 1 h 30 min	45 min à 1 h 30 min	± 45 min
Progression	↑ surcharge selon les paramètres correspondant à la qualité musculaire entraînée				
Maintien	↓ nombre de séances d'entraînement par semaine à 2 ↓ nombre de séries par séance à 12 Les autres paramètres d'entraînement doivent demeurer les mêmes.				

(Colonne de gauche : Surcharge / Intensité)

Légende

1RM : Résultat au test d'estimation de la charge maximale.

Réps : Répétition sous-maximale.

RM : Répétition maximale.

↑ : Augmentez.

↓ : Diminuez.

La détermination de la charge avec laquelle effectuer vos répétitions

Dans le tableau précédent, la charge avec laquelle effectuer un exercice se trouve, selon la qualité musculaire à entraîner, dans une fourchette exprimée en pourcentages de votre résultat au test d'estimation de la charge correspondant à une répétition maximale (1RM) pour cet exercice. Le nombre de répétitions à effectuer pour l'entraînement de cette qualité musculaire se trouve lui aussi dans une fourchette prescrite. Par exemple, les exercices pour développer l'endurance musculaire se font avec une charge de 60 % à 70 % de votre résultat au test d'estimation de la charge correspondant à une répétition maximale et avec 13 à 20 répétitions par série. Notez que ces 2 éléments sont dans une relation inverse : plus le nombre de répétitions ciblé sera élevé, plus la charge devra se rapprocher du bas de la fourchette prescrite.

Prenons une personne qui aurait un résultat de 100 kilogrammes au test d'estimation de la charge correspondant à une répétition maximale pour un exercice particulier. Pour entraîner sa force endurance, elle devra situer sa charge dans une fourchette de 60 kilogrammes à 70 kilogrammes et exécuter de 13 à 20 répétitions. À 13 répétitions, elle devra travailler avec une charge de 70 kilogrammes et, à 20 répétitions, sa charge sera de 60 kilogrammes.

Mais comment connaître la charge exacte avec laquelle travailler si vous désirez vous situer dans une fourchette plus restreinte à l'intérieur de celle prescrite, par exemple de 16 à 18 répétitions, ou si vous voulez cibler exactement 17 répétitions ?

 Voir « Test d'estimation de la charge correspondant à 1 répétition maximale », page 42 du chapitre 1.

Vous pouvez la déterminer à l'aide du tableau «Nombre de répétitions équivalentes au pourcentage de charge maximale», ci-après. **Il suffit de multiplier votre résultat au test d'estimation de la charge correspondant à une répétition maximale par le pourcentage de la charge maximale correspondant au nombre de répétitions visé :**

Charge à utiliser = Charge maximale (1RM) ⬛⬛⬛⬛ kg × % de charge maximale correspondant au nombre de répétitions à exécuter par série ⬛⬛⬛⬛ = ⬛⬛⬛⬛ kg

Exemple

Votre résultat au test d'estimation de la charge correspondant à une répétition maximale à la poussée des jambes est de 150 kilogrammes et vous souhaitez faire 17 répétitions par série pour travailler votre force endurance.

Charge à utiliser = 150 kg (résultat au test de 1RM) × 63,8 % (pourcentage correspondant à 17 répétitions) = 95,7 kg

La charge avec laquelle vous devrez effectuer vos 17 répétitions par série sera donc de 95,7 kilogrammes.

Pour les résultats au test d'estimation de la charge correspondant à une répétition maximale équivalant à 50 kilogrammes, 75 kilogrammes, 100 kilogrammes ou 125 kilogrammes, le tableau comprend la liste complète des charges en fonction du nombre de répétitions. Vous n'aurez pas de calculs à faire.

Supposons, par exemple, que vous avez obtenu pour l'exercice de poussée des jambes ✿ un résultat de **125** kilogrammes au test d'estimation de la charge correspondant à une répétition maximale et que vous souhaitez entraîner votre force endurance avec cet exercice. Sachant que le travail en force endurance s'effectue dans une fourchette de 13 à 20 répétitions par série, vous décidez de faire de **16** à **18** répétitions. Il vous faudra donc utiliser une charge entre **78,5** kilogrammes et **81** kilogrammes pour les réussir.

✿ Voir « Test d'estimation de la charge correspondant à 1 répétition maximale », page 42 du chapitre 1.

Nombre de répétitions par série	Pourcentage de la charge maximale (1RM)	Exemples de charges				Nombre de répétitions par série	Pourcentage de la charge maximale (1RM)	Exemples de charges			
		50 kg	75 kg	100 kg	125 kg			50 kg	75 kg	100 kg	125 kg
1	100 %	50 kg	75 kg	100 kg	125 kg	11	72,3 %	36 kg	54 kg	72,5 kg	90,5 kg
2	94,3 %	47 kg	71 kg	94,5 kg	118 kg	12	70,3 %	35 kg	53 kg	70,5 kg	88 kg
3	90,6 %	45,5 kg	68 kg	90,5 kg	113 kg	13	68,8 %	34,5 kg	51,5 kg	69 kg	86 kg
4	88,1 %	44 kg	66 kg	88 kg	110 kg	14	67,5 %	34 kg	50,5 kg	67,5 kg	84,5 kg
5	85,6 %	43 kg	64 kg	85,5 kg	107 kg	15	66,2 %	33 kg	50 kg	66 kg	83 kg
6	83,1 %	41,5 kg	62,5 kg	83 kg	104 kg	16	65 %	32,5 kg	49 kg	65 kg	81 kg
7	80,7 %	40,5 kg	60,5 kg	80,5 kg	101 kg	17	63,8 %	32 kg	48 kg	64 kg	80 kg
8	78,6 %	39 kg	59 kg	78,5 kg	98 kg	18	62,7 %	31,5 kg	47 kg	62,7 kg	78,5 kg
9	76,5 %	38,5 kg	57,5 kg	76,5 kg	95,5 kg	19	61,6 %	31 kg	46,2 kg	61,5 kg	77 kg
10	74,4 %	37 kg	56 kg	74,5 kg	93 kg	20	60,6 %	30 kg	45,5 kg	60,5 kg	76 kg

Nombre de répétitions équivalentes au pourcentage de charge maximale

Légende

1RM : Résultat au test d'estimation de la charge maximale.

Quelques exemples de progression

Si vous voulez entraîner votre force absolue, votre force relative ou votre puissance musculaire, il est nécessaire, si vous n'avez aucune expérience d'entraînement, que vous entraîniez d'abord votre force endurance avec des répétitions sous-maximales pendant environ 1 mois et que vous optiez ensuite pour des méthodes plus spécifiques à l'atteinte de votre objectif (qualité musculaire). Cela est important pour prévenir les blessures et habituer progressivement votre corps au travail intense qu'exigent les répétitions maximales.

Exemples de progression en entraînement musculaire					
Expérience d'entraînement	Force endurance	Force maximale		Force relative	Puissance musculaire
		Force absolue avec davantage d'hypertrophie	Force absolue avec moins d'hypertrophie		
Débutant 0 à 1 mois	2,1 (13-20 Réps) 2020	2,1 (13-20 Réps) 2020	2,1 (13-20 Réps) 2020	2,1 (13-20 Réps) 2020	2,1 (13-20 Réps) 2020
	16 à 20 séries par séance				
	3 séances/semaine – entraînement musculaire complet				
Amateur 1 à 6 mois	2,1 (13-20 RM) 2020	3,3 (8-12 RM) 3120	3,3 (8-12 RM) 3120	3,3 (8-12 RM) 3120	3,3 (8-12 RM) 3120
	20 à 27 séries par séance				
	3 à 4 séances/semaine – entraînement en alternance de 2 grands groupes de muscles				
Confirmé 6 à 12 mois	3,2 (13-20 RM) 3020	3,2 (8-10 RM) 3120	3,3 (6-8 RM) 3120	3,3 (6-8 RM) 3120	3,3 (6-8 RM) 3120
	27 à 30 séries par séance				
	3 à 4 séances/semaine – entraînement en alternance de 2 grands groupes de muscles				
Confirmé 1 an et plus	3,1 (16-20 RM) 3120	3,1 (8-10 RM) 3120	4,2 (6-8 RM) 3120	4,3 (4-6 RM) 4120	4,2 (5-6 RM) 31X0
	30 à 39 séries par séance	30 à 33 séries par séance		20 séries par séance	30 séries par séance
	6 séances/semaine entraînement en alternance de 3 grands groupes de muscles			3 à 4 séances/semaine entraînement en alternance de 2 grands groupes de muscles	
Confirmé 2 ans et plus	3,1 (18-20 RM) 3120	3,1 (8-10 RM) 3120	4,2 (6-8 RM) 3120	5,4 (1-4 RM) 4120	5,2 (4-5 RM) 30X0
	30 à 39 séries par séance	30 à 36 séries par séance		20 séries par séance	30 séries par séance
	6 séances/semaine entraînement en alternance de 3 grands groupes de muscles			3 à 4 séances/semaine entraînement en alternance de 2 grands groupes de muscles	

Légende

Réps : Répétition sous-maximale.

RM : Répétition maximale.

Les principaux muscles à entraîner selon les sports pratiqués

Vous trouverez dans le tableau «Principaux muscles à entraîner et sports pratiqués» ci-dessous des indications sur les principaux muscles à entraîner selon les sports que vous pratiquez. Vous pouvez également consulter l'illustration des principaux muscles du corps, à la page 5 de l'introduction.

Carme Balcells/Shutterstock 2907745.

Principaux muscles à entraîner et sports pratiqués		
Badminton et tennis	**Baseball et balle molle**	**Golf**
Deltoïdes Érecteurs du rachis Grands dorsaux Grands fessiers Ischiojambiers Longs adducteurs Muscles abdominaux Pectoraux Quadriceps Tenseurs du fascia lata	Deltoïdes Érecteurs du rachis Grands dorsaux Grands fessiers Ischiojambiers Longs adducteurs Muscles abdominaux Pectoraux Quadriceps Tenseurs du fascia lata	Deltoïdes Érecteurs du rachis Grands fessiers Muscles abdominaux Pectoraux Quadriceps Tenseurs du fascia lata
Hockey et ringuette	**Natation**	**Soccer**
Deltoïdes Érecteurs du rachis Grands dorsaux Grands fessiers Ischiojambiers Muscles abdominaux Pectoraux Quadriceps Tenseurs du fascia lata	Biceps Deltoïdes Érecteurs du rachis Grands dorsaux Grands fessiers Longs adducteurs (brasse) Muscles abdominaux Pectoraux Psoas-iliaque Quadriceps Tenseurs du fascia lata (brasse) Tibial antérieur Triceps sural	Érecteurs du rachis Grands fessiers Ischiojambiers Longs adducteurs Muscles abdominaux Quadriceps Tenseurs du fascia lata
Vélo	**Volleyball**	**Basketball, handball et tchoukball**
Deltoïdes Érecteurs du rachis Grands fessiers Ischiojambiers Muscles abdominaux Psoas-iliaque Quadriceps Sartorius Tibial antérieur Triceps sural	Deltoïdes Érecteurs du rachis Grands fessiers Ischiojambiers Longs adducteurs Muscles abdominaux Pectoraux Quadriceps Tenseurs du fascia lata	Deltoïdes Érecteurs du rachis Grands fessiers Ischiojambiers Longs adducteurs Muscles abdominaux Pectoraux Quadriceps Tenseurs du fascia lata Triceps

Lichtmeister/Shutterstock 54809911.

Stephen Mcsweeny/Shutterstock 16405408.

*L*es diverses qualités de la force musculaire sont des aspects importants de votre condition physique. Il y a des avantages à les développer, tant pour vos performances physiques que pour votre santé et votre bien-être. L'important est de viser un bon équilibre entre chacune d'elles. Pour cela, utilisez les suggestions d'entraînement décrites dans ce chapitre et variez au cours de l'année les qualités musculaires que vous travaillez. Par ailleurs, pour exécuter des mouvements optimaux et réaliser vos activités physiques avec contrôle, précision et facilité, il est nécessaire de travailler conjointement la force musculaire et la flexibilité, objet du chapitre 6.

RÉSUMÉ

- Les principes de **spécificité,** de **surcharge,** de **progression** et de **maintien** s'appliquent aussi à l'**entraînement des différentes qualités de la force musculaire** : force endurance, force maximale (absolue et relative), puissance musculaire.

- L'**activité la plus spécifique** pour entraîner les différentes qualités de la force musculaire est la **musculation.**

- La **fréquence** des séances d'entraînement en musculation peut être répartie selon **différents modèles** : un entraînement musculaire complet aux 2 jours, une alternance entre 2 groupes de muscles à raison de 3 à 6 jours par semaine, une alternance entre 3 groupes de muscles à raison de 6 jours par semaine.

- L'**intensité** en musculation est déterminée par la charge, le nombre de répétitions d'un exercice, le nombre de séries de répétitions, le tempo et le temps de repos entre chaque série de répétitions. Ces éléments constituent une **méthode d'entraînement** en musculation.

- Pour obtenir des résultats optimaux, les répétitions de l'exercice effectué doivent être des **répétitions maximales.**

- Le **seuil d'incapacité momentanée** est le point après lequel il est impossible de faire une répétition de plus.

- Une **répétition** comprend **4 phases,** qui correspondent aux différents états de contraction d'un muscle lors de l'exécution d'un mouvement : une phase excentrique, une phase statique, une phase concentrique et une deuxième phase statique.

- La **durée** moyenne d'un entraînement de la force musculaire est de 45 minutes à 1 heure 30 minutes.

- La **progression** en musculation se fait en modifiant le nombre de répétitions, la charge, le nombre de séries, le tempo, le temps de repos et la fréquence des séances d'entraînement.

- Le **maintien** des acquis en musculation se réalise en réduisant la fréquence et la durée des séances d'entraînement mais en conservant la même intensité.

- La **qualité d'exécution** d'un mouvement en musculation est importante : il faut exécuter l'exercice avec l'amplitude maximale du mouvement, garder le muscle sous tension, maintenir la gestuelle prescrite et éviter les douleurs articulaires.

- Un **ajustement précis de l'ensemble des paramètres d'entraînement** doit être fait pour le travail de chacune des qualités de la force musculaire.

Affûtez vos CONNAISSANCES

1. Quel est l'énoncé, parmi les suivants, qui définit le mieux la musculation?

a Une activité physique faite en salle d'entraînement.

b Une activité physique spécifique à l'entraînement musculaire qui permet un ajustement précis de la surcharge de séance en séance.

c Des exercices faits avec une charge externe au corps, qui favorisent l'augmentation de la masse musculaire.

d Une activité physique qui favorise les gains en force.

2. Pour entraîner la force maximale de façon optimale, il faut absolument…

a travailler en répétitions maximales.

b avoir un tempo rapide.

c s'entraîner tous les jours.

d faire au moins 13 répétitions.

3. Définissez en vos mots le seuil d'incapacité momentanée.

4. Expliquez en vos mots la différence entre un entraînement en musculation fait en répétitions maximales et un entraînement en musculation fait en répétitions sous-maximales.

5. Comment se nomme la phase d'une répétition pendant laquelle les fibres musculaires s'allongent?

a Concentrique

b Excentrique

c Isométrique

d Synergique

6. Quelle est la durée des phases concentrique et excentrique représentée par le tempo 4120?

a Durée de la phase concentrique :

b Durée de la phase excentrique :

7. Expliquez en vos mots les liens et les différences entre les notions de *méthode d'entraînement* et de *programme d'entraînement*.

8. Quels sont les conseils, parmi les suivants, qui s'appliquent particulièrement à la musculation?

a Ne jamais répéter le même exercice 2 séances d'entraînement consécutives

b Maintenir le muscle sous tension (contracté) pour toute une série de répétitions

c Conserver la gestuelle prescrite pendant chaque série de répétitions

d Éviter les douleurs articulaires

e Exécuter l'exercice avec l'amplitude complète du mouvement

9. Associez les activités physiques suivantes à la qualité de force musculaire à laquelle elles conviennent le plus.

> Judo • Football
> • Cyclisme • Saut en hauteur

a Force endurance

b Force relative

c Force absolue

d Puissance

10. Le temps de repos entre chacune des séries de répétitions est particulier dans l'entraînement de la force endurance. Laquelle des affirmations suivantes est vraie?

a C'est la seule qualité musculaire où le temps de repos peut être de moins de 1 minute.

b Le repos entre chacune des séries de répétitions lors du travail en force endurance a peu d'influence si l'entraînement est fait en répétitions sous-maximales.

c Le repos entre les séries de répétitions lors du travail en force endurance doit être long.

d Aucune de ces réponses.

11. Quel est le nombre de répétitions nécessaires par série pour provoquer des gains optimaux en force relative?

a De 1 à 6 répétitions

b De 6 à 12 répétitions

c De 13 à 20 répétitions

d Au minimum 20 répétitions

12. Quels sont les paramètres qui diffèrent entre l'entraînement de la force absolue avec davantage d'hypertrophie et l'entraînement de la force absolue avec moins d'hypertrophie?

a Le nombre de séries par exercice et le nombre de répétitions

b Le nombre de séries par exercice et le tempo

c La charge, le nombre de répétitions de l'exercice et le temps de repos

d Le temps de repos et le tempo

13. Quelle est la caractéristique principale d'un entraînement de la puissance musculaire?

a L'explosivité de l'exécution de la phase excentrique

b L'explosivité de la phase concentrique

c La durée de la séance d'entraînement

d Le nombre élevé de répétitions à exécuter par série

14. Laquelle des relations suivantes est vraie?

a Plus le nombre de répétitions maximales est bas, plus la charge est légère.

b Plus le nombre de répétitions maximales est bas, plus la charge est élevée.

c Plus le nombre de répétitions maximales est grand, plus la charge est haute.

15. Indiquez si l'assertion suivante est vraie ou fausse.

N'être capable d'exécuter qu'une seule répétition d'un exercice correspond à un travail fait avec une charge maximale.

a Vraie

b Fausse

Complétez la carte conceptuelle des informations vues dans ce chapitre en utilisant la liste de concepts fournis. La suite de chaque noeud doit constituer une phrase complète. Suivez bien le sens des flèches.

- L'hypertrophie musculaire
- La force endurance
- La force maximale
- La force relative
- La musculation
- Le nombre de répétitions
- Paramètres d'une méthode d'entraînement

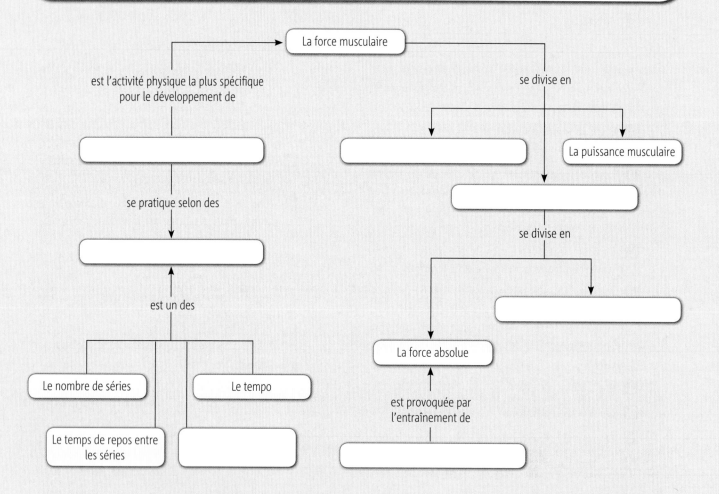

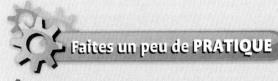

Faites un peu de PRATIQUE

1. Émilie s'entraîne avec la méthode d'entraînement suivante : 3,2 (8−12 RM) 3120. Lors de sa dernière séance d'entraînement, elle a réussi à faire 14 répétitions maximales dans sa première série, 13 dans sa deuxième et 13 dans sa troisième. Que devrait-elle faire pour appliquer le principe de progression ? Indiquez votre réponse en vous appuyant sur les paramètres généraux d'entraînement.

2. Martin a estimé sa charge maximale à 75 kilogrammes pour l'exercice du développé couché. Quelle devrait être sa charge d'entraînement pour cet exercice s'il souhaite s'entraîner pour développer les qualités de force musculaire suivantes ?

Charge d'entraînement en force relative :
de ____ kg à ____ kg

Charge d'entraînement en force endurance :
de ____ kg à ____ kg

Charge d'entraînement en force absolue avec davantage d'hypertrophie :
de ____ kg à ____ kg

FORTIFIEZ VOTRE CULTURE... PHYSIQUE

 Sites Internet

Site général sur la musculation proposant différents programmes d'entraînement :
- http://www.all-musculation.com

Site général sur la musculation proposant un répertoire d'exercices animés :
- http://www.akelys.com

 Livres et magazines

- CROISETIÈRE, RÉJEAN (2004). *Musculation, principe d'entraînement, méthode d'entraînement, répertoire d'exercices.* Laval, Édition RC.

- DELAVIER, FRÉDÉRIC (2010, 5ᵉ éd.). *Guide des mouvements de musculation : Approche anatomique.* Paris, Éditions Vigot.

- LAFAY, OLIVIER (2006). *Méthode de musculation : 110 exercices sans matériel.* Paris, Éditions Amphora.

Élaborez votre programme d'entraînement de la force musculaire

Vous êtes maintenant bien outillés ! Il ne vous reste plus qu'à élaborer votre entraînement en fonction de vos besoins personnels, de vos capacités, de vos goûts, de votre degré de motivation, ainsi que des ressources et du temps dont vous disposez.

Objectif d'amélioration

1 Pour quelle(s) raison(s) voulez-vous améliorer votre force musculaire (par exemple, la pratique régulière d'un sport, l'amélioration de votre apparence physique, l'augmentation de la durée et de l'aisance de vos activités physiques) ?

Motivation :

2 Selon vos motivations décrites au point 1, identifiez les **principaux muscles ou groupes de muscles** que vous désirez entraîner. La planche anatomique de la page 5 de l'introduction peut vous aider à situer les muscles de chaque partie de votre corps. Consultez également au besoin le tableau «Principaux muscles à entraîner et sports pratiqués» (page 144 de ce chapitre).

Muscles ou groupes de muscles :

3 Selon vos motivations décrites au point 1, indiquez quelle est par conséquent la **qualité de force musculaire** que vous voulez améliorer.

Force endurance ☐   Force absolue ☐
Force relative ☐   Puissance musculaire ☐

4 Si ce n'est déjà fait, effectuez un **test d'évaluation** de la qualité de la force musculaire choisie au point 3 et inscrivez vos résultats (voir les choix de tests de la section «La force musculaire», pages 41, 45 et 48 du chapitre 1).

Test :

Date du test :

Résultat du test :   Votre niveau d'après le test :

5 Formulez un **objectif personnel réaliste et mesurable** d'amélioration de cette qualité musculaire.

Objectif :

Date visée d'atteinte de l'objectif :

Spécificité d'entraînement

6 Pour chaque muscle ou groupe de muscles que vous désirez entraîner (point 2), déterminez l'**exercice approprié** pour les solliciter. Consultez le répertoire d'exercices de musculation sur le site du **CEC** plus pour être en mesure de sélectionner les exercices de musculation qui correspondent aux muscles à entraîner ou faites-vous aider par un entraîneur, une professeure d'éducation physique ou un kinésiologue.

Indiquez dans la colonne de gauche du tableau ci-dessous les muscles ou groupes de muscles à entraîner et, dans la colonne de droite, les exercices à faire.

Muscles ou groupes de muscles	Exercices
Exemple : Pectoraux, triceps et deltoïdes	Exemple : Développé couché sur banc

Surcharge initiale d'entraînement

7 Déterminez maintenant le **modèle d'entraînement** que vous suivrez et la fréquence de vos séances d'entraînement.

Modèle d'entraînement		Fréquence
Entraînement musculaire complet	☐	jours/semaine (3 à 4)
Entraînement de 2 grands groupes de muscles en alternance	☐	jours/semaine (3 à 6)
Entraînement de 3 grands groupes de muscles en alternance	☐	jours/semaine (6)

8 Établissez maintenant, selon la qualité musculaire que vous voulez travailler, les paramètres de votre **méthode d'entraînement** (consultez le tableau «Principes généraux et paramètres de l'entraînement musculaire», page 141 de ce chapitre).

Méthode : _____ , _____ (_____ à _____) _____

<table>
<tr><td>Nombre
de séries</td><td>Temps
de repos</td><td>Nombre de répétitions</td><td>Type de
répétitions</td><td>Tempo</td></tr>
</table>

9 Pour chacun des exercices choisis au point 6, et à l'aide des tableaux «Principes généraux et paramètres de l'entraînement musculaire» (page 141) et «Nombre de répétitions équivalentes au pourcentage de charge maximale» (page 142) :

a effectuez un test d'estimation de la charge correspondant à une répétition maximale ;

b selon la qualité musculaire ciblée, établissez les charges prescrites minimale et maximale qui seraient appropriées ;

c selon le nombre de répétitions établi dans votre méthode au point 8, déterminez la charge exacte avec laquelle vous effectuerez chacun des exercices.

Utilisez une charge qui se rapproche le plus possible de la charge maximale prescrite.

Exercice	a Estimation de la charge maximale (1RM)	b Charge minimale prescrite	b Charge maximale prescrite	c Charge à utiliser

Résumé de votre programme d'entraînement musculaire

10 Regroupez enfin toutes ces informations dans votre **fiche d'entraînement** (page 153), que vous remplirez à chaque séance d'entraînement. Votre fiche vous servira d'aide-mémoire et de journal de bord. D'autres fiches sont disponibles sur le site du **CEC** plus .

Progression d'entraînement

11 À un moment donné, ni le nombre de répétitions ni la charge de vos exercices n'auront augmenté depuis 2 ou 3 séances. C'est à ce moment qu'il faudra modifier d'autres aspects de votre méthode, tel que décrit à la page 133.

Maintien de vos acquis

12 Si vous manquez de temps ou si vous voulez tout simplement maintenir les acquis obtenus, il faut garder la même intensité d'entraînement en réduisant la fréquence de vos séances d'entraînement par semaine jusqu'à 2 et en réduisant le nombre de séries par séance jusqu'à 12.

Fiche d'entraînement

Fréquence d'entraînement :

Date :

Exercice :	CHARGE																
	Répétitions par série																
Charge initiale :																	
Méthode :																	
Exercice :	CHARGE																
	Répétitions par série																
Charge initiale :																	
Méthode :																	
Exercice :	CHARGE																
	Répétitions par série																
Charge initiale :																	
Méthode :																	
Exercice :	CHARGE																
	Répétitions par série																
Charge initiale :																	
Méthode :																	
Exercice :	CHARGE																
	Répétitions par série																
Charge initiale :																	
Méthode :																	
Exercice :	CHARGE																
	Répétitions par série																
Charge initiale :																	
Méthode :																	
Exercice :	CHARGE																
	Répétitions par série																
Charge initiale :																	
Méthode :																	
Exercice :	CHARGE																
	Répétitions par série																
Charge initiale :																	
Méthode :																	
Exercice :	CHARGE																
	Répétitions par série																
Charge initiale :																	
Méthode :																	

CHAPITRE

5 L'entraînement fonctionnel

ÉCHAUFFEMENT

Quels sont les mouvements associés à votre sport préféré ?

A Indiquez ci-dessous le sport ou l'activité physique que vous pratiquez ou que vous voulez pratiquer et cochez ensuite les principaux mouvements qui y sont exécutés.

Sport / Activité physique

Mouvements à exécuter

Pousser
Tirer
Soulever
Courir
Pivoter
Autre :
Sauter
Botter
Lancer
Frotter
Transporter

B Effectuez la même opération en fonction des mouvements les plus fréquents de votre vie quotidienne.

Vie quotidienne

Mouvements exécutés

Pousser
Tirer
Soulever
Courir
Autre :
Pivoter
Sauter
Frotter
Transporter

Ces informations vous seront utiles pour rendre votre entraînement plus fonctionnel, comme vous le verrez dans la suite de ce chapitre.

**APRÈS LA LECTURE DE CE CHAPITRE,
VOUS SEREZ EN MESURE :**

- de comprendre ce qu'est l'entraînement fonctionnel ;

- de connaître les avantages de pratiquer un entraînement fonctionnel ;

- de comprendre comment s'appliquent les principes généraux d'entraînement à l'entraînement fonctionnel ;

- de comprendre l'utilité des différents types d'entraînement fonctionnel : l'entraînement des muscles centraux du corps, l'entraînement proprioceptif, l'entraînement pliométrique et l'entraînement de l'agilité ;

- d'appliquer les principes généraux d'entraînement aux différents types d'entraînement fonctionnel afin d'élaborer votre propre programme d'entraînement.

Ben Heys/Shutterstock 17943082.

L'entraînement fonctionnel est un entraînement musculaire qui se veut une reproduction la plus fidèle possible de la réalité quotidienne ou sportive afin de permettre à la personne qui le pratique d'en bénéficier au maximum. Tout entraînement musculaire peut être adapté pour le rendre plus fonctionnel, et ainsi répondre plus concrètement à vos besoins, que ce soit pour améliorer vos performances sportives, faciliter vos activités de loisir ou vos tâches quotidiennes.

Nous verrons d'abord les avantages de l'entraînement fonctionnel. Nous nous pencherons ensuite sur la façon dont les principes généraux de spécificité, de surcharge, de progression et de maintien s'y appliquent de manière générale.

Nous enchaînerons avec la présentation de 4 types d'entraînement fonctionnel : l'entraînement des muscles centraux du corps (*core training*), l'entraînement proprioceptif, l'entraînement pliométrique et l'entraînement de l'agilité. Pour chacun de ces entraînements, nous proposerons quelques exercices et des paramètres de progression. À la suite de votre lecture, vous aurez les bases nécessaires pour élaborer un entraînement optimal selon vos objectifs.

Pedro Jorge Henriques Monteiro/Shutterstock 55447642.

Les avantages de l'entraînement fonctionnel

Le but de l'entraînement fonctionnel est de **minimiser l'écart entre la réalité des activités sportives ou quotidiennes et celle des entraînements musculaires pratiqués** en salle, au gymnase ou à l'extérieur. En fait, **c'est un entraînement qui vise les mouvements tout autant que les muscles**. Il y a de grands avantages à pratiquer l'entraînement fonctionnel.

- Vous améliorerez votre **coordination neuromusculaire**, ce qui **maximisera vos performances sportives** et **facilitera vos activités physiques quotidiennes**.

- Vous améliorerez votre **stabilité articulaire** et votre **équilibre**, ce qui **diminuera les risques de vous blesser**.

- Vos entraînements seront plus signifiants et motivants, car ils vous permettront de profiter pleinement de vos heures de dur labeur en **répondant plus concrètement à vos besoins individuels**.

Entraînez-vous selon vos besoins réels

Voyons comment s'appliquent les principes généraux d'entraînement de manière à rendre vos entraînements plus fonctionnels.

La spécificité en entraînement fonctionnel

Pour vous entraîner de manière fonctionnelle, il faut exécuter des **exercices correspondant à vos mouvements quotidiens ou sportifs**. Ces exercices sont composés de mouvements variés et instables qui favorisent la sollicitation simultanée et coordonnée de plusieurs muscles.

Le choix de vos exercices fonctionnels

Pour choisir ou modifier vos exercices de façon à ce qu'ils soient fonctionnels, vous devez analyser les mouvements qui composent vos activités ou tâches physiques quotidiennes. Par exemple, vous tirez ou transportez des objets lourds, vous sautez au volleyball, vous pivotez au golf. Regardez les exemples qui suivent pour voir le lien entre certains mouvements quotidiens ou sportifs et les exercices fonctionnels que vous pourriez faire.

Mouvements quotidiens ou sportifs et exercices					
Vie quotidienne	**Sport**	**Exercice fonctionnel**	**Vie quotidienne**	**Sport**	**Exercice fonctionnel**
POUSSER			TRANSPORTER		
Krivosheev Vitaly/Shutterstock 56703760.	Richard Paul Kane/Shutterstock 63476716.	Photo Robert Ménard.	Andresr/Shutterstock 60176215.	Nicholas Piccillo/Shutterstock 56705737.	Photo Robert Ménard.
TIRER			SOULEVER		
Blaj Gabriel/Shutterstock 66297580.	CLChang/Shutterstock 65184565.	Photo Robert Ménard.	Avava/Shutterstock 18491551.	Wellphoto/Shutterstock 1990624.	Photo Robert Ménard.
SAUTER			FROTTER		
Piotr Sikora/Shutterstock 2970146.	S. Pytel/Shutterstock 60158341.	Photo Robert Ménard.	Nikkytok/Shutterstock 29998990.	©Oropeza 2010 CC-BY-SA.	Photo Robert Ménard.
PIVOTER			COURIR		
Trudy Wilkerson/Shutterstock 46473307.	Andre Klopper/Shutterstock 7298578.	Photo Robert Ménard.	CREATISTA/Shutterstock 58830088.	CREATISTA/Shutterstock 59435395.	Gabi Moisa/Shutterstock 36126403.

Des mouvements sportifs aux exercices fonctionnels

Il existe des milliers de mouvements sportifs que vous pouvez entraîner à l'aide de divers exercices fonctionnels. Voici une liste des plus communs.

Mouvements sportifs	Mouvements à entraîner	Exercices fonctionnels
Lancer au baseball, au football, au handball ou au waterpolo	Extension de l'avant-bras + flexion et adduction du bras + rotation du tronc	• Extension des avant-bras à la poulie haute • Adduction du bras à la poulie haute • Rotation du tronc avec charge
Lancer au panier au basketball	Extension des jambes et des hanches + extension de l'avant-bras et du bras	• Accroupissements sautés • Extension de l'avant-bras et du bras à la poulie basse ou avec ballon lesté
Smasher au volleyball, au badminton ou au tennis	Extension de l'avant-bras + adduction du bras + rotation du tronc	• Extension des avant-bras à la poulie haute • Adduction du bras à la poulie haute • Rotation du tronc avec charge
Frapper au golf	Rotation du tronc	Rotation du tronc avec charge
Frapper au hockey	Rotation du tronc	Rotation du tronc avec charge
Coup de pied au soccer	Extension de la jambe + flexion de la hanche	• Extension de la jambe à la poulie basse • Flexion de la jambe à la poulie basse
Coup de pied au crawl	Flexion et extension de la hanche	• Extension de la hanche à la poulie basse • Flexion de la hanche à la poulie basse
Coup de pied au karaté	Flexion de la hanche + adduction de la cuisse et extension de la jambe + rotation du tronc	• Flexion de la hanche à la poulie basse • Adduction de la hanche à la poulie basse • Rotation du tronc avec charge
Patiner au hockey	Extension de la jambe + abduction de la cuisse + extension de la hanche	Fentes latérales sautées
Patinage artistique	Extension de la jambe + extension de la hanche	Fentes avant sautées
Ramer en kayak ou en canot	Rotation du tronc + abduction du bras	• Rotation du tronc avec charge • Abduction du bras à la poulie haute
Ramer à l'aviron	Extension des jambes et des hanches + abduction des bras et flexion de l'avant-bras	• Accroupissements • Tractions inversées à la barre fixe ou aux barres parallèles
Pédaler à vélo	Flexion de la hanche et de la jambe + extension de la hanche et de la jambe	Pédaler
Courir	Flexion de la hanche et de la jambe + extension de la hanche et de la jambe	Courir
Sauter	Extension de la jambe et de la hanche et du pied	Accroupissement sauté

Note : La poulie haute peut être remplacée par un élastique ou tout autre matériel qui offre suffisamment de résistance et permet de refléter la réalité.

Des mouvements sollicitant des ensembles de muscles

Dans nos mouvements quotidiens ou sportifs, un muscle ne travaille jamais seul. Il est assisté par d'autres muscles. Pour être efficace en entraînement fonctionnel, il est donc important d'exécuter des mouvements qui favorisent la sollicitation coordonnée et simultanée de plusieurs muscles comme dans un geste de la vie quotidienne ou dans un geste sportif précis. Certes, vous pouvez améliorer vos capacités physiques avec la répétition d'un geste isolé, comme la flexion des avant-bras avec haltères (comme sur la photo de gauche), mais ce mouvement vise l'entraînement d'un muscle particulier (le biceps) sans impliquer les muscles qui l'assistent. Vous devriez plutôt faire un exercice de traction à la barre fixe (comme sur la photo de droite), qui sollicite de plus de façon coordonnée et synchronisée d'autres muscles (grands dorsaux, grands ronds, grands pectoraux, notamment) qui ont pour rôle d'assister le biceps dans un geste de traction.

Mouvement isolé   Mouvement fonctionnel

La surcharge en entraînement fonctionnel

Pour obtenir des gains significatifs en entraînement fonctionnel, il faut appliquer une surcharge, c'est-à-dire respecter une fréquence d'entraînement minimale et, surtout, une intensité et une durée qui correspondent aux besoins de l'activité physique ou du sport pour lequel on s'entraîne.

La fréquence en entraînement fonctionnel

La fréquence de vos séances d'entraînement doit être d'**au moins 3 fois par semaine**, comme pour tous les types d'entraînement, afin que la stimulation soit suffisante.

L'intensité en entraînement fonctionnel

Il faut viser des **intensités fonctionnelles** : elles doivent correspondre aux qualités musculaires requises par l'activité ou le sport pratiqué. Un joueur de disque volant d'équipe (*ultimate Frisbee*) devrait par exemple exécuter des séries d'exercices fonctionnels de 3 à 6 répétitions maximales en puissance musculaire tout autant que des séries d'exercices fonctionnels de 13 à 20 répétitions maximales en endurance musculaire, car il doit faire des efforts musculaires spontanés très rapides et explosifs pour se démarquer ; comme le jeu n'arrête que très rarement, le joueur doit également être endurant.

La durée en entraînement fonctionnel

Vous devez aussi adopter une **durée de séance d'entraînement fonctionnelle** : elle doit correspondre à la durée totale de l'activité ou du sport pour lequel vous vous entraînez. Il faut de plus que la durée des fractions d'effort composant votre entraînement soit représentative de celles du sport pour lequel vous vous entraînez. Par exemple, notre joueur de disque volant d'équipe élaborerait un entraînement qui durerait au total environ le temps d'une partie. Cet entraînement serait composé de plusieurs fractions d'effort d'environ 1 à 5 minutes (durée des échanges dans ce sport) en puissance et en endurance. La durée et la structure de cet entraînement feront donc en sorte que le joueur stimulera autant sa puissance que son endurance musculaire. Cet entraînement stimulera également des adaptations de ses systèmes de production d'énergie aérobie et anaérobie ✿.

✿ Voir « Les adaptations des systèmes anaérobies », page 17 de l'introduction.

Un joueur de hockey, quant à lui, visera une durée totale de séance d'entraînement semblable à celle d'une période ou d'une partie. Cet entraînement sera composé de fractions d'effort de 45 secondes à 1 minute (durée d'une sortie sur la glace). Son entraînement ciblera ainsi à la fois des améliorations de sa puissance musculaire et des adaptations de ses systèmes de production d'énergie anaérobie ✿ nécessaires aux courtes séquences d'effort qu'il a à fournir au hockey.

----- La progression en entraînement fonctionnel -----

Il n'existe pas de progression type en entraînement fonctionnel, car elle est individuelle : elle dépend de votre objectif personnel ainsi que de l'évolution de vos capacités. Toutefois, il s'agit de **procéder par étape pour éviter les blessures**.

Une première étape : maîtriser la gestuelle de l'exercice

La première et la plus importante étape consiste à vous assurer d'avoir une **gestuelle parfaite** lorsque vous exécutez un exercice avant de le complexifier. Pour ce faire, utilisez un miroir et observez votre alignement articulaire ainsi que votre posture pendant que vous exécutez votre exercice. Ce n'est qu'après avoir maîtrisé parfaitement la gestuelle prescrite pour un exercice donné que vous pourrez le rendre plus complexe.

Sur le vif

L'alignement des genoux vu de face

Lors d'une flexion des genoux, il faut maintenir un alignement optimal (chevilles-genoux-hanches), et ce, surtout avec une flexion de plus de 45°.

Bonne position

Mauvaise position

Photos Robert Ménard.

L'alignement des genoux vu de côté

Lors d'une flexion des genoux, il faut éviter de dépasser les orteils avec les genoux et rester, autant que possible, au-dessus de la cheville.

Bonne position

Mauvaise position

Photos Robert Ménard.

Une seconde étape : accroître la difficulté de l'exercice

Pour rendre un exercice plus complexe et plus fonctionnel, vous pouvez en modifier les aspects suivants (les éléments entre parenthèses vont du plus simple au plus complexe), toujours en vous assurant de conserver une gestuelle exemplaire :

- l'**instabilité de la surface** (sol, tapis, matelas, planche d'équilibre, BOSU, ballon lesté, ballon d'exercice, coussin d'air) ;
- le **nombre de points d'appui** (4, 3, 2, 1, soit pieds, mains, coccyx, tête) ;
- la **charge soulevée** (poids corporel, poids supplémentaires tels que poulies, ballon lesté, veste lestée et ceinture de poids, haltères, barres) ;

- le **tempo** (tempo lent de 4040, tempo modéré de 3010, tempo rapide de 10×0, tempo très rapide de ×0×0) ;
- l'**amplitude du mouvement** (amplitude partielle ou complète) ;
- la **vision** (yeux ouverts, yeux fermés) ;
- la **hauteur** (de quelques centimètres à plus de 1 mètre) ;
- les **angles de travail** (sauts ou poussées en avant, en arrière, à droite, à gauche, diagonales ; positions déclinées pieds plus haut ou inclinées pieds plus bas) ;
- la **vitesse** (marche, jogging, sprint) ;
- les **changements de direction** (longs, espacés, similaires, courts, rapprochés, variés) ;
- les **types de déplacement** (sauts, poussées et course en avant, en arrière, à droite, à gauche, diagonales, pas chassés ou croisés) ;
- les **types de surface** (adhérente, glissante, plate, accidentée, variée telle que gymnase, palestre, pelouse, béton, glace) ;
- le **nombre de mouvements combinés** (2, 3).

Vous trouverez dans le tableau suivant des exemples de modifications progressives que vous pouvez apporter à des exercices de musculation afin qu'ils deviennent plus fonctionnels. Vous en trouverez d'autres exemples sur le site du **CEC plus**.

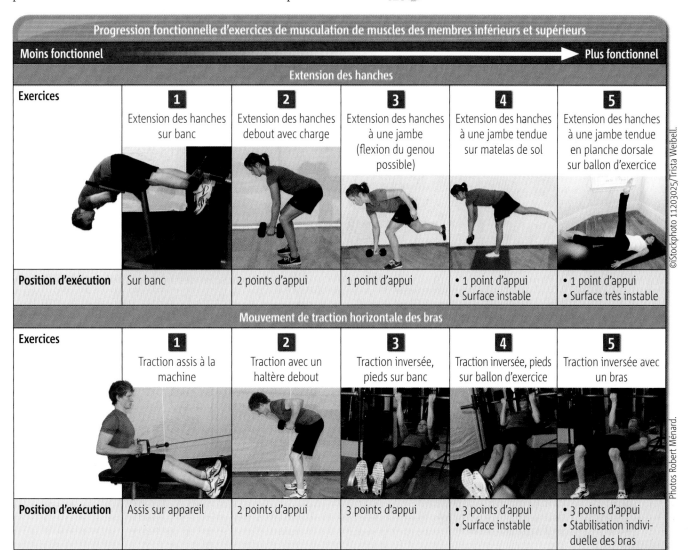

Progression fonctionnelle d'exercices de musculation de muscles des membres inférieurs et supérieurs

Moins fonctionnel → Plus fonctionnel

Extension des hanches

Exercices	**1** Extension des hanches sur banc	**2** Extension des hanches debout avec charge	**3** Extension des hanches à une jambe (flexion du genou possible)	**4** Extension des hanches à une jambe tendue sur matelas de sol	**5** Extension des hanches à une jambe tendue en planche dorsale sur ballon d'exercice
Position d'exécution	Sur banc	2 points d'appui	1 point d'appui	• 1 point d'appui • Surface instable	• 1 point d'appui • Surface très instable

Mouvement de traction horizontale des bras

Exercices	**1** Traction assis à la machine	**2** Traction avec un haltère debout	**3** Traction inversée, pieds sur banc	**4** Traction inversée, pieds sur ballon d'exercice	**5** Traction inversée avec un bras
Position d'exécution	Assis sur appareil	2 points d'appui	3 points d'appui	• 3 points d'appui • Surface instable	• 3 points d'appui • Stabilisation individuelle des bras

©iStockphoto 11203025/Trista Weibell.

Photos Robert Ménard.

Adapté de : BOYLE, MICHAEL (2004). *Functional training for sports*. Champaign (Ill.), Human Kinetics.

Le maintien en entraînement fonctionnel

Lorsque vous êtes satisfaits de vos améliorations et que vous avez atteint vos objectifs d'entraînement fonctionnel, vous pouvez maintenir vos acquis en réduisant quelque peu la fréquence et la durée des séances d'entraînement mais en conservant la même intensité et le même niveau de complexité de vos exercices.

Choisissez votre type d'entraînement fonctionnel

Passons maintenant aux 4 types d'entraînement fonctionnel qui ciblent des besoins spécifiques : l'entraînement des muscles centraux du corps, l'entraînement proprioceptif, l'entraînement pliométrique et l'entraînement de l'agilité.

✿ Voir « À vous de jouer »,
page 150 du chapitre 4.

Si vous avez déjà élaboré un programme d'entraînement musculaire ✿, vous devrez modifier les exercices qui le composent pour qu'ils deviennent fonctionnels et répondent davantage à vos besoins réels. Selon vos objectifs personnels, il se peut que vous ayez à recourir à un ou à plusieurs de ces types d'entraînement.

Une personne voulant optimiser ses performances sportives et minimiser autant que possible les risques de se blesser devrait pratiquer des exercices appartenant aux 4 types d'entraînement fonctionnel.

L'entraînement des muscles centraux du corps

L'entraînement des muscles centraux du corps est un entraînement composé d'exercices qui visent à optimiser le travail de ces muscles. Les **muscles centraux** du corps sont :

- les muscles abdominaux (transverses, obliques internes et externes, droits de l'abdomen) ;
- les muscles érecteurs du rachis (grands fessiers, ischiojambiers, longissimus du thorax, ilio-costaux du thorax, épineux du thorax, intercostaux, carré des lombes, multifidus) ;

- les muscles des hanches (psoas-iliaques, droits des cuisses, tenseur du fascia lata, sartorius, adducteurs des cuisses, piriformes, moyens fessiers).

Les muscles centraux du corps sont **essentiels à la stabilité articulaire globale du corps** et sont également **responsables du transfert des forces entre les membres inférieurs et les membres supérieurs** (par exemple pour pelleter).

Dmitry Evs/Shutterstock 29213608.

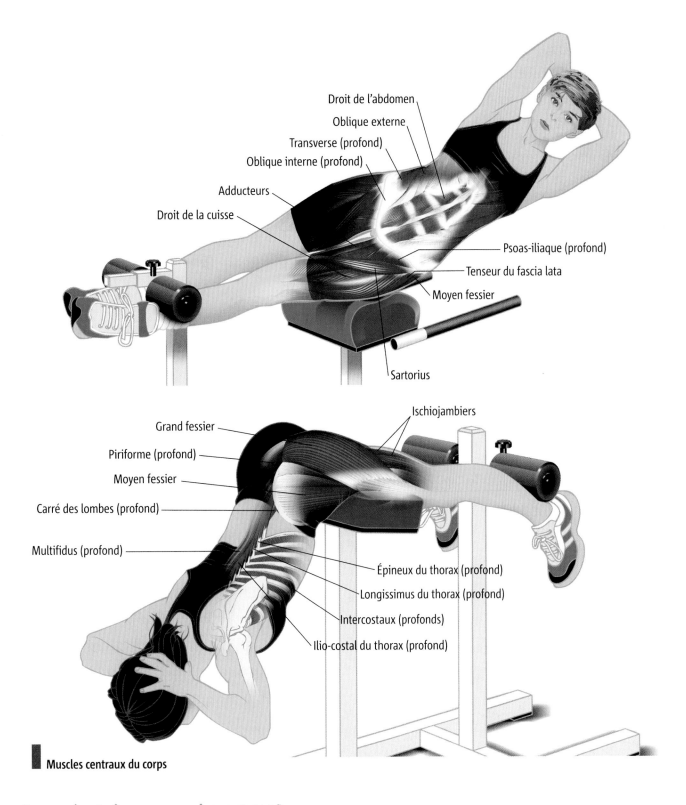

Droit de l'abdomen
Oblique externe
Transverse (profond)
Oblique interne (profond)
Adducteurs
Droit de la cuisse
Psoas-iliaque (profond)
Tenseur du fascia lata
Moyen fessier
Sartorius

Ischiojambiers
Grand fessier
Piriforme (profond)
Moyen fessier
Carré des lombes (profond)
Multifidus (profond)
Épineux du thorax (profond)
Longissimus du thorax (profond)
Intercostaux (profonds)
Ilio-costal du thorax (profond)

Muscles centraux du corps

Pourquoi entraîner vos muscles centraux ?

Vous entraînerez vos muscles centraux en vue d'augmenter la stabilité de vos mouvements pluri-articulaires quotidiens et sportifs si vous visez un ou plusieurs des **objectifs** suivants :

- garder votre dos en santé ;
- améliorer vos performances sportives ;
- maintenir une bonne posture ;
- réduire les risques de vous blesser.

Galina Barskaya/Shutterstock 2934372.

L'entraînement des muscles centraux vous sera particulièrement profitable si vous pratiquez des **activités physiques** ou des **sports** où il y a un **transfert de forces entre le bas et le haut du corps**, comme la danse, le golf, le hockey et tous les sports de contact, la natation, la planche à neige, le ski alpin ou le tennis.

Testez vos muscles centraux

La planche d'équilibre controlatérale est un test fonctionnel qui évalue la force des muscles centraux du corps. Ce test ne nécessite qu'un chronomètre et un tapis de sol.

1. Placez-vous tout d'abord en planche abdominale en appui sur vos avant-bras et vos orteils. Assurez-vous de maintenir votre corps droit et les avant-bras parfaitement alignés vers l'avant en tout temps.

2. Levez le bras droit et la jambe gauche (opposée) tout en maintenant un alignement corporel parfait le plus longtemps possible. Dès que vous bougez l'avant-bras ou déposez l'avant-bras ou le pied, le test est terminé. Notez alors la durée (en secondes) pendant laquelle vous avez maintenu la position.

   Durée : _____ s

3. Attendez au minimum 5 minutes.

4. Recommencez les étapes 1 et 2, mais cette fois en levant le bras gauche et la jambe droite (opposée).

   Durée : _____ s

5. Consultez le tableau d'interprétation qui suit pour évaluer votre résultat.

Capacité fonctionnelle des muscles centraux du corps	Hommes	Femmes
	Temps total (s) des deux côtés	
Très élevée	$\geqslant 151$	$\geqslant 121$
Élevée	$91 - 150$	$76 - 120$
Moyenne	$61 - 90$	$51 - 75$
Faible	$31 - 60$	$26 - 50$
Très faible	$\leqslant 30$	$\leqslant 25$

Comment entraîner vos muscles centraux ?

Pour entraîner vos muscles centraux, les exercices devront solliciter les muscles abdominaux, les érecteurs du rachis et les muscles des hanches. Vous devrez ajuster les paramètres de surcharge de votre entraînement, d'une part pour que ce dernier ressemble le plus possible à l'activité physique pour laquelle vous vous entraînez (fréquence, intensité, durée) et, d'autre part, selon les paramètres de surcharge prescrits ☼ pour la qualité musculaire pour laquelle vous vous entraînez.

☼ Pour plus de précisions sur les paramètres prescrits pour chacune des qualités de la force musculaire, reportez-vous au chapitre 4.

Une progression de simple à complexe

Pour éviter de vous blesser, respectez une progression étape par étape et assurez-vous d'avoir une gestuelle parfaite avant d'augmenter la difficulté d'un exercice.

Voici les différents aspects de son exécution à prendre en compte pour vous aider à progresser :

- l'**instabilité de la surface** (sol, tapis, matelas, planche d'équilibre, BOSU, ballon lesté, ballon d'exercice, coussin d'air) ;
- le **nombre de points d'appui** (4, 3, 2, 1) ;
- la **charge soulevée** (poids corporel, poids supplémentaires tels que poulies et ballon lesté, haltères, barres) ;
- le **tempo** (tempo lent de 3131, tempo modéré de 2121, tempo rapide de 1111, tempo soutenu de 30 secondes à 2 minutes) ;
- l'**amplitude du mouvement** (amplitude partielle, complète).

Quelques exercices pour entraîner vos muscles centraux

Voici une liste d'exercices fonctionnels qui présentent une bonne progression pour entraîner vos muscles centraux : bascule du bassin, planche abdominale, rotation du tronc avec charge, accroupissement.

Exercices de bascule du bassin

Les exercices de bascule du bassin ciblent les muscles transverses de l'abdomen et multifidus lombaire qui permettent les mouvements de rétroversion et d'antéversion du bassin.

Commencez par exécuter un exercice de bascule du bassin couché sur le dos tel que présenté dans les photos ci-dessous (numéro 1). Quand cet exercice devient trop facile, passez à des variantes plus complexes (numéros 2 et 3).

1. Bascule du bassin couché sur le dos, jambes fléchies

Antéversion du bassin Rétroversion du bassin

Photos Robert Ménard.

2. Bascule du bassin à 4 pattes

Antéversion du bassin Rétroversion du bassin

3. Stabilisation du bassin en position neutre à 4 pattes et variantes plus complexes

Bassin neutre Élévation 1 bras Élévation 1 jambe Élévation 1 bras et 1 jambe

! Sur le vif

Le gainage du bassin en position neutre

Lors d'une extension des hanches, assurez-vous de garder votre dos droit et votre bassin en position neutre.

Mauvaise position car le dos est rond et le bassin en rétroversion.

Mauvaise position car le dos est creux et le bassin en antéversion.

Bonne position : le dos et le bassin sont en position neutre.

Exercices de planche abdominale

Une fois que vous maîtrisez bien le positionnement de votre bassin, vous devez apprendre à le maintenir en position neutre dans des positions de plus en plus instables. La stabilisation du bassin en position neutre est plus difficile dans les exercices qui suivent, car il y a un déséquilibre et une plus grande surcharge musculaire à cause de la position plus éloignée des appuis au sol et des différentes positions adoptées.

Commencez par l'exécution des exercices de planche abdominale statique (numéro 1) en essayant de garder la position pendant 30 à 60 secondes (prenez 1 minute de repos entre chaque essai). Quand cet exercice devient trop facile, passez à des variantes plus complexes (numéros 2 et 3), en vous assurant de toujours maintenir votre bassin en position neutre.

1. Planches abdominales statiques

Position ventrale

Position dorsale

Position latérale

2. Planche abdominale sur 1 jambe en appui en alternant de jambe aux 10 secondes pour un total de 60 secondes

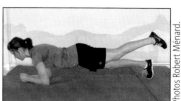

3. Planche abdominale sur 1 jambe en appui et mains sur BOSU en alternant de jambe aux 10 secondes pour un total de 60 secondes

Exercices de rotation du tronc avec charge

Les exercices de rotation du tronc permettent de renforcer les muscles centraux du corps, dont les muscles obliques qui servent à développer de la force et de la puissance pour tout mouvement de rotation du tronc (par exemple pour pelleter). Pour respecter le principe de progression et prévenir les blessures, suivez l'ordre des exercices ci-dessous. Assurez-vous de toujours maintenir votre bassin en position neutre. Tournez aussi la tête avec le tronc lorsque vous exécutez vos mouvements de rotation, ce qui sollicitera davantage les obliques.

1.
Rotation du tronc assis au sol avec charge (ballon lesté)

2.
Rotation du tronc avec charge (plaque)

3.
Rotation du tronc avec charge (poulie haute)

Exercices d'accroupissement

Lorsque vous maîtrisez les exercices de bascule du bassin, de planche abdominale et de rotation du tronc avec charge, il est maintenant temps d'exécuter des exercices qui simulent des gestes quotidiens ou sportifs. Essayez d'abord d'exécuter un accroupissement sans charge avec les bras tendus vers le ciel (numéro 1). Efforcez-vous de maintenir votre bassin en position neutre. Lorsque l'exécution sans charge est parfaite, vous pouvez ajouter une charge pour rendre l'exercice plus difficile.

1.
Accroupissement sans charge, les bras pointant au ciel

2.
Accroupissement avec une barre au-dessus de la tête

Nejron Photo/Shutterstock 71092489.

L'entraînement proprioceptif

L'entraînement proprioceptif est, comme son nom le dit, l'entraînement des proprioceptifs. Les **proprioceptifs**, nos **senseurs internes**, nous permettent de percevoir où nos articulations et nos membres se situent dans l'espace, et ce, même sans utiliser la vision. De plus, les proprioceptifs servent à ajuster les tensions musculaires des muscles agonistes et antagonistes qui, lorsque bien coordonnés, assurent des séquences de mouvements et des performances sportives optimales. Finalement, les proprioceptifs servent également à **protéger** les **articulations** et les **muscles** contre les excès de tension lors des mouvements **en stabilisant les articulations**. C'est un entraînement à considérer par tous, spécialement par les adeptes de sport.

Sur le vif

Muscles agonistes et antagonistes

Les muscles agonistes et antagonistes sont des muscles qui font le mouvement inverse : si l'un se contracte, l'autre s'allonge, et vice-versa. Vous pouvez en voir des exemples à la page 194 du chapitre 6.

Pourquoi faire de l'entraînement proprioceptif ?

Vous ferez de l'entraînement proprioceptif si vous avez un ou plusieurs des **objectifs** suivants :

- améliorer la stabilité d'articulations à risque de blessure (chevilles, genoux, épaules, par exemple) et donc diminuer le risque de blessures articulaires comme les entorses ;
- vous réhabiliter à la suite d'une blessure ;
- améliorer vos performances sportives.

L'entraînement proprioceptif vous sera particulièrement profitable si vous pratiquez des **activités physiques** ou des **sports** où il y a de l'**instabilité**, des **déplacements** variés ou toute forme de **contacts** comme la danse, le hockey, la planche à neige, le ski alpin, le soccer, le tennis, le volleyball et tous les sports extrêmes comme la planche à roulettes et la descente de vélo de montagne.

Shaawn Pecor/Shutterstock 1717683.

Anatomie & physiologie

Perte de proprioception à la suite d'une blessure articulaire

Une blessure articulaire, telle une entorse, endommage non seulement ligaments, muscles et tendons, mais également leurs senseurs internes, les proprioceptifs. D'une part, l'oedème (enflure) diminue leur sensibilité aux tensions musculaires. D'autre part, le corps inhibe temporairement le contrôle neuromusculaire des proprioceptifs lésés, d'où l'apparition d'hypersensibilité et de spasmes. Pour compenser ce handicap à la mobilité, le corps recourt à d'autres muscles, souvent les muscles superficiels, afin de mobiliser et de stabiliser autant que possible l'articulation blessée. Le problème est que notre bon fonctionnement moteur ne se rétablit que partiellement si nous ne faisons pas d'exercices proprioceptifs.

Comment entraîner vos propriocepteurs?

Pour entraîner vos propriocepteurs, vous devez inclure dans votre entraînement des exercices faits en instabilité, avec ou sans la vision, qui travailleront de façon ciblée les articulations les plus à risque de blessures (poignets, coudes, épaules, chevilles et genoux) lors des activités physiques que vous pratiquez.

Une progression de simple à complexe

Pour éviter de vous blesser en effectuant des exercices en instabilité, respectez une progression étape par étape et assurez-vous d'avoir une gestuelle parfaite avant d'augmenter la difficulté d'un exercice. Voici différents aspects de son exécution à prendre en compte pour vous aider à progresser :

- la **vision** (yeux ouverts, yeux fermés) ;
- l'**instabilité de la surface** (sol, tapis, matelas, BOSU, planche d'équilibre, ballon d'exercice, ballon lesté, coussin d'air) ;
- le **nombre de points d'appui** (4, 3, 2, 1) ;
- la **charge soulevée** (poids corporel, poids supplémentaires tels que poulies, ballon lesté, veste lestée et ceinture de poids, haltères, barres) ;
- le **tempo** (tempo lent de 4030, tempo modéré de 3010, tempo rapide de 1010) ;
- l'**amplitude du mouvement** (amplitude partielle, complète).

Sur le vif

S'entraîner les yeux fermés, une drôle d'idée?

Les activités physiques comme danser, jouer au soccer, faire du ski alpin se composent d'une multitude de mouvements simultanés sur lesquels il est impossible de porter toute son attention visuelle. Faire des exercices sans la vision permet de stimuler nos propriocepteurs situés dans les tendons et les capsules articulaires. Drôle d'idée ? Pas du tout, car c'est de cette manière que vous pourrez entraîner vos propriocepteurs à percevoir le positionnement de vos membres, vos mouvements et le terrain, et par conséquent diminuer les risques de blessures.

Contrainte et solution

J'ai peur de me blesser aux genoux!

Les femmes sont davantage prédisposées que les hommes à subir une blessure aux genoux, plus précisément une déchirure du ligament croisé antérieur. Pourquoi ? D'une part, la musculature des femmes est souvent moins développée que celle des hommes, d'où une plus grande instabilité du genou. D'autre part, les femmes ont le bassin légèrement plus large que les hommes, ce qui entraîne un positionnement naturel des genoux vers l'intérieur, créant une instabilité et un stress sur l'articulation.

Pour contrer cette caractéristique génétique, il est conseillé aux femmes de pratiquer des exercices d'entraînement fonctionnel qui leur permettront de renforcer leurs articulations des genoux.

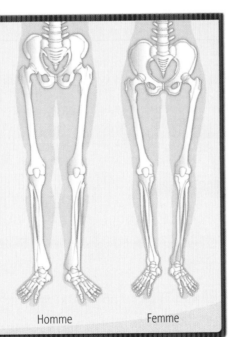

Homme   Femme

Quelques exercices pour votre entraînement proprioceptif

Il est possible de modifier tout exercice en l'exécutant en instabilité ou sans la vision pour entraîner la proprioception ; soyez inventifs ! De plus, si vous voulez améliorer vos performances dans une discipline particulière, tentez de reproduire les mouvements qui lui sont propres. Par exemple, un joueur de soccer pourrait dribbler un ballon d'une jambe tout en s'équilibrant de l'autre jambe sur une planche d'équilibre.

Voici 2 suggestions d'exercices de proprioception avec leur progression : les exercices d'accroupissement et les pompes.

Exercices d'accroupissement

Les exercices d'accroupissement sollicitent plusieurs muscles du corps et plus spécifiquement ceux des membres inférieurs. Ces exercices sont idéaux pour augmenter la stabilité des chevilles et des genoux. Le fait que ce mouvement soit fait à partir d'une position debout implique inévitablement un peu d'instabilité et la nécessité de maintenir votre équilibre. Vous verrez ci-après comment augmenter cette instabilité pour rendre cet exercice encore plus fonctionnel.

 **En pratique**

Testez les propriocepteurs de vos membres inférieurs

Évaluez la proprioception de vos membres inférieurs à l'aide de l'accroupissement à une jambe. Vous devez être le plus stable possible et maintenir un alignement des articulations de la jambe (cheville-genou-hanche) dans toutes les phases du mouvement.

Exercice	Qualité d'exécution	Proprioception des membres inférieurs
Accroupissement partiel à une jambe les yeux ouverts	Le genou est instable et ne reste pas aligné avec la cheville et la hanche durant l'exécution. Si ce n'est pas votre cas et que vous avez réussi, passez à l'exercice suivant.	Très faible
Accroupissement partiel à une jambe les yeux fermés	Le genou est instable et ne reste pas aligné avec la cheville et la hanche durant l'exécution	Faible
	Le genou est un peu instable, il reste aligné la majorité du temps avec la cheville et la hanche durant l'exécution. Si ce n'est pas votre cas et que vous avez réussi, passez à l'exercice suivant.	Moyenne
Accroupissement complet à une jambe les yeux fermés	Le genou est stable et reste aligné avec la cheville et la hanche tout au long de l'exécution.	Excellente

Photo Robert Ménard.

Commencez par exécuter l'exercice d'accroupissement à 2 jambes, tel que présenté ci-dessous (numéro 1). Si cet exercice est trop facile et que votre alignement cheville-genou-hanche est parfait, passez à des variantes plus complexes (numéros 2, 3 et 4).

1.   *2.*   *3.*   *4.*

Accroupissement à 2 jambes (avec ou sans charge)	Accroupissement à 2 jambes sans charge sur surface instable	Accroupissement à 1 jambe, yeux ouverts	Accroupissement à 1 jambe, yeux fermés

Photo Robert Ménard.

Exercices de pompes

Les exercices de pompes ciblent l'ensemble des muscles du corps et plus spécifiquement ceux des membres supérieurs. Les pompes reflètent un mouvement réel et complet de poussée des bras. Elles sollicitent ainsi à la fois les muscles profonds stabilisateurs des épaules, les grands muscles superficiels (pectoraux, deltoïdes antérieurs et triceps brachiaux) et les muscles centraux du corps, car le fait d'avoir des appuis très éloignés crée inévitablement de l'instabilité.

En outre, les pompes peuvent être modifiées de multiples façons afin de les rendre plus ou moins difficiles. Si vous êtes incapables d'exécuter des pompes conventionnelles à l'horizontale, commencez par les exécuter sur un plan incliné (en prenant appui sur un comptoir par exemple), tel que présenté ci-contre (numéro 1). Si cet exercice est trop facile et que vous êtes en mesure de maintenir votre bassin en position neutre, passez à des variantes plus complexes (numéros 2, 3 et 4).

1. Pompes sur un plan incliné

2. Pompes conventionnelles sur un plan horizontal

3. Pompes les mains sur une surface instable

4. Pompes les mains sur une surface instable et pieds surélevés

Photos Robert Ménard.

Sur le vif

Quand le transport en commun rime avec proprioception

À chaque fois que vous êtes debout dans l'autobus ou le métro, vous faites malgré vous un entraînement proprioceptif puisque, de seconde en seconde, vous devez ajuster votre posture et vous rééquilibrer. Si vous voulez profiter au maximum de cet entraînement imposé, vous pouvez fermer les yeux (en gardant bien sûr la main toujours prête pour un sauvetage d'urgence) ou garder les yeux ouverts, mais tentez de maintenir votre équilibre sans prise de main.

☼ Voir « Le tempo d'une répétition », page 131 du chapitre 4.

☼ Testez votre puissance musculaire avant d'élaborer votre entraînement pliométrique à l'aide du test de saut vertical, page 49 du chapitre 1.

☼ Pour plus de précisions sur les paramètres prescrits, reportez-vous au chapitre 4.

L'entraînement pliométrique

L'entraînement pliométrique est un type d'entraînement qui vise principalement l'amélioration de la puissance musculaire, c'est-à-dire la force et la vitesse de réaction des muscles. Pour s'entraîner en ce sens, il faut exécuter des exercices musculaires pliométriques qui consistent à placer le muscle en position d'allongement juste avant la contraction. Une **contraction pliométrique** est composée, comme tout mouvement musculaire, d'une phase excentrique pendant laquelle le muscle s'allonge et d'une phase concentrique pendant laquelle le muscle se raccourcit. Cependant, le tempo ☼ d'une contraction pliométrique est plus rapide que celui d'une contraction ordinaire. Dans la vie de tous les jours, nous utilisons sans en avoir conscience les contractions pliométriques pour plusieurs gestes, tels que se repousser, marcher, courir ou sauter.

Pour mieux comprendre, prenons l'exemple des muscles du mollet lors d'un pas de marche. Durant la phase de transfert de poids, lorsque notre pied, en allant vers l'avant, ne touche pas au sol, nous effectuons la première partie de la contraction pliométrique : les muscles du mollet s'allongent relativement lentement (contraction excentrique) puis la deuxième partie de la contraction survient lorsque le pied touche le sol et repousse le poids du corps : le muscle se raccourcit alors rapidement (contraction concentrique).

Voici quelques exemples classiques de **mouvements pliométriques** : une montée d'escaliers au pas de course, une joueuse de volleyball qui saute pour smasher au filet, un athlète qui franchit une haie au pas de course, un saut en planche à roulettes. Ce type de contractions nous permet de profiter de l'élasticité des muscles et des tendons et sollicite de manière rapide et synchronisée nos muscles puissants.

Pourquoi faire de l'entraînement pliométrique ?

Vous ferez de l'entraînement pliométrique si vous avez un ou plusieurs des **objectifs** suivants :

- augmenter la force, la vitesse de réaction ☼ ainsi que le synchronisme des muscles associés à divers mouvements ;
- améliorer vos performances dans divers mouvements sportifs ou quotidiens ;
- diminuer les risques de vous blesser.

Vous vous entraînerez en pliométrie pour pratiquer les **sports** qui nécessitent de la **puissance** comme l'athlétisme, le parkour, la planche à roulettes ou le volleyball.

Comment vous entraîner en pliométrie ?

Pour vous entraîner en pliométrie, il est important d'ajuster les paramètres de surcharge afin de vous entraîner en puissance musculaire ☼ et de faire en sorte que vos exercices de musculation ressemblent le plus possible à vos mouvements quotidiens ou sportifs réels (fréquence, intensité, durée).

Une progression de simple à complexe

Pour éviter de vous blesser en effectuant des exercices pliométriques, vous devez avoir une bonne expérience d'entraînement, respecter une progression étape par étape et avoir une gestuelle parfaite avant d'augmenter la complexité d'un exercice. Voici les différents aspects de son exécution à prendre en compte pour vous aider à progresser :

- le **tempo** (tempo rapide de 20X0, tempo très rapide de 10X0, tempo pliométrique de X0X0) ;
- la **hauteur** (de quelques centimètres à plus de 1 mètre) ;
- les **angles de travail** (sauts ou poussées en avant, en arrière, à droite, à gauche, en diagonale ; positions déclinées pieds plus haut ou inclinées pieds plus bas) ;
- la **charge soulevée** (poids corporel, poids supplémentaires tels que veste lestée, ballon lesté, haltères, barres) ;
- le **nombre de points d'appui** (4, 3, 2, 1).

Quelques exercices pour votre entraînement pliométrique

Il est possible de modifier tout exercice musculaire pour l'exécuter en pliométrie. Il s'agit d'ajouter de la puissance au mouvement (vitesse et force) tout en reproduisant le plus fidèlement possible vos mouvements sportifs ou quotidiens. Par exemple, un joueur de golf, de hockey ou de baseball pourrait exécuter des rotations du tronc en puissance avec charge pour simuler le mouvement de frappe. C'est donc en accélérant le tempo d'un mouvement de musculation que vous commencerez votre entraînement pliométrique.

Pour éviter de vous blesser, faites toujours un échauffement ☼ avant de faire des exercices pliométriques. Aussi, assurez-vous, à l'aide d'un miroir, d'exécuter parfaitement vos exercices, comme les accroupissements ou les pompes, avec un tempo modéré et sur une surface stable avant d'y ajouter de la vitesse. Lorsque vous serez stables et bien alignés, vous pourrez exécuter vos exercices en accélérant la phase concentrique de votre tempo, puis éventuellement la phase excentrique.

☼ Voir « Un préalable à toute activité physique : l'échauffement », page 27 du chapitre 1.

Voici quelques suggestions d'exercices pliométriques : les accroupissements sautés et les pompes sautées.

Exercices d'accroupissement sauté

Les exercices d'accroupissement sauté ciblent l'ensemble des muscles du corps et plus spécifiquement ceux des membres inférieurs. C'est un exercice qui est utile à tous les adeptes de sports qui sollicitent les membres inférieurs.

Commencez par exécuter l'exercice d'accroupissement sauté sur bloc, tel que présenté ci-dessous (numéro 1). Si cet exercice est trop facile et que votre alignement cheville-genou-hanche est parfait, passez à des variantes plus complexes (numéros 2, 3 et 4).

1.   *2.*   *3.*   *4.*

| Accroupissement sauté sur marche ou bloc (tempo 20X0) | Accroupissement en contre-sauts sur marche ou bloc (tempo X0X0) | Accroupissement en fentes avant (tempo 20X0) | Accroupissement en fentes sautées (tempo 10X0) |

Photo Robert Ménard.

Exercices de pompes sautées

Les pompes sautées ciblent spécifiquement l'amélioration de la puissance des muscles des membres supérieurs. Commencez par exécuter vos pompes sautées au sol, tel que présenté ci-dessous (numéro 1). Si cet exercice est trop facile et que vous êtes en mesure de maintenir votre bassin en position neutre, passez à des variantes plus complexes (numéros 2 et 3).

1.   *2.*   *3.*

| Pompes sautées au sol | Pompes sautées sur bloc | Pompes sautées sur bloc en déplacement latéral |

----- L'entraînement de l'agilité -----

L'entraînement de l'agilité sert à améliorer vos performances sportives. L'agilité **comprend** des **qualités essentielles nécessaires à plusieurs sports** :

- la **vitesse d'exécution des mouvements**, comme l'exécution d'une double feinte en courant au soccer ;

- la **coordination de plusieurs mouvements complémentaires** exécutés avec rapidité et précision, comme une course d'appel et un saut pour finalement faire un smash puissant au volleyball ;

- la **dissociation de mouvements peu apparentés**, également exécutés avec précision, comme au hockey, où il faut effectuer un lancer frappé tout en patinant.

Comme les besoins individuels sont multiples, nous ne vous présentons qu'un survol de l'entraînement de l'agilité.

Pourquoi entraîner votre agilité ?

Vous entraînerez votre agilité si vous avez un ou plusieurs des **objectifs** suivants :

- exécuter des mouvements et des déplacements précis et très rapides ;
- améliorer votre capacité à combiner deux ou plusieurs mouvements complémentaires afin qu'ils deviennent un seul mouvement fluide ;
- améliorer votre capacité à exécuter ensemble deux ou plusieurs mouvements différents afin qu'ils deviennent plus faciles à exécuter simultanément.

De nombreux sports demandent de l'agilité, comme le badminton, le basketball, le football, le handball, le hockey, le soccer, le volleyball ou le waterpolo.

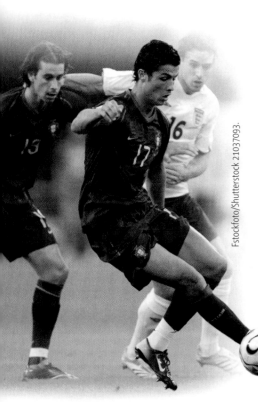

Comment entraîner votre agilité ?

Pour entraîner votre agilité, les exercices viseront la vitesse d'exécution, la coordination et la dissociation de plusieurs mouvements. Ils travailleront de façon ciblée des mouvements simultanés réels et seront faits avec un ou des partenaires pour une meilleure représentation de la réalité sportive. Vous devrez ajuster les paramètres de surcharge de votre entraînement musculaire ☼ pour que ce dernier ressemble le plus possible à l'activité physique pour laquelle vous vous entraînez (fréquence, intensité, durée).

☼ Pour plus de précisions sur les paramètres prescrits pour chacune des qualités de la force musculaire, reportez-vous au chapitre 4.

Une progression de simple à complexe

Pour éviter de vous blesser en effectuant des exercices d'agilité, respectez une progression étape par étape et assurez-vous d'avoir une gestuelle parfaite avant d'augmenter la complexité d'un exercice. Voici différents aspects de son exécution à prendre en compte pour vous aider à progresser :

- la **vitesse** (lente, modérée, rapide, sprint) ;
- la **hauteur des obstacles** (de quelques centimètres à plus de 1 mètre) ;
- les **changements de direction** (longs, espacés, similaires, variés, courts, rapprochés) ;
- les **types de déplacement** (sauts, poussées et course en avant, en arrière, à droite, à gauche, en diagonale, pas chassés ou croisés) ;
- la **charge** (poids corporel, poids supplémentaires comme la veste lestée, résistance supplémentaire comme le parachute et le traineau) ;
- les **types de surface** (adhérente, glissante, plate, accidentée, variée telle que gymnase, palestre, pelouse, béton, glace) ;
- l'**instabilité de la surface** (tapis, planche d'équilibre, BOSU, ballon lesté, ballon d'exercice à obstacles) ;
- le **nombre de mouvements combinés** (2, 3).

Quelques exercices pour entraîner votre agilité

Voici des exemples d'exercices qui permettent de développer respectivement la vitesse, la coordination et la dissociation.

Exercices de vitesse

Ce sont les **parcours à obstacles** qui contribuent le plus à développer la vitesse de déplacement. Ils sont composés de toutes sortes d'obstacles (échelles de vitesses, haies, BOSU, marche, paliers, corde, pneus, filet, tracés de cônes) et de déplacements qui représentent le contexte réel de jeu. Ces parcours sont non seulement très utiles s'il vous faut développer votre capacité à vous déplacer sur un terrain parsemé d'embuches (soccer, football), mais ils sont aussi agréables à pratiquer. Commencez par des parcours simples avant d'augmenter la vitesse et le nombre d'obstacles.

Parcours à obstacles

Accroupissement

Développé avec haltères

Exercices de coordination

Afin d'améliorer votre coordination, combinez 2 ou 3 gestes spécifiques pour n'en faire qu'un. Combinez d'abord des mouvements simples et assurez-vous de les exécuter quelques fois à vitesse réduite. Les photos ci-contre représentent un exercice qui servirait, par exemple, à un joueur de ligne au football. La combinaison des mouvements d'accroupissement et de développé avec haltères représente 2 gestes musculaires différents mais simultanés qu'il devra réaliser pour retenir son adversaire et protéger son quart arrière.

Exercices de dissociation

Pour développer la dissociation, vous devez vous entraîner à combiner déplacements et gestuelle spécifique à votre domaine. Tous les sports d'équipe (basketball, soccer, football, handball, waterpolo, hockey) exigent d'être en mesure de se déplacer aisément tout en recevant, passant, dribblant ou déjouant des adversaires avec un objet. Pour accroître cette aisance de mouvements très différents et peu naturels, vous devez faire des parcours à obstacles avec des partenaires qui recréent le contexte réel de jeu en vous faisant, par exemple, des passes pendant vos déplacements. L'objectif est de re-créer un contexte d'entraînement très similaire à la réalité du jeu. La photo ci-contre représente un exercice qui servirait, par exemple, à un joueur de basketball, de handball ou de football : l'exercice combine un déplacement dans une échelle de vitesse et des passes-poitrine avec un partenaire.

Échelle de vitesse avec passes-poitrine

Santé contre image

Des gadgets pour améliorer vos performances sportives ?

Si vous voulez améliorer vos performances dans une discipline sportive, le golf par exemple, ne dépensez pas votre argent en gadgets, comme une casquette avec pendentif qui vous donne une position optimale. Bien qu'ils soient censés améliorer vos performances, ces accessoires sont habituellement plus nuisibles qu'utiles. Optez plutôt pour un travail dans différentes situations. Dans le cas du golf, il serait intéressant d'intégrer, par exemple, un exercice de rotation du tronc avec charge, mais avec un pied plus élevé que l'autre pour simuler l'inégalité d'un vrai terrain.

Des conseils pour votre entraînement fonctionnel

Comme s'entraîner de manière fonctionnelle comprend l'exécution d'exercices complexes souvent faits en instabilité et en vitesse, il est primordial de porter une attention particulière à votre gestuelle, à votre tempo et à vos épaules.

Observez votre gestuelle

Dans le but d'obtenir une gestuelle parfaite et de réduire les risques de vous blesser, **observez-vous dans un miroir** et surveillez particulièrement l'alignement de vos genoux vu de face et de côté ainsi que le gainage de votre bassin en position neutre.

Observez votre tempo

Adoptez des tempos lents durant les 3 premières semaines d'entraînement, et ce, même pour les entraînements en pliométrie. De cette manière, vous solliciterez davantage la phase excentrique des mouvements (allongement des muscles), ce qui stimule les adaptations tendineuses ☼ ainsi que le développement de votre force musculaire tout en assurant un meilleur alignement articulaire.

☼ Voir « Les tendons, liens entre os et muscles », page 9 de l'introduction.

L'épaule : une articulation à surveiller

L'épaule est une articulation très mobile et plus instable que les autres, ce qui la prédispose aux blessures. Cette instabilité et cette prédisposition proviennent du fait que nos mouvements quotidiens, et même ceux des entraînements, favorisent presque toujours les rotations internes (les bras vont vers l'intérieur) au détriment des rotations externes. De plus, les muscles profonds de l'épaule, qui sont moins puissants mais très importants dans la stabilisation de l'articulation, ne sont presque jamais sollicités ou entraînés. Pour remédier à ces manques et pour prévenir une blessure, nous vous conseillons d'intégrer à votre routine au moins 2 exercices d'entraînement de l'épaule : le premier cible les rotateurs externes situés à l'arrière de l'épaule qui, comme nous l'avons dit, sont souvent sous-développés, tandis que le deuxième cible les stabilisateurs de l'omoplate (la scapula) afin que l'épaule complète soit plus stable.

Rotation externe de l'épaule avec un élastique

L'élastique est important, car il ne pèse rien et évite de solliciter le deltoïde (muscle superficiel de l'épaule) et le trapèze :

Photo Robert Ménard.

- gardez toujours l'épaule en position neutre (ni en avant, ni en arrière) ;
- gardez le coude fixe au niveau des côtes, car la rotation doit se faire sur l'axe de l'humérus ;
- privilégiez la phase excentrique du mouvement en contrôlant le retour vers l'intérieur.

Rétraction des omoplates

L'exercice peut se faire au sol ou sur un ballon d'exercice pour plus d'instabilité :

- formez les lettres *Y*, *T* et *W* avec vos bras et faites des séries de 13 à 20 répétitions maximales par lettre ;

Photos Robert Ménard.

- levez les bras non pas avec les deltoïdes, mais avec les muscles du centre du dos qui rapprochent les omoplates ensemble ;
- contrôlez la phase excentrique du mouvement lorsque les omoplates s'éloignent l'une de l'autre lors de l'abaissement des bras.

*B*eaucoup trop d'efforts sont investis dans des entraînements qui ne représentent pas la réalité des mouvements de la vie quotidienne ou des sports pratiqués. Les entraînements fonctionnels sont aussi variés qu'il existe d'activités physiques et de mouvements. Ciblez bien vos besoins, soyez créatifs et élaborez des entraînements fonctionnels à votre mesure !

RÉSUMÉ

L'entraînement fonctionnel est utile pour **prévenir les blessures** et pour **optimiser l'entraînement musculaire** en fonction du sport ou de l'activité physique pour laquelle vous vous entraînez.

L'**entraînement fonctionnel** est composé d'**exercices correspondant** le plus possible **aux activités physiques quotidiennes ou sportives**.

Pour rendre l'entraînement musculaire fonctionnel, il faut modifier les **principes d'entraînement généraux** de spécificité, de surcharge et de progression selon la réalité du sport ou de l'activité physique pour lequel vous vous entraînez.

L'entraînement des muscles centraux du corps, l'entraînement proprioceptif, l'entraînement pliométrique et l'entraînement de l'agilité sont **4 types d'entraînement fonctionnel** qui répondent à des besoins spécifiques.

Lors de la pratique d'exercices fonctionnels, il faut s'assurer d'avoir une gestuelle parfaite avant de complexifier un exercice pour appliquer le **principe de progression**.

Affûtez vos CONNAISSANCES

1. Quels sont les énoncés qui sont vrais concernant l'entraînement fonctionnel parmi les suivants?

a L'entraînement fonctionnel a pour but d'entraîner les mouvements autant que les muscles.

b C'est un type d'entraînement utile pour les athlètes, mais peu adéquat pour monsieur et madame Tout-le-monde.

c Le but de l'entraînement fonctionnel est de correspondre le plus possible aux mouvements de la réalité quotidienne ou sportive.

d La première étape pour élaborer un entraînement fonctionnel est de définir les mouvements qui composent nos activités physiques, leur intensité et leur durée respectives.

2. Quels sont, parmi les suivants, les avantages de pratiquer un entraînement fonctionnel?

a L'entraînement fonctionnel favorise l'hypertrophie musculaire.

b L'entraînement fonctionnel diminue les risques de blessures.

c L'entraînement fonctionnel est nécessairement plus court, car les exercices sont composés de mouvements combinés complets.

d L'entraînement fonctionnel permet de maximiser les performances sportives.

3. Nommez 4 gestes de la vie courante qui sont transposables en exercices de musculation en salle d'entraînement.

a

b

c

d

4. Quel énoncé ne respecte pas les principes de progression de l'entraînement fonctionnel?

a Il faut progresser des mouvements rapides à des mouvements faits les yeux fermés.

b La progression est individuelle et dépend de l'objectif personnel.

c Une façon simple d'augmenter la complexité d'un exercice est de diminuer le nombre de points d'appui.

d Il faut toujours exécuter parfaitement son mouvement sur une base stable avant de progresser vers une surface instable.

e La meilleure progression est celle qui respecte l'évolution de nos capacités.

5. Indiquez le degré de stabilité des surfaces d'entraînement proprioceptif, de la plus stable (1) à la plus instable (7).

a Sol

b Ballon d'exercice

c BOSU

d Ballon lesté

e Tapis de sol

f Coussin d'air

g Planche d'équilibre

...elles sont les 3 régions musculaires qui sont ciblées par l'entraînement des muscles centraux?

a

b

c

7. Lesquels des énoncés suivants ne décrivent pas ce qu'est l'entraînement des muscles centraux du corps?

a Les exercices qui composent un tel entraînement ciblent l'ensemble des muscles grâce au tempo explosif des répétitions.

b Les exercices qui composent ces entraînements ne permettent pas d'améliorer la posture.

c Ce type d'entraînement fonctionnel vise la stabilité articulaire.

d Les exercices qui les composent ne sont jamais faits sur des surfaces stables pour éviter de se blesser.

8. Quels sont les énoncés qui sont vrais concernant l'entraînement proprioceptif?

a L'entraînement proprioceptif sert entre autres à la réhabilitation de blessures.

b Pour travailler significativement la proprioception, il faut exécuter des mouvements en instabilité.

c Dès que nous exécutons un geste dynamique sans la vision, nous entraînons notre proprioception.

d L'entraînement proprioceptif est à proscrire pour se rétablir d'une blessure.

9. Quelles sont les raisons parmi les suivantes de faire de l'entraînement proprioceptif?

a L'entraînement proprioceptif sert à prévenir toute forme de blessure.

b C'est un type d'entraînement qui permet d'améliorer les performances sportives.

c Ce type d'entraînement favorise spécifiquement le renforcement des muscles des membres inférieurs.

d L'entraînement proprioceptif sert à améliorer la stabilité articulaire.

e Aucune de ces réponses.

10. Quels énoncés, parmi les suivants, sont vrais au sujet de l'entraînement pliométrique?

a L'entraînement pliométrique vise l'amélioration de l'endurance musculaire.

b L'entraînement pliométrique est un excellent complément aux entraînements des muscles centraux du corps et de la proprioception pour prévenir les blessures.

c Plusieurs mouvements de la vie quotidienne sont des gestes pliométriques simulables en entraînement.

d Les pompes faites à un tempo rapide sont un exemple d'exercice pliométrique.

e Toutes ces réponses.

11. Est-il vrai ou faux que la phase concentrique est plus longue que la phase excentrique lors d'un mouvement pliométrique comme un pas de marche?

a Vrai

b Faux

12. Quelles sont les 3 qualités à entraîner en agilité?

a La force d'impulsion

b La vitesse

c L'association

d La compensation

e La coordination

f La dissociation

13. Associez le ou les types d'entraînement fonctionnel correspondant à chacun des objectifs figurant aux lettres *a* à *h*.

Entraînement des muscles centraux • Entraînement pliométrique • Entraînement proprioceptif Entraînement de l'agilité

a Augmenter son impulsion au volleyball

b Améliorer sa stabilité globale lors d'un lancer-frappé au hockey

c Diminuer les risques de se faire une entorse de cheville au soccer

d Faciliter et augmenter sa vitesse de déplacement en patinage

e Être apte à lancer un ballon tout en courant

f Prévenir une blessure à une articulation instable

g Faciliter sa tâche et diminuer les risques de se blesser dans son emploi physique

h Diminuer les maux de dos associés à des muscles posturaux trop faibles

14. Énumérez 2 conseils à appliquer pour éviter de vous blesser lors de vos entraînements fonctionnels.

a

b

15. Pour quelles raisons l'épaule est-elle une articulation à risque de blessure ?

a Les muscles rotateurs externes situés à l'arrière de l'épaule sont trop forts.

b L'épaule est une articulation très mobile et plus instable que les autres.

c Les muscles rotateurs internes situés à l'avant de l'épaule sont trop faibles.

d Tous les muscles de l'épaule sont sous-développés.

e Les activités quotidiennes requièrent peu de travail des muscles arrière de l'épaule, au contraire de ceux situés à l'avant.

f Toutes ces réponses.

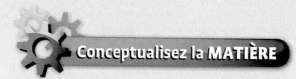

Conceptualisez la MATIÈRE

Complétez la carte conceptuelle des informations vues dans ce chapitre en utilisant la liste de concepts fournis. La suite de chaque noeud doit constituer une phrase complète. Suivez bien le sens des flèches.

- D'améliorer nos performances physiques
- De faciliter nos activités quotidiennes
- Élément de progression

- L'entraînement fonctionnel
- L'entraînement pliométrique
- L'entraînement proprioceptif

- L'instabilité de la surface
- La vision
- Le nombre de points d'appui

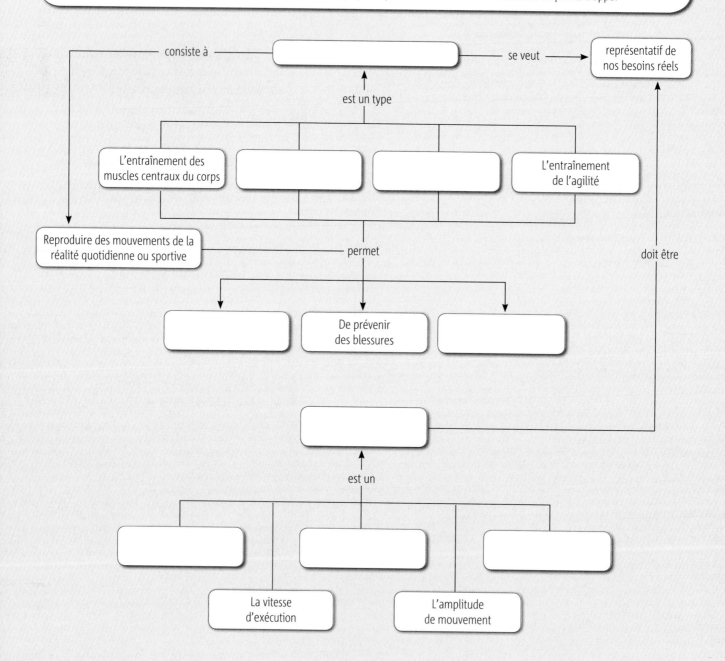

Votre amie, qui étudie en danse classique, a besoin de votre aide, car elle souhaite améliorer la stabilité de ses chevilles pour réduire les risques de se blesser.

Elle ne sait cependant pas quel exercice ni quel type d'entraînement seraient adéquats pour y arriver.

1. Quel type d'entraînement fonctionnel serait le plus approprié pour améliorer la stabilité de ses chevilles ?

2. Quelles sont les 2 particularités que devraient comporter les exercices qu'elle effectuera dans ce type d'entraînement fonctionnel ?

a

b

3. Quel exercice fonctionnel présenté dans ce chapitre lui suggérez-vous ?

4. Quelle fréquence minimale d'entraînement par semaine devrait-elle respecter pour espérer obtenir des gains significatifs ?

5. Votre amie a intégré votre exercice dans sa routine d'entraînement depuis déjà 3 semaines. L'exercice est devenu trop facile et elle voudrait, tout en conservant le même type d'entraînement fonctionnel et le même exercice, le rendre plus complexe. Que lui suggérez-vous ?

6. Vous faites du bon travail, car votre amie sent que ses chevilles sont beaucoup plus solides qu'avant. Elle se demande si vous pourriez maintenant lui suggérer un exercice pour améliorer la hauteur de ses sauts. Quel type d'entraînement fonctionnel lui permettra d'atteindre ce résultat ?

Rendez votre entraînement musculaire fonctionnel

Vous avez déjà élaboré un entraînement musculaire au chapitre 4 (si ce n'est déjà fait, vous devez réaliser le «À vous de jouer» du chapitre 4, page 150). Cet entraînement est déjà en quelque sorte fonctionnel, car vous vous êtes fondés sur vos objectifs et avez ciblé les muscles sollicités par la ou les activités physiques pour lesquelles vous voulez vous entraîner. À vous maintenant d'optimiser cet entraînement en le rendant encore plus fonctionnel : visez l'entraînement de mouvements et non uniquement celui de muscles.

Objectif

1 En ayant décidé de faire de l'entraînement fonctionnel, vous avez certainement en tête un objectif général et réaliste d'amélioration. Formulez cet objectif et précisez la date à laquelle vous espérez l'atteindre.

Objectif :

Date visée d'atteinte de l'objectif :

Spécificité d'entraînement

2 Énumérez dans la fiche de la page 185 (que vous trouverez sur le site du **CEC** plus) les exercices que vous avez décidé de faire au chapitre 4 et, pour chacun, indiquez :

• quel mouvement vous désirez travailler avec cet exercice ;

• quel type d'entraînement fonctionnel vous lui appliquerez ;

• pour quelle raison vous avez fait le choix de ce type d'entraînement, dans quel objectif précis ;

• quelle sera la modification fonctionnelle que vous apporterez à cet exercice selon le type d'entraînement choisi et pour pouvoir atteindre votre objectif (la modification pourrait aller jusqu'au choix d'un nouvel exercice pour remplacer l'exercice original).

Plan d'entraînement fonctionnel

Exercice	Mouvement sportif ciblé	Type d'entraînement fonctionnel	Justification du type d'entraînement fonctionnel	Modification fonctionnelle apportée
Accroupissement	*Sauter*	*Pliométrie*	*Je joue au volleyball.*	*Accroupissement sauté*

Progression

3 Lorsque vous exécuterez parfaitement un exercice fonctionnel, il sera temps d'en augmenter la difficulté. N'oubliez pas de progresser étape par étape en vous assurant de toujours avoir une gestuelle impeccable. Pour chaque exercice que vous avez modifié de façon fonctionnelle au point précédent, expliquez 1 ajustement que vous pourriez apporter pour augmenter le niveau de difficulté et continuer de progresser.

Exercices	Ajustement de la progression

L'entraînement de la flexibilité

ÉCHAUFFEMENT

La flexibilité : quand, comment, pourquoi?

Répondez au meilleur de vos connaissances aux questions suivantes.

A Est-il mieux de s'étirer avant, après, ou avant et après une activité physique?

Avant ☐   Avant et après ☐

Après ☐   Aucune de ces réponses ☐

Justifiez brièvement votre réponse.

B Est-il mieux de s'étirer en mouvement ou en position statique pour améliorer sa flexibilité avant la pratique d'une activité physique?

En mouvement ☐   En position statique ☐

Aucune de ces réponses ☐

Justifiez brièvement votre réponse.

C Donnez 3 raisons pour lesquelles il est important d'avoir une bonne flexibilité musculaire.

Revenez à vos réponses après la lecture de ce chapitre pour les confronter à vos nouveaux savoirs.

Warren Goldswain/Shutterstock 65560765.

APRÈS LA LECTURE DE CE CHAPITRE,
VOUS SEREZ EN MESURE :

- de nommer les avantages à être flexible ;

- d'expliquer les différentes procédures
d'entraînement de la flexibilité ;

- de clarifier certaines croyances concernant
l'entraînement de la flexibilité ;

- d'entreprendre un programme d'entraînement
visant l'amélioration de la flexibilité.

Diego Cervo/Shutterstock 21558781.

La flexibilité est un déterminant de la condition physique dont vous pouvez tirer plusieurs avantages, tant pour votre pratique d'activités physiques que pour votre bien-être général. Vous avez probablement évalué votre flexibilité à l'aide des tests du chapitre 1 et peut-être constaté que certains groupes musculaires n'étaient pas très flexibles. Le présent chapitre vous indiquera comment corriger ces lacunes.

Au cours de ce chapitre, nous traiterons d'abord des avantages d'une bonne flexibilité. Nous verrons ensuite de quelle manière les principes généraux d'entraînement s'appliquent à l'entraînement de la flexibilité. Puis, nous présenterons les procédures d'étirement de l'entraînement de la flexibilité et les méthodes d'entraînement qui y sont associées, ce qui vous permettra d'élaborer votre propre programme d'entraînement.

Faut-il s'étirer seulement avant une activité physique ? Seulement après ? Avant et après ? Ce chapitre clarifiera également les croyances sur l'entraînement de la flexibilité. Quoi qu'il en soit, vous vous rendrez compte que l'entraînement de la flexibilité consiste en beaucoup plus que les étirements faits traditionnellement avant de s'adonner à une activité physique.

Les avantages d'une bonne flexibilité musculaire

Voici quelques-uns des avantages à avoir une bonne flexibilité musculaire.

- Vous aurez moins de courbatures au lendemain d'efforts musculaires intenses.

- Vous augmenterez la liberté de mouvement de vos articulations, ce qui vous permettra de faire vos tâches quotidiennes plus facilement et de mieux performer dans la pratique de certaines activités physiques.

- Vous diminuerez vos risques de blessures, telles les déchirures musculaires, puisque vos muscles auront un potentiel d'allongement plus élevé.

- Vous accroîtrez votre potentiel de gain en force musculaire. Une étude a récemment démontré qu'un programme d'entraînement de la flexibilité de 10 semaines exécuté de pair avec un entraînement en puissance musculaire a permis à des athlètes d'obtenir de meilleurs résultats en puissance que ceux qui ne s'entraînaient qu'en puissance musculaire.

- Une meilleure flexibilité vous aidera à acquérir ou à maintenir une bonne posture.

Développez votre flexibilité musculaire

La flexibilité musculaire est la capacité de bouger un membre autour d'une articulation dans toute son amplitude sans ressentir de douleur. Notre flexibilité **dépend de plusieurs facteurs** qui font en sorte que nous sommes plus ou moins flexibles. Parmi eux se trouvent, d'une part, la longueur des tendons, la

longueur des ligaments, la structure des capsules articulaires ainsi que la morphologie osseuse, qui n'ont qu'un faible potentiel de gain en flexibilité. L'effet de l'ensemble de ces facteurs dépend de votre bagage génétique et de la flexibilité que vous aurez acquise pendant votre croissance. D'autre part, la plus ou moins grande élasticité des fibres musculaires est un autre facteur susceptible de limiter l'amplitude des mouvements ; il est par contre possible, grâce à l'entraînement, d'augmenter de façon appréciable la souplesse des muscles.

Les étirements : l'activité spécifique de l'entraînement de la flexibilité

L'entraînement de la flexibilité se fait principalement à l'aide d'étirements. Il existe plusieurs manières de s'étirer, plusieurs **procédures d'étirement** (balistique, statique, contraction-relâchement-étirement et facilitation neuroproprioceptive) qui seront expliquées dans la section «Améliorez votre flexibilité», page 193 de ce chapitre. Le choix de la procédure dépendra de votre objectif (préparer vos muscles avant de pratiquer une activité physique ou vous entraîner pour obtenir un gain en flexibilité à long terme), de votre expérience d'entraînement et de la disponibilité d'un ou d'une partenaire.

Les étirements exécutés doivent cibler les muscles les plus fréquemment utilisés dans l'activité physique pour laquelle vous voulez vous entraîner ; vous en trouverez des exemples dans le tableau ci-dessous.

Principales régions musculaires à entraîner en flexibilité en fonction de certaines activités physiques		
Activités physiques	**Régions musculaires à étirer**	
Badminton et tennis	Cuisses avant et arrière Épaules Mollets	Poignets Chevilles Région abdominale
Baseball et balle molle	Chevilles Cuisses avant et arrière Hanches	Haut du dos et épaules Région abdominale
Golf	Épaules Hanches Haut du dos et épaules	Région abdominale Région lombaire
Hockey et ringuette	Cuisses (avant et arrière) Hanches Haut du dos et épaules	Région abdominale Région lombaire
Natation	Hanches Haut du dos et épaules	Région abdominale Région lombaire
Soccer	Chevilles Cuisses avant et arrière Hanches	Mollets Région abdominale
Vélo	Cuisses avant et arrière Épaules Hanches	Mollets Région lombaire
Volleyball	Cuisses avant et arrière Mollets Poignets	Haut du dos et épaules Région abdominale
Basketball, handball et tchoukball	Cuisses avant et arrière Mollets Hanches	Haut du dos et épaules Région abdominale Région lombaire

Stephen Mcsweeny/Shutterstock 18611689.

La surcharge en entraînement de la flexibilité

Comme pour les autres entraînements, l'amélioration de votre flexibilité passe par le respect d'une fréquence d'entraînement minimale et, surtout, d'une intensité et d'une durée adéquates.

La fréquence des séances d'entraînement de la flexibilité

Pour améliorer votre flexibilité musculaire à long terme, vous devez vous entraîner au moins 3 fois par semaine. Selon vos objectifs et vos choix, vous pourriez faire jusqu'à 7 entraînements par semaine, soit 1 par jour.

L'intensité appropriée à cibler en flexibilité

Il est plus difficile de juger l'intensité des étirements que celle des activités aérobies. Pourquoi? Parce que la sensation ressentie lors d'un étirement est subjective, contrairement à la prise des pulsations cardiaques lors d'un exercice de jogging, par exemple. L'important est que votre étirement soit intense mais sans douleur.

Vous pouvez juger de l'intensité de vos étirements et graduer vos sensations en utilisant l'échelle des 3 zones de tension et l'échelle de Borg.

Les 3 zones de tension

L'échelle des 3 zones de tension consiste simplement à déterminer 3 zones d'intensité facilement reconnaissable :

• la **zone 1** correspond à une absence ou quasi-absence de tension;

• la **zone 2** correspond à une tension modérée à élevée sans douleur;

• la **zone 3** correspond à une tension musculaire très élevée avec douleur.

Pour des résultats optimaux, vous devez vous situer dans la zone 2.

L'échelle de Borg

✿ Voir « L'évaluation subjective de l'intensité de l'effort d'après l'échelle de Borg », page 74 du chapitre 2.

L'échelle de Borg ✿ complète l'échelle des 3 zones de tension. Vous devez toutefois être en mesure de reconnaître les sensations physiques ressenties avec plus de précision, de manière à avoir un plus grand nombre de degrés de référence. Ainsi, vous aurez dans la zone 2, entre 12 et 16 sur l'échelle de Borg, une gradation plus fine sur 5 échelons, tel que l'illustre le schéma ci-dessous. Vous pourrez aussi identifier si vous passez d'une intensité au bas de la zone 2 pour aller à une intensité plus grande, mais se situant toujours dans cette zone. Pour ce faire, il vous faudra tester différentes intensités qui vous procureront une tension d'étirement minimale (12) et une tension d'étirement maximale (16) sans douleur, et noter les différences dans les sensations ressenties.

	Tension minimale			Tension maximale		
				Tension idéale		
Les 3 zones de tension	**Zone 1** Aucune tension musculaire			**Zone 2** Tension musculaire modérée à élevée		**Zone 3** Tension musculaire très élevée
	Sans douleur			Sans douleur		Avec douleur
Échelle de Borg	6	7	8	9	10	11	12	13	14	15	16	17	18	19	20

Évaluation de l'intensité des étirements
Adapté de : CAMPBELL, YVAN (2005). « Os qui craquent : danger pour les articulations ? ». *Bougez*, bulletin de l'Institut de kinésiologie du Québec, vol. 1, n° 4, p. 1.

Les paramètres d'une méthode d'entraînement de la flexibilité

Peu importe la procédure d'étirement que vous choisirez d'exécuter, pour chacun de vos exercices, il vous faudra déterminer l'intensité à laquelle vous les ferez. Il vous faudra agencer différents paramètres qui formeront votre méthode d'entraînement de la flexibilité :

- le nombre d'exécutions de l'exercice,
- le temps de repos entre chaque exécution de l'exercice,
- la durée de l'étirement.

Par exemple, si vous désirez étirer 3 fois un muscle pendant 30 secondes en prenant 15 secondes de repos entre chaque série d'étirement, vous noterez votre méthode d'entraînement comme suit :

Mashurov/Shutterstock 93401377.

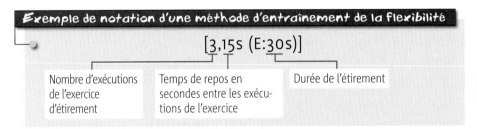

Exemple de notation d'une méthode d'entraînement de la flexibilité

$$[3,15s\ (E:30s)]$$

| Nombre d'exécutions de l'exercice d'étirement | Temps de repos en secondes entre les exécutions de l'exercice | Durée de l'étirement |

La durée des séances d'entraînement de la flexibilité

La durée de vos séances d'entraînement en flexibilité variera selon le nombre d'exercices que vous exécuterez, la méthode d'entraînement que vous aurez choisie et, par conséquent, selon vos objectifs. Par exemple, si vous souhaitez améliorer la souplesse de tout votre corps, vous aurez un nombre d'exercices élevé et une plus longue durée d'entraînement. Si vos objectifs portent sur des régions musculaires spécifiques, 5 à 6 exercices d'étirement peuvent suffire.

La progression en flexibilité

La progression de la fréquence et de la durée de vos entraînements peut être modifiée à l'intérieur des recommandations faites pour une méthode particulière. Cependant, il en va autrement de l'**intensité**, où l'application du principe de progression se fait de **manière différente** des autres déterminants. Lorsque vous entraînez votre flexibilité, vous recherchez l'atteinte d'un **seuil d'étirement sans douleur**. Avec le temps, ce seuil **sera atteint avec un degré d'amplitude plus grand qu'au départ** ; c'est de cette manière que le principe de progression s'applique à la flexibilité.

Le principe de progression s'applique de cette façon à toutes les procédures d'étirement. Les procédures d'amélioration de la flexibilité à long terme recourent de plus à une autre manière de progresser : il s'agit de changer de procédure pour aller vers des exécutions plus complexes.

Le maintien en flexibilité

Vous pouvez également vouloir simplement maintenir votre degré de flexibilité musculaire. Tout comme pour le principe de la progression, l'intensité visée demeure le seuil d'étirement sans douleur. Vous pouvez toutefois diminuer à 2 le nombre de séances par semaine et vous limiter à 1 exercice par région musculaire.

Sur le vif

Les étirements après un effort physique

Comme les étirements peuvent amplifier le nombre de microdéchirures, il ne faut pas entraîner votre flexibilité tout de suite après un effort physique, si vous souhaitez une récupération optimale. La solution consiste à travailler sur votre flexibilité dans le cadre d'un programme d'entraînement complémentaire à vos autres activités physiques.

Quelques conseils pour l'entraînement de votre flexibilité

Voici quelques conseils pratiques pour faciliter vos étirements.

Faites des étirements correspondant à votre expérience

Optez pour des exercices d'étirement qui correspondent à votre expérience d'entraînement. Il ne sert à rien de tenter une position d'étirement extrêmement complexe lorsque vous débutez. Au contraire, le fait de ne pas être en parfait équilibre fera en sorte que vous ne pourrez pas allonger correctement le muscle à assouplir et que, par conséquent, vous ne retirerez qu'une fraction des gains possibles.

Santé contre image

Paraître aussi flexible que les autres

Il arrive souvent que des exercices de flexibilité soient pratiqués dans des cours de groupe comme le yoga, le Pilates, ou lors du retour au calme de séances de danse aérobie. Même si vous pourriez avoir envie de vous dépasser et d'entrer en compétition avec vos partenaires de cours, les exercices de flexibilité ne devraient pas en être l'occasion. Respectez vos limites pour ne pas vous blesser. Peu importe si votre grand écart n'a pas la même amplitude que celui de la personne d'à côté, l'important est que la sensation de tension perçue soit la même (tension correspondant à la zone 2).

Ne bloquez pas votre respiration

L'important est de ne jamais bloquer votre respiration. Lorsque vous étirez un muscle, vous devez expirer l'air des poumons. Une fois la position atteinte, respirez normalement.

Évitez les milieux froids

Ne faites pas d'étirements dans un lieu où la température est froide. La température a un effet sur l'élasticité des muscles, c'est d'ailleurs pour cette raison qu'il est essentiel de s'échauffer ✿ avant de faire une séance d'étirements. Des muscles non échauffés ou encore refroidis par la température ambiante sont moins souples et plus susceptibles de subir des blessures. L'échauffement, qui élève votre température corporelle, devient donc beaucoup moins efficace si les étirements sont ensuite effectués dans un milieu froid.

✿ Voir « Un préalable à toute activité physique : l'échauffement », page 27 du chapitre 1.

Améliorez votre flexibilité

Les exercices d'étirement peuvent viser 2 objectifs : préparer vos muscles avant de pratiquer une activité physique ou améliorer votre flexibilité musculaire à long terme. Selon votre objectif, vous utiliserez des procédures d'étirement différentes.

Nous verrons donc d'abord les étirements balistiques, qui servent à préparer le corps aux mouvements qu'il aura à exécuter. Nous verrons ensuite les procédures d'étirement propres à l'entraînement de la flexibilité à long terme : les procédures d'étirement statique, de contraction-relâchement-étirement (CRE) et de facilitation neuroproprioceptive (FNP).

Ostill/Shutterstock 50080312.

La préparation de vos muscles avant une activité physique : les étirements balistiques

Pour vous préparer à une activité physique, la première étape est de vous échauffer. L'étape suivante, tout aussi importante, est d'acclimater votre corps aux mouvements qu'il va exécuter en faisant des exercices d'étirements balistiques, la seule procédure d'étirement qui permet l'atteinte de cet objectif.

Avez-vous déjà regardé une compétition d'athlétisme ? Si oui, vous avez sans doute remarqué que les étirements qu'exécutent les athlètes avant leur performance ressemblent au sport qu'ils s'apprêtent à pratiquer. La procédure qu'ils utilisent est celle des étirements balistiques. Ces derniers servent à **préparer les articulations et les muscles** avant une activité physique précise. Physiologiquement, ces étirements favorisent l'**échauffement du liquide synovial qui lubrifie les articulations** et ils permettent un **assouplissement musculaire temporaire des muscles** qui seront appelés à travailler. Ils ne permettent toutefois pas l'amélioration de la souplesse musculaire à long terme.

Les étirements balistiques sont des **étirements dynamiques** qui consistent en une suite de contractions des muscles agonistes dans le but d'améliorer la mobilité des muscles antagonistes. Par exemple, la rotation des épaules et le balancement des jambes sont de bons exemples d'étirements balistiques que vous avez probablement déjà faits à l'école secondaire. Le mouvement créé par la **procédure balistique** permet d'**étirer tous les muscles autour d'une articulation**. Ainsi, lors de la rotation de l'épaule, ce sont le deltoïde postérieur et le trapèze ✿ qui sont étirés lorsque le bras passe devant, tandis que ce sont le deltoïde antérieur et le grand pectoral qui sont étirés lorsque le bras passe derrière.

✿ Voir « Principaux muscles du corps humain », page 5 de l'introduction.

Les muscles agonistes et antagonistes

De façon générale, les muscles agonistes et antagonistes sont des muscles qui s'opposent, c'est-à-dire qui font le mouvement inverse. Si l'un se contracte, l'autre s'étire, et vice-versa. À titre d'exemple, le biceps brachial est l'antagoniste du triceps brachial, car la contraction du triceps provoque l'extension de l'avant-bras alors que la contraction du biceps provoque sa flexion. Voici une liste de quelques associations de muscles agonistes et antagonistes.

Région musculaire	Agoniste	Antagoniste
Haut du tronc/Dos	Pectoral	Grand dorsal
Épaules	Deltoïde antérieur	Deltoïde postérieur
Abdomen	Muscles abdominaux	Érecteurs du rachis
Abdomen	Obliques de droite	Obliques de gauche
Mollets	Tibial antérieur	Triceps sural
Bras	Biceps brachial	Triceps brachial
Avant-bras	Extenseurs des avant-bras	Fléchisseurs des avant-bras
Cuisse	Quadriceps	Ischiojambier
Cuisse	Grand adducteur	Moyen fessier
Bassin	Grand fessier	Psoas-iliaque

Note : Voyez « Principaux muscles du corps humain », page 5 de l'introduction.

L'exécution d'un étirement balistique

Vous devez exécuter les étirements balistiques de façon graduelle en augmentant petit à petit l'amplitude de votre mouvement jusqu'à ce que vous ayez atteint une sensation d'étirement qui ne provoque pas de douleur, mais qui est intense. Par exemple, si vous vous apprêtez à jouer au baseball et que vous choisissez comme exercice d'étirement la rotation d'épaules, commencez par de petits cercles exécutés à faible vitesse et augmentez graduellement l'amplitude et la vitesse. Comme l'indique cet exemple, vous devez opter pour des mouvements d'étirement semblables à ceux faits dans l'activité pour laquelle vous vous préparez.

La surcharge appliquée aux étirements balistiques

Pour obtenir des résultats optimaux, une bonne récupération et pour éviter de vous blesser, vous devez respecter les paramètres du principe de surcharge. Voici donc la fréquence, l'intensité et la durée à respecter.

La fréquence des étirements balistiques

Comme les étirements balistiques doivent être utilisés seulement avant la pratique d'une activité physique, la fréquence de leur utilisation variera en fonction du nombre de fois où vous pratiquez des activités physiques.

L'intensité des étirements balistiques

Vous devez vous situer dans une zone d'étirement sans douleur (zone 2 ou de 12 à 16 sur l'échelle de Borg) que vous aurez à atteindre progressivement lors de vos exercices d'étirement. Il est **important** de **ne pas créer un trop grand élan dans le mouvement**, ce qui pourrait provoquer des **déchirures musculaires**.

La durée des séances d'étirement balistique

Selon l'activité physique ou le sport que vous allez pratiquer, vous aurez plus ou moins de muscles à étirer. La durée de votre séance dépendra du nombre d'exercices à effectuer pour étirer ces muscles. Nous vous suggérons de faire en général de 5 à 10 exercices d'étirement balistique. Organisez les paramètres de votre méthode d'entraînement pour que votre séance dure entre 5 et 15 minutes.

Les paramètres à respecter dans votre méthode d'entraînement en étirement balistique figurent dans le tableau suivant.

Paramètres prescrits pour les étirements balistiques		
Nombre d'exécutions de l'exercice d'étirement	Temps de repos entre chaque exécution	Durée de l'étirement
2 à 3	10 s à 30 s	20 s à 60 s

En pratique

Étirez-vous avant de jouer au soccer

Vous voulez étirer votre quadriceps avant de jouer au soccer. En respectant les paramètres prescrits pour les étirements balistiques vous l'étirerez 3 fois, pendant 30 secondes, avec une pause de 20 secondes entre chaque exercice d'étirement. La méthode d'entraînement de votre quadriceps sera notée ainsi : [3, 20s (E:30s)].

Une procédure de base pour améliorer votre flexibilité à long terme : les étirements statiques

Les étirements statiques, qui sont passifs, sont ceux où la position voulue est maintenue de façon à soutenir quelques secondes l'étirement musculaire. C'est probablement la façon la plus répandue de s'étirer. Ces étirements traditionnels ont leurs avantages :

- ils sont plutôt doux et provoquent peu ou pas de courbatures ;
- ils conviennent bien aux personnes qui débutent dans l'entraînement de la flexibilité ;
- ils sont simples à exécuter et peuvent se faire avec ou sans partenaire.

Cette procédure vous permettra de corriger au besoin le manque de souplesse de certaines régions musculaires, ou de rendre plus souples des régions musculaires souvent sollicitées dans votre quotidien ou dans vos activités physiques.

L'exécution d'un étirement statique

Pour exécuter un étirement statique, il s'agit simplement d'éloigner le **point d'insertion** d'un muscle de son **point d'origine** et de maintenir la position pendant une période de temps donnée.

Le mouvement doit être exécuté dans le sens des fibres musculaires étirées. Par exemple, l'étirement du quadriceps doit se faire avec le genou directement sous la hanche puisque les fibres musculaires seront alors alignées normalement (photo de gauche). Si le genou est placé sur le côté du corps, les fibres musculaires ne seront pas toutes étirées également (photo de droite).

Sur le vif

Plus de souplesse, moins de blessures !

La pratique d'un entraînement en flexibilité approprié améliorera à long terme votre souplesse musculaire, ce qui vous donnera une amplitude articulaire optimale. Avec plus d'amplitude, seul un plus grand étirement accidentel (comme un grand écart lors d'une chute) causera une blessure musculaire.

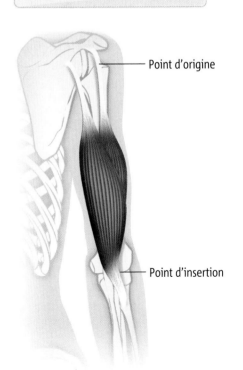

Point d'origine

Point d'insertion

Bonne exécution

Mauvaise exécution

Photos Robert Ménard.

La surcharge appliquée aux étirements statiques

Pour obtenir des résultats optimaux, une bonne récupération et pour éviter de vous blesser, vous devez respecter les paramètres du principe de surcharge. Voici donc la fréquence, l'intensité et la durée à respecter.

La fréquence des étirements statiques

Un minimum de 3 séances d'entraînement par semaine est nécessaire si vous voulez obtenir des résultats probants. Vous pouvez recourir aux étirements statiques tous les jours si vous désirez accélérer la réalisation de vos objectifs.

L'intensité des étirements statiques

Vous devez vous situer dans une zone d'étirement sans douleur (zone 2 ou 12 à 16 sur l'échelle de Borg) lors de vos exercices d'étirement.

La durée des séances d'étirement statique

C'est le nombre d'exercices exécutés selon votre objectif qui déterminera la durée de vos séances d'étirement statique. Nous vous suggérons de faire entre 5 à 12 exercices d'étirement statique. Votre séance peut ne durer qu'une dizaine de minutes ou se prolonger jusqu'à 1 h 30.

Les paramètres à respecter dans votre méthode d'entraînement en étirement statique apparaissent dans le tableau ci-dessous.

Améliorez la flexibilité de vos ischiojambiers

Vous désirez améliorer la flexibilité de vos muscles ischiojambiers, car vous pratiquez le crosscountry et vous voulez éviter les blessures. En respectant les paramètres prescrits pour les étirements statiques, vous décidez donc de les étirer 4 fois, pendant 30 secondes, avec une pause de 20 secondes entre chaque étirement. La méthode d'entraînement sera notée ainsi : [4, 20s (E:30s)].

Paramètres prescrits pour les étirements statiques		
Nombre d'exécutions de l'exercice d'étirement	Temps de repos entre chaque exécution	Durée de l'étirement
2 à 4	10 s à 30 s	20 s à 60 s

La progression appliquée aux étirements statiques

La première façon de progresser est de respecter l'atteinte de votre seuil d'étirement sans douleur ; avec le temps, ce seuil sera atteint avec un degré d'amplitude plus grand qu'au départ. La seconde façon est de passer à la procédure CRE, dont l'exécution des étirements est plus complexe que celle des étirements statiques.

----- Une procédure simple pour améliorer -----
votre flexibilité à long terme : les étirements CRE

L'acronyme *CRE* signifie « contraction-relâchement-étirement ». C'est une procédure active d'étirement. Bien que plus complexe que la procédure des étirements statiques, elle est aussi plus efficace à court et à long terme pour augmenter la flexibilité musculaire.

Cette procédure d'étirement tire profit d'un **réflexe de protection du corps** déclenché par la contraction préalable du muscle étiré ou de son antagoniste, le **réflexe myotatique inverse**, lequel accentue temporairement le potentiel d'étirement d'un muscle préalablement tendu. En fait, le réflexe myotatique inverse se déclenche lorsque vous augmentez progressivement et significativement la tension sur les tendons du muscle étiré. À la suite de la tension exercée, le muscle diminue sa tonicité, ce qui lui permet un étirement plus ample.

L'exécution d'un étirement de la procédure CRE

L'exécution d'un étirement CRE comporte **3 moments** successifs :

- une phase de **contraction** du muscle que vous vous apprêtez à étirer ; l'exécution de cette phase est nécessaire pour favoriser le déclenchement du réflexe myotatique inverse ;

- une phase de **relâchement** très courte qui permet la transition vers la phase d'étirement ;

- une dernière phase d'**étirement** qui profitera des effets du réflexe myotatique inverse.

Exemple d'étirement de l'ischiojambier droit à l'aide de la procédure CRE

1. Étendez-vous sur une surface plane et laissez votre jambe gauche étendue et bien droite. Levez la jambe droite pour étirer très légèrement l'ischiojambier en le plaçant dans une amplitude correspondant à une sensation d'étirement sans douleur (zone 2 ou 12 sur l'échelle de Borg).

2. Gardez la même position et contractez l'ischiojambier de manière isométrique (sans mouvement) pendant **6 secondes**. La contraction doit être maximale (poussez le plus fort possible) pour provoquer le réflexe myotatique inverse. Un ou une partenaire permet ce type de contraction en bloquant le mouvement de la jambe vers le bas que provoquerait la contraction de l'ischiojambier. Si vous n'avez pas de partenaire, servez-vous du sol ou d'un meuble (une table ou une chaise) pour recréer ce contexte : par exemple, debout, vous pourriez placer votre jambe en extension contre une chaise et pousser vers le bas.

3. Relâchez la contraction sans changer l'amplitude de l'articulation pendant environ **3 secondes**.

4. Étirez de façon statique le muscle relâché pendant **20 secondes** de façon à sentir une tension correspondant à 16 sur l'échelle de Borg. C'est le ou la partenaire qui, en poussant sur la jambe vers l'arrière, va permettre cet étirement. Si vous n'avez pas de partenaire, debout, posez votre jambe sur une chaise ou une table assez haute pour ressentir le même degré d'étirement.

Photos Robert Ménard.

Il se peut que cette procédure d'étirement cause des microdéchirures et, par conséquent, des courbatures. Il n'y a pas à s'alarmer, le processus est normal et est sensiblement le même que pour les exercices de musculation. La procédure CRE est à proscrire avant toute activité physique parce qu'elle nuirait à vos performances et rendrait vos périodes de récupération plus longues. Cette procédure d'étirement devrait être utilisée par les personnes qui ont de l'expérience dans l'entraînement de la flexibilité.

La surcharge appliquée à la procédure d'étirement CRE

Pour obtenir des résultats optimaux, une bonne récupération et pour éviter de vous blesser, il est important de respecter les paramètres du principe de surcharge. Voici donc la fréquence, l'intensité et la durée à respecter.

La fréquence des étirements de la procédure CRE

Étant donné que la procédure CRE risque de causer des courbatures, une pause de 48 heures est nécessaire entre chaque séance d'entraînement. Un minimum de 3 séances par semaine est suggéré si vous voulez obtenir des résultats. Vous pouvez vous entraîner selon cette procédure jusqu'à 4 fois par semaine pour une même région musculaire. Si vous alternez l'entraînement de vos groupes musculaires (jour 1 : membres supérieurs, jour 2 : membres inférieurs) ☼, vous pouvez même vous entraîner 6 jours par semaine.

☼ Voir « Une alternance entre 2 grands groupes de muscles à raison de 3 à 6 jours par semaine », page 127 du chapitre 4.

L'intensité des étirements de la procédure CRE

Vous devez vous situer dans une zone d'étirement sans douleur (zone 2 ou 12 à 16 sur l'échelle de Borg) que vous aurez à atteindre progressivement lors de vos exercices d'étirement.

La durée des étirements de la procédure CRE

C'est le nombre d'exercices d'étirement exécutés qui déterminera principalement la durée de votre séance d'entraînement avec la procédure CRE. Nous vous suggérons de faire entre 5 à 12 exercices d'étirement. Votre séance peut ne durer qu'une dizaine de minutes. Nous vous suggérons toutefois de ne pas dépasser 60 minutes de travail.

Les paramètres à respecter dans votre méthode d'entraînement avec la procédure d'étirement CRE figurent dans le tableau ci-dessous.

Paramètres prescrits pour la procédure d'étirement CRE		
Nombre d'exécutions de l'exercice d'étirement	Temps de repos entre chaque exécution	Durée de l'étirement
2 à 4	10 s à 30 s (Les effets de cette procédure sont cumulatifs d'une exécution à l'autre. Il est donc suggéré de passer à l'exécution suivante dès la complétion de la précédente.)	• Contraction du muscle à étirer : 6 s • Relâchement du muscle à étirer : 3 s • Étirement du muscle : 20 s

La progression appliquée à la procédure d'étirement CRE

La première façon de progresser est de respecter l'atteinte de votre seuil d'étirement sans douleur ; avec le temps, ce seuil sera atteint avec un degré d'amplitude plus grand qu'au départ. La seconde façon est de passer à la procédure FNP.

Une procédure avancée pour améliorer votre flexibilité à long terme : les étirements FNP

L'acronyme *FNP* signifie «facilitation neuroproprioceptive». Il s'agit d'une procédure active d'étirement. Elle est très efficace pour faire augmenter la flexibilité à long terme ; elle peut même engendrer plus de gain à long terme que la procédure CRE. Cette procédure d'étirement tire elle aussi profit d'un **réflexe de protection du corps** déclenché par la contraction préalable du muscle étiré ou de son antagoniste, le **réflexe d'inhibition réciproque**. Ce réflexe permet un potentiel d'étirement plus prononcé d'un muscle antagoniste lorsque son agoniste est contracté. Par exemple, si vous contractez votre quadriceps (agoniste), le potentiel d'étirement de votre ischiojambier (antagoniste) augmentera si vous l'étirez peu de temps après.

L'exécution d'un étirement de la procédure FNP

L'exécution d'un étirement de la procédure FNP comporte **4 moments** successifs, dont les 3 premiers sont les mêmes que ceux de la méthode CRE :

- une phase de **contraction** du muscle que vous vous apprêtez à étirer ; l'exécution de cette phase est nécessaire pour favoriser le déclenchement du réflexe myotatique inverse ;
- une phase de **relâchement** très courte qui permet la transition vers la phase d'étirement ;
- une phase d'**étirement** qui profitera des effets du réflexe myotatique inverse ;
- une dernière phase de **maintien** qui profitera des effets du réflexe d'inhibition réciproque.

Exemple d'étirement de l'ischiojambier droit à l'aide de la procédure FNP

1. Étendez-vous sur une surface plane et laissez votre jambe gauche étendue et bien droite. Levez la jambe droite pour étirer très légèrement l'ischiojambier en le plaçant dans une amplitude correspondant à une sensation d'étirement sans douleur (zone 2 ou 12 sur l'échelle de Borg).

2. Gardez la même position et contractez l'ischiojambier de manière isométrique (sans mouvement) pendant **6 secondes**. La contraction doit être maximale (poussez le plus fort possible) pour provoquer le réflexe myotatique inverse. Un ou une partenaire permet ce type de contraction en bloquant le mouvement de la jambe vers le bas que provoquerait la contraction de l'ischiojambier. Si vous n'avez pas de partenaire, servez-vous du sol ou d'un meuble (une table ou une chaise) pour recréer ce contexte : par exemple, debout, vous pourriez placer votre jambe en extension contre une chaise et pousser vers le bas.

Photos Robert Ménard.

3. Relâchez la contraction sans changer l'amplitude de l'articulation pendant environ **3 secondes**.

4. Étirez de façon statique le muscle relâché pendant **20 secondes** de façon à sentir une tension correspondant à 16 sur l'échelle de Borg (ou la limite maximale de la zone 2). C'est le ou la partenaire qui, en poussant sur la jambe, va permettre cet étirement. Si vous n'avez pas de partenaire, debout, posez votre jambe sur une chaise ou une table assez haute pour ressentir le même degré d'étirement.

5. Diminuez l'amplitude atteinte d'environ 10 degrés et maintenez la position pendant environ **10 secondes**. Vous devriez ressentir une tension de 14 sur l'échelle de Borg. C'est la contraction du muscle opposé à celui qui a été étiré qui maintiendra la position. C'est à ce moment que vous faites intervenir le réflexe d'inhibition réciproque : en contractant le quadriceps pour maintenir l'ischiojambier étiré, vous augmentez le potentiel d'étirement de ce dernier.

Photos Robert Ménard.

6. Ramenez l'articulation en position neutre.

Les étirements de la procédure FNP sont très efficaces et nécessitent au moins 1 an d'expérience en entraînement de la flexibilité. Tout comme la procédure CRE, la procédure FNP est exigeante sur le plan musculaire et peut provoquer des micro-déchirures et, par conséquent, des courbatures.

> **⚠ Sur le vif**
>
> **Les étirements et le stress**
>
> En exécutant des étirements, vous devez contrôler votre respiration, et, ce faisant, vous abaissez également votre rythme cardiaque. Pour ajouter au sentiment de détente, recourez aux procédures CRE et FNP. Ces derniers vous feront ressentir la même différence entre un muscle tendu et un muscle assoupli qu'avec la méthode de relaxation Jacobson (page 354 du chapitre 12).

La surcharge appliquée à la procédure FNP

Pour obtenir des résultats optimaux et éviter les blessures, il est important de respecter les paramètres du principe de surcharge. Voici donc la fréquence, l'intensité et la durée à respecter.

La fréquence des étirements de la procédure FNP

Étant donné que la procédure FNP cause des courbatures, une pause de 48 heures est nécessaire entre chaque séance d'entraînement. Un minimum de 3 séances par semaine est suggéré si vous souhaitez obtenir des résultats avec les étirements de cette procédure. Allez-y graduellement. Vous pouvez entraîner une même région musculaire jusqu'à 4 fois par semaine avec cette procédure d'étirement. Si vous alternez l'entraînement de vos groupes musculaires (jour 1 : membres supérieurs, jour 2 : membres inférieurs) ☼, vous pouvez toutefois pratiquer les étirements de cette procédure 6 jours par semaine.

☼ Voir « Une alternance entre 2 grands groupes de muscles à raison de 3 à 6 jours par semaine », page 127 du chapitre 4.

L'intensité des étirements de la procédure FNP

Vous devez vous situer dans une zone d'étirement sans douleur (zone 2 ou 12 à 16 sur l'échelle de Borg) que vous aurez à atteindre progressivement lors de vos exercices d'étirement.

La durée des étirements de la procédure FNP

Nous vous suggérons de faire de 5 à 12 exercices d'étirement avec la procédure FNP. Votre séance peut ne durer qu'une dizaine de minutes. Nous vous suggérons de ne pas dépasser 45 minutes de travail avec les étirements de cette procédure. Vous pouvez toutefois jumeler cette procédure avec d'autres pour compléter une séance d'entraînement qui pourrait aller jusqu'à 1 heure.

Les paramètres à respecter dans votre méthode d'entraînement avec la procédure d'étirement FNP apparaissent dans le tableau ci-dessous.

Paramètres prescrits pour la procédure d'étirement FNP		
Nombre d'exécutions de l'exercice d'étirement	**Temps de repos entre chaque exécution**	**Durée de l'étirement**
2 à 3	45 s à 120 s (Les effets de cette procédure sont cumulatifs d'une exécution à l'autre. Il est donc suggéré de passer à l'exécution suivante dès la complétion de la précédente.)	• Contraction du muscle à étirer : 6 s • Relâchement du muscle à étirer : 3 s • Étirement du muscle : 20 s • Maintien de la position allongée par la contraction du muscle antagoniste : 10 s

👍 **Contrainte et solution**

J'aimerais travailler ma flexibilité, mais je n'aime pas faire des exercices d'étirement

Bien que l'amélioration de la flexibilité musculaire passe par l'exécution d'exercices d'étirement, ces derniers peuvent se retrouver dans d'autres activités physiques. Par exemple, le yoga demande d'adopter une position et de la maintenir pendant une certaine durée. Sans le savoir, vous effectuez des étirements statiques. Il en va de même pour certaines positions de Pilates. L'avantage de ces activités physiques est de développer à la fois votre force endurance et votre flexibilité musculaire.

La progression appliquée aux étirements de la procédure d'étirement FNP

Pour progresser, respectez l'atteinte de votre seuil d'étirement sans douleur ; avec le temps, ce seuil sera atteint avec un degré d'amplitude plus grand qu'au départ.

Des exemples de progression dans l'entraînement de la flexibilité

Comme nous l'avons vu, une des façons de progresser est de modifier les procédures d'entraînement de la flexibilité utilisées. Vous pouvez aussi varier les exercices exécutés. Reportez-vous au répertoire d'exercices d'étirement sur le site du CEC plus et au tableau suivant pour vous assurer de modifier adéquatement vos méthodes d'entraînement.

Légende	
C = Contraction	E = Étirement
R = Relâchement	M = Maintien

Exemples de progression en flexibilité	
Expérience d'entraînement en flexibilité	**Étirements**
Débutant 0 à 1 mois	**Statiques** 3 fois par semaine 5 à 6 exercices [3,10s (E:30s)]
Amateur 1 à 6 mois	**CRE** 3 fois par semaine 5 à 8 exercices [2,30s (C:6s,R:3s,E:20s)]
Confirmé 6 à 12 mois	**CRE** 3 à 4 fois par semaine 9 à 12 exercices [3,0s (C:6s,R:3s,E:20s)]
Confirmé 1 an et plus	**FNP** 3 à 4 fois par semaine 5 à 8 exercices [2,90s (C:6s,R:3s,E:20s,M:10s)]
Confirmé 2 ans et plus	**FNP** 6 fois par semaine en alternance avec des procédures d'étirement statique ou CRE 8 à 12 exercices [3,45s (C:6s,R:3s,E:20s,M:10s)]

Des procédures d'étirement à éviter avant l'activité physique

La seule procédure à utiliser avant de s'adonner à une activité physique est celle des étirements balistiques. Voici pourquoi.

- Faire des étirements statiques, CRE ou FNP avant l'activité physique réduit le potentiel contractile des fibres musculaires d'environ 9 %. Ce phénomène perdure jusqu'à 1 heure après la séance d'étirement. Ces procédures auront donc pour effet de réduire votre performance ou de vous exposer plus facilement à des blessures.

- Même si la majeure partie de l'adaptation aux étirements des procédures statique, CRE et FNP est musculaire, les tendons sont sollicités et s'allongent temporairement lors d'une séance d'étirement. Or, pratiquer des activités physiques avec un tendon étiré, c'est aussi pratiquer de l'activité physique avec un tendon qui a une capacité d'absorption d'énergie réduite, ce qui est loin d'être souhaitable si vous voulez prévenir les blessures.

- Les procédures CRE et FNP sont susceptibles d'entraîner des microdéchirures musculaires, il est donc déconseillé de s'en servir avant une activité physique qui viendrait en ajouter d'autres. Cette accumulation se traduirait par des courbatures plus fortes et plus longues à se résorber.

*V*ous avez pris connaissance de procédures d'étirement que vous pouvez adapter à vos capacités et à votre objectif, soit préparer vos muscles avant de faire une activité physique, soit entraîner votre flexibilité pour l'améliorer à long terme. Une bonne flexibilité musculaire vous assurera des performances sportives optimales tout en réduisant vos risques de blessures. Vous verrez de plus dans le chapitre 13 de quelle manière une bonne flexibilité influence votre posture et vous fait profiter d'un mieux-être quotidien dans les différentes positions que votre corps adopte dans une journée.

RÉSUMÉ

■ La **flexibilité musculaire** est la capacité de mouvoir une articulation dans toute son amplitude, et ce, sans douleur.

■ Les principes de **spécificité,** de **surcharge,** de **progression** et de **maintien** s'appliquent aussi à l'**entraînement de la flexibilité**.

■ L'**évaluation** de l'**intensité des étirements** est **subjective**. Il est possible d'en juger à l'aide de l'**échelle des 3 zones de tension** ou de l'**échelle de Borg** pour respecter le **seuil d'étirement sans douleur**.

■ Les **exercices d'étirement** visent **2 objectifs** : préparer ses muscles avant de pratiquer une activité physique ou améliorer sa souplesse musculaire à long terme.

■ **Quatre procédures d'étirement** avec chacune leurs particularités permettent d'atteindre ces objectifs précis : **balistique**, pour préparer ses muscles avant une activité physique, **statique**, **contraction-relâchement-étirement (CRE)** et **facilitation neuroproprioceptive (FNP)**, pour gagner en flexibilité à long terme.

■ Les procédures contraction-relâchement-étirement (CRE) et facilitation neuroproprioceptive (FNP) profitent de **réflexes de protection du corps** pour augmenter le potentiel d'étirement : le **réflexe myotatique inverse** et le **réflexe d'inhibition réciproque**.

■ La **méthode d'entraînement de la flexibilité** est exprimée en indiquant le nombre d'exécutions de l'exercice d'étirement, le temps de repos entre chaque exécution ainsi que la durée de l'étirement.

Affûtez vos CONNAISSANCES

1. La flexibilité musculaire est la capacité de dépasser l'amplitude normale de mouvement d'une articulation. Par exemple, être capable de faire le grand écart.

a Vrai

b Faux

2. Parmi la liste suivante, lequel des énoncés est faux?

a Avoir une bonne flexibilité musculaire diminue le risque de blessures.

b Avoir une bonne flexibilité musculaire diminue les courbatures au lendemain d'activités physiques intenses.

c Avoir une bonne flexibilité musculaire augmente le potentiel de gain en force musculaire.

d Avoir une bonne flexibilité musculaire diminue la puissance musculaire.

3. Indiquez quels sont les facteurs qui influencent votre flexibilité parmi ceux de la liste suivante.

a La longueur de vos tendons

b Votre taille

c Votre bagage génétique

d Votre morphologie osseuse

e La longueur de vos ligaments

4. Associez les procédures d'étirement ci-dessous aux personnes mentionnées en *a*, *b*, *c*.

Procédure balistique • Procédure statique
Procédure CRE • Procédure FNP

a Une personne qui débute dans l'entraînement de la flexibilité.

b Un groupe d'athlètes qui s'entraînent pour augmenter leur flexibilité à long terme.

c Un joggeur qui se prépare à courir 5 kilomètres en 10 minutes.

5. De quelles façons est-il possible d'évaluer l'intensité d'un étirement?

6. Associez les notions ci-dessous à leurs explications en *a* et *b*.

Procédure d'étirement •
Méthode d'entraînement de la flexibilité

a Il s'agit de différentes manières de s'étirer. Cette notion recouvre la façon de s'y prendre pour provoquer l'étirement du muscle.

b Il s'agit d'un agencement de paramètres d'entraînement de la flexibilité qui guide la pratique de l'entraînement.

7. Si vous souhaitez faire des étirements avant de pratiquer une activité physique, quelle procédure d'étirement devriez-vous privilégier?

a La procédure FNP

b La procédure balistique

c La procédure CRE

d La procédure statique

8. Quelle est la procédure d'étirement qui permet d'obtenir des gains à long terme en flexibilité sans faire appel aux réflexes de protection du corps ?

a La procédure FNP

b La procédure balistique

c La procédure CRE

d La procédure statique

9. Qu'est-ce qui déclenche le réflexe myotatique ?

a La contraction du muscle antagoniste

b L'étirement trop intense et trop rapide du muscle

c L'étirement progressif du muscle

d L'étirement en zone sans douleur

10. À quel moment la réaction réflexe se produit-elle lors de l'utilisation de la procédure CRE ?

a Avant la contraction

b Pendant la contraction

c Lors du relâchement

d Dans les minutes suivant l'étirement

11. Définissez en vos mots le réflexe myotatique inverse.

12. À quels réflexes de protection du corps la procédure d'étirement FNP fait-elle appel ?

a Réflexe myotatique

b Réflexe myotatique inverse

c Réflexe d'inhibition réciproque

d Réflexe de facilitation proprioceptive

13. Quel est le muscle qui doit être contracté pour susciter le réflexe d'inhibition réciproque du quadriceps ?

a Le quadriceps

b L'ischiojambier

c Le biceps brachial

d Ce réflexe n'est pas déclenché lors de la contraction d'un muscle.

14. Associez les paramètres d'étirement de *a* à *d* aux procédures qui leur correspondent.

Procédure statique • Procédure balistique
Procédure CRE • Procédure FNP

a 4,10s (E:30s)

b 3,15s (E:30s)

c 2,90s (C:6s,R:2s,E:20s,M:10s)

d 2,30s (C:6s,R:5s,E:20s)

15. Parmi les énoncés suivants, lesquels concordent avec l'application du principe de progression de l'entraînement de la flexibilité ?

a Augmenter le nombre de séances d'entraînements

b Augmenter le nombre d'exercices

c Augmenter la perception de l'étirement à 18 sur l'échelle de BORG

d Augmenter l'amplitude des étirements pour ressentir une sensation d'étirement constante de 16 sur l'échelle de BORG

e Passer de la procédure d'entraînement statique à la procédure d'entraînement CRE

Complétez la carte conceptuelle des informations vues dans ce chapitre en utilisant la liste de concepts fournis. La suite de chaque noeud doit constituer une phrase complète. Suivez bien le sens des flèches.

- L'échelle de Borg
- L'intensité
- La préparation avant une activité physique
- La procédure d'étirement balistique
- La procédure d'étirement CRE
- La procédure d'étirement statique
- Les exercices d'étirement
- Les procédures d'étirement

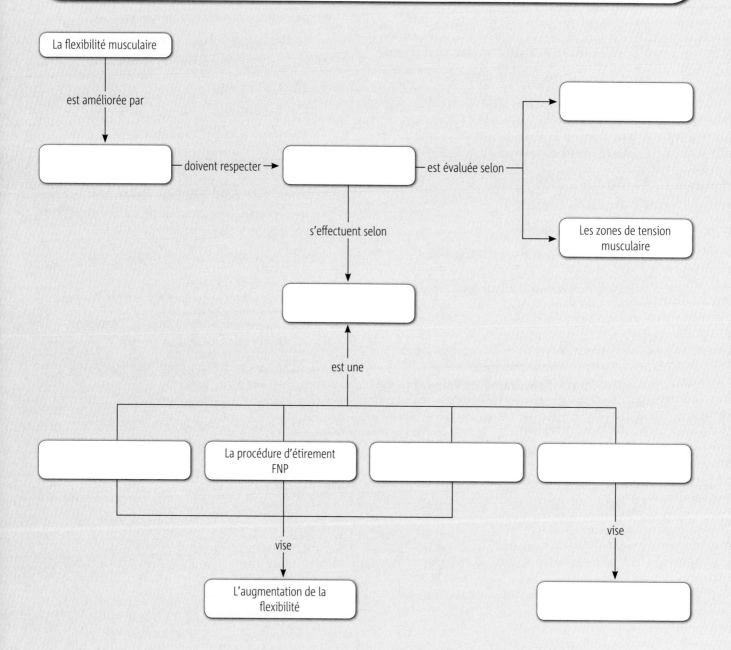

Faites un peu de PRATIQUE

1. Myriam fait du jogging modéré 3 fois par semaine. Sa routine suit les étapes suivantes :

- étirement des quadriceps et de la chaîne musculaire postérieure en donnant de l'élan à son mouvement ;

- échauffement de 2 minutes à la corde à sauter ;

- entraînement à la course à pied ;

- étirement des quadriceps et de la région lombaire à l'aide de la procédure CRE.

Myriam veut éviter les courbatures musculaires et désire être bien préparée à son activité physique.

a Commentez son entraînement. Fait-elle des choses inappropriées ? Si oui, lesquelles ?

b Que pourrait-elle faire pour atteindre ses objectifs ?

2. Dans un premier temps, Benoît obtient un résultat de 7 centimètres au test de flexibilité de la chaîne musculaire postérieure avec flexomètre (page 52 du chapitre 1). Après 8 mois d'entraînement avec la procédure statique, il refait le test et obtient un résultat de 21 centimètres. Sachant qu'il dispose d'environ 30 minutes par jour pour entraîner sa flexibilité, indiquez-lui la progression qu'il devrait appliquer au cours des 6 prochains mois.

FORTIFIEZ VOTRE CULTURE... PHYSIQUE

 Sites Internet

Site sur les effets physiologiques des étirements :

- www.preparationphysique.net/ download/stretchingdebut.pdf

Site comprenant un répertoire d'exercices de flexibilité :

- http://www.easygym.com/intro/ stretching.htm

 Livres et magazines

- ALTER, MICHAEL J. (2004, 3e éd.). *Science of flexibility*. Champaign (Ill.), Human Kinetics.

- ANDERSON, BOB (2001, 2e éd.). *Le stretching*. Paris, Solar.

- LAUGHLIN, KIT (2000). *Stretching and flexibility*. Cammeray (Australie), Simon & Schuster.

Élaborez votre programme d'entraînement de la flexibilité à long terme

Vous savez maintenant qu'avant de pratiquer une activité physique, ce sont les étirements balistiques que vous devez effectuer. Dans ce «À vous de jouer», vous viserez donc l'autre objectif possible de l'entraînement de la flexibilité, celui de l'entraînement de la flexibilité à long terme.

Objectif d'amélioration

1 Servez-vous des résultats des tests d'évaluation de votre flexibilité (chapitre 1) pour établir un objectif mesurable, par exemple : *Améliorer ma flexibilité du tronc de manière à être en mesure d'obtenir un résultat de 35 centimètres au flexomètre.*

Résultats aux tests :

- Flexibilité du tronc :
- Flexibilité des épaules (test du bâton) :
- Autre test (   ) :

Objectif :

Date visée de l'atteinte de l'objectif :

Spécificité de l'entraînement

2 Indiquez dans le tableau ci-dessous les **muscles** que vous voulez étirer et l'**exercice** que vous ferez. Consultez le répertoire d'exercices d'étirement sur le site du *CEC* plus pour être en mesure de sélectionner les exercices qui correspondent aux muscles ou aux types de mouvements à exercer, ainsi que le tableau «Principales régions musculaires à entraîner en flexibilité en fonction de certaines activités physiques», page 189 de ce chapitre.

Muscles	Exercice

Surcharge d'entraînement

3 Déterminez le modèle d'entraînement que vous suivrez ainsi que la fréquence à laquelle vous exécuterez votre entraînement.

Modèle d'entraînement		Fréquence
Un entraînement complet de la flexibilité musculaire	☐	_____ jours/semaine
Une alternance entre les membres supérieurs et les membres inférieurs	☐	_____ jours/semaine

4 Déterminez maintenant la procédure d'étirement que vous souhaitez pratiquer.

Procédure CRE ☐ Procédure FNP ☐

Procédure statique ☐

5 Sélectionnez ensuite les paramètres de votre méthode d'entraînement.

- Nombre d'exécutions par exercice :
- Temps de repos entre chaque exécution :
- Durée de vos étirements (pour la procédure statique) :
- Si vous optez pour la procédure CRE, utilisez les paramètres suivants : [C:6s,R:5s,E:20s].
- Si vous optez pour la procédure FNP, utilisez les paramètres suivants : [C:6s,R:5s,E:20s,M:10s].

6 Notez finalement votre méthode d'entraînement avec tous ses paramètres.

Méthode : _____ , _____ (_____)

<small>Nombre d'exécutions   Temps de repos   Durée de l'étirement</small>

Résumé de votre programme d'entraînement

7 Préparez maintenant votre fiche d'entraînement (page suivante), que vous pouvez télécharger à partir du site du **CEC** plus . Elle vous servira d'aide-mémoire et de journal de bord. Inscrivez-y les exercices que vous ferez, la procédure utilisée, l'intensité ressentie sur l'échelle de Borg, la date de vos séances d'entraînement.

Progression

Avec le temps et l'entraînement, vous serez en mesure d'atteindre une plus grande amplitude articulaire sans ressentir de douleur. Il sera alors peut-être temps de changer votre procédure d'étirement selon les suggestions proposées dans le tableau «Exemples de progression en flexibilité» de la page 202 de ce chapitre.

Maintien

Si vous manquez de temps ou si vous voulez tout simplement maintenir les acquis obtenus, il faut garder la même intensité d'entraînement en réduisant la fréquence de vos séances d'entraînement par semaine jusqu'à 2, tout en réduisant le nombre d'exécutions d'exercice à 1 par muscle à assouplir.

Fiche d'entraînement

Méthode d'entraînement :	Date :										
		Intensité		Intensité		Intensité		Intensité		Intensité	
Exercice :	Étirement du côté droit										
Procédure :	Étirement du côté gauche										
Exercice :	Étirement du côté droit										
Procédure :	Étirement du côté gauche										
Exercice :	Étirement du côté droit										
Procédure :	Étirement du côté gauche										
Exercice :	Étirement du côté droit										
Procédure :	Étirement du côté gauche										
Exercice :	Étirement du côté droit										
Procédure :	Étirement du côté gauche										
Exercice :	Étirement du côté droit										
Procédure :	Étirement du côté gauche										
Exercice :	Étirement du côté droit										
Procédure :	Étirement du côté gauche										
Exercice :	Étirement du côté droit										
Procédure :	Étirement du côté gauche										
Exercice :	Étirement du côté droit										
Procédure :	Étirement du côté gauche										

Changer ses habitudes de vie

D ans cette partie du volume, vous aurez l'occasion d'affiner vos connaissances sur des habitudes de vie qui peuvent avoir une influence positive ou négative sur votre santé : la pratique régulière d'activités physiques, une saine alimentation et les conséquences de ces deux habitudes sur votre composition corporelle, les dépendances nuisibles, l'excès de stress et le sommeil ainsi que les bonnes postures à adopter au quotidien. Ces informations, qui devraient vous inciter à adopter de saines habitudes de vie, sont seulement le début d'une démarche de transformation que nous vous proposons à la fin de chacun de ces chapitres et que nous vous présentons de façon détaillée dans le chapitre 7.

Apprendre à transformer ses habitudes de vie

Votre santé et vos habitudes de vie

Répondez le plus spontanément possible aux questions suivantes avant de lire ce chapitre.

A Comment qualifieriez-vous votre état de santé actuel?

Optimal   Acceptable   Mauvais

B Justifiez brièvement votre réponse.

C Quelles sont vos principales habitudes de vie, c'est-à-dire les comportements quotidiens qui, selon vous, ont une influence positive ou négative sur votre santé?

Influence :   Positive   Négative

Influence :   Positive   Négative

Influence :   Positive   Négative

Influence :   Positive   Négative

Influence :   Positive   Négative

D Croyez-vous que vous pourriez améliorer certains aspects de votre santé?

Oui   Non

E Si oui, lesquels?

F Avez-vous déjà tenté de vous défaire d'une habitude de vie que vous considériez comme nuisible?

Oui   Non

G Expliquez votre démarche et ses résultats.

Revenez à vos réponses après avoir lu ce chapitre. Vous serez en mesure de les clarifier et peut-être même de les modifier…

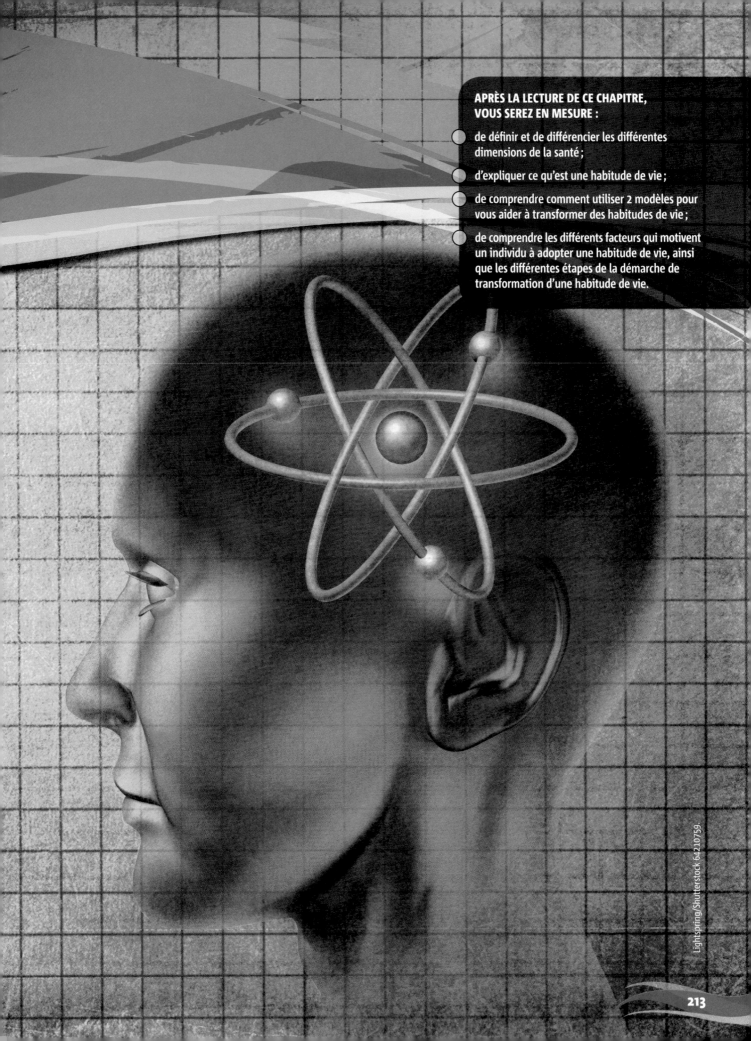

**APRÈS LA LECTURE DE CE CHAPITRE,
VOUS SEREZ EN MESURE :**

- de définir et de différencier les différentes dimensions de la santé ;

- d'expliquer ce qu'est une habitude de vie ;

- de comprendre comment utiliser 2 modèles pour vous aider à transformer des habitudes de vie ;

- de comprendre les différents facteurs qui motivent un individu à adopter une habitude de vie, ainsi que les différentes étapes de la démarche de transformation d'une habitude de vie.

©iStockphoto.com 624050/Yuri Arcurs.

es médias traitent fréquemment de la sédentarité, de la malbouffe, du surpoids ou du niveau de stress trop élevé dans la population. Pourquoi ces sujets sont-ils aussi importants? C'est qu'ils ont une influence directe sur notre santé. De plus en plus de problèmes de santé sont le résultat de nos comportements quotidiens, c'est-à-dire de nos habitudes de vie. Si, par le passé, la plupart des maladies graves étaient dues à la transmission de virus et de bactéries, les études démontrent hors de tout doute que notre espérance de vie en bonne santé dépend maintenant en grande partie de nos habitudes de vie. Il est donc impératif de bien comprendre ce qu'est la santé et de quelles façons les habitudes de vie peuvent l'influencer pour ultimement être en mesure de nous engager dans une démarche de transformation ou de maintien, grâce à laquelle nous adopterons ou conserverons des habitudes de vie saines.

Qu'est-ce que la santé?

uand, la nouvelle année venue, nous souhaitons à nos amis et à notre famille de la santé, que leur souhaitons-nous exactement? Nous entendons habituellement par là l'absence de maladie et le maintien d'une bonne condition physique. Est-ce que ce sont les seuls aspects qui font de nous des personnes en santé?

La santé n'est plus définie aujourd'hui comme étant le simple fait de ne pas être malade. Selon l'Organisation mondiale de la santé, la **santé** est un **état de complet bien-être physique, mental** et **social**, et ne consiste pas seulement en une absence de maladies ou d'infirmités. L'Organisation mondiale de la santé distingue ainsi 3 principales **dimensions de la santé** (physique, mentale et sociale), auxquelles plusieurs chercheurs ajoutent aussi les dimensions **émotionnelle**, **spirituelle** et **environnementale**. Ces 6 dimensions sont d'ailleurs interreliées.

----- Les 6 dimensions de la santé -----

Les dimensions de la santé, qui ont toutes la même importance, regroupent un ensemble de facteurs qui témoignent de l'état de santé globale d'une personne. Voici un exposé rapide des 6 dimensions de la santé.

La dimension physique

La santé physique concerne non seulement l'absence de maladies, mais également la condition physique d'un individu. Ces 2 aspects de la santé physique sont interreliés, puisqu'une bonne condition physique peut aider une personne à éviter les maladies et les blessures.

La dimension mentale

La santé mentale (ou cognitive) est généralement définie comme l'absence de troubles psychologiques. L'apprentissage cognitif et la croissance intellectuelle sont également inclus dans cette dimension. La curiosité, la faculté d'apprendre, la capacité de raisonner et de prendre des décisions, la mémoire sont des éléments qui témoignent aussi d'une bonne santé mentale.

Yuri Arcurs/Shutterstock 24495136.

La dimension sociale

Le fait d'entretenir des relations interpersonnelles satisfaisantes et d'avoir le sou-tien de nos proches est la base de la dimension sociale (ou interpersonnelle) de la santé, qui peut aussi être influencée par la contribution d'une personne à son mi-lieu de vie (communauté, groupe d'amis, équipe sportive, école).

La dimension émotionnelle

La santé émotionnelle est la capacité de bien interpréter ses émotions et de les mani-fester de façon appropriée. La façon dont une personne vit ses émotions affecte son état de santé. La perspective avec laquelle elle envisage les évènements, la façon dont elle interagit avec les gens et les attentes qu'elle se fixe influencent grandement ses réactions émotionnelles. Par exemple, un athlète olympique qui vise une médaille et qui termine 6e vivra de la déception, voire de la honte et de la frustration, alors que l'athlète qui visait la 6e place et l'obtient, éprouvera de la joie et de la satisfaction.

La dimension spirituelle

Les mots *spiritualité* et *religion* sont souvent confondus. Bien que ces 2 notions puissent être liées, la santé spirituelle ne concerne pas nécessairement la foi en une force divine, mais l'importance d'avoir un système de valeurs cohérent (par exemple l'altruisme, l'honnêteté, la justice) et de vivre en accord avec elles. Ce code de valeurs dicte plusieurs de nos actions quotidiennes.

La dimension environnementale

La santé environnementale est le fait de s'impliquer pour vivre dans un environne-ment exempt de pollution atmosphérique, de produits chimiques en agriculture ou de différents contaminants dans l'eau potable susceptibles d'affecter la santé de plusieurs façons. Agir sur l'environnement, c'est donc agir pour notre santé, comme préférer le transport actif (marche, vélo) au transport motorisé (automobile, auto-bus).

L'interrelation et l'équilibre entre les dimensions de la santé

Les différentes dimensions de la santé sont interreliées. Ainsi, un déséquilibre émotif peut créer chez une personne une surcharge de stress qui aura des effets physiques (hypertension, trouble de la digestion, entre autres). Comme elles ont de plus une importance égale, il ne faut pas mettre tous ses oeufs dans le même panier en investissant son énergie dans une seule dimension au détriment des autres. Il faut chercher un certain équilibre entre elles.

La métaphore du moteur d'une voiture illustre bien la nécessité de cet équilibre. Un moteur à 6 cylindres développe une certaine puissance (santé globale) qui lui est fournie de manière égale par chacun des 6 cylindres qui fonctionnent conjointe-ment (6 dimensions de la santé). Quand un ou plusieurs cylindres ne sont pas en bon état, la puissance du moteur est privée de la contribution que devaient fournir le ou les cylindres défectueux. Peu importe la puissance du moteur et peu importe le nombre de cylindres encore fonctionnels, continuer à utiliser la voiture dans ces conditions, sans réparer les cylindres défectueux, causera le bris du moteur.

Être en santé, c'est donc se sentir bien dans son corps, dans son esprit, dans ses relations avec les autres, dans ses émotions, dans ses valeurs et dans son environnement. Cette définition de la santé globale permet de reconnaître que quelqu'un puisse être en santé, même s'il souffre d'un handicap ou d'une maladie dont les effets sont contrôlés.

! Sur le vif

Le dialogue interne

Plusieurs athlètes de haut niveau se répètent souvent des phrases ou des mots clés positifs juste avant une épreuve. Ils pratiquent le dialogue in-terne, qui sert à rester concentré sur la tâche à accomplir, à visualiser la réus-site et à y croire. Pour atteindre un objectif, il ne suffit pas de maîtriser la technique d'un geste sportif, ni d'avoir une bonne condition physique, il faut aussi maîtriser ses émotions et croire en ses capacités. Les meilleurs athlètes ont tous une très bonne condition phy-sique, mais également une très bonne maîtrise de leurs émotions.

Alain Lauga/Shutterstock 78910111.

La surfeuse australienne Sally Fitzgibbons visualise ses mouvements avant la compétition du Swatch Pro France, à Seignosse (France) le 3 juin 2011.

Les causes de mortalité aujourd'hui

Au début du 20ᵉ siècle, les causes de décès les plus importantes en Amérique du Nord étaient la pneumonie (12 %), la tuberculose (11 %), la gastro-entérite (8 %) et les maladies cardiaques (8 %). Au tournant du 21ᵉ siècle, les statistiques démontrent un changement radical dans les causes de décès. Alors que les maladies cardiaques étaient auparavant la 4ᵉ cause de décès en importance, elles sont passées depuis 2005 au 2ᵉ rang du palmarès canadien (avec 28 % des décès), tout juste derrière les divers types de cancer (avec 29 % des décès). Les maladies pulmonaires obstructives chroniques arrivent en 3ᵉ position (avec 6 % des décès).

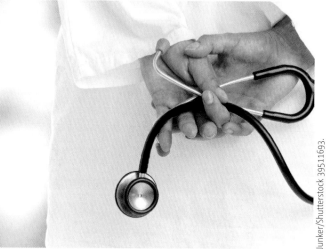

Junker/Shutterstock 39511693.

Deux **phénomènes** expliquent ce changement :

- les **progrès de la médecine**, qui ont permis de réduire considérablement le nombre de décès dus aux maladies infectieuses comme la tuberculose ou la gastro-entérite ;

- la **prolifération d'habitudes de vie nuisibles**, lesquelles contribuent à l'augmentation de maladies chroniques (comme les maladies cardiovasculaires, les maladies pulmonaires ou les cancers) qui sont la cause de près de 70 % des décès.

Grâce aux progrès de la médecine, l'espérance de vie s'est considérablement accrue pour atteindre 81 ans au Canada. Cependant, la croissance des maladies chroniques attribuables aux habitudes de vie nous oblige à nuancer cette avancée avec l'**espérance de vie en bonne santé**. L'espérance de vie en bonne santé indique jusqu'à quel âge moyen un individu va jouir de la vie sans limitation d'activités et sans incapacité. Il existe au Canada un **écart de plus de 10 ans entre l'espérance de vie totale (81 ans) et l'espérance de vie en bonne santé (environ 70 ans)**. Pourquoi cet écart ? Principalement à cause des conséquences des maladies chroniques liées au mode de vie qui réduisent la qualité de vie des personnes qui en souffrent pendant plusieurs années.

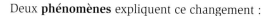

Qu'est-ce qu'une habitude de vie ?

Face à cette situation préoccupante, une solution s'impose : l'adoption de saines habitudes de vie. Mais qu'est-ce qu'une habitude de vie ? Une **habitude de vie est un comportement répété à une fréquence quotidienne ou régulière**. Vous êtes sûrement en mesure de nommer des habitudes de vie : se brosser les dents après un repas, se coucher à 22 h 30 les soirs de semaine, se réveiller tous les jours à la même heure, notamment.

Une habitude de vie est également un **comportement influencé** :

©iStockphoto 17371550/Alvarez.

- par l'**héritage culturel** (par exemple, les Méditerranéens n'ont pas le même régime alimentaire que les Nord-Américains) ;

- par les **relations sociales** (par exemple, faire partie d'un groupe d'amis qui valorisent ou non la consommation d'alcool) ;

- par les **circonstances socioéconomiques** (par exemple, avoir les moyens financiers d'essayer plusieurs activités physiques organisées) ;

- par les **connaissances en santé** (par exemple, les lectures de votre cours d'éducation physique) ;

- par les **choix personnels** (par exemple, choisir un sandwich plutôt qu'un repas frit à la cafétéria).

Chacune de vos habitudes de vie touche une ou plusieurs dimensions de la santé de façon positive ou négative et, par là, votre bien-être. Par exemple, l'habitude de recycler son papier aura une influence sur la santé environnementale, alors que celle de pratiquer le volleyball 1 fois par semaine au centre communautaire aura des effets sur les dimensions sociale (rencontrer ses amis ou s'en faire de nouveaux) et physique de la santé.

L'adoption de saines habitudes de vie est une des principales priorités des différents organismes mondiaux et locaux de santé publique. Pour s'attaquer à ce problème, il faut se donner des moyens pour modifier ses comportements.

En pratique

Le journal de bord pour évaluer vos comportements

Une des meilleures façons de prendre conscience de vos habitudes de vie est d'en faire un relevé quotidien. Avec un journal de bord, vous pourrez par exemple noter vos heures passées devant le téléviseur, le temps consacré à l'activité physique, votre niveau de stress à différents moments de la journée. Vous serez ainsi en mesure d'évaluer quelles habitudes de vie pourraient éventuellement vous nuire et d'agir pour modifier vos comportements. Une fois la démarche de modification entamée, le journal de bord pourra à nouveau vous servir pour constater votre amélioration ou non.

Transformez vos habitudes de vie

Il est difficile de changer une habitude rapidement et au premier essai. La difficulté vient du fait que l'habitude fait partie de nous, car nous la répétons systématiquement depuis plusieurs mois ou années. Pour y arriver, il s'agit d'abord :

- de **comprendre les facteurs influençant notre intention d'adopter ou de changer une habitude de vie** ;

- de **nous organiser d'après un plan clair** prenant en considération les différentes étapes qui seront à franchir pour arriver à notre objectif.

Deux **modèles** complémentaires peuvent vous aider à cheminer efficacement vers l'atteinte de vos objectifs : le modèle d'analyse des variables de l'intention de changement, lequel permet de comprendre les motivations qui fondent une habitude et de mettre au jour les facteurs sur lesquels agir pour changer, et le modèle transthéorique en spirale des stades du changement de comportement, qui permet de se situer et de progresser dans une démarche de changement.

Brenda Carson/Shutterstock 22150201.

Les méthodes miracles de croissance personnelle

Les ouvrages de croissance personnelle sont très tendance. Leurs auteurs prétendent souvent avoir LA méthode pour changer un comportement et enfin nous transformer en la personne que nous rêvons d'être. Vous pourrez trouver des conseils utiles dans ces ouvrages, mais gardez à l'esprit que le changement d'une habitude de vie exige un investissement personnel, donc de la discipline et des efforts. La transformation de vos habitudes ne tient pas à une recette, mais à l'élaboration d'une démarche bien planifiée, réaliste et progressive. Choisissez bien les ressources auxquelles vous aurez recours !

----- Le modèle d'analyse des variables ----- de l'intention de changement

Le modèle d'analyse des variables de l'intention de changement, créé par Gaston Godin du groupe de recherche sur les comportements et la santé de l'Université Laval, sert à tracer un bilan de ses habitudes de vie à partir de différents facteurs permettant de **juger de l'intention** d'adopter ou non un comportement. Il y a **3 facteurs** à considérer :

- les attitudes,
- les normes perçues,
- le contrôle perçu.

Variables du modèle d'analyse des variables de l'intention de changement			
Facteurs	**Variables**	**Définition**	**Exemple**
Attitudes	Attitudes cognitives	Évaluation des avantages et des désavantages qu'apportera la modification de l'habitude de vie	Une personne pourrait voir plus d'avantages monétaires à se faire des repas santé plutôt que d'acheter de la malbouffe au casse-croûte de l'école.
	Attitudes affectives	Évaluation des émotions que le changement procurera et des regrets anticipés	Une personne désirant sortir de la sédentarité pourrait évaluer qu'elle ressentira de la gêne du fait d'aller au gymnase et de côtoyer des personnes en forme.
Normes perçues	Normes sociales	La pression ressentie et les valeurs véhiculées par, entre autres, les campagnes de publicité	La consommation de tabac était bien perçue socialement dans les années 1950 et 1960 et les publicités étaient nombreuses et racoleuses. Les publicités sont maintenant interdites et les fumeurs ne sont plus les bienvenus dans les lieux publics.
	Normes comportementales	La façon de se comporter qui est considérée comme normale	La consommation de bière est chose courante lorsqu'un groupe visionne un évènement sportif.
	Croyances dans les rôles sociaux	La concordance entre un comportement et la perception du statut social de la personne dans son milieu	Il serait mal vu pour le capitaine d'une équipe sportive d'être fumeur.
	Normes morales	Les convictions personnelles qui peuvent influencer la transformation d'une habitude de vie	Le respect des animaux est une conviction personnelle profonde qui incite certaines personnes au végétarisme.
Contrôle perçu	Barrières perçues	Les contraintes anticipées qui pourraient rendre difficile la transformation d'une habitude de vie	Il peut s'agir du temps disponible, de la motivation, des moyens financiers, etc.
	Efficacité personnelle perçue	La conviction d'être capable de transformer son habitude de vie	Une personne qui croit avoir les connaissances et les compétences pour modifier un comportement est plus susceptible de s'engager dans une démarche de changement qu'une autre qui ne dispose pas de ces outils.

Chacun de ces facteurs recoupe plusieurs variables. La définition et l'explication de chacune des variables dont Godin tient compte dans son modèle sont présentées dans le tableau de la page précédente. La simple connaissance des effets néfastes d'une habitude de vie ne peut pas à elle seule motiver suffisamment un individu à changer. Toutes les variables du modèle jouent un rôle dans la détermination de votre volonté de modifier ou non une habitude de vie.

En analysant chacune de ces variables, il est possible de comprendre pourquoi et dans quelles circonstances un comportement est adopté. Cette compréhension permet par la suite d'agir sur ces variables pour transformer de manière durable une habitude de vie à changer.

Toutefois, il n'y a pas de nombre déterminé de variables sur lesquelles agir pour activer la volonté de changer. Dépendamment des personnes et des habitudes de vie à modifier, certaines variables auront plus d'importance que d'autres. Quelquefois, une seule variable sera responsable d'une forte intention. Il s'agit d'identifier laquelle ou lesquelles sont les plus importantes pour vous et d'orienter votre démarche de changement en conséquence.

Par exemple, une fumeuse pourrait prendre conscience que son habitude de fumer s'appuie sur sa perception que le tabagisme est la norme parmi ses proches et les gens qu'elle côtoie. Elle pourrait alors décider d'influer sur cette variable en passant ses pauses au travail avec ses collègues non fumeurs plutôt qu'avec ses collè-

gues fumeurs et ainsi s'assurer d'être avec un groupe (normes sociales perçues) qui l'aidera à diminuer son intention de fumer, plutôt qu'avec un groupe qui la renforce. Il ne s'agit ici que d'une variable et la personne pourra identifier d'autres variables importantes et agir sur elles pour cheminer vers la transformation de son habitude de vie nuisible. En agissant indépendamment sur chaque variable qui sous-tend un comportement, il est possible d'arriver à modifier globalement ses intentions pour réaliser ses objectifs de transformation.

Photomak/Shutterstock 71533321.

----- Le modèle transthéorique en spirale des stades ----- du changement de comportement

Le modèle d'analyse des variables de l'intention de changement est utile pour reconnaître, comprendre et agir sur les variables qui configurent nos habitudes de vie. La route vers le changement d'un comportement est un processus composé de plusieurs étapes graduelles. Le modèle transthéorique en spirale des stades du changement de comportement, élaboré par Prochaska, DiClemente et Norcross, permet de connaître ces étapes, de situer sa démarche de changement par rapport à celles-ci et de se donner des stratégies, inspirées de diverses théories, pour atteindre pas à pas ses objectifs de transformation.

Le modèle en spirale comporte **5 stades distincts de changement** de comportement :
- la précontemplation,
- la contemplation,
- la préparation,
- l'action,
- le maintien.

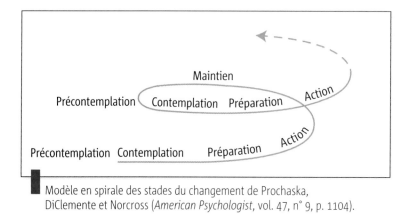

Modèle en spirale des stades du changement de Prochaska, DiClemente et Norcross (*American Psychologist*, vol. 47, n° 9, p. 1104).

Le modèle prévoit qu'une personne puisse revenir momentanément à un stade antérieur (rechute), puis repasser ensuite au suivant. La progression d'une étape à l'autre n'est pas linéaire, elle s'effectue plutôt de façon cyclique (en spirale) et varie d'une personne à l'autre. Ainsi, une personne atteint un état de changement qu'elle saura maintenir avant d'entamer éventuellement une nouvelle démarche de changement plus important en repassant par les mêmes étapes.

Stades du changement de comportement du modèle en spirale	
Stade	**Explication**
Précontemplation	Le changement de comportement n'est pas envisagé ; la personne peut ne pas être consciente que le changement est possible ou qu'il peut être bénéfique pour elle.
Contemplation	La personne commence à penser au changement pour différentes raisons – comme le fait d'entendre parler d'une autre personne qui a bénéficié des changements qu'elle a apportés dans sa vie ou dans ses comportements – et cela entraîne un intérêt grandissant envers le changement.
Préparation	La personne se prépare à entreprendre le changement de comportement désiré, ce qui nécessite de l'information, des méthodes pour y arriver, des habiletés nécessaires, notamment. La personne peut aussi discuter avec les gens de l'entourage pour voir comment ils se sentent par rapport au changement.
Action	La personne fait des changements, en se servant de son expérience, de l'information dont elle dispose, de ses nouvelles habiletés et de sa motivation personnelle. Elle est toutefois susceptible de retomber au stade précédent plus que dans tout autre stade.
Maintien	Le nouveau comportement est adopté, maintenu et intégré dans les habitudes de vie de la personne.

Kilerus/Shutterstock 91343825.

Adapté de : BOUDREAU, GASTON (2005). « Le changement de comportement en général » (p. 12). <http://www.umoncton.ca/ecosage/Gaston2.rtf>.

Le tableau suivant comprend les attitudes caractéristiques correspondant à chacun des stades du modèle transthéorique en spirale des stades du changement de comportement ainsi que les actions à réaliser pour passer au stade suivant. Ainsi, si vous songez à une habitude de vie en ayant en tête les informations contenues dans ce tableau, vous serez probablement en mesure de découvrir à quel stade vous vous trouvez pour cette habitude de vie. Vous pourriez présenter des comportements appartenant à 2 stades différents. Toutefois, il est généralement possible de reconnaître le stade dominant.

Caractéristiques et stratégies des stades du changement de comportement du modèle en spirale			
Stades	**Caractéristiques**	**Stratégies**	**Mises en oeuvre**
Précontemplation	• Il n'y a pas d'intention de changement. • La prise de conscience peut être incomplète. • La personne peut être démoralisée. • La personne n'a peut-être pas réfléchi à ses habitudes de vie. • Il y a plus d'inconvénients que d'avantages perçus par rapport au changement.	• Éveil émotionnel • Augmentation du niveau de conscience	• Prendre conscience de ses habitudes de vie • Prendre conscience de l'importance de modifier son habitude de vie • Identifier les bienfaits de la modification de son habitude de vie
Contemplation	• Il y a intention de changer dans les prochains mois. • La personne est peut-être ambivalente. • La personne est plus ouverte à la prise de conscience. • La confiance en soi est faible.	• Éveil émotionnel • Augmentation du niveau de conscience • Relations aidantes • Contre-conditionnement	• Augmenter son intention d'agir en discutant de ses ambivalences • Préciser les bénéfices de la modification de l'habitude de vie • Augmenter sa confiance en soi
Préparation	• La personne veut agir. • La modification est peut-être déjà engagée. • La personne peut avoir déjà essayé.	• Libération sociale • Éveil émotionnel • Relations aidantes • Contre-conditionnement	• Planifier la modification • Se faire un horaire • Se fixer des objectifs précis • Déterminer une date • Faire des tentatives
Action	• La personne a changé son comportement. • La personne a besoin de soutien parce que cette période est difficile mentalement.	• Libération sociale • Gestion des renforçateurs • Relations aidantes • Contrôle environnemental	• Trouver de l'appui • Prévoir des stratégies pour surmonter les obstacles éventuels
Maintien	• La confiance en soi est très élevée. • Le comportement est modifié depuis un certain temps. • Le risque d'abandon est faible. • La personne connaît les stratégies à appliquer pour gérer ses rechutes. • La personne n'a pas nécessairement besoin de soutien pour maintenir sa nouvelle habitude de vie.	• Libération sociale • Gestion des renforçateurs • Contrôle environnemental	• S'assurer de garder la motivation • Raffiner et améliorer son programme de modification d'habitudes de vie

Adapté de : *Guide du conseiller en condition physique et habitudes de vie* (2004, 3e éd., p. 2-12). Ottawa, Société canadienne de physiologie de l'exercice.

Une fois que vous aurez situé le stade où vous vous trouvez, vous aurez besoin, pour vous guider dans votre processus de changement, de **stratégies efficaces pour progresser**. L'avantage d'utiliser le modèle des stades du changement de comportement réside dans le fait d'être en mesure de recourir à des stratégies appropriées à chacun des stades.

Germanskydiver/Shutterstock 71348833.

Voici l'explication de 7 stratégies.

- L'**éveil émotionnel** : identifier les émotions que génère l'habitude de vie à transformer et, en contrepartie, projeter les émotions positives que génèrera la transformation.

- L'**augmentation du niveau de conscience** : trouver de l'information objective sur les désavantages et les effets néfastes relatifs à l'habitude de vie à transformer pour valoriser la transformation.

- Les **relations aidantes** : chercher à s'entourer de gens qui partagent notre point de vue sur l'habitude de vie à transformer.

- Le **contre-conditionnement** : faire une liste des avantages et des désavantages qu'entraînera le changement de l'habitude de vie ; peser le pour et le contre et, idéalement, trouver des solutions de rechange aux avantages du comportement néfaste pour la santé.

- La **libération sociale** : tenter d'être un soutien et un modèle pour d'autres personnes souhaitant modifier un comportement similaire à l'habitude que nous souhaitons transformer.

- La **gestion des renforçateurs** : s'offrir des récompenses qui ne vont pas à l'encontre de la transformation de l'habitude de vie envisagée ; les récompenses contribuent à l'adoption du nouveau comportement car nous créons un lien entre ce comportement et les récompenses.

- Le **contrôle environnemental** (des stimulus) : rester à l'écart des situations, des lieux et des personnes encourageant la manifestation de l'habitude de vie à modifier.

----- **La motivation** -----

La motivation est **essentielle à toute démarche de modification d'une habitude de vie**. Elle peut être extrinsèque (venant de l'extérieur) ou intrinsèque (venant de soi).

Par exemple, si quelqu'un court vite parce qu'il se sauve d'un poursuivant armé ou qu'il court vite tout simplement parce qu'il aime courir, l'action est la même, mais les raisons en sont totalement différentes. Le premier exemple fait référence à une motivation extrinsèque (fuir un agresseur) alors que le deuxième fait référence à une motivation intrinsèque (le plaisir de faire cette activité).

La **motivation intrinsèque** est **la plus efficace** lorsqu'il s'agit de modifier une habitude de vie, car elle ne dépend pas des circonstances ni des autres. C'est l'individu lui-même qui en est l'instigateur. Si vous entamez une démarche de transformation pour faire plaisir à quelqu'un, votre motivation sera sans doute moins forte et moins durable que si vous le faites pour vous-mêmes. Cependant, toute motivation est bonne, il s'agit de bien l'utiliser.

*V*os habitudes de vie ont une incidence sur votre santé et ses 6 dimensions. Vous verrez plus en détail dans les prochains chapitres les principales habitudes de vie : activité physique, alimentation, équilibre énergétique, dépendances, stress et sommeil, posture. Les modèles de transformation des habitudes de vie seront également mis à contribution pour vous aider à entamer une démarche personnalisée de modification de comportements liés à la santé.

RÉSUMÉ

■ La **santé** est un état de bien-être complet et ne consiste pas seulement en une absence de maladies ou de handicaps.

■ La santé comporte 6 dimensions : **physique**, **mentale**, **sociale**, **émotionnelle**, **spirituelle** et **environnementale**.

■ Les principales **causes de décès** en Amérique du Nord sont maintenant attribuables aux **maladies chroniques** comme les cancers, les maladies cardiaques et les maladies pulmonaires, qui découlent d'habitudes de vie néfastes.

■ Une **habitude de vie** est un comportement répété avec une fréquence quotidienne ou régulière qui affecte notre santé de façon positive ou négative.

■ Le **modèle d'analyse des variables de l'intention de changement** sert à tracer le bilan de ses habitudes de vie à partir de différents facteurs influençant l'intention d'adopter ou non un comportement.

■ Le **modèle transthéorique en spirale du changement de comportement** explique les stades de modification d'une habitude de vie et les stratégies associées à chacun pour évoluer vers le stade suivant.

Affûtez vos CONNAISSANCES

1. Quelles sont les 6 dimensions de la santé?

- **a** Sociale
- **b** Physiologique
- **c** Émotionnelle
- **d** Spirituelle
- **e** Métaphysique
- **f** Sexuelle
- **g** Physique
- **h** Mentale
- **i** Environnementale
- **j** Cardiovasculaire

2. Quelle est la plus importante dimension de la santé?

3. Au début du 20ᵉ siècle, quelle maladie causait le plus grand nombre de décès?

- **a** Maladie cardiovasculaire
- **b** Tuberculose
- **c** Insuffisance rénale
- **d** Pneumonie

4. Quelle est la plus grande cause de décès au Canada depuis 2005?

- **a** Les maladies cardiovasculaires
- **b** La pneumonie
- **c** Les cancers
- **d** Les accidents vasculaires cérébraux

5. Quels sont les 2 phénomènes qui ont modifié radicalement les causes de mortalité entre le début du 20ᵉ siècle et aujourd'hui?

6. Parmi les problèmes de santé suivants, lesquels sont des maladies chroniques?

- **a** Certains cancers
- **b** Les maladies cardiovasculaires
- **c** La tuberculose
- **d** La pneumonie

7. Quelle est, au Canada, l'espérance de vie en bonne santé?

- **a** 70 ans
- **b** 10 ans
- **c** 81 ans
- **d** 65 ans

8. Qu'est-ce qu'une habitude de vie?

- **a** Un comportement nuisible pour la santé.
- **b** Un comportement répété avec une fréquence quotidienne ou régulière.
- **c** Un comportement bénéfique pour la santé.
- **d** Un comportement qui doit être modifié dans les 6 prochains mois.

9. Associez les variables du modèle d'analyse des variables de l'intention de changement de *a* à *h* à leur catégorie respective.

Attitudes • Normes perçues • Contrôle perçu

- **a** Les normes morales

- **b** Les normes sociales

- **c** L'efficacité personnelle

d Les attitudes cognitives

e Les normes comportementales

f Les attitudes affectives

g Les croyances dans les rôles sociaux

h Les barrières perçues

10. Donnez un exemple d'une norme comportementale.

11. Associez la mise en oeuvre de *a* à *e* correspondant au stade du changement de comportement selon le modèle transthéorique en spirale.

Précontemplation • Contemplation • Préparation
Action • Maintien

a La personne doit planifier la modification.

b La personne doit raffiner et améliorer son programme de modification d'habitudes de vie.

c La personne doit prendre conscience de l'importance de modifier son habitude de vie.

d La personne doit augmenter son intention d'agir en discutant de ses ambivalences.

e La personne doit prévoir des stratégies pour contrer une possible rechute.

12. Au stade de l'action du modèle transthéorique, la rechute est impossible.

a Vrai

b Faux

13. Quel est le troisième stade du modèle transthéorique?

a Maintien

b Préparation

c Contemplation

d Action

e Précontemplation

14. À quels stades du modèle transthéorique les relations aidantes sont-elles une stratégie appropriée?

a Maintien

b Préparation

c Contemplation

d Action

e Précontemplation

15. Quels sont les 2 types de motivation qui peuvent animer une personne qui désire effectuer un changement?

Complétez la carte conceptuelle des informations vues dans ce chapitre en utilisant la liste de concepts fournis. La suite de chaque noeud doit constituer une phrase complète. Suivez bien le sens des flèches.

- Contemplation
- Des facteurs influençant l'intention d'adopter ou non un comportement
- La dimension sociale
- Les dimensions de la santé
- Les normes perçues
- Les stades du changement de comportement
- Modèle d'analyse des variables de l'intention de changement
- Modèle transthéorique en spirale

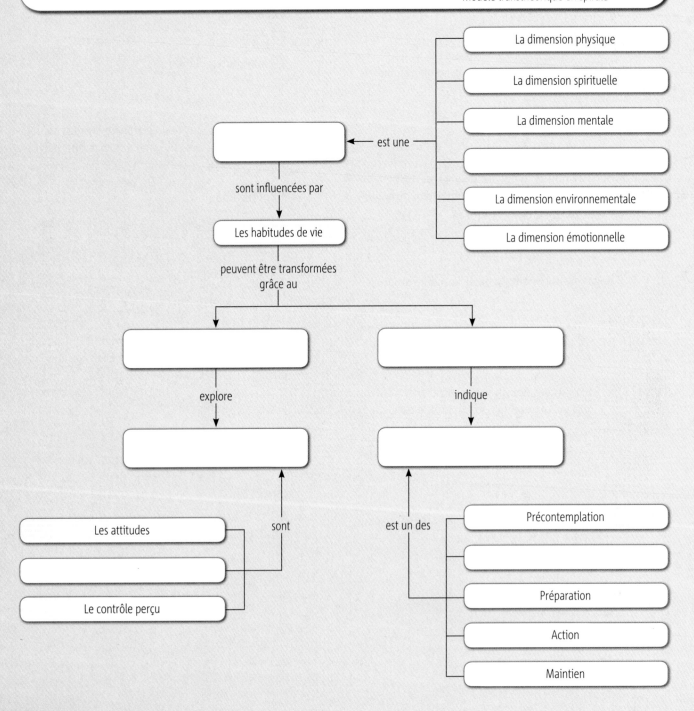

Faites un peu de PRATIQUE

Pour chacune des 6 dimensions de la santé, tentez de nommer une de vos habitudes de vie. Indiquez si cette habitude de vie est saine et notez-en un ou des effets positifs concrets sur votre santé. Si elle est nuisible, indiquez-en un ou des effets négatifs.

Dimension	Habitude de vie	Saine	Nuisible	Effet(s) sur la santé
Physique		☐	☐	
Mentale		☐	☐	
Émotionnelle		☐	☐	
Spirituelle		☐	☐	
Sociale		☐	☐	
Environnementale		☐	☐	

FORTIFIEZ VOTRE CULTURE... PHYSIQUE

 Sites Internet

Site Internet de PasseportSanté :
- http://www.passeportsante.net/Fr/Accueil/Accueil/Accueil.aspx

Site du gouvernement québécois sur les saines habitudes de vie :
- http://www.saineshabitudesdevie.gouv.qc.ca/index.php ?zone-adultes&PHPSESSID =699ac337576d29bae90a3a117decbe9d

Site de l'Institut national de santé publique :
- http://www.inspq.qc.ca/domaines/index.asp ?Dom=40

 Reportages audiovisuels

Série documentaire de Radio-Canada sur les changements de comportements liés à la santé :
- http://www.radio-canada.ca/radio/vivre_autrement/

Reportage tiré de PasseportSanté sur les stratégies anticancers :
- http://www.passeportsante.net/fr/Actualites/Entrevues/Fiche.aspx ? doc=david-servan-schreiber-20100419_ent

 Livres et magazines

DECI, E. L., RYAN, R. M. (1985). *Intrinsic motivation and self-determination in human behavior*. New York, Plenum.

GODIN, G. (2002). « Le changement des comportements de santé ». Dans *Traité de psychologie de la santé* (p. 375-388). G. F. Fisher (dir.). Paris, Dunod.

PROCHASKA, J. O., DICLEMENTE, C. C., NORCROSS, J. C. (1992). « In search of how people change : Applications to addictive behaviors ». *American Psychologist*, vol. 47, n° 9, p. 1102-1114.

Vaincre la sédentarité

ÉCHAUFFEMENT

Êtes-vous une personne physiquement active?

Afin d'amorcer votre réflexion sur votre niveau d'activité physique, lisez les énoncés qui suivent et cochez les cases de ceux qui correspondent à vos habitudes.

☐ Vous pratiquez très peu d'activités physiques ou aucune.

☐ Vous pratiquez moins de 150 minutes d'activités physiques d'intensité modérée ou élevée (ex. : jogging) par semaine.

☐ Vos activités physiques sont habituellement de faible intensité.

☐ Vous pratiquez principalement des activités physiques de faible intensité (ex. : marche lente).

☐ Vous pratiquez au moins 200 minutes d'activités physiques d'intensité modérée à élevée (ex. : jogging) par semaine.

☐ Vous avez besoin de bouger et réservez une plage pour l'activité physique tous les jours.

☐ Vous marchez peu et préférez souvent l'ascenseur aux escaliers.

☐ Vous marchez beaucoup et empruntez souvent les escaliers.

☐ Vous vous déplacez toujours en auto, en autobus ou en métro.

☐ Vous vous déplacez de manière active (ex. : à vélo) à l'occasion.

☐ Vous vous déplacez toujours de manière active dans la mesure du possible.

☐ Vous marchez beaucoup et empruntez toujours les escaliers.

Après avoir lu ce chapitre, vous pourrez évaluer plus précisément si vos habitudes sont celles d'une personne sédentaire ou active.

YanLev/Shutterstock 66545257.

**APRÈS LA LECTURE DE CE CHAPITRE,
VOUS SEREZ EN MESURE :**

- de définir ce qu'est la sédentarité ;

- de savoir quel est le niveau d'activité physique qu'il est nécessaire de pratiquer pour en retirer des bienfaits pour la santé ;

- d'évaluer si votre niveau d'activité physique est suffisant pour votre santé ;

- de comprendre et d'expliquer les avantages d'un mode de vie actif ;

- de comprendre les risques associés à un mode de vie trop peu actif ;

- de vous investir dans une démarche de transformation ou de maintien de votre habitude concernant l'activité physique.

Shock/Shutterstock 44097214.

L a **sédentarité** est habituellement définie comme une **activité physique nulle ou inférieure au seuil minimal recommandé**. Selon l'Organisation mondiale de la santé, plus de 60 % de la population mondiale ne parvient pas à pratiquer suffisamment d'activités physiques pour qu'elle en retire des bienfaits pour sa santé. La sédentarité est une habitude de vie qui a des conséquences néfastes sur la santé et qui porte atteinte à la qualité de vie. Elle contribue à alourdir les dépenses en soins de santé car elle est une cause majeure de maladies et d'incapacités. La sédentarité est aussi l'une des 10 causes principales de mortalité dans le monde.

Il y a cependant moyen de remédier à ce problème. Il n'est pas nécessaire de s'astreindre à un entraînement de haut niveau, il s'agit seulement de faire de l'activité physique une habitude de vie. Cette habitude a des effets bénéfiques quasi immédiats sur la santé de même que tout au long d'une vie.

Peut-être avez-vous déjà un mode de vie actif ? Sinon, comment passer de la sédentarité à un mode de vie actif ? Dans l'un ou l'autre cas, vous avez avantage à connaître votre niveau d'activité physique pour entreprendre par la suite une démarche de maintien ou de transformation de votre habitude de vie concernant l'activité physique.

Un mode de vie sédentaire ou actif ?

P our savoir si vous avez un mode de vie sédentaire ou actif, vous devez comparer le niveau recommandé d'activité physique à votre propre niveau de pratique.

----- Le niveau recommandé d'activité physique -----

Les directives canadiennes en matière d'activité physique, émises par la Société canadienne de physiologie de l'exercice, sont claires. Pour en retirer des bienfaits pour leur santé, les adultes de 18 ans à 64 ans doivent pratiquer **hebdomadairement** :

- un **minimum de 150 minutes d'activité aérobie** ;
- à une **intensité de modérée à élevée** ;
- réparties en **séances d'au moins 10 minutes**.

Pour plus de bienfaits, la Société canadienne de physiologie de l'exercice recommande également de faire aussi des exercices de renforcement musculaire ☼ au moins 2 jours par semaine.

☼ Voir le chapitre 4, « L'entraînement de la force musculaire ».

Kurhan/Shutterstock 10621357.

La capacité aérobie : un indicateur de santé tout indiqué

Les chercheurs du Cooper Institute, un centre de recherche et d'éducation en médecine préventive, ont établi en 2010 de nouveaux seuils santé pour plusieurs déterminants variables de la condition physique. Si ces seuils sont atteints ou dépassés, il y a moins de risques de contracter une maladie liée à la sédentarité. Le seuil santé de la capacité aérobie maximale, le déterminant de la condition physique le plus influent sur la santé (pages 28 et 29 du chapitre 1), correspond à une consommation maximale d'oxygène de 39 millilitres par kilogramme de poids corporel par minute (VO_2 max 39 ml d'O_2/kg/min) chez la femme et de 44 millilitres par kilogramme de poids corporel par minute (VO_2 max 44 ml d'O_2/kg/min) chez l'homme. Vérifiez si votre consommation maximale d'oxygène est au-delà des seuils établis. Pour savoir quels sont les autres seuils émis par le Cooper Institute, rendez-vous sur son site dans l'onglet *FitnessGram* ou encore téléchargez l'application cellulaire *FitnessGram*.

----- Passer à un mode de vie actif... en minutes -----

Nul besoin de pratiquer un sport organisé ou un entraînement rigoureux pour commencer à profiter des bienfaits pour la santé qui découlent d'un mode de vie actif ! Il suffit de respecter le seuil minimum recommandé de 150 minutes d'activités aérobies d'intensité modérée à élevée (en tranches d'au moins 10 minutes) par semaine. Le respect du niveau d'intensité (modérée à élevée) permet d'optimiser les bénéfices en plus de procurer des adaptations physiologiques appréciables (musculaires, cardiorespiratoires, par exemple). Il est important de noter que plus le nombre de minutes totales de pratique dépassera les 150 minutes, plus les bénéfices pour la santé seront marqués et plus les adaptations physiologiques seront notables ! Les bénéfices commencent à plafonner toutefois entre 400 minutes et 600 minutes par semaine.

 Contrainte et solution

Je ne sais pas comment évaluer l'intensité de mon activité physique. Comment en avoir une idée ?

Vous voulez vous assurer, sans calculs ni méthode particulière, que vous mettez suffisamment d'intensité dans vos activités ? Voici quelques indicateurs simples et pratiques proposés par la Société canadienne de physiologie de l'exercice :

- une activité physique pratiquée à intensité modérée vous fera transpirer légèrement et respirer plus fort ;

- une activité physique pratiquée à intensité élevée vous fera transpirer abondamment et vous serez essoufflés, au point qu'il vous sera difficile de tenir une conversation.

----- Passer à un mode vie actif... ----- en nombre de calories dépensées

Comme pratiquer 150 minutes d'activités aérobies d'intensité modérée à élevée occasionne une dépense énergétique d'environ 1 000 calories, il est aussi possible de viser ce seuil de dépense calorique pour obtenir des bénéfices pour la santé. Il est optimal de l'atteindre en pratiquant des activités d'intensité modérée à élevée, mais le but premier reste d'être actif régulièrement. En prenant pour référence la dépense calorique obtenue au moyen de diverses activités physiques, il est également pos-

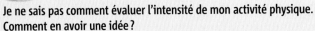

sible d'atteindre le seuil de 1 000 calories en faisant des activités de faible intensité comme la marche. Cette façon de procéder exigera bien sûr plus de temps mais permettra aussi d'adopter un mode vie plus actif. Les bénéfices pour la santé et les adaptations physiologiques seront au rendez-vous, mais de manière moins marquée que si les activités étaient faites avec une intensité modérée à élevée.

Pour vous donner un ordre de grandeur des calories que vous pourriez dépenser selon l'intensité et la durée d'une activité physique, consultez le tableau suivant. Vous constaterez qu'il est facile de trouver une ou des activités qui vous conviennent sans vous astreindre à un programme draconien pour atteindre un niveau d'activité physique suffisant.

Calories dépensées selon l'intensité et la durée de différents types d'activités				
Intensité	**Activités physiques**		**Durée (min)**	**Calories dépensées/séance**
Faible < 4 calories/min (Augmente peu ou pas le rythme cardio-respiratoire.)	• Aquaforme (mouvements lents) • Conditionnement physique • Golf (voiturette électrique) • Marche (lente) • Natation (baignade) • Quilles	• Tennis de table • Vélo stationnaire (résistance légère) • Vélo (promenade) • Volleyball (récréatif) • Musculation	60	150
Modérée 4 - 8 calories/min (Augmente légèrement le rythme cardio-respiratoire sans réduire la durée de l'activité.)	• Aquaforme (mouvements vigoureux) • Badminton • Basketball (récréatif) • Canot (lent) • Danse • Football • Golf (marche) • Marche (rapide)	• Natation (longueurs lentes) • Patinage à roues alignées (promenade) • Patinage sur glace (récréatif) • Ski de fond (lent) • Ski alpin et planche à neige • Soccer récréatif • Tennis (en double) • Vélo (promenade)	30	150
Élevée > 8 calories/min (Augmente de façon marquée le rythme cardiorespiratoire.)	• Canot (rapide) • Hockey • Jogging (rapide) • Montée d'escaliers • Natation (longueurs rapides) • Patinage à roues alignées (rapide)	• Racquetball • Saut à la corde • Ski de fond (rapide) • Squash • Tennis (en simple) • Soccer compétitif • Vélo (rapide)	30	250

Adapté de : COMITÉ SCIENTIFIQUE DE KINO-QUÉBEC (1999). *Quantité d'activité physique requise pour en retirer des bénéfices pour la santé* (p. 20, 26). Direction des communications, Ministère de l'Éducation. © Gouvernement du Québec (<http://www.kino-quebec.qc.ca/publications/qteactivitephysique.pdf>).

 **En pratique**

Évaluez la distance à parcourir pour dépenser 1 000 calories

Pour ceux d'entre vous qui optent pour le transport actif ou qui privilégient les activités physiques aérobies, voici des distances à parcourir, par semaine, pour dépenser environ 1 000 calories.

Activité	Distance
Marche	20 km
Jogging	15 km
Vélo	35 km
Ski de fond	10 - 12 km
Natation	5 km

Source : COMITÉ SCIENTIFIQUE DE KINO-QUÉBEC (1999). *Quantité d'activité physique requise pour en retirer des bénéfices pour la santé* (p. 27). Direction des communications, Ministère de l'Éducation. © Gouvernement du Québec (<http://www.kino-quebec.qc.ca/publications/qteactivitephysique.pdf>).

La dépense énergétique totale, un bon indicateur de votre niveau d'activité physique

La dépense énergétique totale est un indicateur très utile pour déterminer dans quelle mesure vous êtes une personne sédentaire ou active. La dépense énergétique totale **est exprimée en calories par jour ou par semaine**. Le calcul de la dépense énergétique totale se fait en additionnant 3 valeurs :

- l'**énergie dépensée par le métabolisme de base** pour entretenir les fonctions vitales ;
- l'**énergie dépensée lors des activités de la vie quotidienne** (par exemple, étudier, marcher, écouter la télé, discuter), qui sont de très faible ou de faible intensité ;
- l'**énergie dépensée lors des activités physiques** (jouer au soccer, faire du vélo, faire de l'aérobie), qui sont d'intensité modérée ou élevée.

À la fin de ce chapitre, l'exercice de la section «À vous de jouer» vous permettra d'évaluer votre dépense énergétique totale pour situer votre niveau d'activité physique.

Les bienfaits d'une pratique régulière et suffisante d'activités physiques

La pratique suffisante d'activités physiques présente plusieurs avantages à court, moyen et long terme pour la santé. Elle stimule plusieurs adaptations physiologiques ☼ : elle renforce les systèmes musculosquelettique et cardiovasculaire, régule le taux d'hormones et le fonctionnement du corps dans son ensemble, tout en permettant d'atteindre ou de maintenir plus facilement un poids santé et de prévenir de nombreuses maladies.

☼ Voir « Les adaptations physiques et physiologiques attribuables à l'activité physique », page 14 de l'introduction.

Les effets à court terme

La pratique suffisante d'activités physiques comporte des avantages indéniables à court terme. Nous traiterons donc de ses effets positifs sur l'attention et la concentration, la fatigue quotidienne, le sentiment de maîtrise sur sa vie, le sommeil, la qualité de la vie sexuelle ainsi que sur le contrôle de l'asthme.

Un niveau d'attention et de concentration accru

Bien que tous n'aient pas besoin de faire de l'activité physique pour être attentifs et concentrés, c'est pour plusieurs un moyen d'évacuer les tensions et le trop-plein d'énergie. C'est d'ailleurs pour cette raison que les écoles primaires tentent d'insérer de plus en plus d'heures d'éducation physique à leur programme. L'humain est fait pour bouger et il n'est que plus apte à se concentrer sur un problème ou un cours s'il s'est suffisamment dépensé.

Une diminution de la fatigue quotidienne

L'activité physique permet en plus d'atténuer notre degré de fatigue. En pratique, nos réserves d'énergie sont toujours suffisantes pour faire nos activités de la vie quotidienne. Lorsque nous nous sentons trop fatigués pour les réaliser, il s'agit surtout de fatigue neurologique ou de stress accumulé. La pratique d'aussi peu que

Dmitriy Shironosov/Shutterstock 58787104.

15 à 20 minutes d'une activité physique soulage ces symptômes de fatigue en oxygénant le sang et en favorisant sa circulation, alimentant davantage, par le fait même, tous les systèmes du corps. Nous regagnons ainsi de l'énergie pour poursuivre notre journée.

Un sommeil réparateur

Le fait de faire de l'activité physique procure aussi un sommeil plus réparateur. D'une part, votre sommeil sera plus calme et profond car l'activité physique aura permis d'évacuer vos tensions. D'autre part, vous profiterez de plus de temps de sommeil puisque vous vous endormirez plus rapidement après avoir dépensé de l'énergie, car votre corps ressentira le besoin de refaire ses réserves rapidement.

Un plus grand sentiment de maîtrise sur notre vie

☼ Voir le chapitre 10, « Viser une composition corporelle équilibrée et un poids santé ».

☼ Voir le chapitre 12, « Éviter l'excès de stress et bien gérer son sommeil ».

Adopter un programme d'entraînement ou pratiquer régulièrement une ou des activités physiques, c'est sentir que nous avons la maîtrise sur un élément essentiel de notre vie, notre santé. C'est, entre autres, pouvoir contrôler son poids ☼, savoir s'adapter à un horaire de pratique d'activités physiques et le respecter, se donner des objectifs, vérifier leur atteinte et probablement éprouver la fierté de la réussite. L'activité physique permet aussi de régulariser son humeur ☼ : plutôt que de laisser les évènements agir sur nous, c'est nous qui les dominons.

Une bonne santé sexuelle

Pour faire et vouloir faire l'amour, il faut de l'énergie. L'endurance cardiorespiratoire et musculaire, la santé générale et la capacité à se détendre influencent la qualité de la sexualité d'un individu et peuvent être améliorées par l'activité physique. De plus, l'activité physique, pratiquée au quotidien et avec assez d'intensité, augmente la libido des hommes comme celle des femmes. Ces avantages se font sentir à court terme, mais également à long terme. En effet, les hommes pratiquant une activité physique 1 heure par jour, à raison de 3 à 4 jours par semaine, déclarent moins souffrir de dysfonctions érectiles que le reste de la population.

☼ Voir « Un préalable à toute activité physique : l'échauffement », page 27 du chapitre 1.

Un meilleur contrôle de l'asthme

L'asthme est dû à une hypersensibilité des voies respiratoires, des bronches plus particulièrement, et se manifeste par la restriction de l'entrée d'air lors d'efforts d'intensité modérée à élevée. Plusieurs asthmatiques sont récalcitrants à faire des activités intenses parce qu'elles sont susceptibles de provoquer des crises. Paradoxalement, plus les asthmatiques sont actifs, moins leurs crises sont fréquentes et moins elles sont fortes. Il s'agit d'augmenter l'intensité des activités de manière progressive et de toujours commencer par un échauffement ☼.

----- **Les effets à moyen terme** -----

L'activité physique a aussi des effets bénéfiques à moyen terme. Ces avantages ne sont pas visibles lors des premières semaines suivant la transformation d'un mode de vie sédentaire en un mode de vie actif, mais ils garantissent une plus grande jouissance de la vie de tous les jours dans les mois et les années à venir.

Des muscles vigoureux pour de meilleurs os

Lors de tout déplacement de notre corps, que ce soit dans un sport ou dans la vie de tous les jours, nos os subissent des forces de compression. Ces forces sont particulièrement importantes lorsque le déplacement implique l'absorption de chocs multiples (par exemple, en joggant). Ces forces de compression stimulent grandement la croissance osseuse. La musculation stimule elle aussi la croissance osseuse par l'augmentation de la traction qu'exerce un muscle vigoureux, par l'entremise des tendons, sur les os auxquels ce muscle est rattaché. Si la stimulation est régulière et suffisante, le système osseux s'adaptera en devenant plus dense, donc plus solide et moins susceptible de se fracturer. Il est donc suggéré de faire régulièrement des activités qui exercent des forces de traction et de compression élevées.

Soulignons également à quel point il est important d'effectuer fréquemment des activités variées et intenses durant l'enfance et l'adolescence puisque c'est avant l'âge adulte que le pic de croissance osseux est le plus important. La construction et la conservation d'une ossature saine dépendent donc d'une pratique régulière d'activités dynamiques.

De surcroît, les os et les muscles sont aussi responsables de notre **posture** ☼. Un système musculosquelettique suffisamment sollicité va maintenir le bassin, les omoplates et la colonne dans un alignement adéquat, ce qui permettra entre autres d'atténuer les maux de dos.

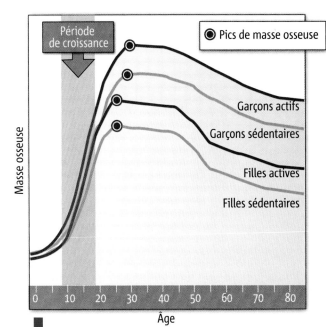

Évolution de la masse osseuse selon l'âge et le niveau d'activité physique

Source : COMITÉ SCIENTIFIQUE DE KINO-QUÉBEC (2008). *Activité physique et santé osseuse* (p. 18). Ministère de l'Éducation, du Loisir et du Sport. © Gouvernement du Québec (<http://www.kino-quebec.qc.ca/publications/santeosseuse.pdf>).

☼ Voir le chapitre 13, « Adopter de saines habitudes posturales ».

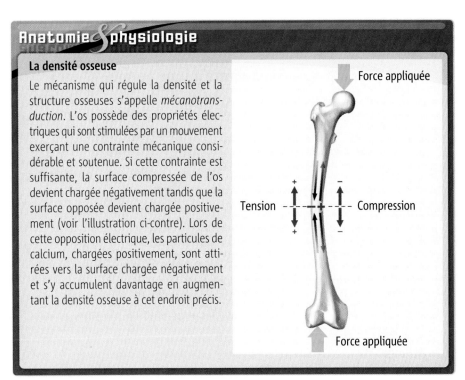

Anatomie & physiologie

La densité osseuse

Le mécanisme qui régule la densité et la structure osseuses s'appelle *mécanotransduction*. L'os possède des propriétés électriques qui sont stimulées par un mouvement exerçant une contrainte mécanique considérable et soutenue. Si cette contrainte est suffisante, la surface compressée de l'os devient chargée négativement tandis que la surface opposée devient chargée positivement (voir l'illustration ci-contre). Lors de cette opposition électrique, les particules de calcium, chargées positivement, sont attirées vers la surface chargée négativement et s'y accumulent davantage en augmentant la densité osseuse à cet endroit précis.

Rudall30/Shutterstock 91016147.

Un système cardiovasculaire performant

Le système cardiovasculaire est composé du coeur, des artères et des veines. Le coeur étant un muscle, c'est en l'utilisant qu'il devient plus performant, car il acquiert une meilleure force de contraction. Cette force de contraction plus grande vient du fait que la sollicitation du coeur épaissit les fibres musculaires constituant ses parois et effectuant le pompage du sang. Le coeur des personnes sédentaires a donc une paroi plus fine que le coeur des personnes actives et donc une force de contraction réduite. Une meilleure force de contraction veut dire un coeur qui se fatigue beaucoup moins.

La fréquence cardiaque au repos ☼ est un bon indicateur de la vigueur cardiaque. Une personne en santé a habituellement une fréquence cardiaque au repos de 60 à 80 pulsations par minute. À titre d'exemple, Lance Armstrong, plusieurs fois champion à vélo du Tour de France, a une fréquence cardiaque au repos de 32 à 34 pulsations par minute. Dans le cas des personnes très entraînées, non seulement le coeur est-il plus fort, mais sa plus grande vascularisation hausse le volume total de sang. Comme le volume de sang en circulation est supérieur, la fréquence cardiaque est moindre pour tout effort donné, et le coeur a donc plus de facilité à pomper suffisamment de sang riche pour nourrir adéquatement tous les systèmes du corps.

☼ Voir « Calculez votre fréquence cardiaque », page 27 du chapitre 1.

Le maintien d'un poids santé

Il n'y a pas de secret : pour contrôler notre poids, il faut **ajuster notre consommation à notre dépense calorique** ☼. La dépense calorique est liée à l'activité physique. Une pratique suffisante d'activités physiques va contribuer au maintien d'un poids santé. Un système musculaire vigoureux demande plus d'énergie que le système musculaire d'une personne sédentaire simplement pour préserver ses acquis, même au repos.

☼ Voir le chapitre 10, « Viser une composition corporelle équilibrée et un poids santé ».

----- Les effets à long terme -----

Les effets positifs d'une vie active sont nombreux dans toutes les sphères de notre vie, mais ils sont d'autant plus importants à long terme, malgré notre hérédité et nos autres habitudes de vie, bonnes ou mauvaises.

La conservation de sa masse musculaire

L'activité physique nous aide à conserver une bonne masse musculaire. Elle aide à contrer un phénomène naturel : après la trentaine, hommes et femmes perdent naturellement petit à petit de la masse musculaire et de la masse osseuse. Cette perte de masse progressive est normale et est surtout due à la diminution des mécanismes de croissance. Le fait d'entretenir notre masse musculaire nous permet de rester actifs plus longtemps, car ce sont les muscles qui sont le moteur de nos activités.

Stefan Schurr/Shutterstock 66310597.

Un meilleur profil lipidique sanguin

Dépenser de l'énergie grâce à la pratique régulière d'activités physiques aide le corps à ne pas emmagasiner trop de graisse au niveau abdominal (gras viscéral). Il en résultera un meilleur profil lipidique sanguin (**taux de cholestérol**). Avoir un meilleur profil lipidique sanguin signifie que les quantités de mauvais cholestérol qui circulent dans le sang seront moindres, ce qui fait baisser considérablement les risques de souffrir d'une maladie associée comme l'athérosclérose ☼.

☼ Voir « L'athérosclérose », page 240 de ce chapitre.

Une meilleure qualité de vie et une autonomie durable

Garder un mode de vie actif suppose que nous effectuons plus d'activités physiques variées, ce qui aide à maintenir une **meilleure mobilité** générale. Lorsque nous jardinons, que nous nettoyons des planchers ou que nous nous déplaçons quotidiennement à vélo, bref lorsque nous nous adonnons régulièrement à des activités, nous entretenons une bonne condition physique générale qui nous permettra de nous mouvoir librement pendant de nombreuses années.

Une meilleure mobilité signifie également **moins de risques de chutes**. Selon Statistique Canada, 85 % des blessures menant à une hospitalisation chez les 65 ans et plus sont causées par des chutes. Il va de soi qu'une personne âgée qui évite une blessure grave demeure plus confiante en ses capacités et, par conséquent, plus longtemps active. En somme, conserver un mode de vie actif assure une meilleure qualité de vie et une autonomie durable.

Une armure contre les maladies

En plus des nombreux bienfaits qu'apporte une vie active, il importe de souligner également la protection qu'elle offre contre de nombreuses maladies. Jusqu'à maintenant, le **meilleur médicament contre plusieurs maladies réside dans la pratique d'activités physiques**.

Les maladies liées à un mode de vie sédentaire

Si les maladies attribuables aux virus et aux bactéries doivent être traitées avec des médicaments traditionnels (vaccins, pilules), les maladies les plus répandues de nos jours trouvent leur remède dans l'activité physique. Plusieurs maladies parmi les plus coûteuses pour le système de santé et parmi les plus destructrices peuvent ainsi être évitées, dont l'obésité, le diabète de type II, les maladies cardiovasculaires, le syndrome métabolique, certains cancers et l'ostéoporose.

Robert B. Miller/Shutterstock 81362500.

----- Le surplus de poids et l'obésité -----

☼ Voir « Le métabolisme de base », page 124 du chapitre 4.

L'inactivité physique peut facilement mener à des problèmes de surpoids et même à l'obésité. Une personne peu active peut effectivement prendre très facilement beaucoup de poids : il lui suffit de manger légèrement plus que ce qu'elle dépense et elle accumulera progressivement tout ce surplus d'énergie dans ses cellules adipeuses. De plus, le métabolisme de base ☼ d'une personne peu active est considérablement moins élevé que celui d'une personne active, ce qui contribue encore davantage à la prise de poids.

Tout ce surcroît de tissus adipeux déséquilibre le fonctionnement global du corps humain, c'est-à-dire son **homéostasie**, et de façon telle que si le pourcentage de graisse devient trop important en proportion de la masse maigre (muscles et os) sur une trop longue période, ce surplus deviendra un système à part entière. Le corps fera alors tout son possible pour garder ses réserves intactes, peu importe le régime alimentaire.

☼ Voir le chapitre 9, « Bien se nourrir ».

En plus d'être terriblement difficile à perdre, l'excès de tissus adipeux, habituellement causé par une alimentation trop calorique ☼, est propice à l'apparition d'un ensemble de maladies susceptibles d'écourter grandement l'espérance de vie en bonne santé. Parmi ces maladies se trouvent le diabète de type II, les maladies cardiovasculaires, le syndrome métabolique ainsi que différents cancers. En somme, les réserves adipeuses comportent plusieurs risques graves, d'où l'importance de conserver un poids santé tout au long de notre existence.

Santé contre image

Une condition physique... virtuelle

L'organisme Jeunes en forme Canada publie chaque année un bulletin dans lequel il accorde une note au niveau d'activité physique des jeunes Canadiens. Pour l'année 2010, il donnait la note *F* aux adolescents. L'organisme déplore que les jeunes passent de plus en plus de temps devant leurs ordinateurs et leurs jeux vidéo. N'est-ce pas paradoxal : nous passons des heures devant une console de jeux à entrer dans la peau de héros ou d'héroïnes en super condition physique, tels que Nathan Drake de *Uncharted* ou Lara Croft de *Tomb Raider*, alors que nous sommes totalement passifs lorsque nous appuyons sur les bons boutons pour leur faire réaliser leurs prouesses ?

----- Le diabète de type II -----

Les diabètes de types I et II sont semblables dans leurs effets bien que différents dans leurs causes. L'**insuline**, une hormone qui contrôle, avec le glucagon, la glycémie sanguine, c'est-à-dire le taux de sucre (glucose) dans le sang, est le facteur directement en cause dans les deux cas.

Le **diabète de type I** empêche la production de l'insuline ; le corps ne peut donc pas utiliser le sucre qu'il reçoit de l'alimentation. Ce type de diabète est fréquemment héréditaire et il est généralement dû à une réaction auto-immune provoquant une destruction des cellules pancréatiques responsables de la fabrication de l'insuline. La plupart du temps, le diabète de type I apparaît avant l'âge de 30 ans. Il est appelé *diabète insulinodépendant* parce que les gens qui en souffrent doivent s'injecter de l'insuline quelques fois par jour, pendant toute leur vie, afin de réguler leur taux de glycémie.

Dans le cas du **diabète de type II**, il s'agit d'une résistance croissante à l'insuline, d'où son appellation d'*insulinorésistant*. Jusqu'à récemment, le diabète de type II se manifestait après l'âge de 30 ans, mais depuis quelques années, étant donné la prolifération des mauvaises habitudes de vie, il se manifeste plus tôt, même chez des enfants. Les principales causes de cette résistance croissante sont l'obésité abdominale et la sédentarité. Étant donné que plus de 75 % des risques attribuables au diabète résultent de l'obésité, ce nouveau phénomène est appelé *diabésité* : 135 millions de personnes dans le monde souffriraient de diabète de type II. Au contraire du diabète de type I, le diabète de type II est réversible si les habitudes sont changées. Il faut donc, pour contrer cette maladie, viser une réduction de la masse grasse, une modification de l'alimentation ainsi qu'une hausse de la pratique d'activités physiques.

Chepko Danil Vitalevich/Shutterstock 54826438.

Les symptômes les plus communs du diabète de type II

Il est important de surveiller les signes de diabète puisque dans 50 % des cas cette maladie progressive n'est malheureusement pas diagnostiquée avant plusieurs années. Les symptômes les plus communs sont une plus grande fatigue, un plus gros volume des urines et une obligation nouvelle de se lever pour uriner pendant la nuit, une soif et une faim exagérées, une cicatrisation plus lente, un accroissement des infections, une moindre sensibilité des doigts et des orteils, une vision embrouillée, des maux de tête, un caractère irritable.

Les répercussions du diabète de type II

À long terme, les répercussions sont **nombreuses** et **très graves** puisqu'une glycémie mal régulée endommage les nerfs (neuropathie) ainsi que les vaisseaux sanguins. La dégénérescence du système nerveux affecte environ 65 % des diabétiques et se produit dans la majorité des cas de façon progressive. De plus, 73 % des diabétiques sont hypertendus, ce qui entraîne nettement plus d'atteintes vasculaires, surtout s'ils ne portent pas suffisamment attention à leur glycémie quotidienne. La cause principale de décès chez les diabétiques est d'ailleurs la maladie coronarienne, dont l'incidence croît de 2 à 4 fois, tout comme les accidents vasculaires cérébraux.

Conjointement, les dommages vasculaires et nerveux rendent les diabétiques plus vulnérables aux infections et aux blessures puisque ces dommages occasionnent graduellement une perte de sensibilité et d'irrigation sanguine dans les extrémités. Conséquemment, le diabète est la principale cause de cécité (perte de la vue) ainsi que des amputations dues à la gangrène (60 % des amputations non reliées à des accidents). Finalement, l'effet cumulé de ces dégénérescences et de l'hypertension artérielle prédispose bon nombre de diabétiques à l'insuffisance rénale (néphropathie).

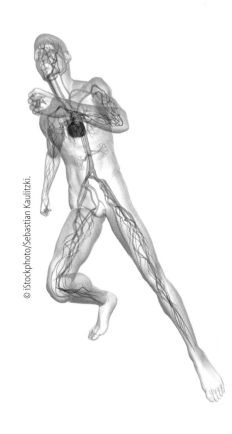

----- Les maladies cardiovasculaires -----

Selon l'Institut de cardiologie de Montréal, les maladies cardiovasculaires sont en tête des causes de décès au Canada. Elles sont aussi largement responsables des cas d'hospitalisation au pays. La Fondation des maladies du coeur du Canada définit comme maladie cardiovasculaire toute maladie qui touche l'**appareil cardiovasculaire**, incluant le coeur, les vaisseaux sanguins approvisionnant le coeur (les coronaires) ainsi que le réseau de vaisseaux sanguins (les artères et les veines) alimentant les autres régions du corps. Les maladies cardiovasculaires les plus communes sont la maladie coronarienne, l'accident vasculaire cérébral, l'hypertension et l'athérosclérose.

La maladie coronarienne

La maladie coronarienne est occasionnée par l'obstruction des artères qui irriguent le coeur. Cette obstruction risque de provoquer l'infarctus du myocarde (crise cardiaque).

L'accident vasculaire cérébral

L'accident vasculaire cérébral (AVC) est provoqué par une rupture ou un blocage d'un vaisseau sanguin du cerveau, créant un arrêt d'apport d'oxygène et de nutriments dans une partie de celui-ci. Les **2 principales causes** de rupture sont l'hypertension et l'athérosclérose.

L'hypertension artérielle

Les mécanismes précis qui engendrent l'hypertension artérielle restent pour leur part encore à l'étude. Une prédisposition génétique est souvent en cause mais peut certes être stimulée par d'autres **facteurs de risque** tels que l'insuffisance rénale, l'artériosclérose (un durcissement des artères), une alimentation trop riche en sel et l'âge. Les facteurs de risque n'occasionnent pas nécessairement l'apparition d'une maladie, mais peuvent y contribuer. D'ailleurs, plus ces facteurs sont nombreux chez un individu, plus son risque d'être hypertendu est élevé. L'hypertension artérielle afflige près de 1 milliard d'adultes dans le monde.

L'athérosclérose

Une autre affection qui atteint un nombre grandissant de personnes est l'athérosclérose. L'athérosclérose est une maladie dégénérative de la paroi interne des artères qui cause leur rétrécissement progressif à cause de l'accumulation de lipides (gras).

----- Le syndrome métabolique -----

Le syndrome métabolique, aussi appelé *syndrome X*, est un des témoins directs d'une sédentarité grandissante dans la population. Il ne s'agit pas d'une maladie mais d'un **regroupement de facteurs de risque**. Selon le National Cholesterol Education Program, une personne souffre du syndrome métabolique lorsqu'elle présente au moins 3 des facteurs de risque suivants :

- obésité abdominale ;

- haut taux de mauvais cholestérol (LDL, selon l'abréviation anglaise de *low density lipoproteins*) ;

- faible taux de bon cholestérol (HDL, selon l'abréviation anglaise de *high density lipoproteins*) ;

- hypertension artérielle ;

- glycémie élevée (insulinorésistance).

Le syndrome métabolique accroît de 4 à 11 fois les risques de souffrir du diabète de type II, de 2 à 4 fois les risques de souffrir de la maladie coronarienne et de subir un accident vasculaire cérébral.

----- Les cancers -----

Le cancer est une maladie résultant d'une **dysfonction cellulaire** qui mène à une prolifération anormale de cellules «rebelles». Cette multiplication inhabituelle de cellules peut se propager dans le sang ou former une masse, la **tumeur**. Les tumeurs peuvent être bénignes et notre corps en gère naturellement plusieurs durant notre vie sans même que nous le sachions. Dans le cas où elles sont malignes, les tumeurs portent atteinte à notre intégrité puisqu'elles perturbent le bon fonctionnement des organes auxquels elles s'attachent et peuvent même se répandre dans tout le corps.

Quoiqu'un grand nombre de facteurs puissent donner naissance à un cancer, plusieurs études ont démontré une corrélation directe avec l'inactivité physique et le surplus de poids. Les cancers les plus influencés par la sédentarité sont le cancer du côlon et le cancer du sein.

Le cancer du côlon

Dans le cas du cancer du côlon, les risques sont de 40 % à 50 % moins élevés si la personne est active. C'est un meilleur transit intestinal qui expliquerait ce lien causal, parce qu'une personne active digère mieux et évacue plus rapidement les déchets. Certains aliments peuvent contenir des éléments cancérigènes et plus ils passent de temps dans le côlon, plus l'exposition à ces agents cancérigènes est importante.

Le cancer du sein

Pour ce qui est du cancer du sein, les risques sont de 40 % moins élevés si la personne est active. Ce sont les niveaux d'oestrogène plus bas qui diminueraient considérablement les risques de développer ce type de cancer. Comme cette hormone est influencée par la masse grasse, elle est présente en plus grande quantité lorsqu'il y a surplus de poids.

Frederick R. Matzen/Shutterstock 16052479.

Les cancers en général

En ce qui concerne les cancers en général, un autre facteur est à prendre en compte. Nous avons vu précédemment qu'un surplus de poids et un manque d'activités physiques influencent l'insulinorésistance, ce qui cause la présence d'un **surplus d'insuline** dans le sang. L'insuline n'est pas seulement une hormone qui sert à faire passer le glucose sanguin à l'intérieur des muscles, elle joue également le rôle d'**hormone de croissance**. La présence d'une **grande quantité** de cette hormone de croissance en circulation dans le sang contribue à toute forme de croissance au sein de l'organisme, même celle d'un éventuel cancer. Le fait d'être sédentaire ou trop gras peut donc influencer la progression de tumeurs qui normalement se résorberaient.

----- L'ostéoporose -----

L'ostéoporose est une maladie caractérisée par une diminution de la densité osseuse. Le phénomène se fait naturellement et progressivement plus nous avançons en âge. Il atteint beaucoup plus les femmes ménopausées et ses effets sont plus importants chez les personnes ayant vécu une vie sédentaire ou ayant subi des carences alimentaires attribuables à des régimes inadéquats.

Lors de la ménopause, qui débute habituellement vers l'âge de 50 ans, les taux d'oestrogène décroissent. Cette réduction, combinée aux mécanismes de vieillissement, touche de façon draconienne la densité osseuse. La déminéralisation osseuse est si importante qu'une femme aurait perdu à 80 ans environ 40 % de sa masse osseuse, contre 25 % chez un homme. Ajoutée à la fonte de la masse musculaire, l'ostéoporose peut prédisposer à la perte d'autonomie puisque le squelette, plus fragile, est plus susceptible de se fracturer lors de chutes. Il est par conséquent important de contrer l'ostéoporose par une pratique d'activités quotidiennes d'intensité modérée à élevée qui va stimuler le maintien d'une densité osseuse ☼ adéquate.

☼ Voir « Des muscles vigoureux pour de meilleurs os », page 235 de ce chapitre.

© iStockphoto/YanLev.

a pratique suffisante d'activités physiques joue un rôle crucial sur notre état de santé, car non seulement de nombreuses conséquences néfastes peuvent être évitées, mais plusieurs adaptations physiologiques positives en découlent. Ces effets adviennent à court, moyen et long terme, et sont envisageables avec un temps de pratique quotidien ou régulier d'activités physiques somme toute assez restreint. De plus, c'est faire de l'activité physique une habitude de vie agréable qui vous aidera à gérer votre poids, à composer avec le stress, à maîtriser votre humeur, à mieux dormir et à avoir une bonne posture, sujets qui seront traités plus en profondeur dans les chapitres suivants.

RÉSUMÉ

- Nous pouvons **combattre la sédentarité** et profiter des bienfaits de l'activité physique en pratiquant hebdomadairement un minimum de 150 minutes d'activités physiques aérobies d'intensité modérée à élevée, réparties en séances d'au moins 10 minutes.

- Pour évaluer notre niveau d'activité physique, nous pouvons calculer notre **dépense énergétique totale** (exprimée en calories) quotidienne ou hebdomadaire.

- Pour profiter des effets bénéfiques de l'activité physique sur notre santé, il faut dépenser un minimum de **1 000 calories de plus par semaine** que la dépense calorique associée à l'état sédentaire.

- Les **effets positifs de l'activité physique à court terme** sont un niveau d'attention et de concentration accru, une atténuation de la fatigue quotidienne, un renforcement du sentiment de maîtrise sur notre vie, une bonne santé sexuelle, le contrôle de l'asthme.

- Les **effets positifs de l'activité physique à moyen terme** sont une plus grande vigueur des muscles et de meilleurs os, un système cardiovasculaire performant, la conservation d'un poids santé.

- Les **effets positifs de l'activité physique à long terme** sont un meilleur maintien de la masse musculaire, un meilleur profil lipidique sanguin, une meilleure qualité de vie et une autonomie durable (meilleure mobilité générale, moins de risques de chutes et de blessures), une protection contre de nombreuses maladies.

- La **sédentarité risque d'engendrer plusieurs problèmes et maladies**, dont le surplus de poids et l'obésité, le diabète de type II, les maladies cardiovasculaires, le syndrome métabolique, certains cancers, l'ostéoporose.

CAMP D'ENTRAÎNEMENT

 Affûtez vos **CONNAISSANCES**

1. Combien de minutes d'activités physiques d'intensité modérée à élevée faut-il faire par semaine pour en retirer des bienfaits pour la santé ?

a L'important n'est pas la durée totale des activités, mais seulement l'intensité.

b Les instances de santé publique suggèrent de pratiquer un minimum de 150 minutes d'activités physiques par semaine.

c Les instances de santé publique suggèrent de pratiquer un minimum de 250 minutes d'activités physiques par semaine.

d Un minimum de 20 minutes d'activités physiques d'intensité modérée, tous les jours.

2. Dites quels énoncés sont vrais en ce qui concerne la sédentarité.

a Pour vaincre la sédentarité, il est essentiel d'intégrer un entraînement régulier à ses activités hebdomadaires.

b La sédentarité est définie comme une pratique d'activités physiques nulle ou inférieure au seuil minimal recommandé.

c Une personne qui pratique environ 120 minutes d'activité physique modérée par semaine n'est pas considérée comme sédentaire.

d Pour commencer à obtenir des bénéfices pour la santé, il faut viser un seuil de dépense calorique au moyen de l'activité physique d'un minimum de 1 000 calories par semaine.

3. Combien de calories approximativement une activité de faible intensité pratiquée pendant 60 minutes fait-elle perdre ?

a 100   **c** 200

b 150   **d** 250

4. Combien de kilomètres faut-il marcher (transport actif) par semaine pour en retirer des bienfaits pour la santé ?

a 5 kilomètres

b 10 kilomètres

c 15 kilomètres

d 20 kilomètres

5. Quels sont les énoncés qui indiquent comment avoir une idée de l'intensité d'une activité physique ?

a Par l'importance de la sudation.

b Par le nombre total de minutes que dure l'activité.

c Par la fréquence hebdomadaire de la pratique de l'activité.

d Par l'importance du degré d'essoufflement.

6. Pour profiter d'un maximum de bienfaits pour la santé, il suffit de dépenser 1 000 calories par semaine en activités physiques.

a Vrai

b Faux

7. À partir de quelle durée hebdomadaire en minutes les bienfaits sur la santé apportés par l'activité physique plafonnent-ils ?

a Entre 100 et 300 minutes

b Entre 300 et 400 minutes

c Entre 0 et 100 minutes

d Entre 400 et 600 minutes

8. Quels sont les effets bénéfiques à court terme d'une vie suffisamment active ?

a Être actif permet de diminuer la fatigue quotidienne.

b L'activité physique régulière permet d'élever la pression artérielle de façon durable, ce qui est très favorable à la santé.

c Les effets positifs à court terme sont négligeables.

d Faire de l'activité physique sur une base régulière renforce notre sentiment de maîtrise sur la vie.

9. Pourquoi nous sentons-nous moins fatigués après 15 à 20 minutes d'activité physique ?

a À cause du retour du coeur à un rythme de repos.

b Lorsque le taux de glucose sanguin chute, nous nous sentons mieux.

c L'activité physique oxygène le sang et en améliore la circulation, ce qui procure une sensation de bien-être.

d Le fait de suer permet d'évacuer les toxines de l'organisme, ce qui nous laisse une sensation de bien-être.

10. Quelles sont, parmi les suivantes, les conséquences de l'inactivité physique ?

a L'embonpoint

b La prise de gras abdominal

c Une augmentation du métabolisme de base

d L'augmentation de la masse maigre

e L'obésité

11. Quelles sont les activités qui stimulent le plus le système musculosquelettique ?

a Les activités physiques aquatiques

b Le cyclisme

c Les activités physiques dynamiques sans impact

d Les activités physiques dynamiques avec impact

12. Complétez les phrases suivantes avec les bons mots.

Consommation • Déséquilibre • Dépense
Compression • Croissance • Santé

a La _____ osseuse est stimulée par les forces de _____ et les forces de traction.

b Une personne en _____ a habituellement une fréquence cardiaque au repos de 60 à 80 pulsations par minute.

c Pour contrôler son poids, il faut ajuster sa _____ à sa _____ calorique.

d Un surplus de masse grasse _____ le fonctionnement global du corps.

13. Parmi les conséquences sur la santé suivantes, lesquelles peuvent être dues à un mode de vie sédentaire ?

a Le cancer du sein

b Le diabète de type I

c Le diabète de type II

d La maladie de Crohn

e L'ostéoporose

f La dystrophie musculaire

g Le syndrome métabolique

14. Quelles sont les causes potentielles du diabète de type II ?

a Une alimentation trop riche en sel

b Un surplus de poids abdominal

c Une pratique d'activités physiques 7 jours sur 7

d Une diminution de la résistance à l'insuline

e Une pratique d'activités physiques inférieure au seuil minimal recommandé

15. Les énoncés suivants sont-ils vrais ou faux ?

a L'ostéoporose atteint beaucoup plus les femmes ménopausées.

b L'accident vasculaire cérébral est provoqué la plupart du temps par une chute lors d'une activité physique.

c Le syndrome métabolique n'est pas une maladie.

d Les asthmatiques ne devraient pas pratiquer d'activités physiques à une intensité élevée.

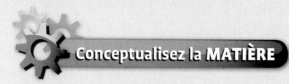

Conceptualisez la MATIÈRE

Complétez la carte conceptuelle des informations vues dans ce chapitre en utilisant la liste de concepts fournis. La suite de chaque noeud doit constituer une phrase complète. Suivez bien le sens des flèches.

- Des effets à court terme
- Des effets à long terme
- Des problèmes de santé et des maladies chroniques
- L'augmentation de la concentration
- L'augmentation de la densité osseuse
- L'augmentation du sentiment de maîtrise
- La conservation de la masse musculaire
- Un système cardiovasculaire performant
- Une autonomie durable

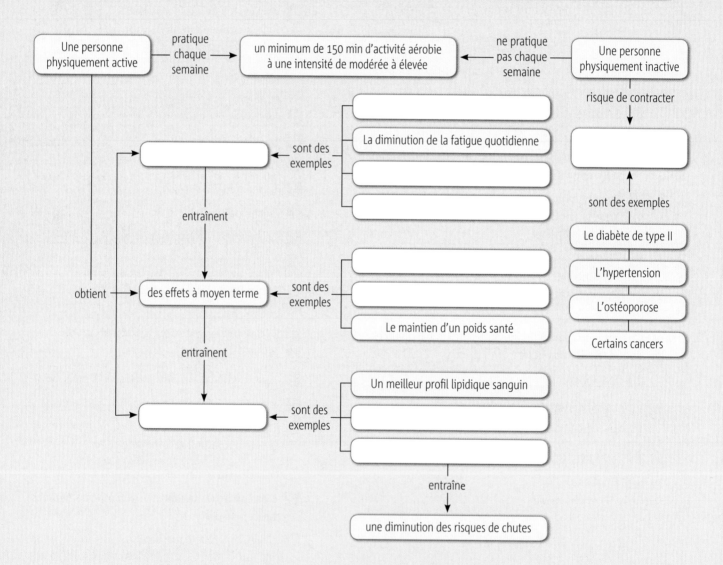

Faites un peu de PRATIQUE

Mickael est décidé à devenir plus actif. Son objectif est d'augmenter sa dépense calorique d'au moins 1 000 calories par semaine et, si possible, de 1 500 calories.

Suggérez-lui une première option pour qu'il atteigne son objectif de 1 000 calories en pratiquant 3 activités physiques différentes et une deuxième option pour qu'il atteigne son objectif de 1 500 calories par semaine, toujours en pratiquant 3 activités différentes.

Vous devrez ajuster le nombre de séances et la durée de celles-ci dépendamment de l'intensité des activités choisies. Pour vous aider, consultez le tableau «Calories dépensées selon l'intensité et la durée de différents types d'activités», page 232 de ce chapitre.

Objectif 1 000 calories				
Activités physiques	Intensité	Fréquence (séances/semaine)	Durée (min)	Calories (dépensées/séance)
			Calories totales :	

Objectif 1 500 calories				
Activités physiques	Intensité	Fréquence (séances/semaine)	Durée (min)	Calories (dépensées/séance)
			Calories totales :	

FORTIFIEZ VOTRE CULTURE... PHYSIQUE

 Sites Internet

Directives canadiennes (janvier 2011) en matière d'activité physique :

- http://www.csep.ca/Francais/view.asp?x=804

Organismes québécois de promotion de l'activité physique :

- http://www.kino-quebec.qc.ca/
- http://www.participaction.com/fr-ca/Get-Moving/Easy-Ways-To-Start.aspx

Outil d'évaluation de son niveau d'activité physique :

- http://www.kino-quebec.qc.ca/actimetre.asp

 Reportages audiovisuels

Reportage de Radio-Canada sur les effets de la sédentarité :

- http://www.radio-canada.ca/actualite/enjeux/reportages/2003/03-04-15/sedentarite.shtml

Reportage tiré de PasseportSanté sur les stratégies anticancers :

- http://www.passeportsante.net/fr/Actualites/Entrevues/Fiche.aspx?doc=david-servan-schreber-20100419_ent

 Livres et magazines

DEPIESSE, FRÉDÉRIC ET COLL. (2009). *Prescription des activités physiques : En prévention et en thérapeutique*. Paris, Éditions Masson.

LAROSE, KARINE (2007). *Le guide vivre plus*. Montréal, Éditions La Semaine.

LAURE, PATRICK (2007). *Activités physiques et santé*. Paris, Éditions Ellipses.

ORGERET, GILLES (2008). *Le sport est un médicament bio*. Paris, Éditions J. Lyon.

RAJOTTE, SYLVIE (2009). *Causons diabète et santé*. Montréal, Éditions de l'Homme.

Évaluez et transformez votre niveau d'activité physique

Avant d'entreprendre votre démarche de transformation de votre habitude de vie concernant l'activité physique, il faut connaître votre dépense énergétique totale pour déterminer votre niveau d'activité physique.

Calculez votre dépense énergétique

1 Faites le **relevé de toutes vos activités physiques hebdomadaires**. Indiquez dans la première colonne le nom de l'activité physique. Dans la deuxième colonne, indiquez son intensité (faible, modérée et élevée) selon le classement du tableau «Calories dépensées selon l'intensité et la durée de différents types d'activités» de la page 232 de ce chapitre. Précisez dans la troisième colonne combien d'heures au total par semaine vous pratiquez cette activité. Considérez seulement les activités que vous avez faites pendant au moins 10 minutes d'affilée.

Activités physiques pratiquées	Intensité			Durée en heures par semaine
	Faible	Modérée	Élevée	

Additionnez les heures d'activité à chacune des intensités sur 7 jours et faites-en la **moyenne par jour** (en heures).

	Total sur 7 jours	Moyenne par jour
a **Heures** d'activités physiques **d'intensité faible**		÷ 7 =
b **Heures** d'activités physiques **d'intensité modérée**		÷ 7 =
c **Heures** d'activités physiques **d'intensité élevée**		÷ 7 =

2 Faites les étapes suivantes pour connaître votre **métabolisme de base** (MB).

a Calculez votre masse maigre.

Masse grasse = poids total ___ kg × % de gras ___ = ___ kg

Masse maigre = poids total ___ kg − masse grasse ___ = ___ kg

Note : Les étapes *2b* à *7* peuvent aussi être faites de manière automatisée sur le **CEC** plus à l'aide du «Calculateur de dépense énergétique».

Note : La dépense énergétique totale des personnes ayant un pourcentage de graisse idéal sera peut-être légèrement sous-estimée.

b Selon votre sexe, calculez votre métabolisme de base avec l'une des formules suivantes.

MB homme = 77,6 + [13,7 × masse maigre ____ (kg)] + [492,3 × taille ____ (m)] − [6,8 × âge ____]
= ____ calories

MB femme = 667,1 + [9,7 × masse maigre ____ (kg)] + [172,9 × taille ____ (m)] − [4,7 × âge ____]
= ____ calories

3 Calculez maintenant la **dépense énergétique liée à vos activités physiques d'intensité modérée et élevée (AP)** à l'aide des résultats des numéros *1b* et *1c*.

a Dépense énergétique liée aux activités physiques d'intensité modérée =
Nombre d'heures par jour ____ × votre masse maigre (kg) ____ × 7,5 METS = ____ calories

b Dépense énergétique liée aux activités physiques d'intensité élevée =
Nombre d'heures par jour ____ × votre masse maigre (kg) ____ × 11 METS = ____ calories

4 Additionnez les calories dépensées en *3a* et *3b* et multipliez ce résultat par 7 pour connaître combien de **calories par semaine** vous dépensez lors de ces activités physiques.

AP par semaine = AP par jour (*3a* ____ + *3b* ____) ____ calories × 7 jours = ____ calories

Consultez le tableau suivant pour savoir dans quelle mesure cette dépense calorique vous apporte des bienfaits pour votre santé.

Dépense énergétique en activités physiques d'intensité modérée et élevée	Bénéfices santé
0 - 999	Peu ou pas de bénéfices santé
1000 - 1499	Bénéfices santé
1500 - 1999	Bénéfices santé considérables
2000 - 3000+	Bénéfices santé optimaux

Note : Il est possible d'incorporer à votre résultat la dépense énergétique liée aux activités de faible intensité, mais celles-ci n'apportent que peu de bénéfices santé. C'est pourquoi nous vous suggérons de comptabiliser seulement les activités physiques d'intensité modérée et élevée.

5 Calculez maintenant votre **dépense énergétique liée aux activités de la vie quotidienne (AVQ)**. Ces activités incluent les activités physiques de faible intensité et les moments inactifs.

a Calculez d'abord l'énergie dépensée dans les activités de faible intensité à l'aide du résultat du point *1a*.

Dépense énergétique liée aux activités physiques de faible intensité =
Nombre d'heures par jour ____ × votre masse maigre (kg) ____ × 2 METS = ____ calories

b Les moments inactifs sont les activités qui impliquent peu ou pas de mouvements (études, télévision, cours, voiture, autobus, etc.). Pour pouvoir calculer l'énergie que vous y dépensez, procédez comme suit.

- Notez le nombre d'**heures de sommeil** que vous avez eues en moyenne par jour

- Faites le **total de toutes vos heures d'activités physiques** par jour en additionnant votre nombre d'heures d'activités physiques d'intensité faible (*1a*), modérée (*1b*) et élevée (*1c*).

  Heures d'activités physiques de faible intensité   + Heures d'activités physiques d'intensité modérée   + Heures d'activités physiques d'intensité élevée   = **nombre d'heures total d'activités physiques**

- Calculez maintenant votre dépense énergétique liée aux **heures de la journée où vous êtes inactif ou inactive** :

  Dépense énergétique liée aux moments inactifs = 24 − [nombre d'heures de sommeil   + nombre d'heures total d'activité physique   ] × votre masse maigre (kg)   × 0,5 MET =   calories

c Vous pouvez maintenant calculer votre **dépense énergétique liée à vos activités de la vie quotidienne (AVQ)**.

  AVQ = dépense énergétique liée aux activités physiques de faible intensité (*5a*)   + dépense énergétique liée aux moments inactifs (*5b*)   =   calories

6 Calculez maintenant votre **dépense énergétique totale** (DET) d'une journée typique.

  DET = MB (*2b*)   calories + AP(*4*)   calories + AVQ (*5c*)   calories =   calories

7 Pour savoir si vous êtes une personne sédentaire, faiblement active, active ou très active, multipliez votre métabolisme de base (MB) par chacun des facteurs suivants. Comparez ensuite votre DET à ces résultats pour savoir où vous vous situez.

Sédentaire : MB   × 1,35 =   calories
Faiblement active : MB   × 1,55 =   calories
Moyennement active : MB   × 1,75 =   calories
Très active : MB   × 1,95 =   calories

8 Est-ce que votre dépense énergétique fait de vous une personne active ou sédentaire ? Si vous êtes une personne active, précisez votre niveau d'activité physique.

☐ Sédentaire   ☐ Moyennement active
☐ Faiblement active   ☐ Très active

Déterminez votre stade de changement d'habitude

Peu importe votre classification, il est important de poursuivre cet «À vous de jouer». Déterminez d'abord à quel stade de changement de comportement (fondé sur le modèle transthéorique, page 219 du chapitre 7) vous vous situez. Cette démarche vous permettra de connaître vos attitudes par rapport à votre pratique régulière d'activités physiques.

9 Cochez l'affirmation qui correspond le plus à votre situation pour chacun des 5 regroupements suivants.

a ☐ Je suis actif ou active et mon niveau d'activité physique me satisfait. (M)

☐ Mon niveau d'activité physique ne me satisfait pas. (D)

☐ Je suis sédentaire et mon niveau d'activité physique n'a aucune importance pour moi ou les personnes de mon entourage. (P)

b ☐ Je suis actif ou active et je perçois les avantages que me procure mon niveau d'activité physique. (M)

☐ Je perçois plus d'avantages à augmenter mon niveau d'activité physique qu'à le conserver tel quel. (D)

☐ Je suis sédentaire et je perçois plus d'inconvénients à augmenter mon niveau d'activité physique qu'à le conserver tel quel. (P)

c ☐ Je suis actif ou active et j'ai confiance en mes capacités de conserver mon niveau d'activité physique. (M)

☐ Je crois en mes capacités d'augmenter mon niveau d'activité physique. (D)

☐ Je suis sédentaire et même si j'essayais de modifier mon niveau d'activité physique, je sais que je n'y arriverais pas. (P)

d ☐ Mon entourage (amis, famille) est en général actif. (M)

☐ Mon entourage est plutôt sédentaire. (P)

e ☐ Je suis actif ou active et je vais maintenir mon niveau d'activité physique. (M)

☐ Je suis actif ou active et je vais augmenter mon niveau d'activité physique. (D)

☐ Je suis sédentaire et je ne modifierais mon niveau d'activité physique que si ma vie en dépendait. (P)

f Combien de cases (P), (D) et (M) avez-vous cochées ?

(P) :   (D) :   (M) :

10 À quel **stade de changement** vous situez-vous ?

☐ **Précontemplation** si vous n'avez coché que des cases (P).
Vous n'avez probablement pas l'intention de devenir une personne active.

☐ **Contemplation** si vous avez coché 4 cases (P).
Vous avez sans doute l'intention de devenir une personne active.

☐ **Préparation** si vous avez coché 2 ou 3 cases (D).

Vous tâtez le terrain et êtes en voie de devenir une personne active. Il ne vous reste qu'à trouver l'étincelle qui vous fera entreprendre concrètement votre démarche.

☐ **Action** si vous avez coché 4 cases (D).

Vous êtes devenue une personne active et vous mettez en oeuvre des moyens pour garder cette bonne habitude.

☐ **Maintien** si vous avez coché 4 ou 5 cases (M).

Vous êtes une personne active et vous souhaitez poursuivre dans cette voie, voire même augmenter votre niveau d'activité physique.

Analysez votre intention de changement

Selon le **modèle d'analyse des variables de l'intention de changement** (Godin, page 218 du chapitre 7), il y a un lien direct entre l'intention de transformation d'une habitude de vie et des variables précises. Tentons d'interpréter certaines d'entre elles.

11 Nommez 3 avantages à court ou moyen terme d'augmenter votre niveau d'activité physique ou d'en maintenir un suffisant. Choisissez des avantages significatifs pour vous.

12 Nommez 2 effets positifs qu'une pratique suffisante d'activités physiques aurait sur vos autres habitudes de vie.

13 Nommez 2 conséquences à court, moyen ou long terme qui pourraient vous affecter si votre niveau d'activités physiques restait ou passait sous le seuil santé.

14 Nommez 2 activités physiques pour lesquelles vous avez les capacités nécessaires et qui vous procurent un minimum de plaisir. Nommez de plus une personne de votre entourage avec laquelle vous pourriez faire ces activités.

Activité physique :

Pratiquée présentement ☐ OUI   ☐ NON

Nom de la personne :

Activité physique :

Pratiquée présentement ☐ OUI   ☐ NON

Nom de la personne :

15 Indiquez une contrainte qui pourrait vous empêcher de faire suffisamment d'activité physique. Envisagez une solution réaliste pour pallier cette contrainte.

Contrainte :

Solution :

16 Si vous entamiez une démarche pour augmenter votre niveau d'activité physique ou si vous êtes déjà actif ou active et voulez maintenir ce niveau, à combien, sur une échelle de 1 à 10, estimez-vous vos chances d'atteindre cet objectif ?

1 ☐ • 2 ☐ • 3 ☐ • 4 ☐ • 5 ☐ • 6 ☐ • 7 ☐ • 8 ☐ • 9 ☐ • 10 ☐

Expliquez votre réponse.

Préparez votre démarche

Il est maintenant temps de passer à l'action. Nous vous suggérons de commencer avec une démarche de 6 semaines.

17 Fixez-vous un **objectif intermédiaire** atteignable en 3 semaines. Cet objectif d'**activité physique hebdomadaire** doit être plaisant et **mesurable**. Par exemple : *D'ici 3 semaines, je vais faire un minimum de 2 randonnées de vélo de 10 km par semaine et je continuerai de faire 1 entraînement de natation de 1 heure le mercredi midi.*

Objectif intermédiaire :

18 Donnez-vous un **objectif de fin de démarche** qui vous semble atteignable en 6 semaines. Par exemple : *D'ici 6 semaines, je ferai un minimum de 3 randonnées de vélo de 10 km par semaine et je continuerai de faire 1 entraînement de natation de 1 heure le mercredi midi.*

Objectif de fin de démarche :

19 Indiquez quelles **stratégies** du modèle transthéorique (page 221 du chapitre 7) vous utiliserez pour favoriser l'atteinte de vos objectifs et comment elles s'appliqueront pour vous.

Laissez des traces de votre démarche

Pour vous aider, tenez un **journal d'activités physiques** pendant la période de mise en application de votre démarche.

20 Cumulez des informations qui vous permettront d'ajuster votre objectif.

Marche à suivre

- Indiquez l'activité physique que vous avez l'intention de pratiquer dans la colonne «Activités physiques».
- Indiquez la date, la durée et l'intensité de l'activité physique prévue dans la colonne «Quantité».
- Indiquez ensuite la durée et l'intensité réelles.
- Si vous ne pratiquez pas l'activité prévue ou si vous l'écourtez, indiquez, dans la colonne «Contrainte(s) vécue(s) et Solution(s) appliquée(s) ou envisageable(s)», la contrainte qui vous a amené à ne pas faire cette activité physique ou à l'écourter, ainsi que la solution que vous appliquerez pour y remédier si cette situation se représente.

Si vous pratiquez une **activité physique** qui n'était **pas prévue**, n'hésitez surtout pas à la **comptabiliser**.

Journal de bord de ma pratique d'activités physiques					
Semaine	Activités physiques	Quantité			Contrainte(s) vécue(s) et Solution(s) appliquée(s) ou envisageable(s)
		Dates	Durée (min)	Intensité (faible, modérée ou élevée)	
Du ___ au ___			Prévue	Prévue	Contrainte :
			Réelle	Réelle	Solution :
			Prévue	Prévue	Contrainte :
			Réelle	Réelle	Solution :
			Prévue	Prévue	Contrainte :
			Réelle	Réelle	Solution :
			Prévue	Prévue	Contrainte :
			Réelle	Réelle	Solution :
			Prévue	Prévue	Contrainte :
			Réelle	Réelle	Solution :
			Prévue	Prévue	Contrainte :
			Réelle	Réelle	Solution :
			Prévue	Prévue	Contrainte :
			Réelle	Réelle	Solution :
TOTAL (min) : ___ à la fin de la semaine					

Rendez-vous sur **CEC** pour imprimer d'autres pages de journal de bord et ainsi faire le suivi de toute votre démarche.

Mesurez votre avancement

Après 3 semaines, il est temps d'analyser et d'interpréter votre démarche.

21 Avez-vous atteint votre **objectif intermédiaire**?

   a Atteint ☐   Non atteint ☐

   b Donnez des **indicateurs mesurables** qui résument où vous en êtes par rapport à ce dernier.

   c Est-ce que ces résultats sont satisfaisants pour vous?
     OUI ☐   NON ☐

22 Que les résultats soient tels qu'escomptés ou non, il faut continuer! Est-ce que votre objectif reste le même? Reformulez-en un un peu plus réaliste à atteindre si le premier était trop ambitieux (ou non mesurable).

   Objectif de fin de démarche :

Bonne chance et allez-y progressivement, mais sûrement !

Bilan de fin de démarche

Après 6 semaines, il est temps d'analyser et d'interpréter l'ensemble de votre démarche.

23 Avez-vous atteint votre **objectif de fin de démarche**?

   a Atteint ☐   Partiellement atteint ☐   Non atteint ☐

   b Expliquez votre réponse en fonction d'**indicateurs mesurables** qui résument où vous en êtes par rapport à votre objectif de fin de démarche.

24 Si vous avez **atteint ou partiellement atteint** votre objectif, expliquez quelle stratégie vous a été la plus utile.

25 Si votre **objectif** n'a **pas** été **atteint**, indiquez les contraintes que vous devrez vaincre à l'avenir pour parvenir à réussir votre démarche et expliquez tout de suite comment vous vous y prendrez.

Bonne continuation !

Bien se nourrir

ÉCHAUFFEMENT

Évaluez vos habitudes alimentaires

Vérifiez si votre façon de vous alimenter pourrait présenter des carences ou non.

A Mangez-vous 3 repas par jour ?

Toujours   Parfois   Presque jamais

B Vos repas du dîner et du souper incluent-ils chacun au moins 1 légume ?

Toujours   Parfois   Presque jamais

C Mangez-vous au moins 1 fruit par jour ?

Toujours   Parfois   Presque jamais

D Chacun de vos repas contient-il des protéines (ex. : beurre d'arachide, oeufs, viande, volaille, poisson, fromage, légumineuses, noix, tofu) ?

Toujours   Parfois   Presque jamais

E Est-ce que vous consommez des produits laitiers chaque jour (ex. : lait, yogourt, fromage) ?

Toujours   Parfois   Presque jamais

F Est-ce que vous vous hydratez suffisamment tous les jours (au moins 6 verres d'eau par jour) ?

Toujours   Parfois   Presque jamais

Si vous avez répondu *Presque jamais* à une ou plusieurs questions, votre alimentation présente quelques carences. Vous trouverez dans les pages qui suivent des informations et des stratégies pour améliorer cette facette de votre vie et en faire une habitude de vie saine.

**APRÈS LA LECTURE DE CE CHAPITRE,
VOUS SEREZ EN MESURE :**

- de nommer et de décrire les rôles de chacun des principaux nutriments contenus dans les aliments ;

- de composer un repas complet et équilibré ;

- de reconnaître l'importance de l'alimentation dans l'activité physique ;

- de choisir les aliments et boissons qui conviennent avant, durant et après votre activité physique d'intensité modérée à élevée ;

- de clarifier plusieurs croyances alimentaires ;

- de comprendre et d'interpréter un tableau de valeurs nutritionnelles ;

- de connaître les avantages d'une alimentation saine et équilibrée ainsi que les inconvénients d'une mauvaise alimentation.

La nutrition suscite depuis quelques années un vif intérêt de la part des médias et de la population en général. Cet intérêt vient du fait que plusieurs études sérieuses ont établi des liens clairs entre l'alimentation d'une personne et son état de santé. Ce chapitre porte sur les aspects de vos choix alimentaires à examiner afin d'améliorer vos habitudes alimentaires. Pour ce faire, il faut avant tout comprendre le rôle des nutriments présents dans les aliments que vous consommez. Il s'agit ensuite d'adopter des stratégies qui vous aideront à manger sainement, à jouir des effets bénéfiques de cette habitude et à éviter les effets nocifs d'une mauvaise alimentation.

Le rôle des nutriments dans l'alimentation

Pour survivre et bien fonctionner, les êtres humains ont besoin de l'énergie contenue dans les aliments qu'ils consomment. Cette énergie est à l'organisme ce que l'essence est à un véhicule : son carburant. Seuls 3 nutriments essentiels peuvent mener à la production d'énergie : les glucides, les protéines et les lipides. Avec l'eau, ces éléments constituent les **macronutriments**. L'alcool, bien qu'il ne soit pas un nutriment essentiel, fournit aussi de l'énergie à raison de 7 calories par gramme. C'est le total des calories apportées par ces nutriments qui constitue votre **apport énergétique**. Les vitamines et les minéraux forment les **micronutriments**, ils ne fournissent pas d'énergie, mais ils sont tout aussi indispensables au bon fonctionnement de l'organisme.

Nutriments et apport énergétique	
Nutriment	**Valeur calorique** (calories/g)
Glucides	4 calories/g
Protéines	4 calories/g
Lipides	9 calories/g
Eau	0 calorie/g
Vitamines et minéraux	0 calorie/g
Alcool	7 calories/g

----- Les glucides -----

Désignés couramment sous le nom de *sucres*, les glucides doivent occuper une grande place dans l'alimentation : premièrement parce que les glucides sont essentiels au bon fonctionnement du cerveau, deuxièmement parce que le glucose (sucre) issu de la digestion des glucides dans le sang est emmagasiné sous forme de glycogène dans le foie et les muscles. C'est surtout dans ces réserves que notre corps puise lors d'une activité physique ou d'un entraînement pour nourrir les muscles.

Les besoins en glucides

Il est donc important d'avoir une alimentation comportant suffisamment de glucides pour pouvoir répondre efficacement aux besoins du cerveau et des muscles. Santé Canada recommande qu'entre 45 % et 65 % de l'apport énergétique quotidien provienne des glucides.

Les sources de glucides

Les glucides sont simples ou complexes et comprennent les fibres alimentaires. Les sources des glucides simples et complexes ainsi que des fibres dans les aliments sont énumérées dans le tableau suivant.

Bogdan Wankowicz/Shutterstock 42388171.

Elena Schweitzer/Shutterstock 81977140.

Glucides simples	Glucides complexes	Fibres
• Fruits, légumes et leur jus • Lait et yogourt • Sucre, cassonade, miel, sirop, mélasse • Confitures, gelées, tartinades • Boissons sportives et énergisantes • Boissons gazeuses et aux fruits • Biscuits, pâtisseries, desserts • Bonbons, sucreries, friandises	• Pain, pâtes, riz, céréales, gruau, farine • Légumes racines (pommes de terre, carottes) • Petits pois • Maïs • Légumineuses (lentilles, pois chiches, fèves rouges et blanches)	• Produits céréaliers de grains entiers (pain, pâtes, céréales à déjeuner, gruau) • Son • Germe de blé • Fruits et légumes (mais pas leur jus) • Noix, graines • Légumineuses (lentilles, pois chiches, fèves rouges et blanches)

Adapté de : Ledoux, Marielle, Lacombe, Natalie, St-Martin, Geneviève (2009). *Nutrition, sport et performance* (p. 28). Montréal, Vélo Québec Éditions, coll. « Géo Plein Air ».

Les glucides simples et complexes

Par leur structure moléculaire, les glucides présents dans les aliments forment 2 groupes : les glucides simples et les glucides complexes. Les **glucides simples**, qui ont un goût sucré, sont rapidement absorbés par l'organisme ; ils lui fournissent une énergie immédiatement utilisable. Quant aux **glucides complexes**, qui sont moins sucrés au goût, leur digestion est plus lente.

Les fibres alimentaires

La grande famille des glucides inclut aussi les fibres alimentaires. Ces dernières ne contribuent à aucun apport en énergie puisqu'elles ne sont pas absorbées par l'organisme. Elles ont toutefois **plusieurs utilités** :

- elles restent dans le gros intestin, où elles aident à prévenir non seulement la constipation, mais même certains cancers, comme le cancer du côlon ;
- elles empêchent les mauvais gras d'être absorbés et contribuent ainsi à la diminution du taux de cholestérol sanguin et des maladies cardiovasculaires, comme l'infarctus ou l'accident vasculaire cérébral ;
- elles peuvent aussi participer au maintien d'un poids santé stable, car elles augmentent de volume dans l'estomac et agissent comme coupe-faim ;
- elles facilitent aussi le contrôle du taux de sucre dans le sang (la glycémie) en ralentissant la digestion et l'absorption intestinale du glucose.

© iStockphoto 17197173/MKucova.

La **consommation quotidienne** recommandée de fibres est de **25 grammes** pour une **femme** de 19 ans à 50 ans et de **38 grammes** pour un **homme** du même groupe d'âge.

 **En pratique**

Calculez votre consommation quotidienne de fibres

Remplissez le tableau ci-contre pour vérifier si votre consommation de fibres est adéquate. Elle devrait être d'au moins 38 grammes si vous êtes un homme et d'au moins 25 grammes si vous êtes une femme.

Note : Les céréales sucrées commerciales pour le déjeuner sont exclues parce qu'elles sont trop sucrées et ne contiennent pas assez de fibres.

Catégorie d'aliment (quantité représentant 1 portion)	Nombre de portions consommées	Fibres/portion (g) (à multiplier)	Fibres totales (g)
Légumes entiers (125 ml de légumes ou 250 ml de laitue)		× 2	=
Fruits entiers (1 fruit frais, 125 ml de fruits en morceaux, 2 clémentines ou ½ pamplemousse ou ½ banane)		× 2,5	=
Légumineuses (125 ml cuites)		× 7	=
Noix et graines (60 ml)		× 2,5	=
Produits céréaliers à grains entiers (1 tranche de pain de blé entier, 125 ml de pâtes de blé entier, de riz brun ou autre céréale entière, 1 muffin au son)		× 2,5	=
Produits céréaliers raffinés ou de farine blanche (même portion que pour les produits céréaliers à grains entiers)		× 1	=
		TOTAL	=

Les protéines

Les protéines sont à l'origine de toutes les formes de vie. Les cellules de notre corps contiennent toutes des protéines, qui sont indispensables, entre autres, à la construction des muscles, de la peau, du sang et même des cheveux. Notre corps a sans cesse besoin de renouveler son apport en protéines par l'alimentation, car il est incapable de les produire et de les stocker. Lors de la digestion, les protéines sont décomposées et fournissent des acides aminés qui se retrouvent dans le sang. **Neuf** de ces acides aminés sont considérés comme **essentiels** au bon fonctionnement du corps.

Les sources de protéines

La qualité d'une source de protéines est par conséquent déterminée par sa teneur en protéines, mais aussi et surtout par la quantité d'acides aminés essentiels qui la composent. Plus de la moitié des protéines du régime alimentaire des Canadiens et Canadiennes provient des aliments d'origine animale. En général, les **protéines animales** sont de meilleure qualité que les **protéines** d'**origine végétale**, en ce sens qu'elles contiennent la plupart du temps les 9 acides aminés essentiels au fonctionnement du corps humain. Les végétariens doivent donc s'assurer de combiner plusieurs sources de protéines afin d'absorber quotidiennement tous les acides aminés essentiels à leur corps. Par exemple, les céréales et les noix ensemble contiennent les acides aminés essentiels, ce qui n'est pas le cas des légumineuses seules. Le tableau suivant comprend quelques exemples d'aliments qui permettent d'obtenir environ 8 grammes ou 16 grammes de protéines.

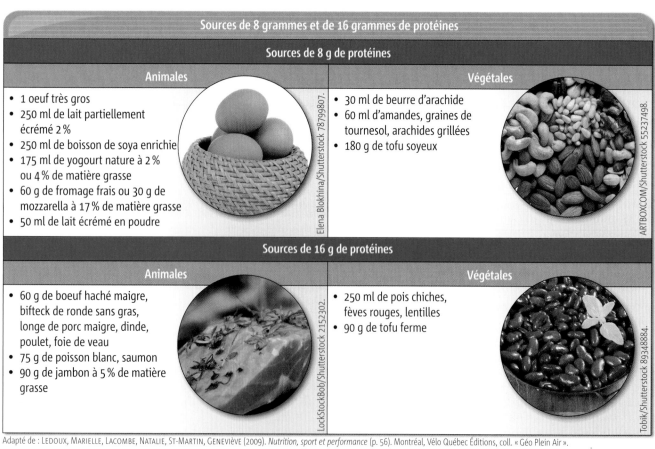

Sources de 8 grammes et de 16 grammes de protéines

Sources de 8 g de protéines

Animales	Végétales
• 1 oeuf très gros • 250 ml de lait partiellement écrémé 2 % • 250 ml de boisson de soya enrichie • 175 ml de yogourt nature à 2 % ou 4 % de matière grasse • 60 g de fromage frais ou 30 g de mozzarella à 17 % de matière grasse • 50 ml de lait écrémé en poudre	• 30 ml de beurre d'arachide • 60 ml d'amandes, graines de tournesol, arachides grillées • 180 g de tofu soyeux

Elena Blokhina/Shutterstock 78799807. — ARTBOXCOM/Shutterstock 55237498.

Sources de 16 g de protéines

Animales	Végétales
• 60 g de boeuf haché maigre, bifteck de ronde sans gras, longe de porc maigre, dinde, poulet, foie de veau • 75 g de poisson blanc, saumon • 90 g de jambon à 5 % de matière grasse	• 250 ml de pois chiches, fèves rouges, lentilles • 90 g de tofu ferme

LockStockBob/Shutterstock 2152302. — Tobik/Shutterstock 89348884.

Adapté de : LEDOUX, MARIELLE, LACOMBE, NATALIE, ST-MARTIN, GENEVIÈVE (2009). *Nutrition, sport et performance* (p. 56). Montréal, Vélo Québec Éditions, coll. « Géo Plein Air ».

Les besoins en protéines

Santé Canada recommande qu'entre 15 % et 20 % de l'apport énergétique quotidien provienne des protéines. Les besoins en protéines dépendent du poids d'un individu et du niveau d'activité physique qu'il pratique, comme l'illustre le tableau ci-dessous.

Besoins en protéines selon le niveau d'activité physique	
Niveau d'activité physique	Besoins quotidiens en protéines (en g par kg du poids corporel)
Population en général	0,8 g/kg
Adeptes des activités physiques aérobies (vélo, ringuette, natation, hockey, tennis, danse, etc.)	1,2 g/kg à 1,4 g/kg
Adeptes de l'entraînement de la force musculaire (haltérophilie, musculation)	1,6 g/kg à 1,8 g/kg

Adapté de : Ledoux, Marielle, Lacombe, Natalie, St-Martin, Geneviève (2009). *Nutrition, sport et performance* (p. 50). Montréal, Vélo Québec Éditions, coll. « Géo Plein Air ».

Nicholas Rjabow/Shutterstock 1034128.

----- Les lipides -----

Les lipides, plus souvent appelés *matières grasses* ou *graisses*, sont les substances les plus riches en énergie et donc en calories. Même s'ils ont en général mauvaise presse, ces gras sont **essentiels à une bonne santé** pour les raisons suivantes :

- ils entrent dans la composition de toutes les cellules du corps ;
- ils servent à la synthèse de différentes hormones ;
- ils servent à la synthèse du cholestérol ;
- ils sont nécessaires à l'absorption des vitamines liposolubles A, D, E et K .

☼ Voir « Les vitamines », page 265 de ce chapitre.

Les besoins en lipides

Santé Canada recommande qu'entre 20 % et 35 % de l'apport énergétique quotidien provienne des lipides. Les lipides sont constitués d'acides gras saturés et insaturés.

Les acides gras saturés

Un acide gras saturé est le plus souvent solide à la température ambiante à cause de sa structure chimique. Voici les **principales sources d'acides gras saturés** :

- les produits d'origine animale, comme la viande, la volaille, le beurre, le saindoux, le fromage et le lait de vache entier ;
- les huiles de coprah, de palme et de coco ;
- les margarines hydrogénées.

Les gras saturés sont les principaux **responsables de la hausse du taux de cholestérol** dans le sang. Plus le taux de mauvais cholestérol est élevé, plus les risques de maladies cardiovasculaires ☼ s'accroissent. Les gras saturés sont par conséquent **à consommer avec modération**.

☼ Voir « Les maladies cardiovasculaires », page 240 du chapitre 8.

Les acides gras insaturés

Les acides gras **mono-insaturés** et **polyinsaturés** font partie de la famille des acides gras insaturés. La plupart des corps gras d'origine végétale contiennent des acides gras insaturés.

Les principales **sources d'acides gras mono-insaturés** sont les suivantes :

- l'huile de canola, d'olive et d'arachide ;

- les margarines non hydrogénées faites à partir de ces huiles ;

- les noix et les graines.

Les principales **sources d'acides gras polyinsaturés** sont les suivantes :

- l'huile de soja, de maïs, de carthame et de sésame ;

- les margarines non hydrogénées faites à partir de ces huiles ;

- les poissons, les graines de lin moulues.

Ces gras sont très importants, car ils peuvent contribuer à la **santé cardiaque** en faisant diminuer le taux de mauvais cholestérol sanguin. Ils sont donc à privilégier lorsque vient le temps de choisir les sources de gras alimentaires. Mais attention ! Ils sont très fragiles et peuvent perdre leur caractère bénéfique s'ils sont soumis à une chaleur intense lors de la cuisson ou à des conditions de conservation inadéquates.

Anatomie & physiologie

Le bon et le mauvais cholestérol

Le cholestérol est une substance grasse transportée dans le sang par les lipoprotéines à faible densité (LDL, selon l'abréviation anglaise de *low density lipoproteins*) et les lipoprotéines à haute densité (HDL, selon l'abréviation anglaise de *high density lipoproteins*).

Les lipoprotéines à faible densité (LDL) captent les molécules de cholestérol dans le sang et favorisent son adhérence aux parois des artères, provoquant ainsi l'accumulation de plaques. Il s'agit du mauvais cholestérol.

Quant aux lipoprotéines à haute densité (HDL), elles vont chercher les molécules de cholestérol logées sur les parois des artères et les transportent dans le foie pour qu'elles soient éliminées ou transformées. Les lipoprotéines à haute densité contribuent donc à la diminution du taux de cholestérol dans le sang. Il s'agit du bon cholestérol.

Les acides gras essentiels omégas 3 et 6

Les acides gras essentiels omégas 3 et omégas 6 font partie de la famille des acides gras **polyinsaturés**. Ils jouent **plusieurs rôles importants**, notamment :

- dans les processus de reproduction et de croissance ;

- dans la formation des cellules ;

- dans l'intégrité de la peau ;

- dans les réactions inflammatoires, allergiques et immunitaires.

Ils ont aussi un **effet protecteur** contre les maladies cardiovasculaires :

- ils réduisent le taux de mauvais cholestérol dans le sang et les triglycérides sanguins, un type de gras contribuant aux maladies cardiovasculaires ;

- ils préviennent la coagulation du sang, ce qui aide à prévenir la formation de caillots susceptibles de bloquer une artère du coeur et de provoquer un infarctus.

L'alimentation nord-américaine typique fournit beaucoup plus d'omégas 6 que d'omégas 3. Or, une **trop grande consommation d'omégas 6 par rapport aux omégas 3** pourrait devenir une composante inflammatoire et ainsi nuire à la santé cardiaque plutôt que d'y être bénéfique. C'est ce qui explique l'accent mis sur l'augmentation de la consommation d'aliments riches en omégas 3.

Afin d'augmenter les apports en acides gras **omégas 3**, il est recommandé de manger du **poisson** au moins 2 fois par semaine. Les **graines de lin moulues** constituent aussi une bonne source d'omégas 3, tout comme les **noix de Grenoble** et les **oeufs enrichis en omégas 3**. Quant aux acides gras **omégas 6**, ils se trouvent principalement dans les **huiles végétales**, comme l'huile de tournesol, l'huile de soja ou l'huile de maïs.

Les gras trans

Pourquoi les gras trans ont-ils si mauvaise presse? Comment se forment-ils? En fait, les gras trans sont **créés lors de l'hydrogénation des huiles végétales**, un processus industriel qui consiste à transformer une huile liquide en gras solide. Les gras trans sont très utiles à l'industrie alimentaire, car ils prolongent de beaucoup la durée de conservation des produits alimentaires et procurent une texture attrayante et durable à différents aliments transformés.

Les gras trans sont **très nocifs** pour la santé, car ils élèvent non seulement la concentration de cholestérol sanguin, mais ils diminuent aussi la proportion de bon cholestérol, lequel protège contre les maladies cardiovasculaires. Ils provoquent aussi de l'inflammation de la paroi des artères et prédisposent à l'athérosclérose. Il faut par conséquent diminuer la consommation d'aliments qui en contiennent.

Comment savoir si les **aliments** contiennent des gras trans? Le tableau de valeur nutritive ☼ d'un produit alimentaire industriel doit maintenant afficher sa **teneur en acides gras trans**. Tous les aliments qui contiennent des ingrédients avec la mention *hydrogénée*, *partiellement hydrogénée* ou *shortening* indiquent ainsi qu'il y a eu hydrogénation des matières grasses et donc formation possible de gras trans. Surveillez de près les aliments qui en contiennent, tels :

☼ Voir « Le tableau des valeurs nutritives », page 271 de ce chapitre.

- les produits de boulangerie industriels ;
- les gâteaux, les biscuits et desserts commerciaux ;
- les aliments frits ou panés (les croustilles, par exemple) ;
- les margarines hydrogénées.

Le tableau suivant indique les facteurs qui agissent sur les taux de bon et de mauvais cholestérol.

Facteurs influant sur le bon et sur le mauvais cholestérol	Mauvais cholestérol	Bon cholestérol
Gras saturés	↑	↔
Gras trans	↑	↓
Surplus de poids et obésité	↑	↔
Tabagisme, diabète et hypertension artérielle	↑	↔
Exercice	↓	↑
Acides gras mono-insaturés	↓	↑
Acides gras polyinsaturés	↓	↔

Légende
↑ : Font augmenter.
↓ : Font diminuer.
↔ : N'ont pas d'effets significatifs.

L'eau

Le corps est constitué de 60 % d'eau. Si l'être humain peut survivre quelques semaines sans nourriture, en puisant à même ses réserves, sans eau il ne pourrait tenir que quelques jours.

Les fonctions de l'eau

L'eau remplit différentes fonctions dans l'organisme :

- elle transporte les éléments nutritifs jusqu'aux cellules ;
- elle maintient et régule la température corporelle grâce à la transpiration (par exemple, lors de grandes chaleurs ou de l'activité physique) ;
- elle lubrifie les articulations, la boîte crânienne et la bouche ;
- elle permet la production des réactions chimiques dans la cellule ;
- elle permet l'élimination des déchets et toxines grâce à l'urine.

Les besoins en eau

C'est ainsi qu'il est recommandé aux **femmes** de consommer **chaque jour 2,2 litres** d'eau et aux **hommes**, **3 litres** d'eau, ce qui représente de 6 à 8 verres. Cela peut paraître beaucoup, mais la **teneur en eau de tous les liquides** entre en ligne de compte, qu'il s'agisse d'eau, de jus, de soupe, de lait, de café, de thé ou de tisane. Les fruits et les légumes renferment eux aussi beaucoup d'eau. Une bonne façon de savoir si le **corps** est **suffisamment hydraté** consiste à observer la couleur de l'urine. Une urine claire signifie que l'hydratation est adéquate, tandis qu'une urine jaune foncé est un signe de déshydratation.

 Sur le vif

La caféine peut-elle être nocive ?

Présente dans de plus en plus de produits alimentaires, la caféine est connue pour son effet stimulant sur le cerveau, le coeur et les muscles. Mais peut-elle être nocive ? Encore une fois, tout est question de quantité. Santé Canada indique qu'une consommation quotidienne de 400 mg de caféine (dans 3 tasses de café régulier environ) est sans danger pour l'adulte en santé. Toutefois, une consommation régulière de fortes doses de caféine pourrait avoir certains effets indésirables, comme des palpitations cardiaques, des maux de tête, un rythme respiratoire plus élevé, des troubles du sommeil et de l'irritabilité. Le café, le thé, les boissons à base de cola, les boissons énergisantes et les produits à base de cacao contiennent tous de la caféine. Attention aussi aux formats de café qui vous sont offerts. Le volume de café d'un format régulier peut facilement excéder les 237 ml. Les amateurs de café peuvent facilement se retrouver à absorber plus que la quantité recommandée de caféine.

Boisson ou aliment	Quantité de caféine (mg)
Café filtre (237 ml ou 1 tasse)	179 mg
Espresso (1/5 de tasse ou 50 ml)	89 mg
Boisson énergisante (200 ml)	80 mg et plus
Boisson gazeuse à base de cola (355 ml)	36-46 mg
Thé régulier (237 ml ou 1 tasse)	43 mg
Tablette de chocolat noir (45 g)	31 mg

Source : SANTÉ CANADA (2011). « Caféine » (http://www.hc-sc.gc.ca/hl-vs/iyh-vsv/food-aliment/caffeine-fra.php).

----- Les vitamines et les minéraux -----

Les vitamines et les minéraux, les **micronutriments**, complètent les actions des macronutriments (glucides, protéines, lipides, eau) en assurant des fonctions spécifiques dans le maintien d'une bonne santé. Le corps en a besoin en quantité moindre que les macronutriments, mais ils sont tout aussi indispensables.

Iorga Studio/Shutterstock 29818480.

Les vitamines

Les vitamines sont essentielles à la croissance, à la reproduction ainsi qu'à plusieurs fonctions vitales. Les vitamines sont de 2 types :

- les vitamines **hydrosolubles** (solubles dans l'eau), qui se trouvent entre autres dans les produits céréaliers et les agrumes ;
- les vitamines **liposolubles** (solubles dans les matières grasses), présentes notamment dans les fruits, les légumes et les produits laitiers.

Principales fonctions des vitamines hydrosolubles et liposolubles			
Vitamines hydrosolubles	**Principales fonctions**	**Vitamines liposolubles**	**Principales fonctions**
Thiamine (B_1) Riboflavine (B_2) Niacine (B_3) Vitamine B_6 (pyridoxine) Acide folique (B_9) Vitamine B_{12} (cobalamine) Acide pantothénique (B_5) Biotine (B_8) Vitamine C (acide ascorbique)	• Assimilation des protéines, des glucides et des lipides • Fabrication des globules rouges et des hormones • Cicatrisation des blessures et des plaies • Entretien des cellules nerveuses et des cellules du tissu osseux • Accélération de la cicatrisation • Absorption du fer • Antioxydant	Vitamine A Vitamine D Vitamine E Vitamine K	• Santé de la vision • Croissance osseuse • Protection de la peau et des muqueuses • Absorption du calcium et du phosphore • Développement et maintien de la structure osseuse et des dents • Maturation des cellules du système immunitaire • Antioxydant • Coagulation du sang (anti-hémorragie)

Les **vitamines C** et **E**, ainsi que les caroténoïdes, précurseurs de la vitamine **A** sont les principaux **antioxydants naturels** présents dans les aliments. Les antioxydants sont des substances chimiques qui **protègent** l'organisme **contre les radicaux libres** en empêchant certaines réactions d'oxydation des tissus. Lorsque l'organisme n'arrive pas à les neutraliser, les radicaux libres peuvent avoir des **effets extrêmement nocifs** : développement d'allergies, de cancers, de maladies cardiovasculaires et neuro-dégénératives (Parkinson, Alzheimer), de l'arthrite et accélération du vieillissement. Selon plusieurs études, une **consommation élevée de fruits et de légumes** (plus de 5 portions par jour) **diminuerait les risques** de souffrir de ces problèmes.

! Sur le vif

Les radicaux libres et leurs sources

Les radicaux libres sont des molécules instables qui contiennent un électron libre qui a tendance à se lier rapidement avec un électron d'une autre molécule, déclenchant ainsi une réaction en chaîne. Si les radicaux libres prolifèrent trop, ils peuvent endommager une grande quantité de cellules saines en les oxydant.

Les radicaux libres se produisent au cours du fonctionnement normal de l'organisme : la respiration, par exemple, est une action vitale qui entraîne la formation de radicaux libres. Toutefois, de plus en plus de radicaux libres sont générés dans l'organisme par la pollution, des habitudes de vie nuisibles (consommation abusive d'alcool, tabagisme, exposition aux rayons ultraviolets) et l'alimentation (consommation de plus de 500 g par semaine de viande rouge, nitrites contenus dans les charcuteries, viande carbonisée au barbecue, gras frits ou brûlés à la cuisson, gras trans).

Les minéraux

Les minéraux se trouvent dans les **produits laitiers**, les **légumes**, les **légumineuses**, les **poissons** et les **viandes**. Tout comme les vitamines, les minéraux contribuent à la santé de l'organisme. Plusieurs d'entre eux assurent la croissance, le maintien de l'intégrité de l'organisme et la reproduction, ainsi que des fonctions essentielles, dont celles qui figurent dans le tableau ci-dessous.

Fonctions de quelques minéraux	
Minéraux	**Fonctions**
Calcium Cuivre Fer Iode Magnésium Manganèse et molybdène Phosphore Potassium Sélénium Zinc Chlore et sodium (sel de table) Fluor Chrome	• Composante des os et des dents • Rôle dans la contraction musculaire et cardiaque • Rôle dans la fonction rénale • Rôle dans la coagulation du sang • Rôle dans le maintien de la tension artérielle • Formation des globules rouges et de plusieurs hormones • Fonctionnement du système immunitaire • Production d'énergie • Transmission de l'influx nerveux • Prévention des dommages causés par les radicaux libres

Des stratégies gagnantes pour bien manger

Bien manger est un incontournable pour jouir d'une bonne santé et se sentir bien dans sa peau. Différentes stratégies s'offrent à vous pour vous aider à avoir une alimentation saine et équilibrée à chacun de vos repas quotidiens : consulter le *Guide alimentaire canadien*, suivre le modèle de l'assiette équilibrée, prendre 3 repas par jour et des collations, écouter sa faim et bien lire l'étiquette des produits alimentaires.

----- Consulter le *Guide alimentaire canadien* -----

Élaboré par Santé Canada, le *Guide alimentaire canadien* nous aide à mieux choisir les aliments qui entrent dans la composition de nos repas et à déterminer les quantités dans lesquelles nous pouvons les consommer. Il comprend tous les groupes alimentaires ainsi que toutes les portions recommandées selon le sexe et le groupe d'âge.

 **Sur le vif**

Le *Guide alimentaire canadien*

Ce guide alimentaire est aussi disponible en ligne (www.santecanada.gc.ca/guidealimentaire) et téléchargeable en format PDF (http://www.hc-sc.gc.ca/fn-an/food-guide-aliment/index-fra.php). Vous trouverez également à cette dernière adresse un outil interactif (« Mon guide alimentaire ») pour créer votre propre guide.

Quatre groupes d'aliments

Dans le *Guide alimentaire canadien*, Santé Canada divise les aliments en 4 groupes :

- les produits céréaliers,
- les légumes et les fruits,
- les produits laitiers,
- les viandes et substituts.

Margit/Shutterstock 25310338.

Les quantités recommandées

Le nombre de portions d'aliments de chacun de ces groupes à consommer chaque jour apparaît dans le tableau ci-dessous.

Portions quotidiennes de chaque groupe d'aliments									
Âge	**Enfants**			**Adolescents**		**Adultes**			
	2 - 3 ans	4 - 8 ans	9 - 13 ans	14 - 18 ans		1 - 50 ans		51 ans et plus	
Sexe	Filles et garçons			Filles	Garçons	Femmes	Hommes	Femmes	Hommes
Légumes et fruits	4	5	6	7	8	7 - 8	8 - 10	7	7
Produits céréaliers	3	4	6	6	7	6 - 7	8	6	7
Produits laitiers	2	2	3 - 4	3 - 4	3 - 4	2	2	3	3
Viandes et substituts	1	1	1 - 2	2	3	2	3	2	3

Source : SANTÉ CANADA (2011). *Guide alimentaire canadien* (<http://www.hc-sc.gc.ca/fn-an/food-guide-aliment/index-fra.php>).

Pour chaque groupe d'aliments, les quantités à consommer sont variables selon le sexe et le groupe d'âge, comme le montre le tableau précédent, ce qui permet d'ajuster sa consommation en fonction de ses besoins propres. Par exemple, selon le *Guide alimentaire canadien*, une **femme de 20 ans** devrait consommer :

- 7 à 8 portions de légumes et fruits par jour,
- 6 à 7 portions de produits céréaliers par jour,
- 2 portions de lait et substituts par jour,
- 2 portions de viandes et substituts par jour.

Toujours selon le *Guide alimentaire canadien*, un **homme de 20 ans** devrait consommer :

- 7 à 8 portions de légumes et fruits par jour,
- 6 à 7 portions de produits céréaliers par jour,
- 2 portions de lait et substituts par jour,
- 2 portions de viandes et substituts par jour.

Voici des exemples de portions d'aliments de chacun des groupes alimentaires ; elles correspondent aux exemples donnés dans le tableau ci-dessous.

Exemples de portions					
Légumes et fruits	Légumes frais, surgelés ou en conserve : 125 ml		Légumes feuillus Cuits : 125 ml Crus : 250 ml	Fruits frais, surgelés ou en conserve : 1 fruit ou 125 ml		Jus 100 % pur : 125 ml
Produits céréaliers	1 tranche de pain : 35 g	½ bagel : 45 g	½ pita ou ½ tortilla : 35 g	Riz, boulgour ou quinoa cuits : 125 ml	Céréales froides : 30 g Chaudes : 175 ml	Pâtes alimentaires ou couscous cuits : 125 ml
Produits laitiers	Lait ou lait en poudre : 250 ml	Lait en conserve (évaporé) : 125 ml	Boisson de soya enrichie : 250 ml	Yogourt : 175 g	Kéfir : 175 g	Fromage : 50 g
Viandes et substituts	Volailles et viandes maigres, poissons, fruits de mer cuits : 75 g ou 125 ml	Légumineuses cuites : 175 ml	Tofu : 150 g ou 175 ml	2 oeufs	Beurre d'arachide ou de noix : 30 ml	Noix et graines écalées : 60 ml

Source : SANTÉ CANADA (2011). *Guide alimentaire canadien* (<http://www.hc-sc.gc.ca/fn-an/food-guide-aliment/index-fra.php>).

----- Suivre le modèle de l'assiette équilibrée -----

De quoi doit se composer chacun de nos repas de façon à comporter tous les éléments nutritifs dont nous avons besoin ? L'outil parfait pour nous aider à composer notre repas est l'assiette équilibrée. C'est le modèle de composition idéale d'un repas suggéré par des nutritionnistes. L'assiette équilibrée comprend tous les groupes alimentaires, fournit tous les nutriments essentiels et, de plus, elle rassasie, c'est-à-dire qu'elle permet de tenir jusqu'au repas suivant ou jusqu'à la collation,

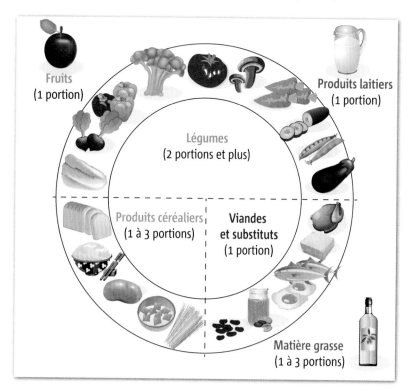

Fruits
(1 portion)

Produits laitiers
(1 portion)

Légumes
(2 portions et plus)

Produits céréaliers
(1 à 3 portions)

Viandes et substituts
(1 portion)

Matière grasse
(1 à 3 portions)

sans éprouver de grosse fringale. L'assiette équilibrée aide à répartir l'apport alimentaire tout au long de la journée.

La **répartition des groupes d'aliments** se fait comme suit **dans une assiette équilibrée**.

1. Une **demi-assiette de légumes**, ce qui représente 2 portions ou plus selon le *Guide alimentaire canadien*. Privilégiez les légumes verts ou orangés et la plus grande diversité possible.

> **Exemple**
>
> 125 ml de carottes + 250 ml de laitue romaine = ½ assiette de légumes

2. Un **quart d'assiette de produits céréaliers**, ce qui représente environ 1 à 3 portions selon le *Guide alimentaire canadien*. La pomme de terre, un légume, entre dans la catégorie des produits céréaliers dans l'assiette équilibrée, étant donné sa haute teneur en glucides.

> **Exemple**
>
> 125 ml de riz, de pâtes alimentaires ou de couscous + 1 tranche de pain = ¼ d'assiette de produits céréaliers

3. Un **quart d'assiette de viandes et substituts**, ce qui représente 1 portion selon le *Guide alimentaire canadien*. La **grosseur** d'une **portion** de viande, de volaille ou de poisson équivaut à la grosseur d'un **jeu de cartes** d'après le *Guide alimentaire canadien*.

> **Exemple**
>
> 75 g de poisson, de viande maigre ou de volaille, ou 175 ml de légumineuses = ¼ d'assiette de viandes et substituts

4. L'assiette s'accompagne de **1 fruit frais** et de **1 produit laitier** (1 verre de lait de 250 ml ou 1 yogourt de 175 g).

5. Un repas peut contenir environ 5 ml à 15 ml de **matière grasse** (vinaigrette, margarine ou huile d'olive).

Anatomie & physiologie

Carence en fer et anémie : végétariens, attention !

Le fer, une composante de l'hémoglobine des globules rouges, permet de transporter l'oxygène dans le sang. Il joue donc un rôle essentiel dans la production de l'énergie par le système aérobie. Si le taux de fer dans le sang est trop bas, il cause de l'anémie, qui se manifeste par plusieurs symptômes : fatigue, irritabilité, difficulté à s'entraîner, baisse de performance, vertige, essoufflement. Les femmes sont légèrement plus à risque que les hommes, mais les personnes les plus susceptibles d'être anémiques sont les végétariens. En effet, le fer contenu dans les légumineuses, les céréales enrichies, les fruits et les légumes (fer non hémique) n'est absorbé qu'à environ 5 %, tandis que le fer présent dans la viande ou le poisson (fer hémique) peut être absorbé jusqu'à 25 %. Aussi importe-t-il, si votre alimentation est 100 % végétarienne, de consommer de la vitamine C, par exemple des agrumes, en même temps que tout aliment riche en fer (algues, gingembre, persil, cacao, soya, fèves, amandes, noisettes, pruneaux, etc.), car cette vitamine favorise l'absorption du fer.

----- Prendre chaque jour 3 repas équilibrés ----- et des collations

Il est essentiel d'avoir des repas bien répartis durant la journée afin d'assurer au corps un apport constant d'énergie pour bien fonctionner. Il est donc important de prendre 3 repas équilibrés par jour ainsi que des collations, si nécessaire. Il faut surtout **ne pas sauter de repas** si vous vous entraînez ou si vous essayez de perdre du poids. Une croyance assez répandue veut que sauter un repas aide à maigrir. Au contraire, vous aurez tellement faim au repas suivant que vous mangerez tout ce qui vous tombera sous la main. De plus, le corps a tendance à constituer des réserves lorsqu'il a été affamé pendant un certain temps. Il emmagasine alors plus de graisses afin de prévenir un autre épisode de jeûne.

La composition du déjeuner

Du fait qu'il est le premier repas de la journée, le déjeuner est essentiel. Au réveil, le corps émerge d'un jeûne de 8 heures en moyenne et a donc besoin d'énergie et d'éléments nutritifs pour se recharger avant d'amorcer la journée. Le déjeuner idéal devrait comprendre au moins **3 des 4 groupes d'aliments**. Il ne faut surtout pas oublier d'y inclure une source de protéines (beurre d'arachide, fromage, oeuf ou lait, par exemple) ; elles vous permettront de tenir le coup jusqu'à la collation au moins ou jusqu'au dîner.

Exemples

- 2 rôties de pain de blé entier, beurre d'arachide, 1 verre (250 ml) de lait
- 375 ml de céréales, 250 ml de lait, 1 banane

La composition du dîner

Plusieurs personnes ont la fâcheuse habitude de manger très peu au dîner, parfois même pas du tout. Pourtant, ce repas est essentiel pour fournir l'énergie nécessaire aux activités scolaires ou professionnelles et éviter le coup de barre de l'après-midi. De plus, vous rentrez affamés le soir à la maison et, dans l'urgence de manger, vous risquez de faire des choix alimentaires peu judicieux. Afin d'être rassasiant et nutritif, le dîner doit être composé sur le modèle de l'assiette équilibrée.

Exemple

- 1 sandwich au thon avec crudités, 1 morceau de fromage léger, raisins rouges, 1 yogourt

La composition du souper

Le souper est tout aussi essentiel que le déjeuner et le dîner. Il doit lui aussi être composé sur le modèle de l'assiette équilibrée. Gardez toutefois à l'esprit qu'un souper trop copieux risque de créer de l'inconfort gastrique à quelques heures du coucher et influer sur la qualité du sommeil.

Exemple

- 1 cuisse de poulet (préférablement sans peau), haricots verts et chou-fleur, 125 ml de riz brun, 1 verre de lait, 1 coupe de salade de fruits

La composition de la collation

Pour contrer la fatigue et une diminution d'énergie à cause d'une baisse du taux de sucre dans le sang, évitez de passer plus de 5 heures sans manger. N'hésitez pas à prendre une collation dans l'avant-midi ou l'après-midi lorsque la faim vous tenaille. Pour être nutritives, les collations doivent se composer d'aliments de **2 groupes alimentaires**, dont 1 source de protéines. Ces collations aident à calmer la faim avant le repas suivant et donc à prévenir les énormes fringales qui font trop manger.

Exemples

- 1 yogourt et 1 fruit, 1 tartine de beurre d'arachide, 1 pomme et 1 morceau de fromage, crudités et houmous

----- Écouter sa faim -----

Pour bien manger, il est important de savoir reconnaître ses signaux de faim et de satiété.

Les signaux de faim

Les signaux de faim sont des messages qu'envoie notre corps lorsqu'il a besoin de nourriture : gargouillements gastro-intestinaux, sensation de creux dans l'estomac, perte de concentration, manque d'énergie, tremblements ou faiblesse physique. Quand un de ces signaux survient, il est temps de manger.

Les signaux de satiété

Les signaux de satiété, quant à eux, se manifestent lorsque notre corps est rassasié, que nous n'avons plus faim : les aliments nous semblent soudainement moins savoureux, nous avons le sentiment d'avoir un regain d'énergie, d'être rassasiés sans être repus, nous nous sentons bien. Il est alors temps de cesser de manger.

Les signaux de satiété peuvent prendre jusqu'à **15 minutes** avant d'être perçus par le cerveau. Voilà pourquoi il est important de **manger lentement**, afin de laisser le temps à votre corps de vous dire : « Stop ! Je n'ai plus faim. » Durant le repas, arrêtez-vous à quelques reprises et demandez-vous si vous avez encore faim. Posez-vous la même question avant de passer au dessert.

Il y a plusieurs avantages à reconnaître les signaux de satiété :

- la consommation d'aliments demeure raisonnable, ce qui permet d'éviter de consommer plus de calories que nos besoins ;
- une consommation raisonnable d'aliments permet d'éviter que les ressources de l'organisme se mettent toutes au service de la digestion, d'avoir plus d'énergie et de ressentir moins de fatigue ;
- le plaisir d'être à table s'accroît lorsque nous prenons le temps de manger et de déguster chaque aliment.

----- Lire l'étiquette des produits alimentaires -----

L'étiquette des **denrées alimentaires industrielles** contient plusieurs informations pouvant aider à faire des choix éclairés : un tableau de la valeur nutritive des nutriments contenus dans l'aliment, une liste d'ingrédients et diverses allégations nutritionnelles.

Le tableau des valeurs nutritives

Au Canada, le tableau des valeurs nutritives est obligatoire sur la plupart des denrées alimentaires industrielles. Les pourcentages de valeurs quotidiennes sont établis par rapport à un apport énergétique de 2 000 calories. La valeur calorique de l'aliment ainsi que sa teneur en divers nutriments sont indiquées. Voici comment mieux décoder cette information et vous y retrouver.

1 La grosseur de la portion

C'est le premier élément à observer dans le tableau des valeurs nutritives, car toute l'information contenue dans le tableau correspond à cette portion précise d'aliment. Attention ! La portion indiquée sur l'étiquette est déterminée par le fabricant du produit et ne représente pas une portion recommandée dans le *Guide alimentaire canadien*, par exemple. Elle sert plutôt de référence pour calculer la quantité de chaque nutriment dans la portion réellement consommée. Afin de pouvoir comparer 2 produits semblables, il faut que la portion indiquée sur les tableaux de ces 2 produits soit équivalente.

**2 Le pourcentage de la valeur quotidienne
et la quantité en grammes correspondante**

L'indication du pourcentage de la valeur quotidienne et de la quantité en grammes correspondante est très utile afin de savoir si l'aliment renferme beaucoup ou peu d'un nutriment donné. Par exemple, dans l'étiquette ci-contre, la portion indiquée contient 2 g de fibres, ce qui représente 8 % des fibres à consommer quotidiennement. Le pourcentage de valeur quotidienne peut aussi nous aider à comparer 2 produits. Une soupe qui contient 20 % de fer est plus intéressante que celle qui n'en contient que 10 %. Grâce à ce pourcentage, vous pouvez vérifier rapidement ce qu'il en est de l'intérêt nutritif d'un produit.

3 Les calories

Le nombre total de calories représente l'énergie contenue dans la portion indiquée de l'aliment. La quantité de calories n'est pas vraiment un critère de sélection, c'est

Valeur nutritive		
1 Par 125 mL (87 g)		
2 **Teneur**	**% valeur quotidienne**	
3 **Calories** 80		
4 **Lipides** 0,5 g		1 %
saturés 0 g + trans 0 g		0 %
Cholestérol 0 mg		
5 **Sodium** 0 mg		0 %
6 **Glucides** 18 g		6 %
Fibres 2 g		8 %
Sucres 2 g		
7 **Protéines** 3 g		
Vitamine A		2 %
Vitamine C		10 %
Calcium		0 %
Fer		2 %

Hannamariah/Shutterstock 5284794 2.

davantage la valeur nutritive qui est importante. Par exemple, un verre de lait et une boisson gazeuse ont la même quantité de calories, mais la valeur nutritive n'est pas la même. Les calories de la boisson gazeuse sont en fait des calories vides parce qu'elles ne sont pas associées à d'autres nutriments comme dans le cas du lait.

4 Les lipides

La quantité de lipides qui figure dans le tableau des valeurs nutritives renseigne sur la teneur en gras de l'aliment. Il faut les consommer avec modération, surtout quand il s'agit de gras saturés et trans.

5 Le sodium

Chez la plupart des gens, l'apport en sodium excède souvent les besoins. Il est donc recommandé de choisir des aliments transformés à faible teneur en sodium et de réduire la consommation de mets de restauration, qui sont généralement riches en sel.

6 Les glucides

La quantité totale de glucides indiquée dans le tableau des valeurs nutritives inclut les fibres et les sucres. Les produits à privilégier sont ceux qui contiennent le plus de fibres et le moins de sucres ajoutés possible.

7 Les protéines

Comme les besoins en protéines varient considérablement d'un individu à l'autre ainsi que selon les périodes de croissance, les quantités de protéines sont données en grammes seulement et le pourcentage de la valeur quotidienne ne figure pas.

La liste des ingrédients

La liste des ingrédients comprend en ordre d'importance décroissante tous les ingrédients selon le poids de chacun par rapport à celui de l'aliment. Ainsi, un produit dont le premier ingrédient est le beurre serait moins intéressant qu'un autre dont la première mention dans la liste d'ingrédients serait la farine de blé entier, par exemple.

 **Sur le vif**

L'équivalent de 8 sachets de sucre dans une canette de boisson gazeuse !

Une canette de boisson gazeuse contient 40 g de sucre. C'est comme si vous ajoutiez 8 sachets de sucre à votre verre d'eau. Imaginez alors ce qu'il en est des énormes contenants servis dans les cinémas. Le gros format (1,2 litre) contient l'équivalent de 27 sachets de sucre, soit 135 g !

 Sur le vif

Ingrédients à consommer en aussi petite quantité que possible

Les gras saturés, les gras trans et les sucres ajoutés devraient être consommés en quantité limitée. Voici les appellations sous lesquelles ils se trouvent sur l'étiquette des produits alimentaires.

Gras saturés et trans	Sucres ajoutés
• Matières grasses et huiles partiellement hydrogénées et hydrogénées	• Sucre
• Shortening (saindoux)	• Sucrose
• Huile de palme et de palmiste	• Glucose
• Margarine dure	• Fructose
• Lard, suif	• Glucose-fructose
• Coco, huile de coco et de coprah	• Sirop et sirop de maïs
• Beurre	• Mélasse
• Bacon	• Miel
	• Cassonade
	• Malt ou sirop de malt, maltodextrine
	• Dextrose

Sources : SANTÉ CANADA (2010). « Liste des ingrédients » (<http://www.hc-sc.gc.ca/fn-an/label-etiquet/nutrition/cons/ingredients-fra.php>).

NUTRIUM (2006). « Lipides ». Centre de référence de l'Université de Montréal en nutrition humaine (<http://www.extenso.org/guides_outils/elements_detail.php/f/1006/o/4>).

Les allégations nutritionnelles

Les allégations nutritionnelles qui figurent sur les étiquettes sont censées nous aider à faire de meilleurs choix en mettant en évidence une caractéristique essentielle du produit alimentaire. Le fabricant avance, par exemple, que son produit contient peu ou pas de matière grasse, qu'il est une source très élevée d'omégas 3 ou riche en fibres. Ces allégations peuvent parfois mal nous guider. Le bon réflexe pour prendre une décision éclairée est plutôt de consulter le tableau des valeurs nutritives et la liste des ingrédients. Examinez bien les étiquettes des denrées alimentaires industrielles afin de faire des choix d'aliments santé dans votre alimentation quotidienne.

Quelques aliments courants et critères de choix			
Aliments	**À surveiller dans le tableau des valeurs nutritives**	**Favoriser** ★	**Faites attention !** ⚠
Barres nutritives de toutes sortes (céréales, granola, croquantes, etc.)	**Pour 30 g** • ≤ 1 g de gras saturés et trans • ≤ 5 g de lipides totaux • ≥ 2 g de fibres • ≤ 8 g de sucres (si pas de fruits dans la barre) • ≤ 10 g de sucres (si contient des fruits)	Liste d'ingrédients commençant par des grains entiers (avoine, blé entier, etc.)	Les barres enrobées de yogourt, de chocolat ou de caramel sont davantage des gâteaux que des barres nutritives.
Céréales à déjeuner	**Pour 30 g** • ≥ 3 g de fibres • ≤ 5 g de sucres (si pas de fruits dans les céréales) • ≤ 10 g de sucres (si contiennent des fruits) • ≤ 3 g de lipides (sauf pour les céréales avec noix, graines ou amandes, qui peuvent en contenir un peu plus)	Liste d'ingrédients commençant par des grains entiers (avoine, blé entier, etc.)	Les céréales de type bonbon avec ajout d'enrobage de chocolat ou de guimauve
Pains	**Pour 1 tranche** • ≥ 2 g de fibres • ≤ 3 g de lipides	Pains de grains entiers	Les pains blancs de « blé entier » n'ont pas une aussi bonne valeur nutritive.
Craquelins	**Pour 30 g** • ≤ 1 g de gras saturés et trans • ≤ 250 mg de sodium • ≥3 g de fibres	Liste d'ingrédients commençant par la farine de blé entier	Présence d'huiles hydrogénées, de shortening (gras végétal, saindoux) ou de margarine hydrogénée
Jus de fruits	**Pour 125 ml** 15 g de glucides maximum	100 % pur	Sucre ajouté. Les mentions *cocktail*, *boisson* et *punch* indiquent qu'il ne s'agit pas de jus de fruits pur à 100 %.
Repas surgelés ou prêts à manger	• ≤ 10 g de lipides (≤ 15 %) • ≤ 3 g de gras saturés + trans (≤ 15 %) • ≤ 600 mg de sodium (< 25 %) • > 15 g de protéines • > 2 g de fibres (> 10 %)	• Accompagnez le repas d'une portion de légumes (jus de légumes, salade ou crudités). • Complétez avec un fruit ou un yogourt.	Certains repas surgelés ne contiennent que très peu de calories et risquent de ne pas satisfaire votre faim.

L'alimentation, l'hydratation et l'activité physique

Les personnes qui font de l'activité physique **d'intensité modérée à élevée** doivent porter une attention particulière à leur alimentation, laquelle doit correspondre à leurs besoins avant, pendant et après leur activité physique. Elles ne doivent pas oublier non plus de bien s'hydrater. Lors de la pratique d'une activité physique d'intensité modérée à élevée, les muscles produisent de la chaleur, ce qui élève la température du corps. Afin d'éviter une trop grande élévation de la température interne, le corps évacue des liquides, ce qui a pour effet de le refroidir. C'est le phénomène de la transpiration. Cette perte doit être compensée pour **éviter la déshydratation**. Celle-ci se manifeste par de la fatigue, une diminution de la performance, des maux de tête, des crampes, une basse pression et une augmentation du rythme cardiaque.

----- Manger avant l'activité physique -----

Prendre une collation ou un repas avant de pratiquer une activité physique d'intensité modérée à élevée peut avoir une incidence sur la performance. Manger des **glucides** permettra au corps de maximiser les réserves de glycogène hépatique et musculaire, principale source d'énergie. Les **protéines** doivent aussi être au menu, mais **en petite quantité**, afin de procurer un sentiment de satiété durant tout le temps de l'activité.

Il est important de **ne pas trop manger avant** l'activité. En effet, une surcharge calorique provoquerait une dépense énergétique axée davantage sur la digestion que sur les muscles et de l'inconfort. Voici une liste des **aliments à éviter** :

- les aliments contenant beaucoup de **gras**, comme le bacon, les charcuteries, les fritures, le chocolat, les pâtisseries (beignes, croissants, muffins du commerce), qui ralentissent la digestion ;

- les aliments contenant beaucoup de **sucre**, comme les bonbons, les gâteaux, les sucreries, les boissons gazeuses, qui augmentent le taux de sucre trop rapidement dans le sang ;

- les **aliments riches en fibres alimentaires**, comme les grains entiers, les légumineuses, le tofu, les fruits séchés parce qu'ils rendent la digestion plus lente et plus difficile ;

- les **aliments épicés**, comme le chili, la salsa, les piments forts parce qu'ils peuvent causer des inconforts ;

- les **aliments pouvant provoquer des gaz**, comme les choux (chou, chou-fleur, brocoli, chou de Bruxelles) et les légumineuses.

Entre 3 et 4 heures avant une activité physique, vous pouvez prendre un repas normal, sans friture ni sauce grasse, en vous inspirant du modèle de l'assiette équilibrée.

Exemple de repas

└ 75 g de porc grillé, riz aux légumes, asperges, 1 verre de lait 1 %, 1 orange

Entre 1 et 2 heures avant, vous pouvez prendre une collation contenant un peu de protéines et riche en glucides.

Exemple de collation

└ 175 g de yogourt 2 % et moins de matière grasse, 1 orange

----- Boire avant l'activité physique -----

En plus de l'hydratation quotidienne, il est important de boire **entre 400 millilitres et 600 millilitres d'eau** dans les **2 ou 3 heures avant** une activité physique d'intensité modérée à élevée. Cette hydratation supplémentaire favorise une température corporelle adéquate et des pulsations cardiaques moins élevées lors de l'activité physique.

----- Manger durant l'activité physique -----

Il est recommandé de ne consommer **que des glucides** en petite quantité durant une activité physique d'intensité modérée à élevée de **plus de 1 heure**, étant donné qu'ils interviennent dans le travail musculaire. Par exemple, des fruits, du pain, une barre de céréales, des biscuits à l'arrow-root ou à la farine d'avoine ou un yogourt aux fruits, un lait au chocolat sont des **collations** suggérées. Si l'activité physique dure **moins de 1 heure**, il n'est **pas nécessaire** de manger.

----- Boire durant l'activité physique -----

Il est primordial de boire durant une activité physique d'intensité modérée à élevée afin d'éviter une déshydratation excessive. Boire de **150 millilitres à 350 millilitres d'eau toutes les 15 à 20 minutes**, dès le début, permettra au corps de rester hydraté et évitera les inconforts et les ballonnements résultant de l'absorption de trop grandes quantités d'un seul coup. Le fait de boire souvent et peu à la fois permet aussi au corps de mieux absorber l'eau que lors d'une ingestion en grande quantité.

Lorsque l'activité dure **1 heure ou moins**, l'hydratation peut se faire seulement avec de l'**eau**. Si l'activité est **plus longue**, l'eau seule ne suffit pas. Les **liquides** ingérés devront contenir des **glucides**, pour alimenter les muscles, et des **sels minéraux** afin de pallier les pertes causées par la transpiration. La **boisson idéale** pour un entraînement prolongé doit contenir :

- de 40 grammes à 80 grammes de glucides par litre (ou une concentration de 4 % à 8 % en glucides) ;
- de 500 milligrammes à 700 milligrammes de sodium par litre (ou de 50 milligrammes à 70 milligrammes par 100 millilitres).

L'étiquette nutritionnelle des boissons pour sportifs permettra de savoir si ces dernières respectent ou non ces critères. Les jus de fruits sont trop sucrés et séjournent longtemps dans l'estomac, ce qui empêche l'absorption rapide de l'eau et du sucre et peut causer des inconforts. Les boissons pour sportifs sont moins sucrées que les jus et s'avèrent souvent idéales pour un entraînement prolongé.

Santé contre image

Une boisson énergisante est-elle vraiment nécessaire ?

Très prisées pour l'effet stimulant qu'elles procurent, ces boissons sont toutefois très riches en sucre et contiennent beaucoup de caféine (notamment dans le guarana qu'elles comprennent parfois) : certaines d'entre elles ont une teneur en caféine équivalente à celle de 5 tasses de café ou de 9 canettes de boissons gazeuses ! Les boissons énergisantes ne sont pas essentielles dans l'alimentation et fournissent très peu d'éléments nutritifs. Une solution de rechange pour un petit regain d'énergie serait d'opter pour un jus d'orange ou de pomme 100 % pur, ou encore mieux, une collation équilibrée.

Contrainte et solution

Je n'aime pas les boissons pour sportifs. Y a-t-il une alternative ?

Voici une recette maison de boisson simple, efficace et personnalisée, qui contient 6 % de glucides et tous les sels minéraux nécessaires. Elle vous permettra en plus d'économiser.

Utilisez des jus de fruits frais ou des jus 100 % naturels (sans sucre) pour faire cette recette : jus de raisin (750 ml), ou jus d'ananas (875 ml), ou jus de pomme (1 litre), ou jus d'orange (1 litre). Ajoutez 3 ml de sel, de l'eau pour constituer 2 l au total et du jus de citron frais au goût. Mélangez bien votre boisson avant d'en boire.

Source : LEDOUX, MARIELLE, LACOMBE, NATALIE, ST-MARTIN, GENEVIÈVE (2009). *Nutrition, sport et performance* (p. 78). Montréal, Vélo Québec Éditions, coll. « Géo Plein Air ».

PhotoSky 4t com/Shutterstock 5814598.

Martin Novak/Shutterstock 61642534.

----- Manger après l'activité physique -----

Durant une activité physique d'intensité modérée à élevée et de longue durée, les réserves de carburant des muscles s'épuisent. Pour bien récupérer, il faut reconstituer les réserves d'énergie et réparer les muscles dès la fin de l'activité.

La collation dans les 30 minutes qui suivent l'activité

Pour que le corps reconstitue ses réserves énergétiques le plus rapidement possible, il faut prendre une collation **riche en glucides** (1,5 gramme par kilogramme de poids corporel) **et en protéines** (7 grammes au minimum) immédiatement après l'effort physique. De plus, la collation doit contenir du **sodium** (fromage, jus de légumes) et du **potassium** (banane, yogourt nature) afin de compenser les pertes dues à la transpiration. Voici des **exemples de collation** :

• lait au chocolat,
• boisson JUM ☼,
• pomme et fromage,
• banane et yogourt,
• sandwich au beurre d'arachide et confiture,
• bagel au fromage à la crème,
• barre de céréales et yogourt,
• fruits séchés et noix mélangés,
• céréales avec lait faible en gras.

Les collations très caloriques, comme le chocolat, les bonbons ou les pâtisseries sont à éviter. Elles annuleraient tous les efforts fournis lors de l'activité physique.

Le repas après l'activité

Le repas qui suivra l'activité physique devra comprendre les **4 groupes alimentaires** dans les mêmes proportions que **l'assiette équilibrée**. Vous devez vous assurer que ce repas est **assez riche en glucides** et qu'il contient **suffisamment de protéines**, car la récupération se poursuit dans les heures qui suivent l'activité. Les adeptes de l'entraînement en endurance aérobie devraient manger de la viande régulièrement, mais aussi se laisser une journée de repos par semaine afin que le corps ait le temps de reconstituer ses réserves de fer ☼.

Le recours à des suppléments de protéines pour mieux récupérer est une pratique de plus en plus commune. Cependant, dans la plupart des cas, l'alimentation à elle seule suffit à combler les besoins protéiques, et ce, autant pour l'athlète confirmé que pour la sportive du dimanche. De plus, la composition de plusieurs suppléments n'est pas claire, car ils sont parfois mélangés avec d'autres substances ne figurant pas sur l'étiquette.

Si, d'après le calcul de vos besoins en protéines ☼, vous constatez que votre alimentation ne comble pas vos besoins, il est possible d'opter pour des solutions simples, nutritives et peu coûteuses, comme un lait fouetté maison ou le JUM.

☼ Voir « Préparez votre supplément de protéines », page 277 de ce chapitre.

☼ Voir « Carence en fer et anémie », page 269 de ce chapitre.

☼ Voir « Besoins en protéines selon le niveau d'activité physique », page 261 de ce chapitre.

Corepics/Shutterstock 54296839.

La compétition terminée, il est temps de reconstituer ses réserves d'énergie.

Préparez votre supplément de protéines

Le JUM (jus de l'Université de Montréal) est une boisson protéique à réaliser avec 1 boîte de jus d'orange concentré non décongelé, 710 ml de lait 1 % ou écrémé et 1 pincée de sel. Mélangez les ingrédients au robot culinaire jusqu'à obtention d'un liquide onctueux. Vous obtiendrez 4 portions de 250 ml.

Chaque portion de préparation au lait 1 % contient 49,3 g de glucides, 8,6 g de protéines et 2,2 g de lipides.

Chaque portion de préparation au lait écrémé contient 49,5 g de glucides, 8,8 g de protéines et 0,6 g de lipides.

Source : Ledoux, Marielle, Lacombe, Natalie, St-Martin, Geneviève (2009). *Nutrition, sport et performance* (p. 58). Montréal, Vélo Québec Éditions, coll. « Géo Plein Air ».

Boire après l'activité physique

Il est indispensable, après une activité physique d'intensité modérée à élevée, de rétablir l'équilibre hydrique du corps. Pour ce faire, il faut d'abord évaluer la quantité de liquide perdu durant l'activité en établissant la différence de poids avant et après cette activité. Le poids perdu correspond exactement à la quantité éliminée au cours de l'activité. Il est donc recommandé d'**absorber 750 millilitres** de liquides par demi-kilo pour pallier ces pertes hydriques.

Les effets bénéfiques d'une saine alimentation

l est indéniable que bien s'alimenter a des effets bénéfiques. Une saine alimentation procure des avantages à court, à moyen et à long terme. Voici quelques-unes des raisons pour lesquelles il est recommandé de bien manger.

Les effets à court terme d'une saine alimentation

Vous remarquerez très tôt les effets positifs d'une saine alimentation. Vous vous sentirez mieux dans votre peau, ce qui vous procurera une sensation de **bien-être**. Le fait de manger des portions moins grosses et des aliments moins gras et moins sucrés facilitera la **digestion** et diminuera donc les inconforts gastriques pouvant se produire après les repas. La prise quotidienne de 3 repas équilibrés et de collations à heures fixes vous aidera à **contrôler votre faim** et à éviter les grosses fringales au retour de l'école ou au moment de la préparation du souper, par exemple. Une saine alimentation peut aussi avoir comme bénéfices un sommeil plus réparateur ✿ et un niveau d'énergie plus stable.

Les effets à moyen terme d'une saine alimentation

Adopter une alimentation saine réduit les risques de carence en vitamines et en minéraux. La consommation des 4 groupes d'aliments dans la proportion recommandée vous procure tous les éléments essentiels dont vous avez besoin. De plus, la perte de poids ✿ ou le maintien qui peut résulter de l'adoption de bonnes habitudes alimentaires est très bénéfique. De bonnes habitudes alimentaires peuvent avoir pour effet une diminution du mauvais cholestérol sanguin et un meilleur contrôle de la glycémie. Vous remarquerez aussi que vous aurez plus d'énergie.

Fotum/Shutterstock 87026681.

Une saine alimentation procure de l'énergie à tous les stades de la vie.

✿ Voir le chapitre 12, « Éviter l'excès de stress et bien gérer son sommeil ».

✿ Voir le chapitre 10, « Viser une composition corporelle équilibrée et un poids santé », page 299.

----- Les effets à long terme d'une saine alimentation -----

Il est particulièrement bénéfique d'avoir une saine alimentation comme habitude de vie. Certaines études ont démontré qu'une alimentation équilibrée est un précieux allié pour éviter certains cancers, comme le cancer colorectal. Les risques de développer une intolérance au glucose ou un diabète de type II s'en trouvent aussi grandement restreints. Une consommation régulière de produits laitiers, quant à elle, écarte les risques d'ostéoporose . Contrôler l'apport de sodium dans l'alimentation est également bénéfique à la santé de la tension artérielle. Plusieurs maladies chroniques ou dégénératives pourraient aussi être prévenues grâce à une saine alimentation.

☼ Voir « L'ostéoporose », page 242 du chapitre 8.

> ### ! Sur le vif
>
> **Manger santé coûte cher ?**
>
> Il est toujours possible de faire des choix nutritifs à bon prix. Les légumineuses, par exemple, sont d'excellentes sources de protéines et de fibres et sont beaucoup moins chères que la viande. Le thon et le saumon en conserve constituent de très bonnes sources d'omégas 3, à très bon prix également. Les légumes et les fruits sont parfois coûteux hors saison, mais il s'agit de privilégier les fruits et les légumes de saison, souvent plus économiques et beaucoup plus savoureux. Les légumes et les fruits congelés sont aussi une bonne solution de rechange. Pour ce qui est des produits céréaliers, les pains tranchés de blé entier sont au même prix que les pains blancs. Dans la catégorie des produits laitiers, le lait est une excellente source de calcium et de vitamine D et ne coûte que 0,34 $ le verre. Il faut aussi considérer le coût total de l'alimentation par rapport à la valeur nutritive : si nous voulons satisfaire nos besoins nutritifs, il coûte moins cher de choisir des aliments sains que des aliments à faible valeur nutritive (du lait plutôt qu'une boisson gazeuse, par exemple).

Rohit Seth/Shutterstock 47006959.

Les effets nocifs des mauvaises habitudes alimentaires

Opter trop souvent pour de mauvais choix alimentaires peut avoir des effets sur votre bien-être quotidien, mais aussi sur votre santé à plus long terme. Voici les principaux effets néfastes d'une mauvaise alimentation à court, à moyen et à long terme.

----- Les effets à court terme -----
des mauvaises habitudes alimentaires

De mauvaises habitudes alimentaires, qui consisteraient, par exemple, à favoriser des aliments riches en gras ou à sauter un repas, peuvent occasionner une baisse d'énergie et de vitalité. Une alimentation très calorique pourrait avoir pour effet des inconforts gastro-intestinaux, surtout si vous restez en position assise toute la journée, à l'école ou au travail.

----- Les effets à moyen et à long terme -----
des mauvaises habitudes alimentaires

La prise de poids est pratiquement inévitable lorsque l'alimentation n'est pas équilibrée et qu'elle est très riche en gras et en sucres, et risque de conduire à l'obésité ☼. Par ailleurs, des carences en vitamines et en minéraux peuvent se manifester si la consommation de certains aliments est insuffisante. Par exemple, une faible consommation de poisson ou de lait pourrait mener à une carence en vitamine D, dont les conséquences sur la santé peuvent être une faiblesse des os, de la diarrhée, de la nervosité et des sensations de brûlure dans la bouche et la gorge. Le taux de cholestérol sanguin peut augmenter, tout autant que la pression artérielle, ce qui hausserait alors le risque de maladies cardiovasculaires. À long terme, les mauvaises habitudes alimentaires peuvent être dévastatrices pour la santé.

☼ Voir « Le surplus de poids et l'obésité », page 238 du chapitre 8.

*V*ous êtes maintenant outillés pour prendre en charge vos habitudes alimentaires et opter pour une alimentation saine et équilibrée très avantageuse pour votre santé et votre mieux-être, tant à court qu'à long terme. N'oubliez pas que manger est un plaisir de la vie. Osez la variété, les couleurs et les saveurs ! Et faites de l'activité physique, car une alimentation saine et une vie active sont garantes d'un bon équilibre énergétique. Nous préciserons ce concept, étroitement lié à votre apport énergétique, dans le prochain chapitre.

SerrNovik/Shutterstock 52981144.

RÉSUMÉ

- Les **glucides**, les **protéines**, les **lipides**, qui fournissent de l'énergie au corps, et l'eau constituent les **macronutriments**.

- Les **vitamines** et les **minéraux** sont les **micronutriments**. Ils ne fournissent pas d'énergie au corps.

- Les glucides comprennent les **glucides simples**, les **glucides complexes** et les **fibres alimentaires**.

- Les lipides comprennent les **acides gras saturés** (dont les **gras trans**) et les **acides gras insaturés** (**mono-insaturés** et **polyinsaturés**).

- Le *Guide alimentaire canadien* permet de mieux choisir les aliments qui entrent dans la composition de nos repas et de déterminer les quantités dans lesquelles nous pouvons les consommer.

- L'**assiette équilibrée** aide à répartir l'apport en nutriments tout au long de la journée. C'est le modèle de composition idéale d'un repas qui comprend tous les groupes d'aliments et fournit tous les nutriments essentiels.

- Une saine alimentation aide au **bien-être quotidien**, fait **diminuer le mauvais cholestérol** sanguin, assure un **meilleur contrôle de la glycémie**, diminue les risques d'**athérosclérose**, de **maladies cardiovasculaires** et d'**ostéoporose**.

Affûtez vos CONNAISSANCES

1. Parmi la liste de nutriments suivants, lesquels sont les macronutriments?

a Eau

b Glucides

c Lipides

d Minéraux

e Protéines

f Vitamines

2. Lequel des nutriments suivants fournit au corps le plus d'énergie?

a Glucides

b Lipides

c Protéines

d Vitamines

3. Combien y a-t-il d'acides aminés essentiels?

a 5

b 6

c 9

d 20

4. Sachant que les personnes suivantes pèsent 50 kilogrammes, combien de grammes de protéines devraient-elles consommer par jour?

Un étudiant de cégep sédentaire

Un cycliste pratiquant son sport 4 fois par semaine

Une haltérophile participant à des compétitions nationales

5. Quels sont les gras responsables des effets suivants?

a Hausse du taux de mauvais cholestérol

b Contribution à la santé cardiaque

6. Quel aliment gras parmi la liste suivante est le meilleur pour votre santé cardiaque?

a L'huile de coco

b L'huile de canola

c La margarine hydrogénée

d Le beurre

7. Associez les fonctions suivantes au nutriment qui en est responsable.

> Vitamines hydrosolubles • Vitamines liposolubles • Minéraux

a Assimilation des protéines, des glucides et des lipides.

b Favorise l'absorption du calcium et du phosphore.

c Principal composant des os et des dents.

d Transmission de l'influx nerveux.

8. De quel groupe alimentaire les aliments suivants font-ils partie ?

> Légumes et fruits • Viandes et substituts
> Produits laitiers • Produits céréaliers

a Yogourt

b Noix

c Pâtes alimentaires

d Fruits surgelés

9. Associez les bonnes proportions aux éléments de l'assiette équilibrée.

> Produits céréaliers • Fruits • Produits laitiers
> Légumes • Viandes et substituts

a Une demie de l'assiette

b Un quart de l'assiette

c Une portion selon le *Guide alimentaire canadien*

10. Visuellement, à quoi correspond une portion de viandes et substituts ?

a À la grosseur de votre poing

b À la grosseur du pouce

c À la grosseur de la main incluant les doigts

d À la grosseur d'un jeu de cartes

11. Une collation devrait comprendre une source de protéines.

a Vrai

b Faux

12. Quel est le premier élément à observer sur une étiquette nutritionnelle ?

a La quantité de calories

b La grosseur de la portion

c La quantité de matière grasse

d La teneur en sodium

13. Quelle quantité de liquide est-il recommandé d'absorber dans les circonstances suivantes ?

a Tous les jours

b Deux à trois heures avant une activité physique d'intensité modérée à élevée

c Durant une activité physique d'intensité modérée à élevée

d Après une activité physique d'intensité modérée à élevée

14. Quel minéral une boisson pour sportifs devrait-elle absolument contenir ?

a Sodium

b Iode

c Fluor

d Calcium

15. Quels sont les nutriments essentiels qu'il faut consommer après une activité physique d'intensité modérée à élevée ?

Complétez la carte conceptuelle des informations vues dans ce chapitre en utilisant la liste de concepts fournis. La suite de chaque noeud doit constituer une phrase complète. Suivez bien le sens des flèches.

- Des fibres alimentaires
- Gras saturés
- L'énergie
- L'étiquette alimentaire
- La prise de 3 repas par jour
- Les glucides
- Les lipides
- Les macronutriments
- Les micronutriments
- Les minéraux
- Les nutriments

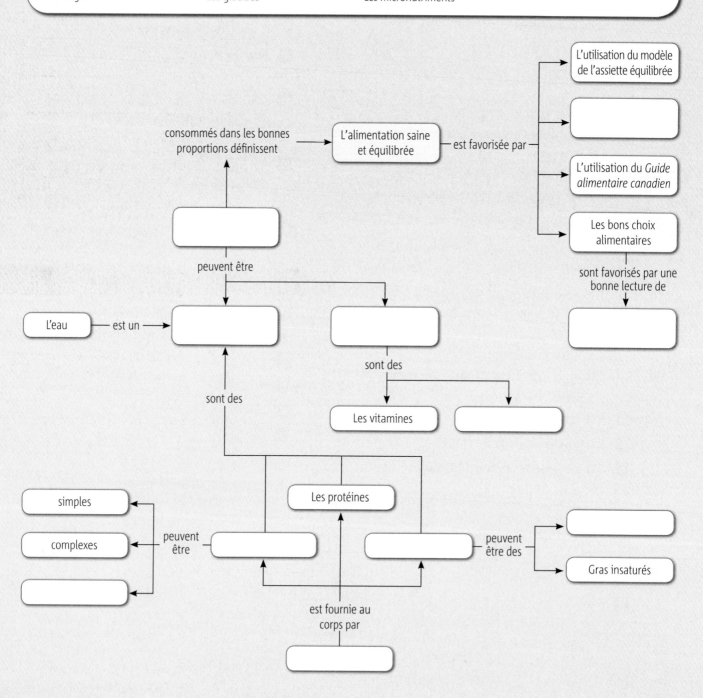

Faites un peu de PRATIQUE

D'après le tableau des valeurs nutritives d'un lait au chocolat et d'un jus d'orange, lequel de ces 2 aliments choisiriez-vous pour récupérer d'une activité physique d'intensité élevée ayant duré 1 heure? Pour vous aider dans votre choix, répondez d'abord aux questions ci-après.

1. Lequel des 2 aliments contient une quantité de glucides se rapprochant de celle dont vous avez besoin après votre activité physique?

Aliment 1 ☐

Aliment 2 ☐

Les deux ☐

Aucun ☐

2. Quelle quantité de protéines offre chacun des 2 aliments?

Aliment 1 : ☐

Aliment 2 : ☐

3. Est-ce que chacun de ces aliments contient du sodium et du potassium?

a Sodium

Aliment 1 :

Oui ☐   Non ☐   très peu (moins de 5 mg) ☐

Aliment 2 :

Oui ☐   Non ☐   très peu (moins de 5 mg) ☐

b Potassium

Aliment 1 :

Oui ☐   Non ☐   très peu (moins de 5 mg) ☐

Aliment 2 :

Oui ☐   Non ☐   très peu (moins de 5 mg) ☐

c Quel est votre choix final? Justifiez votre réponse.

Aliment 1	
Valeur nutritive	
Pour 250 mL	
Teneur	**% valeur quotidienne**
Calories 160	
Lipides 2,5 g	4 %
saturés 1,5 g + trans 0 g	7 %
Cholestérol 15 mg	
Sodium 180 mg	8 %
Glucides 27 g	9 %
Fibres 0 g	0 %
Sucres 25 g	
Protéines 7 g	
Vitamine A	15 %
Vitamine C	0 %
Calcium	25 %
Fer	6 %
Vitamine D	45 %
Potassium	449 mg

Aliment 2	
Valeur nutritive	
Pour 250 mL	
Teneur	**% valeur quotidienne**
Calories 110	
Lipides 0 g	0 %
saturés 0 g + trans 0 g	0 %
Cholestérol 0 mg	
Sodium 125 mg	1 %
Glucides 26 g	9 %
Fibres 0 g	0 %
Sucres 24 g	
Protéines 1 g	
Vitamine A	0 %
Vitamine C	150 %
Calcium	2 %
Fer	2 %
Potassium	250 mg

FORTIFIEZ VOTRE CULTURE... PHYSIQUE

 Sites Internet

Portail d'information NUTRIUM, le centre de référence de l'Université de Montréal en nutrition humaine :
- http://www.extenso.org

Section nutritionnelle de Passeport-Santé :
- http://www.passeportsante.net/fr/Nutrition/Map/index.aspx

Section sur la nutrition sportive de Coach Canada :
- http://www.coach.ca/snac-sport-nutrition-p145045

Site de l'Ordre des diététistes du Québec :
- http://www.opdq.org/

Site de Santé Canada sur l'alimentation
- http://www.hc-sc.gc.ca/fn-an/index-fra.php

Site des diététistes du Canada :
- http://www.dietitians.ca/

Sites du *Guide alimentaire canadien* :
- http://www.santecanada.gc.ca/guidealimentaire
- http://www.hc-sc.gc.ca/fn-an/food-guide-aliment/index-fra.php

 Livres et magazines

- LACOMBE, NATALIE (2009). *Du plein air, j'en mange*. Montréal, Vélo Québec Éditions, coll. « Géo Plein Air ».
- LEDOUX, MARIELLE, LACOMBE, NATALIE, ST-MARTIN, GENEVIÈVE (2009). *Nutrition, sport et performance*. Montréal, Vélo Québec Éditions, coll. « Géo Plein Air ».

Évaluez et transformez vos habitudes alimentaires

Pour faire une évaluation juste et objective de vos habitudes alimentaires, l'outil le plus utile est le journal alimentaire. Les informations que vous recueillerez vous permettront de comparer le nombre de portions de chaque groupe d'aliments que vous consommez aux quantités recommandées dans le *Guide alimentaire canadien* et aussi de calculer votre apport énergétique quotidien.

Préalable

1 Répondez d'abord aux questions suivantes.

    a Indiquez votre âge :

    b Indiquez votre sexe :

    c Nombre de portions recommandées selon votre âge et votre sexe dans le *Guide alimentaire canadien*.

        Légumes et fruits :   Produits laitiers :

        Produits céréaliers :   Viandes et substituts :

Remplissez votre journal alimentaire

2 Remplissez maintenant **votre journal alimentaire sur 3 jours**. Faites le relevé de 2 jours de semaine et de 1 journée de fin de semaine.

    Marche à suivre

    a Dans la première colonne, indiquez à quelle occasion vous avez mangé (déjeuner, dîner, souper ou collation).

    b Dans la deuxième colonne, indiquez les différents aliments qui composaient votre repas ou votre collation.

    Note : Pour les étapes *c* et *d*, utilisez les étiquettes alimentaires des aliments constituant votre repas ou le document «Valeur nutritive de quelques aliments usuels» disponible sur le site de Santé Canada à l'adresse suivante : http://www.hc-sc.gc.ca/fn-an/alt_formats/pdf/nutrition/fiche-nutri-data/nvscf-vnqau-fra.pdf.

    c Dans la troisième colonne, indiquez, pour chacun des aliments, le nombre de portions de chaque groupe alimentaire qu'il représente. La colonne «Autres» concerne toutes les sucreries, pâtisseries, corps gras ou autres aliments que vous consommez et qui ne figurent pas parmi les 4 groupes alimentaires du *Guide alimentaire canadien*.

    d Dans la dernière colonne, indiquez le nombre de calories que représente chacun des aliments.

Journal alimentaire							
Jour de la semaine :				Date :			
Repas ou collation	Aliments consommés	Portions calculées d'après le *Guide alimentaire canadien*					Calories
		Légumes et fruits	Produit céréaliers	Produits laitiers	Viandes et substituts	Autres	
Déjeuner	*500 ml de lait*			2			*380 cal*
	1 pomme	*1*					*72 cal*
	1 tranche de pain		*1*				*100 cal*
	30 ml de beurre d'arachide				*1*		*191 cal*
Total							

Rendez-vous sur **CEC** plus pour imprimer des pages de journal alimentaire.

3 Additionnez le nombre de **portions d'aliments** de chacun des 4 groupes alimentaires et de la catégorie « Autres » que vous avez consommées sur 3 jours et faites-en la moyenne par jour.

	Total sur 3 jours	**Moyenne par jour**
Légumes et fruits		÷3
Produits céréaliers		÷3
Produits laitiers		÷3
Viandes et substituts		÷3
Autres		÷3

4 Additionnez le total des **calories des 4 groupes alimentaires** sur 3 jours et faites-en la moyenne par jour. Faites ensuite le total de ces 4 moyennes.

	Total sur 3 jours	**Moyenne par jour**
Légumes et fruits		÷3
Produits céréaliers		÷3
Produits laitiers		÷3
Viandes et substituts		÷3
	Moyenne totale =	

5 Additionnez le total de **calories de la catégorie «Autres»** sur 3 jours et faites-en la moyenne par jour.

	Total sur 3 jours	Moyenne par jour
Autres		$\div 3$

6 Additionnez la moyenne totale des **calories des 4 groupes** d'aliments (n° 4) **et** la catégorie «**Autres**» (n° 5) pour obtenir votre apport énergétique quotidien.

Apport énergétique quotidien = Moyenne totale des calories des 4 groupes d'aliments   + Moyenne des calories «Autres»

=   calories

7 En vous basant sur votre consommation quotidienne moyenne (n° 3), répondez aux questions suivantes pour déterminer si vous respectez les recommandations du *Guide alimentaire canadien*.

a Respectez-vous les **portions quotidiennes recommandées**?

Légumes et fruits	☐ Oui	☐ Non
Produits céréaliers	☐ Oui	☐ Non
Produits laitiers	☐ Oui	☐ Non
Viandes et substituts	☐ Oui	☐ Non

b Est-ce que votre **quantité de calories** de la catégorie «**Autres**» (n° 5) est inférieure à 10 % de votre apport énergétique quotidien (n° 6)?

Moyenne quotidienne des «Autres»: $\div$ Apport énergétique quotidien moyen $\times$ 100 =

☐ Oui   ☐ Non

c Mangez-vous au moins 1 légume vert foncé et 1 légume orangé chaque jour?

☐ Oui   ☐ Non

d Généralement, est-ce que vos légumes sont préparés avec peu ou pas de matière grasse (crus, vapeur, cuits au four)?

☐ Oui   ☐ Non

e Est-ce qu'au moins la moitié de vos portions de produits céréaliers sont de grains entiers?

☐ Oui   ☐ Non

f Lorsque vous buvez du lait, choisissez-vous le lait écrémé, à 1 % ou à 2 % de matière grasse plutôt qu'à 3,25 % ?

☐ Oui   ☐ Non

g Lorsque vous choisissez un yogourt, un fromage ou une boisson de soya, est-ce que la faible quantité de matière grasse est pour vous un critère important?

☐ Oui   ☐ Non

h Consommez-vous au moins 2 portions de poisson chaque semaine?

☐ Oui ☐ Non

i Préférez-vous les viandes blanches aux viandes rouges?

☐ Oui ☐ Non

j Buvez-vous au moins 6 verres d'eau (de 250 ml chacun) par jour?

☐ Oui ☐ Non

Déterminez votre stade de changement d'habitude

Si vous avez répondu *Oui* à toutes ces questions, vos habitudes alimentaires sont fort probablement bonnes. Toutefois, si vous avez répondu *Non* à une ou plusieurs de ces questions, vous devriez entreprendre une démarche pour modifier vos habitudes alimentaires.

8 Si vous aviez 1 ou 2 **habitudes alimentaires** nocives à modifier, quelles seraient-elles?

Habitude 1 :

Habitude 2 :

9 Cochez l'affirmation qui correspond le plus à votre situation pour chacun des 5 regroupements suivants.

a ☐ Mes habitudes alimentaires sont bonnes et ont de l'importance pour moi. (M)
☐ Mes habitudes alimentaires néfastes me préoccupent. (D)
☐ Mes habitudes alimentaires néfastes n'ont aucune importance pour moi ou pour les personnes de mon entourage. (P)

b ☐ Je perçois les avantages de mes saines habitudes alimentaires. (M)
☐ Je perçois plus d'avantages à atténuer ou à transformer mes habitudes alimentaires néfastes qu'à les conserver telles quelles. (D)
☐ Je perçois plus d'inconvénients à atténuer ou à transformer mes habitudes alimentaires néfastes qu'à les conserver telles quelles. (P)

c ☐ J'ai confiance dans mes capacités de conserver mes saines habitudes alimentaires. (M)
☐ J'ai confiance dans mes capacités de changer mes habitudes alimentaires néfastes. (D)
☐ Même si j'essayais de modifier mes habitudes alimentaires néfastes, je sais que je n'y arriverais pas. (P)

d ☐ Mon entourage (amis, famille) a une alimentation saine. (M)

☐ Mon entourage a des habitudes alimentaires néfastes. (P)

e ☐ Je vais maintenir mes saines habitudes alimentaires. (M)

☐ Je vais prochainement modifier mes habitudes alimentaires. (D)

☐ Je ne modifierais mes habitudes alimentaires néfastes que si ma vie en dépendait. (P)

f Combien de cases (P), (D) et (M) avez-vous cochées ?

(P) :   (D) :   (M) :

10 À quel **stade de changement** vous situez-vous ? Cochez le stade où vous vous trouvez. Consultez au besoin le modèle transthéorique (page 221 du chapitre 7).

☐ **Précontemplation** si vous n'avez coché que des cases (P).

Vous n'avez probablement pas l'intention de modifier vos habitudes alimentaires néfastes.

☐ **Contemplation** si vous avez coché 4 cases (D).

Vous avez sans doute l'intention de modifier vos habitudes alimentaires néfastes.

☐ **Préparation** si vous avez coché 2 ou 3 cases (D).

Vous tâtez le terrain et êtes en voie de modifier vos habitudes alimentaires néfastes. Il ne vous reste qu'à trouver l'étincelle qui vous fera entreprendre concrètement votre démarche.

☐ **Action** si vous avez coché 4 cases (D).

Vous avez changé vos habitudes alimentaires néfastes au cours des 6 derniers mois et vous mettez en oeuvre des moyens pour garder celles-ci.

☐ **Maintien** si vous avez coché 4 ou 5 cases (M).

Vous avez de saines habitudes alimentaires et vous souhaitez poursuivre dans cette voie.

Analysez votre intention de changement

Selon le **modèle d'analyse des variables de l'intention de changement** (Godin, page 218 du chapitre 7), il y a un lien direct entre l'intention de transformation d'une habitude de vie et des variables précises. Tentons d'interpréter certaines d'entre elles.

11 Nommez 3 avantages à court ou à moyen terme de modifier vos habitudes alimentaires néfastes ou de maintenir vos saines habitudes alimentaires. Choisissez des avantages significatifs pour vous.

12 Nommez 2 effets positifs que de saines habitudes alimentaires auraient sur votre pratique d'activités physiques ou sur une autre de vos habitudes de vie.

13 Nommez 2 conséquences à court terme qui affecteront votre mode de vie si vous ne modifiez pas vos habitudes alimentaires néfastes.

14 Nommez 2 personnes de votre entourage qui pourraient vous appuyer ou vous encourager dans votre démarche.

Nom de la personne 1 :

Nom de la personne 2 :

15 Indiquez une contrainte qui pourrait vous empêcher de modifier vos habitudes alimentaires néfastes ou de conserver vos saines habitudes alimentaires. Trouvez ensuite une solution réaliste à laquelle vous pourrez avoir recours.

Contrainte

Solution

16 Si vous entamiez une démarche pour modifier vos habitudes alimentaires néfastes ou si vous voulez maintenir vos saines habitudes alimentaires, à combien, sur une échelle de 1 à 10, estimez-vous vos chances d'atteindre cet objectif?

1 ☐ • 2 ☐ • 3 ☐ • 4 ☐ • 5 ☐ • 6 ☐ • 7 ☐ • 8 ☐ • 9 ☐ • 10 ☐

Expliquez votre réponse.

Préparez votre démarche

Il est maintenant temps de passer à l'action. Nous vous suggérons de commencer avec une démarche de 6 semaines.

17 Fixez-vous un **objectif intermédiaire** qui est atteignable en 3 semaines. Cet objectif **lié à vos habitudes alimentaires** doit être **mesurable**. Par exemple : *D'ici 3 semaines, je vais respecter le* Guide alimentaire canadien *quant aux portions de fruits et de légumes (7 à 8 portions par jour).*

Objectif intermédiaire :

18 Donnez-vous un **objectif de fin de démarche** qui vous semble atteignable en 6 semaines. Par exemple : *D'ici 6 semaines, je vais respecter le* Guide alimentaire canadien *quant aux portions de fruits et de légumes (8 portions par jour) ainsi qu'aux portions de produits céréaliers (6 à 7 portions par jour).*

Objectif de fin de démarche :

19 Indiquez quelles **stratégies** du modèle transthéorique (page 221 du chapitre 7) vous utiliserez pour favoriser l'atteinte de vos objectifs et comment elles s'appliqueront pour vous.

Laissez des traces de votre démarche

Pour vous aider, tenez un **journal alimentaire** pendant la période de mise en application de votre démarche.

20 Cumulez des informations qui vous permettront d'ajuster votre objectif. Appliquez la même démarche qu'au numéro 2.

Rendez-vous sur **CEC** plus pour imprimer des pages de journal de bord et ainsi faire le suivi de votre démarche.

Mesurez votre avancement

21 Après 3 semaines, il est temps d'analyser et d'interpréter votre démarche.

a Avez-vous atteint votre **objectif intermédiaire** ?

☐ Atteint ☐ Non atteint

Donnez des **indicateurs mesurables** qui résument où vous en êtes par rapport à ce dernier.

b Est-ce que ces résultats sont satisfaisants pour vous?

☐ OUI   ☐ NON

22 Que les résultats soient tels qu'escomptés ou non, il faut continuer! Est-ce que votre objectif reste le même? Reformulez-en un un peu plus réaliste à atteindre si le premier était trop ambitieux (ou non mesurable).

Objectif de fin de démarche:

Bonne chance et allez-y progressivement, mais sûrement!

Bilan de fin de démarche

Après 6 semaines, il est temps d'analyser et d'interpréter l'ensemble de votre démarche.

23 Avez-vous atteint votre **objectif de fin de démarche**?

a Atteint ☐   Partiellement atteint ☐   Non atteint ☐

b Expliquez votre réponse en fonction d'**indicateurs mesurables** qui résument où vous en êtes par rapport à votre objectif de fin de démarche.

24 Si vous avez **atteint ou partiellement atteint** votre objectif, expliquez quelle stratégie vous a été la plus utile.

25 Si votre **objectif** n'a **pas** été **atteint**, indiquez les contraintes que vous devrez vaincre à l'avenir pour parvenir à réussir votre démarche et expliquez tout de suite comment vous vous y prendrez.

Bonne continuation!

Viser une composition corporelle équilibrée et un poids santé

ÉCHAUFFEMENT

Quel est votre rapport énergétique?

La nourriture que vous consommez et les activités physiques que vous faites influencent votre composition corporelle. Selon vous, dans quelle catégorie de personnes vous trouvez-vous?

A Celles qui mangent juste assez en fonction de l'énergie qu'elles dépensent dans une journée.

B Celles qui mangent trop en fonction de l'énergie qu'elles dépensent dans une journée.

C Celles qui ne mangent pas suffisamment en fonction de l'énergie qu'elles dépensent dans une journée.

Si l'énoncé choisi correspond bien à votre réalité, voici l'état de votre rapport énergétique.

- Si vous avez choisi l'énoncé *A*, vous êtes en état d'équilibre énergétique.

- Si vous avez choisi l'énoncé *B*, vous êtes en état de surplus énergétique.

- Si vous avez choisi l'énoncé *C*, vous êtes en état de déficit énergétique.

La lecture de ce chapitre vous apprendra quels sont les effets de votre rapport énergétique sur votre composition corporelle.

APRÈS LA LECTURE DE CE CHAPITRE,
VOUS SEREZ EN MESURE :

- de définir la composition corporelle et les éléments qui la constituent ;
- d'expliquer en quoi consistent les différents rapports énergétiques ;
- de savoir comment atteindre ou maintenir un poids santé ;
- de comprendre comment modifier ou maintenir votre composition corporelle.

a **composition corporelle** est souvent considérée, à tort ou à raison, comme l'élément le plus facilement perceptible pour établir l'état de la condition physique et juger des habitudes de vie d'une personne. Que ce soit pour des motifs de santé ou des motivations esthétiques, il s'agit à coup sûr de l'incitatif premier qui amène la clientèle dans les salles d'entraînement et aussi celui qui fait l'objet du plus grand nombre de bonnes résolutions lorsque vient la nouvelle année.

En fait, la composition corporelle tient à 2 variables principales : l'alimentation et l'activité physique, autrement dit à l'apport énergétique et à la dépense énergétique.

Nous rappellerons d'abord en quoi consiste la composition corporelle, les éléments qui la constituent ainsi que les mesures qui permettent d'en connaître l'état. Nous évoquerons en deuxième lieu quelques avantages à avoir une composition corporelle bien équilibrée. Ensuite, nous expliquerons comment les calories que vous absorbez et que vous dépensez influent sur votre composition corporelle et par le fait même sur votre poids. Vous pourrez finalement bien comprendre comment prendre en mains vos ratios énergétiques, soit pour maintenir votre poids, perdre du poids ou gagner du poids, dans l'optique d'atteindre ou de conserver un poids santé.

La composition corporelle

a composition corporelle est la relation entre le poids et la taille d'un individu et entre les proportions de masse grasse et de masse maigre qui le composent. La **masse maigre** est formée de la masse protéinique (contenue principalement dans les muscles, les organes et les viscères) et de la masse minérale (principalement contenue dans les os). Quant à la **masse grasse,** elle comprend tout ce qui n'est pas de la masse maigre ; elle est emmagasinée principalement dans les **adipocytes**, communément appelés *cellules adipeuses*. L'addition de votre masse maigre et de votre masse grasse constitue votre **poids corporel**.

Les **mesures** les plus communes pour évaluer la composition corporelle sont l'**indice de masse corporelle** (IMC) et le **pourcentage de graisse** 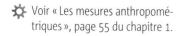. L'indice de masse corporelle consiste en une proportion entre votre poids et votre taille alors que le pourcentage de graisse est le rapport entre votre masse grasse et votre poids corporel.

☼ Voir « Les mesures anthropométriques », page 55 du chapitre 1.

Anatomie & physiologie

La multiplication des adipocytes

Une des variables individuelles qui peut faire varier la facilité avec laquelle certaines personnes prennent du poids est la quantité d'adipocytes qu'elles possèdent. La quantité d'adipocytes est entre autres déterminée par les besoins de stockage d'énergie au cours de l'enfance et de l'adolescence. En effet, les adipocytes se multiplient jusqu'à l'âge d'environ 15 ans (hyperplasie). Ensuite, ces adipocytes se gonflent (hypertrophie) pour stocker plus ou moins de lipides. Plus un enfant ou un jeune adolescent est en surplus énergétique, plus son corps crée d'adipocytes. Une fois l'âge adulte atteint, plus la quantité d'adipocytes est élevée, plus il est facile de stocker l'énergie non dépensée et d'accroître ainsi la masse grasse.

Les avantages d'une composition corporelle équilibrée

Comme la composition corporelle est le rapport entre ses proportions de masse grasse et de masse maigre, les avantages à ce qu'elle soit équilibrée se déclinent en 2 catégories.

Une **masse grasse idéale** permet :

- de diminuer les risques de maladies cardiovasculaires ☼ ;
- de réduire les risques de diabète de type II ☼ ;
- d'assimiler les vitamines liposolubles (A, D, E, K) et de renforcer ainsi le système immunitaire ;
- d'avoir une silhouette agréable contribuant à une bonne estime de soi.

Une **masse maigre suffisante** permet :

- d'avoir un métabolisme de base élevé grâce à une masse musculaire plus importante ;
- d'avoir de l'énergie pour faire des activités physiques requérant de la force musculaire ;
- d'avoir une silhouette agréable contribuant à une bonne estime de soi.

☼ Voir « Les maladies cardiovasculaires », page 240 du chapitre 8.

☼ Voir « Le diabète de type II », page 239 du chapitre 8.

YorkBerlin/Shutterstock 52109449.

Les rapports énergétiques et la composition corporelle

Ce qui détermine principalement la composition corporelle d'une personne est son rapport énergétique. Le **rapport énergétique** est déterminé par la quantité de calories apportées par l'alimentation (apport énergétique ☼) versus les calories dépensées par le métabolisme de base (qui fournit l'énergie nécessaire au fonctionnement du corps), les activités de la vie quotidienne et les activités physiques ; l'ensemble des calories dépensées constitue la dépense énergétique totale ☼. Il existe **3 possibilités** de rapports énergétiques : équilibre, surplus ou déficit énergétique.

☼ Voir « Le rôle des nutriments dans l'alimentation », page 258 du chapitre 9.

☼ Voir « La dépense énergétique totale, un bon indicateur de votre niveau d'activité physique », page 233 du chapitre 8.

⚠ Sur le vif

Le métabolisme de base et le type de morphologie

Votre composition corporelle n'est pas déterminée par votre métabolisme de base, mais il l'influence tout de même. Selon Sheldon, il existe 3 types de morphologie qui tiennent en partie aux demandes énergétiques du métabolisme de base :

- les ectomorphes (métabolisme de base naturellement élevé, ossature fine, taille filiforme, membres supérieurs et inférieurs plutôt longs) ;

- les mésomorphes (métabolisme de base naturellement assez élevé, musculature importante, épaules aussi larges que le bassin chez les femmes, épaules plus larges que le bassin chez les hommes) ;

- les endomorphes (métabolisme de base lent, petite ossature, physique plutôt rond, membres supérieurs et inférieurs plutôt courts).

Vous pouvez évidemment présenter des traits de plus d'un type de morphologie, mais, généralement, il y a une dominante.

L'équilibre énergétique

L'équilibre énergétique advient lorsque l'apport énergétique est égal à la dépense énergétique totale. Il y a alors **maintien du poids corporel**. Attention ! Vous pouvez être en surplus de poids et être en équilibre énergétique.

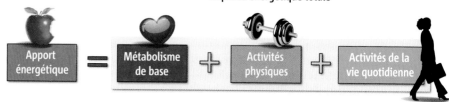

Le surplus énergétique

Le surplus énergétique advient lorsque l'apport énergétique est plus grand que la dépense énergétique totale. Il y a alors **prise de poids corporel**.

Le déficit énergétique

Le déficit énergétique advient lorsque l'apport énergétique est moindre que la dépense énergétique totale. Il y a alors **perte de poids corporel**.

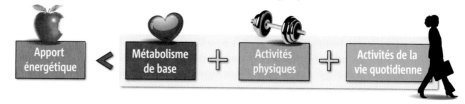

Différents objectifs pour différents ratios énergétiques

☼ Pour le connaître, mesurez-le si ce n'est déjà fait à l'aide de « Mesure de l'indice de masse corporelle », page 56 du chapitre 1.

Pour chacun des rapports énergétiques, 3 objectifs de gestion de la composition corporelle sont possibles :

- perdre du poids en réduisant la masse grasse si elle est trop élevée ;
- conserver son poids ;
- gagner du poids en augmentant la masse musculaire (la masse maigre) si le poids est santé.

À noter que les conseils de la présente section concernent les personnes qui ont un indice de masse corporelle ☼ supérieur à 18,5.

Un poids corporel insuffisant

Si votre indice de masse corporelle est inférieur à 18,5 de quelques dixièmes, vous pouvez suivre les conseils s'adressant aux personnes qui ont un poids santé et qui désirent gagner du poids en augmentant leur masse musculaire. Cependant, si votre indice de masse corporelle est en deçà de 18, il est conseillé d'en discuter avec votre médecin.

- - - - - En situation d'équilibre énergétique - - - - -

Si vous avez une dépense énergétique totale équivalente à votre apport énergétique, vous êtes en situation d'équilibre énergétique. En vous basant sur l'évaluation de votre composition corporelle selon votre indice de masse corporelle (IMC), vous poursuivrez l'un ou l'autre des 3 objectifs suivants.

☼ Voir « Consulter le *Guide alimentaire canadien* », page 266 du chapitre 9.

Perdre du poids et réduire sa masse grasse

Si vous avez un **surplus de poids** (selon votre IMC) et que vous souhaitez **perdre de la masse grasse**, la solution est de créer un déficit énergétique jusqu'à l'atteinte du poids souhaité pour ensuite reprendre la voie de l'équilibre énergétique. Pour ce faire, il faut recourir à **l'un ou l'autre des moyens suivants ou aux deux** :

- augmenter votre dépense énergétique au moyen de l'activité physique ;
- diminuer votre apport calorique tout en respectant les portions du *Guide alimentaire canadien* ☼.

Conserver son poids

Si vous avez un **poids santé** (selon votre IMC) ou **possédez une masse musculaire élevée** ☼ et que vous souhaitez **conserver votre poids**, la solution est de conserver votre équilibre énergétique pour ne pas gagner de poids à la longue. Pour ce faire, conservez vos habitudes de vie liées à l'alimentation et à l'activité physique.

Val Thoermer/Shutterstock 1292130 4.

Gagner du poids en augmentant sa masse musculaire

Si vous avez un **poids santé** (selon votre IMC) et que vous souhaitez **augmenter votre masse musculaire** (masse maigre), la solution est de créer un surplus énergétique et de le dépenser au moyen de l'entraînement musculaire. Il faut :

- augmenter votre apport énergétique ;
- vous assurer de consommer de 1,4 gramme à 1,8 gramme de protéines par kilogramme de poids corporel par jour ;
- dépenser l'augmentation de votre apport énergétique grâce à un entraînement en force absolue avec davantage d'hypertrophie ☼.

☼ Il se peut que vous ayez un indice de masse corporelle au-delà de la norme mais que votre pourcentage de graisse soit idéal : c'est parce que votre masse maigre est plus élevée que la norme (les culturistes par exemple).

☼ Voir « Comment entraîner votre force absolue avec davantage d'hypertrophie ? », page 139 du chapitre 4.

----- **En situation de surplus énergétique** -----

Si vous avez une dépense énergétique totale inférieure à votre apport énergétique, vous êtes en situation de surplus énergétique. En vous basant sur l'évaluation de votre composition corporelle selon votre indice de masse corporelle (IMC), vous poursuivrez l'un ou l'autre des 3 objectifs suivants.

Perdre du poids et réduire sa masse grasse

Si vous avez un **surplus de poids** (selon votre IMC) et que vous souhaitez **perdre de la masse grasse**, la solution est de créer un déficit énergétique jusqu'à l'atteinte du poids souhaité pour ensuite reprendre la voie de l'équilibre énergétique. Pour ce faire, il faut recourir aux **deux moyens** suivants :

☼ Voir « Consulter le *Guide alimentaire canadien* », page 266 du chapitre 9.

- augmenter votre dépense énergétique à l'aide de l'activité physique ;
- diminuer votre apport calorique tout en respectant les portions du *Guide alimentaire canadien* ☼.

Santé contre image

Provenance des calories et perte de poids

Plusieurs diètes alimentaires miracles nous laissent croire que la provenance des calories (glucides, lipides, protéines) peut avoir de l'importance dans la gestion du poids corporel. En réalité, la provenance des calories n'a aucun effet sur la perte de poids, c'est la quantité totale consommée qui influence le gain ou la perte de masse grasse.

Conserver son poids

Si vous avez un **poids santé** (selon votre IMC) ou **possédez une masse musculaire élevée** ☼ et que vous souhaitez **conserver votre poids**, la solution est d'atteindre l'équilibre énergétique pour ne pas gagner de poids à la longue. Pour ce faire, il faut recourir à **l'un ou l'autre des moyens suivants ou aux deux** :

☼ Il se peut que vous ayez un indice de masse corporelle au-delà de la norme mais que votre pourcentage de graisse soit idéal : c'est parce que votre masse maigre est plus élevée que la norme (les culturistes par exemple).

- augmenter votre dépense énergétique à l'aide de l'activité physique ;
- diminuer votre apport calorique tout en respectant les portions du *Guide alimentaire canadien*.

Gagner du poids en augmentant sa masse musculaire

Si vous avez un **poids santé** (selon votre IMC) et que vous souhaitez **augmenter votre masse musculaire** (masse maigre), la solution est de dépenser ce surplus énergétique au moyen de l'entraînement musculaire. Il faut :

☼ Voir « Comment entraîner votre force absolue avec davantage d'hypertrophie ? », page 139 du chapitre 4.

- vous assurer de consommer de 1,4 gramme à 1,8 gramme de protéines par kilogramme de poids corporel par jour ;
- dépenser l'augmentation de votre apport énergétique grâce à un entraînement en force absolue avec davantage d'hypertrophie ☼.

----- En situation de déficit énergétique -----

Si vous avez une dépense énergétique supérieure à votre apport énergétique, vous êtes en situation de déficit énergétique. En vous basant encore une fois sur l'évaluation de votre composition corporelle selon votre indice de masse corporelle (IMC), vous poursuivrez l'un ou l'autre des 3 objectifs suivants.

Perdre du poids et réduire sa masse grasse

Si vous avez un **surplus de poids** (selon votre IMC) et que souhaitez **perdre de la masse grasse**, la solution est de conserver ce déficit énergétique jusqu'à l'atteinte du poids souhaité pour ensuite reprendre la voie de l'équilibre énergétique. Puisque vous êtes déjà en déficit énergétique, vous êtes sur la bonne voie. Toutefois, assurez-vous de respecter les portions du *Guide alimentaire canadien* ☼.

Conserver son poids

Si vous avez un **poids santé** (selon votre IMC) ou **possédez une masse musculaire élevée** ☼ et que vous souhaitez **conserver votre poids**, la solution est de retrouver l'équilibre énergétique. Pour ce faire, il faut augmenter votre apport calorique tout en choisissant des aliments sains suggérés dans le *Guide alimentaire canadien*.

Gagner du poids en augmentant sa masse musculaire

Si vous avez un **poids santé** (selon votre IMC) et que vous souhaitez **augmenter votre masse musculaire** (masse maigre), vous devez d'abord retrouver l'équilibre énergétique. Ensuite, suivez les conseils qui s'adressent à une personne en équilibre énergétique qui désire gagner du poids en augmentant sa masse musculaire.

☼ Voir « Consulter le *Guide alimentaire canadien* », page 266 du chapitre 9.

Contrainte et solution

Je n'ai pas beaucoup de temps pour m'entraîner et je veux brûler de la graisse ! Que faire ?

Comme le temps libre à consacrer aux activités physiques est souvent rare, une bonne façon d'augmenter votre dépense énergétique est d'adopter le transport actif, c'est-à-dire non motorisé, pour effectuer vos déplacements quotidiens. Nous passons une grande partie de notre temps à nous déplacer en voiture, en autobus ou en métro alors qu'il est possible de le faire activement en marchant, en courant, à vélo, ou en patins à roues alignées, entre autres.

SVLuma/Shutterstock 82791529.

Atteignez vos objectifs

Vous aurez compris qu'il faut porter une attention particulière à votre alimentation et à vos activités physiques si vous voulez gérer de façon appropriée votre composition corporelle. L'alimentation doit être saine et adéquate alors que le niveau d'activité physique doit être suffisant. Voici donc quelques conseils touchant ces 2 aspects de la gestion de la composition corporelle.

☼ Il se peut que vous ayez un indice de masse corporelle au-delà de la norme mais que votre pourcentage de graisse soit idéal : c'est parce que votre masse maigre est plus élevée que la norme (les culturistes par exemple).

Ersler Dmitry/Shutterstock 85317406.

Atteignez votre objectif
au moyen de la dépense énergétique

L'augmentation de votre dépense énergétique est un moyen efficace pour contrôler votre rapport énergétique. Comme le montre la figure suivante, la différence de dépense énergétique totale entre une personne très active et une personne sédentaire peut être considérable.

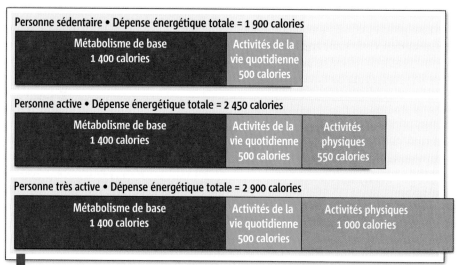

Personne sédentaire • Dépense énergétique totale = 1 900 calories

| Métabolisme de base 1 400 calories | Activités de la vie quotidienne 500 calories |

Personne active • Dépense énergétique totale = 2 450 calories

| Métabolisme de base 1 400 calories | Activités de la vie quotidienne 500 calories | Activités physiques 550 calories |

Personne très active • Dépense énergétique totale = 2 900 calories

| Métabolisme de base 1 400 calories | Activités de la vie quotidienne 500 calories | Activités physiques 1 000 calories |

Dépense énergétique totale de 3 personnes

Adapté de : LEDOUX, MARIELLE, LACOMBE, NATALIE, ST-MARTIN, GENEVIÈVE (2009). *Nutrition, sport et performance* (p. 15). Montréal, Vélo Québec Éditions, coll. « Géo Plein Air ».

Il est suggéré, pour ne pas sentir une baisse draconienne de votre niveau d'énergie, de viser un déficit énergétique vous permettant une perte de poids de 1 demi-kilogramme par semaine et de ne pas perdre plus de 1 kilogramme par semaine. Théoriquement, pour **brûler 1 demi-kilogramme de masse grasse**, il faut créer un **déficit énergétique d'environ 3 850 calories** alors qu'il faut en créer un de 7 700 calories pour brûler 1 kilogramme de masse grasse.

Toutes les activités physiques sont bonnes et cumulables dans l'atteinte de ces objectifs. Chaque fois que vous montez des escaliers ou marchez pour vous rendre à l'arrêt d'autobus, vous dépensez des calories qui augmenteront votre dépense énergétique totale.

Les activités aérobies

Certaines **activités physiques** pratiquées de manière régulière **créent un déficit énergétique important**. Parce qu'ils sollicitent de grosses masses musculaires, qu'ils demandent un effort soutenu de plusieurs minutes et exigent donc une grande dépense énergétique, ce sont les **exercices aérobies** qui sont les plus spécifiques pour la perte de poids. Ils vous permettront d'optimiser votre entraînement, ce qui vous permettra d'atteindre votre objectif plus rapidement.

Le duo musculation et activité aérobie pour brûler davantage de calories

L'avantage de l'entraînement en musculation est qu'il permet de perdre de la masse grasse de 2 façons : d'une part, grâce à la dépense calorique requise par les entraînements et, d'autre part, grâce à l'élévation du métabolisme de base engendrée par l'augmentation de la masse musculaire. Une masse musculaire plus imposante fait augmenter le métabolisme, car elle exige de lui plus d'énergie, ce qui occasionne par conséquent une plus grande dépense énergétique. Ainsi, si vous ajoutez de la musculation à un programme d'entraînement aérobie, vous aurez une recette gagnante pour dépenser encore plus de calories.

Yeko Photo Studio/Shutterstock 59640790.

La fréquence, l'intensité et la durée des activités physiques

La fréquence, l'intensité et la durée des activités physiques pratiquées dans le but de perdre du poids ou de retrouver l'équilibre énergétique seront dictées par la quantité d'énergie à dépenser pour atteindre la dépense énergétique voulue. L'important pour perdre de la masse grasse ou retrouver l'équilibre énergétique est donc d'augmenter votre dépense énergétique en bougeant plus fréquemment, plus longtemps ou plus intensément. Toutefois, plus l'intensité d'une activité sera grande, moins la durée pourra l'être, c'est une question de fatigue.

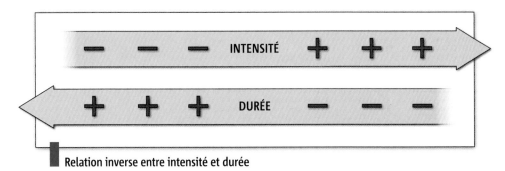

Relation inverse entre intensité et durée

Que vous décidiez de faire des **séances longues et faiblement intenses** ou des **séances courtes et à haute intensité**, vous brûlerez des calories. Par contre, dans le second cas, vous dépenserez la **même quantité d'énergie** plus rapidement. Cette option est fort avantageuse si vous avez un horaire très chargé.

Pour bien choisir vos activités physiques en fonction de la dépense énergétique qu'elles procurent par unité de temps, consultez le tableau de la page suivante. Vous y trouverez la quantité d'énergie dépensée au moyen de diverses activités physiques pratiquées pendant 30 minutes en fonction de différents poids corporels.

Activités physiques (30 minutes)	METS	Nombre de calories dépensées selon le poids						
		45 kg	55 kg	65 kg	75 kg	85 kg	95 kg	105 kg
Marche normale (5 km/h)	3	71	87	102	118	134	150	165
Ménage	3	71	87	102	118	134	150	165
Musculation	3	71	87	102	118	134	150	165
Volleyball récréatif	3	71	87	102	118	134	150	165
Yoga	3	71	87	102	118	134	150	165
Golf en voiture électrique	3,5	83	101	119	138	156	175	193
Canotage récréatif	4	95	116	137	158	179	200	221
Badminton récréatif	4,5	106	130	154	177	201	224	248
Marche rapide (6,5 km/h)	4,5	106	130	154	177	201	224	248
Kayak en eaux calmes récréatif	5	118	144	171	197	223	249	276
Ski alpin efforts légers	5	118	144	171	197	223	249	276
Golf en transportant ses bâtons	5,5	130	159	188	217	245	274	303
Patinage récréatif	5,5	130	159	188	217	245	274	303
Basketball récréatif	6	142	173	205	236	268	299	331
Natation récréative	6	142	173	205	236	268	299	331
Simulateur d'escalier	6	142	173	205	236	268	299	331
Ski alpin efforts modérés	6	142	173	205	236	268	299	331
Tennis en double	6	142	173	205	236	268	299	331
Danse aérobie	6,5	154	188	222	256	290	324	358
Bicyclette effort moyen	7	165	202	239	276	312	349	386
Jogging léger	7	165	202	239	276	312	349	386
Patinage à roues alignées récréatif	7	165	202	239	276	312	349	386
Racketball récréatif	7	165	202	239	276	312	349	386
Soccer	7	165	202	239	276	312	349	386
Squash récréatif	7	165	202	239	276	312	349	386
Tennis en simple	7,5	177	217	256	295	335	374	413
Football-toucher	8	189	231	273	315	357	399	441
Raquette à neige	8	189	231	273	315	357	399	441
Ski de fond effort modéré (7 km/h)	8	189	231	273	315	357	399	441
Volleyball de plage	8	189	231	273	315	357	399	441
Hockey sur glace	9	213	260	307	354	402	449	496
Judo, karaté, taekwondo, aéroboxe	10	236	289	341	394	446	499	551
Escalade	11	260	318	375	433	491	549	606

Dépense énergétique de certaines activités physiques en fonction du poids

Adapté de : AINSWORTH, B. E. ET COLL. (2000). *Compendium of physical activities : an update of activity codes and MET intensities.* Medicine & Science in Sports & Exercise, vol. 32 (9), p. S498 à S516.

----- Atteignez votre objectif -----
au moyen de l'apport énergétique

Dans le cas d'un objectif de perte de poids ou celui de retrouver un équilibre énergétique en diminuant la quantité de calories consommées dans votre alimentation,
il est important de viser une perte de poids santé, c'est-à-dire de **ne pas trop réduire votre apport énergétique** car cela causera :

- une importante baisse d'énergie, ce qui nuira à la pratique de vos activités quotidiennes et sportives ;
- un ralentissement du métabolisme de base qui nuira à la perte de poids.

Encore une fois, il est conseillé de viser un déficit énergétique vous permettant une
perte de poids de 1 demi-kilogramme par semaine et de ne pas perdre plus de
1 kilogramme par semaine.

Lorsque quelqu'un veut perdre du poids rapidement, la diète alimentaire est souvent une solution envisagée. Toutefois, la solution réside dans l'adoption de saines
habitudes alimentaires à conserver toute sa vie.

Le mauvais choix : les diètes alimentaires visant la perte de poids

La plupart du temps, les diètes populaires visant la perte de masse grasse sont très
restrictives. Toutefois, même si ces diètes donnent les résultats souhaités à court,
à moyen et à long terme, elles ne fonctionnent pas et peuvent même produire un
résultat inverse en provoquant un gain de poids. La seule raison qui
explique la perte de poids rapide est qu'elles sont basées sur un **déficit
énergétique très important**. Qu'elles se nomment *Atkins*, *Montignac*,
Beverly Hills, *Fit for life* ou autre, toutes ces diètes sont axées sur une
réduction calorique pour provoquer une perte de poids.

Avesun/Shutterstock 62612437.

Voici quelques **raisons** qui devraient vous convaincre d'**éviter** ce type
de diète miracle :

- Très restrictives, les diètes sont souvent très pauvres en vitamines et en
  minéraux ainsi qu'en énergie, et peuvent donc causer de la déshydratation, de la fatigue, des troubles digestifs et des carences alimentaires.
- La perte de poids rapide qu'engendre une diète restrictive s'explique
  généralement par une déshydratation et une perte musculaire plutôt
  que de masse grasse. La perte musculaire s'explique par la restriction importante en nutriments, et cette dernière rendra plus difficile
  le maintien du poids perdu et aussi la perte de poids future.
- Même si les personnes qui suivent des diètes miracles réussissent à
  perdre du poids rapidement, la majorité d'entre elles finissent par
  reprendre tout le poids perdu et parfois même plus. En fait, comme
  le corps est habitué à un faible apport énergétique, il réduit son métabolisme de base de la même manière qu'il le ferait en cas de famine.
  Le gros problème des diètes est que comme les personnes se privent
  beaucoup, elles finissent par revenir à leurs anciennes habitudes alimentaires pour
  retrouver les aliments qu'elles aiment. Le métabolisme de base ne revenant pas à
  son niveau initial immédiatement, le corps tend alors à entreposer sous forme de
  graisse les calories absorbées en surplus, ce qui fait que les personnes reprennent
  tout le poids perdu, et même davantage. C'est le phénomène du yoyo, qui fait que
  des gens qui voulaient perdre 3 à 5 kilogrammes au départ se retrouvent finalement
  avec des surpoids importants et une faible estime de soi à cause des échecs répétés.

Des comprimés pour brûler l'excès de graisse ?

Les « brûleurs de graisse » (*fat burners*) sont des produits censés faire élever le métabolisme de base et favoriser l'utilisation des graisses plutôt que des glucides lors d'un exercice aérobie. La vaste majorité des études contredisent cette prétention : environ 95 % des produits testés n'ont aucune influence sur ces 2 variables. En fait, ces capsules sont des mélanges, souvent non testés et non homologués, de plusieurs produits (extraits de thé, caféine, éphédrine, orange amère, autres extraits de plantes) dont les effets individuels et croisés sont peu ou pas connus. Il est en fait déconseillé de consommer ces produits, particulièrement à forte dose, et surtout si vous souffrez de problèmes cardiaques.

Le bon choix : une saine alimentation

Pour perdre du poids ou pour trouver l'équilibre énergétique, il suffit souvent de réduire la quantité d'aliments ne faisant pas partie des 4 groupes alimentaires du *Guide alimentaire canadien*. En effet, la consommation récurrente de pâtisseries, de sucreries et d'autres aliments trop gras ou trop sucrés est généralement la cause de surplus énergétiques qui ont pour résultat une composition corporelle inadéquate. En réduisant au minimum ce genre d'aliments, il est généralement possible d'atteindre l'équilibre énergétique. Consultez à ce propos le chapitre 9 et le *Guide alimentaire canadien* . De plus, une façon simple de s'assurer d'un apport énergétique suffisant, varié et riche en nutriments est de respecter les principes de l'assiette équilibrée .

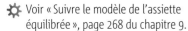 Voir « Consulter le *Guide alimentaire canadien* », page 266 du chapitre 9.

Voir « Suivre le modèle de l'assiette équilibrée », page 268 du chapitre 9.

! Sur le vif

Un apport énergétique équilibré

À titre anecdotique, le Tour de France à vélo coûte en énergie aux cyclistes environ 6 000 calories par jour. Les athlètes qui participent à cette épreuve doivent donc ingérer toute l'énergie nécessaire à leur métabolisme de base, environ 2 000 calories, en plus de l'énergie qu'ils doivent fournir, c'est-à-dire un total approximatif de 8 000 calories par jour.

L'alimentation pour les gains de masse musculaire

Comme nous l'avons dit précédemment, l'augmentation de la masse musculaire (masse maigre) nécessite la création d'un surplus énergétique qui sera dépensé au moyen d'un entraînement en musculation visant l'hypertrophie musculaire. Il faut cependant que la consommation de protéines se situe entre 1,4 gramme et 1,8 gramme par kilogramme de poids corporel. L'alimentation de la personne qui désire augmenter sa masse maigre devrait ainsi comprendre :

- de 55 % à 60 % de glucides, qui fournissent de 550 à 600 calories par tranche de 1 000 calories d'apport énergétique ;

- de 15 % à 20 % de protéines, qui fournissent de 150 à 200 calories par tranche de 1 000 calories d'apport énergétique ;

- de 20 % à 25 % de lipides, qui fournissent de 200 à 250 calories par tranche de 1 000 calories d'apport énergétique.

e vrai défi en gestion de la composition corporelle est d'atteindre un poids santé et un équilibre énergétique qui sera durable et non pas temporaire. Les activités physiques choisies devront être plus qu'un entraînement désincarné, elles devront devenir des habitudes de vie. Il en va de même de vos habitudes alimentaires, qui devront être saines.

Atteindre un poids santé et maintenir un équilibre énergétique peuvent paraître simples en théorie, mais cela demande une discipline personnelle. Être actif ou active chaque jour favorise certainement l'atteinte de ce double objectif. Bien qu'importante, la dépense énergétique n'est qu'un début, car l'alimentation demeure une pièce importante du puzzle. Il ne faudrait pas reprendre les calories dépensées par l'exercice par une augmentation de la quantité de calories consommées. Si vous entamez une démarche de prise de masse maigre ou de perte de masse grasse, il est primordial de contrôler votre alimentation. N'hésitez pas à consulter les chapitres 8 et 9 pour vous remémorer les bienfaits de l'activité physique et d'une saine alimentation.

Kiselev Andrey Valerevich/Shutterstock 83679859.

RÉSUMÉ

- La **composition corporelle** est la relation entre le poids et la taille d'un individu et entre les proportions de masse grasse et de masse maigre qui le composent.

- Le **rapport énergétique**, un élément déterminant de la composition corporelle, est la relation établie par l'apport énergétique versus la dépense énergétique totale.

- Il existe 3 possibilités de rapports énergétiques : l'**équilibre énergétique**, où l'apport énergétique est égal à la dépense énergétique totale ; le **surplus énergétique**, où l'apport énergétique est supérieur à la dépense énergétique totale ; le **déficit énergétique**, où l'apport énergétique est inférieur à la dépense énergétique totale.

- L'**augmentation de la dépense énergétique** est un des moyens les plus efficaces pour perdre du poids et les **exercices aérobies** sont ceux qui permettent de dépenser le plus d'énergie.

- La **prise de masse musculaire** (masse maigre) nécessite la création d'un surplus énergétique à dépenser au moyen d'un entraînement en musculation visant l'hypertrophie musculaire.

- Il est important de **ne pas trop réduire l'apport énergétique** fourni par l'alimentation, car cela peut causer une importante baisse d'énergie et un ralentissement du métabolisme de base.

Affûtez vos CONNAISSANCES

1. Quel est l'énoncé qui correspond le mieux à la définition de la composition corporelle ?

a Il s'agit de la correspondance du poids corporel à des normes santé.

b Il s'agit de la proportion de masse maigre et de masse grasse qui composent le corps.

c Il s'agit du résultat du calcul de l'indice de masse corporelle.

d Il s'agit de l'équilibre entre l'apport énergétique et la dépense énergétique d'une personne.

2. Nommez 2 composantes de la masse maigre.

3. À quel endroit la masse grasse s'emmagasine-t-elle ?

4. De quel type morphologique est une personne ayant une ossature plutôt fine et une taille filiforme ?

a Ectomorphe

b Mésomorphe

c Endomorphe

5. Lequel des énoncés suivants correspond à une définition de l'équilibre énergétique ?

a Une consommation d'énergie correspondant à celle suggérée par l'Ordre professionnel des diététistes du Québec.

b L'atteinte d'une consommation énergétique ne variant pas de plus de 300 calories d'une journée à l'autre.

c Une consommation de calories égale à la dépense calorique à la fin d'une journée ou d'une période de temps donnée.

d Avoir une alimentation équilibrée et un mode de vie actif.

6. Une personne en situation d'équilibre énergétique peut avoir un surplus de poids. Dites si cette assertion est vraie ou fausse et justifiez votre réponse.

a Vraie

b Fausse

c Justification :

7. Complétez l'énoncé suivant.

Un surplus énergétique quotidien résultera éventuellement en…

a un trop-plein d'énergie.

b une augmentation du métabolisme de base.

c une augmentation des réserves de sucre.

d un gain de poids corporel.

8. À quantité calorique égale, un aliment plus gras ne causera pas plus de gain de poids corporel qu'un aliment plus sucré.

a Vrai

b Faux

9. Combien de calories environ faut-il dépenser pour perdre 1 demi-kilogramme de poids corporel ?

a 1 000 calories

b 3 500 calories

c 3 850 calories

d 7 700 calories

10. Quels sont les meilleurs exercices pour perdre de la graisse abdominale ?

a Les redressements assis

b Les exercices sur appareil sollicitant le plus de muscles abdominaux possible

c Les activités aérobies

d Les rotations du tronc

11. Nommez 3 activités physiques qui peuvent constituer du transport actif.

12. Complétez l'énoncé suivant de façon à ce qu'il soit le plus juste.

Pour obtenir une dépense énergétique maximale, les activités aérobies doivent…

a être exécutées à une intensité faible le plus longtemps possible.

b être exécutées à une intensité très élevée pendant moins de 5 minutes.

c être exécutées de pair avec un entraînement en musculation.

d être exécutées à une intensité correspondant à 65 % de sa fréquence cardiaque maximale.

13. Quelle est l'activité physique qu'il faut pratiquer pour augmenter sa masse musculaire ?

a La musculation

b Un exercice sur appareil sollicitant le plus de muscles possible

c Une activité aérobie à forte dépense calorique

d L'escalade

14. Si vous souhaitez perdre du poids en diminuant votre apport énergétique, il est souhaitable d'éliminer de votre alimentation les pains, les pâtes alimentaires et les pommes de terre. Dites si cette assertion est vraie ou fausse et justifiez votre réponse.

a Vraie

b Fausse

c Justification :

15. Les diètes alimentaires restrictives font diminuer la quantité d'énergie dépensée au repos.

a Vrai

b Faux

Complétez la carte conceptuelle des informations vues dans ce chapitre en utilisant la liste de concepts fournis. La suite de chaque noeud doit constituer une phrase complète. Suivez bien le sens des flèches.

- État d'équilibre énergétique
- État de déficit énergétique
- État de surplus énergétique

- La masse maigre
- Les cellules adipeuses
- Muscles

- Nombre de calories dépensées par les activités physiques

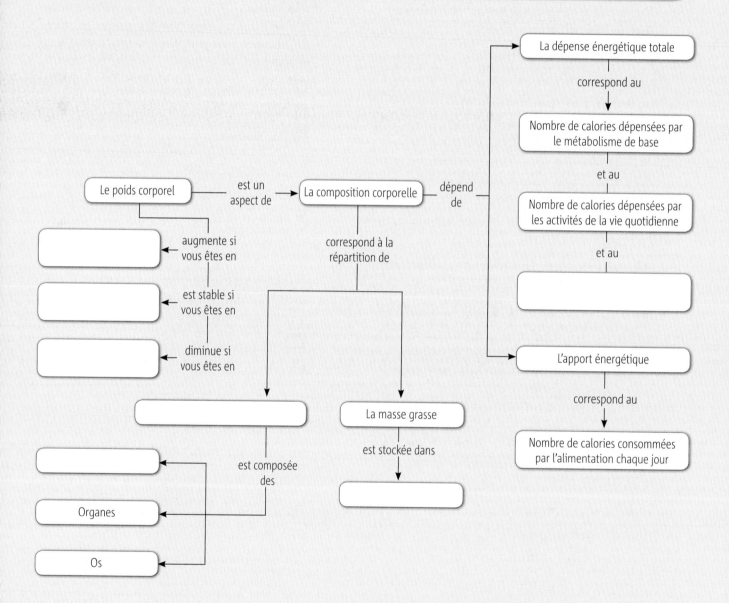

Faites un peu de PRATIQUE

1. Mia pèse 75 kilogrammes et est en situation d'équilibre énergétique. Elle aimerait perdre 4 kilogrammes d'ici 15 semaines en augmentant sa dépense énergétique. Mia dispose de 4 plages de 1 h 30 par semaine pour faire de l'activité physique.

a De combien de calories par semaine Mia devra-t-elle augmenter sa dépense énergétique?

b En moyenne, combien de calories par plage d'activité physique Mia devra-t-elle dépenser?

c Indiquez à Mia une activité physique ainsi que la durée qui lui permettraient de dépenser ce nombre de calories par plage d'activité physique. Consultez le tableau «Dépense énergétique de certaines activités physiques en fonction du poids» à la page 302 de ce chapitre.

2. Pierre-Olivier pèse 85 kilogrammes et mange environ un sac de croustilles de 220 grammes par semaine. L'étiquette nutritionnelle indique 260 calories par portion de 50 grammes. Un sac de 220 grammes correspond donc à 1 144 calories (260 cal × 220 g ÷ 50 g) et un sac par semaine multiplié par 52 semaines donne 59 488 calories par année (1 144 cal × 52).

Si Pierre-Olivier ne dépense pas ces 59 488 calories, elles vont être stockées sous forme de graisse dans ses cellules adipeuses et le faire engraisser de 8,5 kilogrammes de gras au total, car 1 kilogramme de tissus adipeux correspond à 7 700 calories.

Calculez, à l'aide des valeurs énergétiques du tableau «Dépense énergétique de certaines activités physiques en fonction du poids» qui figure à la page 302, combien d'heures de marche rapide (à 6,5 km/h) ou de ski de fond modéré (à 7 km/h) il devra pratiquer par année et par semaine pour dépenser toute cette énergie et ne pas l'accumuler en surplus pondéral.

a Marche rapide (à 6,5 km/h)

Nombre d'heures par année :

Nombre d'heures par semaine :

b Ski de fond modéré (à 7 km/h)

Nombre d'heures par année :

Nombre d'heures par semaine :

FORTIFIEZ VOTRE CULTURE... PHYSIQUE

 Sites Internet

Article de Passeport Santé sur l'intégration de l'activité physique au travail :

- http://www.passeportsante.net/fr/ Actualites/Nouvelles/Fiche.aspx?doc= vous-avez-surplus-de-poids-inactivite-au-travail_20110615

Dossier de Doctissimo sur la perte de poids au moyen de l'activité physique :

- http://www.doctissimo.fr/html/ nutrition/dossiers/regimes/niv2/ maigrir-activite-physique.htm

 Livres et magazines

- HUOT, ISABELLE, BOURGEOIS, GUY, LAVIGUEUR, JOSÉE (2010, 2e éd.). *Kilo cardio : Alimentation, exercice et motivation pour atteindre votre poids santé.* Montréal, Éditions de l'Homme.

- HUOT, ISABELLE, BOURGEOIS, GUY, LAVIGUEUR, JOSÉE (2010). *Kilo cardio 2.* Montréal, Éditions de l'Homme.

Évaluez et transformez votre composition corporelle

Avant d'entreprendre votre démarche de transformation, il vous faut connaître votre rapport énergétique et évaluer votre composition corporelle.

Établissez votre rapport énergétique

1 Vous avez déterminé dans le « À vous de jouer » du chapitre 8 (page 248) quelle était votre dépense énergétique totale (DET) et vous avez déterminé dans le « À vous de jouer » du chapitre 9 (page 284) quel était votre apport énergétique (AE). Maintenant, soustrayez votre dépense énergétique totale de votre apport énergétique pour savoir quel est votre rapport énergétique.

Rapport énergétique = AE _____ − DET _____ = _____ calories

☐ **Équilibre énergétique** si le résultat obtenu se situe entre moins de 100 et 100 calories.

☐ **Déficit énergétique** si le résultat obtenu est inférieur à moins de 100 calories.

☐ **Surplus énergétique** si le résultat obtenu est supérieur à 100 calories.

Évaluez votre composition corporelle

2 Évaluez maintenant votre composition corporelle.

a Si ce n'est déjà fait, calculez votre indice de masse corporelle (IMC), page 56 du chapitre 1, et votre pourcentage de graisse, pages 58 ou 60 du chapitre 1. Remplissez ensuite le tableau ci-dessous.

Âge : _____
Sexe : _____

Mesure	Classification de la composition corporelle (très faible, faible, idéale, élevée, très élevée)
IMC :	
Pourcentage de graisse :	

b D'après votre indice de masse corporelle, dans quelle **classe de poids** vous situez-vous ?

☐ Poids insuffisant ☐ Embonpoint

☐ Poids santé ☐ Obésité

c Consultez le tableau suivant pour savoir quel devrait être votre **objectif relatif à la gestion de votre composition corporelle**. Il s'agit de repérer la cellule qui est à l'intersection de vos situations concernant votre indice de masse corporelle et votre pourcentage de graisse.

Pourcentage de graisse	IMC poids insuffisant	IMC poids santé	IMC embonpoint	IMC obésité
Faible	Consultez un médecin ou une nutritionniste. Il est impératif d'augmenter votre poids corporel.	Si vous n'êtes pas un athlète, c'est que vous avez un métabolisme de base assez élevé. Visez le maintien de votre poids ou l'augmentation de votre masse musculaire.	Vous êtes sans aucun doute un athlète et vous avez une masse musculaire supérieure à la moyenne. Visez le maintien de votre poids corporel.	
Idéal	Visez l'augmentation de votre masse musculaire.	Visez le maintien de votre poids ou l'augmentation de votre masse musculaire.	Vous avez probablement une masse maigre supérieure à la moyenne. Visez le maintien de votre poids corporel.	
Élevé		Visez la réduction de votre masse grasse.	Visez la réduction de votre masse grasse.	Visez la réduction de votre masse grasse.
Très élevé			Visez la réduction de votre masse grasse.	Visez la réduction de votre masse grasse.

Objectif de gestion de la composition corporelle :

Note : Si vous êtes en situation d'équilibre énergétique et que votre objectif est de conserver votre poids, le reste de cet « À vous de jouer » ne vous concerne pas. Maintenez vos saines habitudes de vie liées à l'activité physique et à l'alimentation.

Analysez votre intention de changement

Selon le **modèle d'analyse des variables de l'intention de changement** (Godin, page 218 du chapitre 7), il y a un lien direct entre l'intention de transformation d'une habitude de vie et des variables précises. Tentons d'interpréter certaines d'entre elles.

3 Nommez 3 avantages à court ou à moyen terme d'atteindre votre objectif.

4 Nommez 2 effets positifs que la gestion de votre composition corporelle aurait sur d'autres habitudes de vie.

5 Nommez 2 conséquences à court terme qui affecteront votre mode de vie si vous ne gérez pas adéquatement votre composition corporelle.

6 Nommez 2 personnes de votre entourage qui pourraient s'engager avec vous ou vous encourager dans une démarche de gestion de votre composition corporelle.

Nom de la personne 1 :

Nom de la personne 2 :

7 Indiquez une contrainte qui pourrait vous empêcher de bien gérer votre composition corporelle. Trouvez ensuite une solution réaliste à laquelle vous pourrez avoir recours.

Contrainte :

Solution :

8 Si vous entamiez une démarche pour modifier votre composition corporelle, à combien, sur une échelle de 1 à 10, estimez-vous vos chances d'atteindre cet objectif?

1 □ • 2 □ • 3 □ • 4 □ • 5 □ • 6 □ • 7 □ • 8 □ • 9 □ • 10 □

Expliquez votre réponse.

Préparez votre démarche

Il est maintenant temps de préparer concrètement votre démarche.

9 En fonction de votre rapport énergétique calculé au numéro *1* et de votre objectif déterminé au numéro *2c*, consultez les pages 296 à 304 de ce chapitre pour connaître les solutions et les moyens qui vous permettront d'atteindre cet objectif et transcrivez-les ici.

Rapport énergétique :

Objectif :

Solution :

Moyens :

Pour poursuivre votre démarche, reportez-vous aux numéros *10*, *11* ou *12* selon le moyen que vous avez choisi au numéro *9*, puis faites la sous-section qui s'applique à votre objectif.

10 **Moyen choisi : augmentation de la dépense énergétique**

Objectif : conserver votre poids

Vous devez augmenter votre dépense énergétique totale du nombre de calories correspondant à votre surplus énergétique (numéro *1*). Indiquez une activité physique et sa durée de pratique qui vous permettront d'atteindre cette dépense énergétique.

Activité physique :

Durée :

Objectif : perdre de la masse grasse

a Calculez d'abord combien de kilogrammes vous devez perdre pour atteindre votre **poids santé**.

- Multipliez votre taille en mètres par elle-même :

$$\text{m} \times \quad \text{m} = \quad \text{m}^2$$

- Multipliez ce résultat par 24,9 (l'IMC santé le plus élevé) pour découvrir votre poids santé maximal :

$$\text{m}^2 \times 24,9 = \text{Poids santé maximal} \quad \text{kg}$$

- Soustrayez votre poids santé maximal de votre poids en kilogrammes pour découvrir votre surplus de poids :

Poids   kg − Poids santé maximal   kg = Surplus de poids   kg

b Établissez votre **perte de poids santé**.

- Indiquez combien de kilogrammes au total vous aimeriez perdre en 10 semaines.

  Total des kilogrammes à perdre :   kg

- Divisez le nombre de kilogrammes à perdre par 10 (le nombre de semaines). Si le nombre de kilogrammes à perdre par semaine est plus grand que 0,5, il faudra revoir votre objectif à la baisse :   kg à perdre ÷ 10 =

  Nombre de kilogrammes à perdre par semaine =   Kilogrammes totaux à perdre ÷ 10 =   kg

c Sachant qu'il faut brûler 3 850 calories pour perdre 1 demi-kilogramme de graisse, de combien de calories doit être votre **déficit énergétique quotidien**?

- Nombre total de kilogrammes à perdre   kg × 3 850 =   calories à brûler en 10 semaines

- Déficit énergétique quotidien = Calories à perdre en 10 semaines ÷ 70 jours =   calories

d En tenant compte d'un possible surplus énergétique, calculez quelle doit être votre **dépense énergétique quotidienne supplémentaire sans modification de votre apport énergétique** (alimentation).

Dépense énergétique quotidienne supplémentaire sans modification de l'apport énergétique =   Calories à dépenser (*n° 10c*)   + Votre surplus énergétique (*n° 1*)   =   calories

e Indiquez 3 activités physiques que vous pouvez faire qui vous permettraient de dépenser cette quantité de calories. Précisez également la durée de pratique nécessaire pour atteindre ce nombre de calories.

Activités physiques   **Durée**

11 **Moyen choisi : diminution de l'apport énergétique**

Objectif : conserver votre poids

Déterminez en fonction du journal alimentaire que vous avez rempli au chapitre 9 (page 285) s'il y a des aliments de la catégorie «Autres» que vous pourriez éliminer pour atteindre l'équilibre énergétique. Indiquez-les dans le tableau suivant ainsi que leur valeur calorique potentiellement retranchée de votre apport énergétique.

Aliments à éliminer	Calories
	Total :

Si vous n'arrivez pas à atteindre l'équilibre énergétique en éliminant ces aliments, c'est peut-être le nombre de portions de certains groupes alimentaires qui est trop élevé. Consultez votre journal alimentaire du chapitre 9 et apportez les ajustements nécessaires pour finalement atteindre l'équilibre énergétique.

Objectif : perdre de la masse grasse

a Calculez d'abord combien de kilogrammes vous devez perdre pour atteindre votre **poids santé**.

- Multipliez votre taille en mètres par elle-même :

    ___ m × ___ m = ___ m²

- Multipliez ce résultat par 24,9 (l'IMC santé le plus élevé) pour découvrir votre poids santé maximal :

    ___ m² × 24,9 = Poids santé maximal ___ kg

- Soustrayez votre poids santé maximal de votre poids en kilogrammes pour découvrir votre surplus de poids :

    Poids ___ kg − Poids santé maximal ___ kg = Surplus de poids ___ kg

b Indiquez combien de kilogrammes au total vous aimeriez perdre en 10 semaines.

Total des kilogrammes à perdre : ___ kg

- Divisez le nombre de kilogrammes à perdre par 10 (le nombre de semaines). Si le nombre de kilogrammes à perdre par semaine est plus grand que 0,5, il faudra revoir votre objectif à la baisse :
kg à perdre ÷ 10 =

  Nombre de kilogrammes à perdre par semaine =   Kilogrammes totaux à perdre ÷ 10 =   kg

c Sachant qu'il faut être en déficit énergétique de 3 850 calories pour perdre 1 demi-kilogramme de graisse, de combien de calories doit être votre **déficit énergétique quotidien sans tenir compte d'un possible surplus énergétique**?

- Nombre total de kilogrammes à perdre   kg × 3 850 = calories à consommer en moins en 10 semaines

- Déficit énergétique quotidien = Calories à consommer en moins en 10 semaines ÷ 70 jours =   calories de déficit énergétique par jour

d Maintenant, **en tenant compte d'un possible surplus énergétique**, cal-culez de combien couper votre **apport énergétique quotidien sans modification de votre niveau d'activité physique**.

  Calories à consommer en moins quotidiennement = Déficit énergétique quotidien (n° 11c)   + Surplus énergétique (n° 1)   = calories

e Déterminez en fonction du journal alimentaire que vous avez rempli au chapitre 9 (page 285) s'il y a des aliments de la catégorie «Autres» que vous pourriez éliminer pour atteindre le déficit énergétique nécessaire. Indiquez-les dans le tableau suivant ainsi que leur valeur calorique potentiellement retranchée de votre apport énergétique.

Aliments à éliminer	Calories
	Total :

Si vous n'arrivez pas à atteindre le déficit énergétique nécessaire en éliminant ces aliments, c'est peut-être le nombre de portions de certains groupes alimentaires qui est trop élevé. Consultez votre journal alimen-taire du chapitre 9 et apportez les ajustements nécessaires pour finale-ment atteindre l'équilibre énergétique.

12 Moyen choisi : augmentation de l'apport énergétique et entraînement visant le gain de masse musculaire

Objectif : gagner du poids en augmentant votre masse musculaire

Pour gagner de la masse musculaire, un surplus énergétique de 200 à 500 calories par jour est nécessaire. Pour connaître exactement la quantité de calories que vous devez ajouter à votre alimentation, il est conseillé de consulter un ou une nutritionniste.

a Multipliez maintenant votre poids corporel par 1,4 et ensuite par 1,8. Vous trouverez ainsi les quantités minimale et maximale de protéines à consommer pour réaliser votre objectif.

- Quantité minimale de protéines :
  Poids corporel _____ kg $\times$ 1,4 = _____ g par jour

- Quantité maximale de protéines :
  Poids corporel _____ kg $\times$ 1,8 = _____ g par jour

b Vous êtes maintenant en mesure de planifier votre alimentation et votre programme d'entraînement pour augmenter votre masse musculaire.

- Pour plus d'information sur les aliments à consommer pour atteindre les quantités minimale et maximale de protéines, consultez le chapitre 9 («Les protéines», page 260).

- Pour construire votre programme d'entraînement visant le gain de masse musculaire, consultez le chapitre 4 («Comment entraîner votre force absolue avec davantage d'hypertrophie?», page 139).

Objectifs intermédiaire et de fin de démarche

Peu importe quel était votre objectif (2), rendez ce dernier mesurable en fonction des solutions et des moyens choisis pour l'atteindre.

13 Fixez-vous un **objectif intermédiaire** atteignable en 5 semaines. Cet objectif **lié à la transformation de votre composition corporelle** doit être réaliste et **mesurable**.

Objectif intermédiaire :

14 Donnez-vous un **objectif de fin de démarche** qui vous semble atteignable en 10 semaines.

Objectif de fin de démarche :

Laissez des traces de votre démarche

Pour vous aider, tenez un **relevé de votre composition corporelle** pendant votre période de mise en application de votre démarche.

15 À intervalles d'une semaine et toujours à la même heure, notez le plus d'informations possible dans le tableau ci-dessous.

Relevé de la composition corporelle			
	Poids corporel	Indice de masse corporelle	Pourcentage de graisse
Semaine 1			
Semaine 2			
Semaine 3			
Semaine 4			
Semaine 5			
Semaine 6			
Semaine 7			
Semaine 8			
Semaine 9			
Semaine 10			

Mesurez votre avancement

16 Après 5 semaines, il est temps d'analyser et d'interpréter votre démarche.

a Avez-vous atteint votre **objectif intermédiaire**?

☐ Atteint   ☐ Non atteint

Donnez des **indicateurs mesurables** qui résument où vous en êtes par rapport à ce dernier.

b Est-ce que ces résultats sont satisfaisants pour vous?

☐ OUI   ☐ NON

17 Que les résultats soient tels qu'escomptés ou non, il faut continuer ! Est-ce que votre objectif reste le même ? Reformulez-en un un peu plus réaliste à atteindre si le premier était trop ambitieux (ou non mesurable).

Objectif de fin de démarche :

Bonne chance et allez-y progressivement, mais sûrement !

Bilan de fin de démarche

Après 10 semaines, il est temps d'analyser et d'interpréter l'ensemble de votre démarche.

18 Avez-vous atteint votre objectif de fin de démarche ?

a Atteint ☐   Partiellement atteint ☐   Non atteint ☐

b Expliquez votre réponse en fonction d'**indicateurs mesurables** qui résument où vous en êtes par rapport à votre objectif de fin de démarche.

19 Si vous avez **atteint ou partiellement atteint** votre objectif, expliquez quelle stratégie vous a été la plus utile.

20 Si votre **objectif** n'a **pas** été **atteint**, indiquez les contraintes que vous devrez vaincre à l'avenir pour parvenir à réussir votre démarche et expliquez tout de suite comment vous vous y prendrez.

Bonne continuation !

Se défaire de ses dépendances

ÉCHAUFFEMENT

Courez-vous le risque de développer une dépendance?

Répondez aux questions qui suivent pour évaluer si vous risquez de développer une dépendance nuisible pour votre santé.

Tabac

A Fumez-vous la cigarette ou des cigarillos tous les jours?

Oui   Non

B Fumez-vous pour vous détendre?

Oui   Non

C Trouvez-vous difficile de vous abstenir de fumer dans les lieux publics?

Oui   Non

Alcool

D Buvez-vous plus d'une consommation alcoolisée chaque jour?

Oui   Non

E En général, lorsque vous consommez de l'alcool, vous rendez-vous jusqu'à l'ébriété?

Oui   Non

F Avez-vous l'impression que votre consommation d'alcool a déjà eu des répercussions négatives sur votre vie sociale, sur vos études ou sur votre travail?

Oui   Non

Drogues

G Consommez-vous une ou des drogues illicites?

Oui   Non

H Trouvez-vous de plus en plus d'occasions propices à la consommation de drogues?

Oui   Non

I Ressentez-vous le besoin d'augmenter la quantité consommée?

Oui   Non

J Pour consommer ou à la suite de votre consommation, avez-vous déjà renoncé à une activité qui vous plait?

Oui   Non

K Avez-vous l'impression que votre consommation de drogues a déjà eu des répercussions négatives sur votre vie sociale, sur vos études ou sur votre travail?

Oui   Non

Cyberdépendance

L Est-ce que les heures passées à l'ordinateur ou au téléphone intelligent se font au détriment d'autres habitudes de vie plus bénéfiques pour votre santé?

Oui   Non

M Avez-vous l'impression que vous répétez certaines utilisations d'Internet que vous désapprouvez par la suite de façon régulière?

Oui   Non

N Avez-vous l'impression que le temps que vous passez sur le Web a déjà eu des répercussions négatives sur votre vie sociale, sur vos études ou sur votre travail?

Oui   Non

Si vous avez répondu affirmativement à l'une ou l'autre de ces questions, vous risquez peut-être d'avoir développé ou de développer une dépendance. La lecture de ce chapitre vous aidera à reconnaître ce phénomène.

**APRÈS LA LECTURE DE CE CHAPITRE,
VOUS SEREZ EN MESURE :**

- de définir ce qu'est une dépendance ;

- de comprendre les risques liés au tabagisme,
à l'abus d'alcool, aux drogues, à la cyberdépendance
et à d'autres comportements problématiques ;

- de comprendre les avantages à être libre de
toute dépendance ;

- de vous investir dans une démarche de
transformation d'une habitude de vie néfaste.

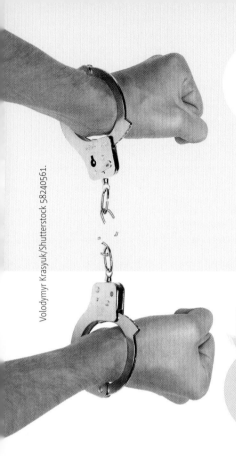

onsommer un produit ou s'adonner à une activité qui procure du plaisir ne signifie pas forcément être dépendant. Toutefois, le passage vers la dépendance peut se faire insidieusement. Il est important de prendre conscience que certains comportements ou la consommation de certaines substances comportent des dangers. Il est également important de reconnaître quand cette pratique ou cette consommation devient abusive et compulsive afin de ne pas tomber dans la dépendance.

Comme les dépendances sont diverses et souvent complexes, nous nous pencherons sur les plus répandues d'entre elles, à savoir le tabagisme, l'abus d'alcool, l'abus de drogues et la cyberdépendance.

Reconnaître une dépendance

ne dépendance est le fait de **consommer de manière compulsive**, d'avoir une **accoutumance à un produit** (tabac, alcool, drogues) ou à un **comportement compulsif** (travail, jeu, sexe) ayant des **répercussions sociales, psychologiques ou physiques nuisibles**. Même un comportement sain (comme l'entraînement physique) peut se transformer en abus (comme le surentraînement ou la boulimie de l'exercice) et devenir nocif pour la santé. De même, la consommation occasionnelle d'un verre de vin, un plaisir qui, selon certaines études, s'assortit d'un effet bénéfique sur la santé, peut devenir un réel problème lorsque la consommation conduit à la recherche chronique de l'ivresse. La dépendance est donc souvent caractérisée par l'excès et l'envie irrépressible de persister dans un comportement problématique.

 Sur le vif

La boulimie de l'exercice

La boulimie de l'exercice est un trouble psychologique connexe à la boulimie alimentaire, qui est un rapport pathologique à la nourriture, caractérisé par une ingestion incontrôlée et excessive d'aliments. La personne qui est atteinte de boulimie de l'exercice est, quant à elle, obsédée par son poids, sa consommation de calories et sa composition corporelle : elle s'entraîne de manière excessive dans l'objectif de brûler des calories ou de développer sa musculature. L'entraînement ne sert plus à améliorer sa condition physique ou ses performances, mais devient plutôt un comportement compulsif et incontrôlé. Les répercussions dommageables sur la santé sont nombreuses, dont l'arrêt des menstruations chez les femmes, la fragilisation des os, une baisse d'énergie et des sautes d'humeur.

----- L'installation d'une dépendance -----

La dépendance commence le plus souvent par un plaisir partagé socialement, le désir de créer de la convivialité ou par l'attrait de la nouveauté, de l'interdit, voire par le besoin de faire comme les autres. Ainsi, la consommation régulière peut apparaître au début comme un simple geste social, répété non pas pour rechercher l'ivresse ou éviter de faire face à son quotidien, mais pour agrémenter les rencontres entre amis. Ce n'est qu'après plusieurs semaines que la substance consommée finit parfois par générer un besoin irrépressible de consommer, même en solitaire, alors que les premières conditions d'usage ne sont plus réunies.

Les manifestations d'une dépendance

Une dépendance se manifeste **principalement** :

- par l'impossibilité de résister à l'impulsion de passer à l'acte ;
- par l'excitation précédant immédiatement le début de l'acte ;
- par le soulagement ou le plaisir durant le comportement ;
- par la perte de maîtrise de soi.

Une dépendance se manifeste aussi **accessoirement** par différents autres éléments tels ceux qui sont énumérés ci-dessous :

- l'augmentation du temps passé à envisager et à préparer le comportement ;
- le besoin d'accroître les doses de la substance consommée ou la fréquence du comportement ;
- les tentatives ratées de mettre fin au comportement ;
- la diminution du temps passé avec ses proches ;
- le désintérêt grandissant pour tout ce qui ne concerne pas l'objet de la dépendance ;
- la poursuite du comportement malgré l'émergence de troubles psychologiques, physiques ou sociaux ;
- l'apparition de symptômes de sevrage (sueurs froides, humeur dépressive, par exemple) lors de l'arrêt du comportement.

La dopamine et la recherche du plaisir

Physiologiquement, lorsque nous éprouvons du plaisir, il y a sécrétion de dopamine dans le cerveau. La dopamine est un **neurotransmetteur** qui régule les sensations de plaisir que nous ressentons avant, pendant et après une action. Lorsqu'une substance ou un comportement nous donne du plaisir, nous désirons retrouver ce plaisir le plus souvent possible. En soi, ce processus n'est pas dommageable lorsque le plaisir est relié à des comportements sains et équilibrés. Par contre, il pose problème lorsqu'il est associé à des comportements qui nuisent à notre bien-être physique ou psychologique.

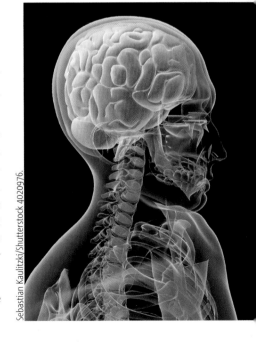

Avec le temps et l'habitude, l'association entre le comportement nuisible et le plaisir éprouvé se renforce ; c'est le début de la dépendance. Les quantités habituelles de dopamine s'accroissent à la seule perspective de nous adonner à ce comportement. Cela explique en partie que nous cherchions à tout prix à le reproduire et à multiplier les occasions de le faire, malgré la conscience de ses effets nocifs et de la difficulté de plus en plus grande à cesser ce comportement. Cette difficulté vient du fait qu'en période d'arrêt il y a une réduction temporaire des quantités normales de dopamine sécrétée dans le cerveau, et donc une diminution temporaire du plaisir ressenti dans quelque activité que ce soit.

La dépendance est de 2 types, parfois étroitement liés : la **dépendance physique** et la **dépendance psychologique**.

La dépendance physique

La dépendance physique provient de l'adaptation du corps à la substance consommée ou au comportement. Le corps s'y habitue à tel point que lorsqu'il en est privé, il donnera des signaux physiologiques marquant son **état de manque** ou de **sevrage** (maux de tête, humeur dépressive, irritabilité, vomissements et, dans les pires cas, tremblements, convulsions, hallucinations et même la mort).

La dépendance psychologique

La dépendance psychologique est le souvenir du plaisir attaché à l'objet de notre dépendance. Elle peut se manifester longtemps après l'arrêt de la consommation ou du comportement nuisible. L'abandon de la dépendance entraîne un vide à combler et plusieurs se sentent démunis devant la nécessité de changer leurs habitudes afin de se défaire de leur dépendance.

Anatomie & physiologie

L'excès de bronzage

Les rayons ultraviolets (UVA et UVB) du soleil sont bénéfiques pour l'organisme. Une promenade extérieure de quelques minutes durant laquelle nous nous exposons au soleil (les mains ou le visage, par exemple) nous assure un apport adéquat en vitamine D. En plus d'être un facteur préventif du cancer, cette vitamine joue un rôle essentiel dans la santé des os. Cependant, une exposition trop prolongée peut causer des réactions allergiques ou des rougeurs (coups de soleil), voire des mutations génétiques de la peau. Le bronzage artificiel peut être encore plus dommageable parce que les lampes solaires émettent surtout des UVA, rayons qui pénètrent profondément dans la peau. La dose d'UVA émise par ces machines est de 3 à 6 fois supérieure à celle résultant d'une exposition au soleil. Ce type de bronzage risque donc d'occasionner encore plus rapidement les mutations cellulaires responsables du cancer de la peau. De plus, le bronzage artificiel ne permet pas la synthèse de la bienfaisante vitamine D.

----- Les avantages à être libre de toute dépendance -----

Les **dépendances** sont des habitudes de vie qui peuvent avoir des **effets néfastes** sur plusieurs **aspects de notre vie** (santé, relations interpersonnelles, travail et autres) en plus d'influer souvent à la baisse sur de bonnes habitudes de vie, comme la pratique régulière d'une activité physique et une saine alimentation.

Vivre sans **aucune dépendance** comporte de **nombreux avantages**.

- Nous éprouvons un sentiment de fierté à n'avoir besoin d'aucune béquille pour surmonter les défis de la vie.

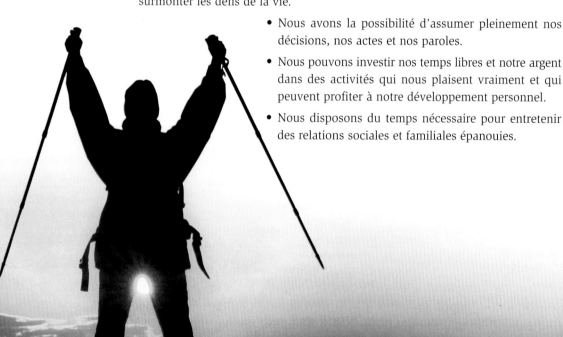

- Nous avons la possibilité d'assumer pleinement nos décisions, nos actes et nos paroles.

- Nous pouvons investir nos temps libres et notre argent dans des activités qui nous plaisent vraiment et qui peuvent profiter à notre développement personnel.

- Nous disposons du temps nécessaire pour entretenir des relations sociales et familiales épanouies.

Le tabagisme

À bien y penser, inhaler de la fumée est un comportement contre nature. Les facteurs qui peuvent amener à fumer relèvent surtout de l'environnement immédiat d'un individu et de son désir de faire partie d'un groupe. En effet, plusieurs études démontrent qu'une personne commence à fumer principalement pour **2 raisons** : d'une part, parce que l'exemple des autres fumeurs, souvent dans la famille, tend à présenter l'acte de fumer comme quelque chose de «normal» et, d'autre part, parce que les amis ou les proches le font et que la personne a le goût de se sentir partie intégrante du groupe.

Sur le vif

Quelques poisons de la cigarette

Voici une illustration de quelques-uns des poisons de la cigarette. Les mots précédés d'un astérisque sont des substances cancérigènes connues.

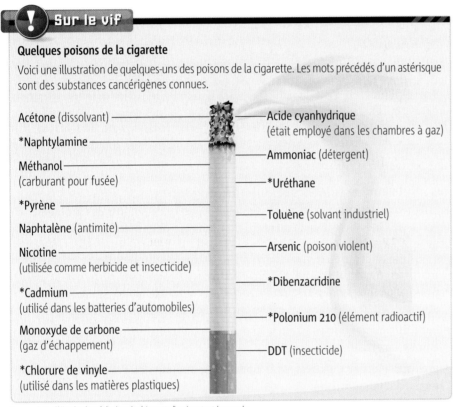

Source : http://dbinfos.free.fr/index.php/cigarette/bonjour-tout-le-monde.

----- Les conséquences néfastes du tabagisme -----

Les conséquences physiques et sociales néfastes de la consommation régulière de tabac sont **nombreuses**. Elles touchent à plus ou moins long terme non seulement les **fumeurs**, mais également les **non-fumeurs**. Le tabac coûte cher à la société en soins de santé et en perte de productivité, il coûte également cher aux fumeurs, dont une partie du revenu part en fumée…

Les effets sur les fumeurs occasionnels

Les effets de l'usage du tabac pour les fumeurs occasionnels sont les suivants :

- mauvaise haleine et odeur corporelle ;
- maux de tête ;
- nausées ;
- gêne pour les non-fumeurs.

Margo Black/Shutterstock 72958729.

Les effets sur les fumeurs réguliers les premières années

Au cours des premières années, les fumeurs réguliers sont susceptibles de ressentir les effets physiques suivants :

- essoufflement à l'effort ;
- augmentation des risques d'ulcères d'estomac et de reflux gastriques ;
- apparition de symptômes comme la toux et les crachats ;
- troubles éventuels durant une grossesse (malformations foetales, fausse couche et autres complications) ;
- atténuation de l'odorat et du goût ;
- prédisposition à l'hypertension.

 Santé contre image ▮▮▮

Des pubs santé ?

Il n'y a pas si longtemps, bon nombre de personnages de films ou de publicités, jeunes comme vieux, souvent des héros « en pleine santé », fumaient ou faisaient la promotion du tabac. Rappelez-vous Lucky Luke qui a troqué, au fil des ans, sa cigarette pour une brindille. Aujourd'hui, les emballages de paquets de cigarettes sont devenus, de par la loi, plus effrayants qu'attirants, mais les publicités pour l'alcool ou d'autres objets de dépendances nuisibles comme le jeu sont encore porteuses de promesses d'une vie plus facile et plus agréable.

Les effets sur les fumeurs réguliers à long terme

À long terme, les fumeurs réguliers sont susceptibles de souffrir des problèmes ci-après et de faire souffrir également les non-fumeurs de problèmes de santé :

- vieillissement de la peau ;
- changement de la voix (qui devient rauque) ;
- nette augmentation des risques de maladies cardiovasculaires (infarctus, artériosclérose, athérosclérose, hypertension, accidents vasculaires cérébraux) ;
- nette augmentation des risques de maladies pulmonaires (bronchite chronique, emphysème, asthme et autres) ;
- prédisposition aux cancers de la bouche, de la gorge, de l'oesophage, des poumons, notamment ;
- prédisposition au dysfonctionnement érectile ;
- ultimement, la mort.

----- Les répercussions du tabagisme ----- sur l'activité physique

En plus des nombreuses répercussions nocives qu'il a sur la santé, le tabagisme réduit considérablement la capacité d'adaptation ✿ qu'apportent l'activité physique et l'entraînement ainsi que les performances sportives. Les raisons en sont les suivantes.

- Le tabagisme endommage les poumons et appauvrit la qualité des échanges gazeux au niveau alvéolaire. L'intensité et la durée des efforts de la personne qui fume s'en trouvent limitées, et par là même son potentiel d'amélioration de sa condition physique.

✿ Voir « Les adaptations physiques et physiologiques attribuables à l'activité physique », page 14 de l'introduction.

- Le monoxyde de carbone dégagé par la fumée de cigarette se lie plus facilement que l'oxygène à l'hémoglobine des globules rouges, ce qui restreint la production d'énergie des muscles.

- La nicotine semblerait diminuer la production de testostérone, hormone intervenant dans la croissance musculaire.

- Une exposition chronique à la nicotine augmente la résistance à l'insuline, ce qui amoindrit l'apport en glucose dans les muscles et, par conséquent, la capacité d'entraînement et la vitesse de récupération après l'effort.

----- Quelques avantages à abandonner le tabagisme -----

Étant donné ses méfaits, les avantages à se départir de la dépendance au tabac sont nombreux.

- Vous économiserez beaucoup d'argent et vous pourrez vous offrir des récompenses, un voyage par exemple.

- Vos apprécierez davantage les aliments que vous mangez puisque vos sens du goût et de l'odorat seront plus aiguisés.

- Vous aurez meilleure haleine.

- Vous améliorerez l'apparence de votre peau, qui sera plus en santé.

- Vous serez moins essoufflés et vous exécuterez par conséquent vos activités physiques quotidiennes avec plus de facilité.

- Vous aurez plus envie d'entreprendre un programme d'entraînement ou de pratiquer une activité physique.

- Vous éviterez des maladies graves et mortelles ; après seulement 5 ans d'abandon du tabagisme, les risques de maladies cardiovasculaires reviennent à la normale et, après 15 ans, les risques de cancer du poumon sont semblables à ceux de la population en général.

Piotr Marcinski/Shutterstock 59625997.

Contrainte et solution

Impossible d'arrêter, j'aime trop fumer !

Voici des suggestions pour vous aider à arrêter de fumer.

- Dressez la liste des raisons pour lesquelles vous voulez arrêter de fumer ; établissez la liste des obstacles auxquels vous pourriez potentiellement faire face dans votre démarche et trouvez-leur des solutions. Au besoin, relisez ces listes lorsque l'envie de fumer devient trop grande.

- Fixez-vous des objectifs réalistes, que ce soit un arrêt immédiat ou une réduction progressive de votre consommation. Vous êtes la meilleure personne pour décider de votre stratégie.

- Évitez les lieux, les activités et les personnes qui vous rappellent votre envie de fumer.

- Parlez de votre démarche et de votre stratégie à votre entourage afin qu'il puisse vous soutenir.

- Au besoin, faites-vous prescrire des médicaments.

- Comblez le vide causé par l'abandon de votre mauvaise habitude en la remplaçant par une bonne, comme l'activité physique régulière.

- Mâchez de la gomme au lieu de griller une cigarette.

- Calculez régulièrement vos économies d'argent et imaginez les projets qu'elles vous permettront de réaliser.

- Faites preuve de volonté : vous devrez résister à la tentation. Pour ce faire, rappelez-vous que nombre de personnes y sont parvenues. Surtout, croyez en vous ! Lorsque vous aurez réussi à arrêter de fumer, c'est peut-être vous qui deviendrez un modèle pour les autres.

Catalin Petolea/Shutterstock 40369534.

L'abus d'alcool

e vin, la bière et les autres boissons alcoolisées font partie de notre culture et leur consommation est souvent synonyme de plaisir, de rencontres et même de gastronomie. La consommation modérée d'alcool, bien qu'il s'agisse d'un produit toxique et psychoactif (il agit sur le psychisme), est un fait socialement accepté. Cependant, la consommation d'alcool peut être problématique, car l'ivresse qu'elle entraîne peut amener une personne à dépasser les limites qui seraient les siennes sans alcool (respect des lois ou des autres) ou servir de refuge pour oublier ses problèmes. Boire peut à la longue provoquer une forte dépendance.

----- Les conséquences de l'abus d'alcool -----

À court, à moyen ou à long terme, l'abus d'alcool occasionne de nombreux dérèglements susceptibles de se muer en maladies chroniques. Il a aussi de lourdes conséquences sociales.

Les effets de la consommation excessive occasionnelle d'alcool
La consommation excessive occasionnelle d'alcool risque d'avoir les conséquences suivantes :

- augmentation du rythme cardiorespiratoire et de la pression sanguine ;
- diminution de la température corporelle ;
- altération du jugement et de la coordination ;
- ralentissement du temps de réaction ;
- prédisposition aux accidents de la route et à d'autres blessures ;
- prédisposition possible à la violence verbale ou physique ;
- élocution difficile ou timbre de voix plus élevé qu'à l'ordinaire ;
- augmentation des risques de relations sexuelles non protégées et donc d'infections sexuellement transmissibles ;
- nausées, vomissements et diarrhée possibles ;
- déshydratation et prédisposition aux maux de tête ;
- destruction des cellules nerveuses et toxicité pour l'ensemble des cellules ;
- risque de coma éthylique et de mort.

Les effets de la consommation excessive régulière d'alcool
La consommation excessive régulière d'alcool au cours des premières années entraîne notamment les effets suivants :

- irritation du tube digestif (bouche, gorge, oesophage, estomac, intestin, pancréas et foie) ;
- tendance à l'hypertension ;
- tendance à la prise de poids ;
- surcharge des reins et du foie ;
- danger lors d'une grossesse (alcoolisme foetal, malformations et autres handicaps) ;
- perte d'appétit et carences alimentaires ;

- troubles de l'humeur et anxiété ;
- douleurs abdominales ;
- augmentation des risques de blessures ainsi que d'accidents de la route ou du travail ;
- troubles du sommeil et fatigue accrue ;
- dépendance menant à l'alcoolisme.

Les effets de la consommation excessive régulière d'alcool à long terme

La consommation excessive régulière d'alcool à long terme risque d'avoir les conséquences suivantes :

- prise de poids ;
- cirrhose du foie ;
- pancréatite ;
- irritations et dysfonctions de l'ensemble des organes internes ;
- dérèglements des taux hormonaux, dont celui de l'insuline, qui régule la glycémie sanguine ;
- résistance moindre aux infections ;
- malnutrition ;
- affaiblissement des perceptions sensorielles et des capacités physiques ;
- croissance des risques de cancers ;
- prédisposition aux maladies mentales ;
- perte de mémoire et dégradation des autres facultés cognitives ;
- isolement social ;
- ultimement, la mort.

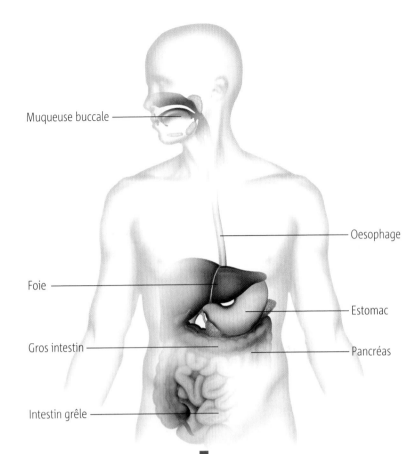

Muqueuse buccale
Oesophage
Foie
Estomac
Gros intestin
Pancréas
Intestin grêle

Les organes internes les plus touchés par l'abus d'alcool figurent sur cette illustration.

----- L'alcool et le volant : ----- un tandem risqué

L'alcool est responsable de 40 % des décès sur la route et d'environ 20 % des blessures graves. D'après les études, l'alcool est le facteur principal de décès des jeunes sur la route. Non seulement les jeunes de 16 ans à 24 ans sont-ils plus souvent en cause dans des accidents graves que les autres conducteurs, mais encore, pour un taux d'alcoolémie semblable, les jeunes présentent un risque d'accident mortel plus élevé.

IngridHS/Shutterstock 64943179.

🔴 Sur le vif

Une vérité sur l'alcool

Rien ne peut accélérer la vitesse à laquelle l'alcool est digéré par le foie. Il est donc faux de croire que l'habitude de boire, l'ingestion d'un café ou d'une boisson énergétique, la danse ou toute autre activité physique qui fait transpirer permettront d'en accélérer le processus.

Afin d'éviter de conduire en état d'ébriété, et donc de risquer un accident, il faut comprendre comment se fait la digestion de l'alcool. De façon générale, **le foie métabolise** environ **15 mg d'alcool par heure**, soit presque l'équivalent de **1 consommation** : une consommation équivaut à une bouteille de bière à 5 % de 341 millilitres, à un verre de vin à 12 % de 142 millilitres, à un verre de porto à 20 % de 85 millilitres ou à un verre de spiritueux à 40 % de 43 millilitres. Cependant, la vitesse du processus de digestion de l'alcool dépend de notre poids corporel. Consultez le tableau ci-dessous pour avoir un aperçu rapide de la quantité d'alcool présente dans le sang selon le nombre de consommations et le poids ☼.

☼ Pour calculer précisément votre taux d'alcoolémie sanguin selon votre poids, rendez-vous sur le site de Éduc'alcool (http://educalcool.qc.ca).

Quantité d'alcool dans le sang selon le nombre de consommations et le poids											
Hommes						**Femmes**					
Nombre de consommations	57 kg	68 kg	80 kg	91 kg	113 kg	Nombre de consommations	45 kg	57 kg	68 kg	80 kg	91 kg
1	34 mg	29 mg	25 mg	22 mg	17 mg	1	50 mg	40 mg	34 mg	29 mg	26 mg
2	69 mg	58 mg	50 mg	43 mg	35 mg	2	101 mg	80 mg	68 mg	58 mg	50 mg
3	103 mg	87 mg	75 mg	65 mg	52 mg	3	152 mg	120 mg	101 mg	87 mg	76 mg
4	139 mg	116 mg	100 mg	87 mg	70 mg	4	203 mg	162 mg	135 mg	117 mg	101 mg
5	173 mg	145 mg	125 mg	108 mg	87 mg	5	253 mg	202 mg	169 mg	146 mg	126 mg

Source : ÉDUC'ALCOOL (2012). « Boire, conduire, choisir ». © Éduc'alcool (http://www.educalcool.qc.ca/faits-conseils-et-outils/boire-conduire-choisir).
Note : Les nombres en rouge représentent les quantités qui dépassent 80 mg d'alcool par 100 ml de sang (0,08).

La quantité maximale d'alcool tolérée au volant est de 80 milligrammes par 100 millilitres de sang, appelé couramment le *point-zéro-huit* (0,08). Cependant, la loi est très stricte pour les **jeunes conducteurs**, c'est-à-dire les titulaires d'un permis d'apprenti conducteur ou d'un permis probatoire (les 24 premiers mois après la réussite de l'examen de conduite pour un conducteur de moins de 25 ans) et tous les conducteurs de moins de 21 ans : ils n'ont pas le droit de consommer de l'alcool avant de prendre le volant ; pour eux, c'est **tolérance zéro**.

👍 **Contrainte et solution**

Fêter rime avec alcool... mais comment rentrer à la maison ?

Voici des suggestions pour vous aider à ne pas mettre votre vie et celle des autres en danger.

- Déterminez, avant de commencer la fête, qui sera la personne désignée pour conduire et qui s'abstiendra de boire.

- N'hésitez pas à utiliser les transports en commun ou un taxi en groupe, ou encore à recourir à des organismes comme Point Zéro 8 (www.chauffeur-designe.ca), aux coupons Cool Taxi ou, si c'est le temps des fêtes, à Nez rouge pour vous faire accompagner chez vous.

- Si vous recevez des invités, offrez-leur de dormir chez vous dès que vous avez un doute sur leur capacité de conduire.

- Pensez à manger avant de boire de l'alcool afin d'éviter une ingestion d'alcool trop rapide.

- Alternez chacune de vos consommations alcoolisées avec un verre d'eau et buvez-les lentement.

Les répercussions de l'alcool sur la condition physique

Voici les principaux effets nocifs de l'alcool sur la condition physique.

- L'alcool est très engraissant. Chaque gramme d'alcool équivaut à 7 calories ☼, soit presque le double d'un gramme de glucides ou de protéines (4 calories). Une consommation alcoolisée correspond environ à 150 calories.

☼ Voir « Nutriments et apport énergétique », page 258 du chapitre 9.

- Une fois métabolisé par le foie, l'alcool est transformé en acétate, un substrat énergétique qui remplace les acides gras libres pour produire de l'énergie, ce qui a pour effet de stocker les dépôts graisseux de l'organisme.

- À noter également que le foie, lorsqu'il est occupé à métaboliser l'alcool, ne peut pas remplir de façon adéquate ses autres fonctions, à savoir l'absorption des nutriments essentiels pour nourrir et reconstruire les tissus musculaires.

- De plus, l'alcool, à l'instar de la nicotine, diminue le taux de testostérone tout en augmentant le taux de cortisol (hormone du stress), 2 facteurs qui restreignent la croissance musculaire.

- S'ajoute à cela l'effet diurétique de l'alcool, qui provoque une déshydratation de l'ensemble des cellules et qui, par voie de conséquence, affecte leur capacité à produire de l'énergie. Il en résulte une baisse accrue de la croissance musculaire et un ralentissement de la vitesse de récupération après l'effort.

- L'alcool affaiblit la fonction de mise en réserve du glycogène musculaire et hépatique (stocké dans le foie). Il diminue ou inhibe ce faisant les adaptations potentielles découlant de l'activité physique, en plus d'affecter négativement la capacité à s'entraîner pendant les 24 à 48 heures qui suivent la consommation.

☼ Voir « Évitez l'alcool et la caféine », page 358 du chapitre 12.

☼ Voir « Les adaptations physiques et physiologiques attribuables à l'activité physique », page 14 de l'introduction.

- Enfin, l'alcool affecte également le sommeil ☼, dont la qualité fournit le repos absolument essentiel pour optimiser les adaptations ☼ résultant de l'entraînement.

Quelques avantages à mettre fin à l'abus d'alcool

Les avantages à mettre fin à l'abus d'alcool sont nombreux et peuvent prévenir une panoplie de problèmes sociaux, légaux ou de santé.

- Vous économiserez beaucoup d'argent et vous pourrez vous offrir des récompenses, comme un voyage.

- Votre sommeil sera plus réparateur.

- Vos facultés intellectuelles et votre mémoire seront améliorées.

- Vous aurez plus d'énergie pour vous adonner à vos tâches quotidiennes, ce qui améliorera inévitablement votre mieux-être.

- Vous aurez meilleur teint.

- Vous pourrez plus facilement contrôler votre poids.

- Vous préserverez des relations sociales, familiales ou professionnelles saines.

- Vous aurez plus de volonté pour entreprendre un programme d'entraînement ou pratiquer une activité physique.

- À long terme, les avantages sur la santé sont énormes, car vos risques d'être atteints de plusieurs maladies graves ou mortelles diminueront considérablement.

Inga Ivanova/Shutterstock 12534025.

L'abus de drogues

Bien que n'étant pas en vente libre, les drogues font partie de la réalité de notre société. Outre l'attrait de l'interdit, les raisons qui conduisent à en consommer ou qui peuvent induire une dépendance sont les mêmes que pour l'alcool et le tabac. Comme il s'agit de substances dont la **possession** est **illégale**, il importe de préciser certains éléments.

- En plus des dépendances que peuvent créer les drogues, leur possession ou leur consommation ont des **conséquences graves**, telles que la perte du permis de conduire en cas de conduite avec facultés affaiblies, des démêlés avec la justice qui entraînent des frais et le risque d'avoir un casier judiciaire (ce qui signifie l'empêchement de voyager ou d'exercer certains emplois) ou de faire de la prison.

- Par ailleurs, les drogues sont des produits dont la fabrication est clandestine et qui par conséquent ne sont pas soumis à des contrôles de qualité. Les études démontrent que deux tiers des échantillons de drogues disponibles dans la rue ont été coupés avec d'autres drogues ou contenaient des produits très dangereux, comme de l'ammoniac, du drano ou du lithium à batterie (dans le *crystal meth*), du verre en poudre (dans la cocaïne), du savon ou du détergent (dans l'ecstasie et le GHB).

- La consommation de drogues augmente le risque d'accidents de la route.

----- La marijuana -----

Diego Cervo/Shutterstock 29507842.

La consommation de marijuana peut s'apparenter à la simple prise de tabac, mais elle fait bien plus de ravages. Selon Santé Canada, **1 joint** est de **2 à 5 fois plus dommageable** et toxique pour la santé **que 1 cigarette**. La fumée dégagée par la marijuana contient des centaines de produits chimiques cancérigènes, potentiellement plus nocifs que ceux du tabac. De plus, la marijuana est souvent mélangée au tabac de cigarette, ce qui en augmente encore les effets nocifs.

La marijuana étant bien plus concentrée en tétrahydrocannabinol (THC) que par le passé (ce principe psychoactif est passé de 2 % en 1970 à 15 % et même à 25 % aujourd'hui), il y a beaucoup plus de risques aujourd'hui de développer les **pathologies** qu'elle peut induire, à savoir :

- pertes de mémoire occasionnelles ;
- difficultés d'apprentissage ;
- épisodes de paranoïa ;
- déclenchement de maladies mentales pour lesquelles il y aurait déjà prédisposition (schizophrénie ou bipolarité).

La consommation de marijuana peut aussi mener à l'**isolement social** et à la consommation d'**autres drogues plus dures**, dans la quête du plaisir que la marijuana cesse à un moment donné de procurer. Quant aux **répercussions physiques** ☼, elles sont semblables à celles liées à l'usage du tabac.

☼ Voir « Les conséquences néfastes du tabagisme », page 325 de ce chapitre.

Les drogues dures

Les incitations constantes à performer à tout prix et à se dépasser constamment, ainsi que les phénomènes sociaux comme les *raves*, ont favorisé l'apparition sur le marché de drogues stimulantes ou sédatives. Il en existe plusieurs types comme la cocaïne et le crack, les amphétamines (les *speed*), le *crystal meth* (la métamphétamine cristallisée), la kétamine, le LSD et les champignons hallucinogènes, le PCP (la pilule de la paix, dite aussi *poudre d'ange*), l'héroïne et les opiacés, le GHB (un stupéfiant aussi appelé *drogue du viol* parce qu'il cause l'amnésie).

Ce sont là des produits chimiques qui agissent sur le cerveau. Leurs **effets psychologiques** sont nombreux : dépression, humeur changeante, comportements erratiques, voire violents, baisse de la libido, perte d'intérêt, amnésie, anxiété, notamment. C'est pourquoi ils conduisent souvent le ou la toxicomane à une **vie** de plus en plus **solitaire** et **marginale**.

La consommation de drogues peut mener à une **dépendance** non seulement **psychologique**, mais **physique**. Celle-ci apparaît lorsque l'organisme intègre si bien la substance à son fonctionnement que, s'il y a arrêt brusque de la consommation, des répercussions physiques apparaissent : c'est le syndrome de sevrage, dont les symptômes sont divers (irritabilité, sueurs froides, vomissements incontrôlés, entre autres). Notons enfin qu'une **surdose** ou un usage prolongé de certaines drogues peut causer des dommages physiques graves, même la mort.

La transformation d'une consommatrice de *crystal meth* après 18 mois.

Quelques avantages à mettre fin à l'abus de drogues

Les avantages de mettre fin à l'abus de drogues, comme à celui de l'alcool, sont nombreux et peuvent prévenir toute une panoplie de problèmes sociaux, légaux ou de santé.

- Vous économiserez beaucoup d'argent et vous pourrez vous offrir des récompenses, un voyage par exemple.
- Votre sommeil sera plus réparateur.
- Vos facultés intellectuelles et votre mémoire seront améliorées.
- Vous aurez plus d'énergie pour vous adonner à vos tâches quotidiennes, ce qui améliorera inévitablement votre mieux-être.
- Vous aurez un plus beau teint.
- Vous pourrez plus facilement contrôler votre poids.
- Vous préserverez des relations sociales, familiales ou professionnelles plus saines.
- Vous éliminerez vos risques d'avoir des démêlés avec la justice pour cause de possession de drogues.
- Vous aurez plus envie d'entreprendre un programme d'entraînement ou de pratiquer une activité physique.
- À long terme, les avantages sur la santé sont énormes, car vos risques d'être atteints de plusieurs maladies graves ou mortelles diminueront considérablement.

Grynold/Shutterstock 73605484.

La cyberdépendance

La cyberdépendance se définit comme l'usage incontrôlé et compulsif d'Internet et des nouvelles technologies de l'information, engendrant chez les utilisateurs un sentiment de détresse et des problèmes d'ordre psychologique, social ou professionnel. Elle est le fait de se sentir démuni lorsque l'accès à Internet n'est pas possible ou de ressentir un manque lorsque la cessation de la navigation Web dure depuis un certain temps.

La cyberdépendance mène à un **isolement** graduel et à l'**abandon de relations véritables**, pourtant généralement plus profondes et plus satisfaisantes. Plus la dépendance s'installe, plus le temps passé à naviguer sur le Web augmente, au détriment souvent des échanges avec les proches, de l'alimentation, du sommeil et des études.

Comme d'autres dépendances, la cyberdépendance est une manière de fuir la réalité et de se constituer un refuge. Or, non seulement la cyberdépendance ne résout-elle rien, elle accapare au contraire le temps et la force mentale qui pourraient servir justement à corriger la réalité à laquelle une personne cherche à se soustraire. Soulignons également que toutes les **heures** passées **devant l'écran diminuent inévitablement le temps consacré à l'activité physique** et à la dépense énergétique. De plus, dans la majorité des cas, les personnes cyberdépendantes ont une alimentation carencée et développent des problèmes liés aux mauvaises habitudes posturales qu'elles maintiennent pendant plusieurs heures consécutives.

L'Internet et autres cyberdépendances

Internet, une technologie de recherche et de communication prodigieuse, alimente également plusieurs autres formes de dépendance, notamment au jeu, au sexe et aux achats compulsifs. Internet, de par son espace virtuel, permet de se livrer à un comportement nuisible à l'abri de tout regard.

Au Québec, il y aurait environ 6 % d'internautes qui présentent une forme de dépendance à Internet. Les hommes cyberdépendants se tournent davantage

vers les jeux et les rencontres sexuelles, tandis que les femmes cyberdépendantes ont comme prédilection les rencontres affectives, les achats compulsifs et le clavardage.

Quelques avantages à se libérer de la cyberdépendance

Les avantages à ne plus être cyberdépendant sont nombreux, d'autant que la cyberdépendance induit souvent d'autres dépendances nuisibles. Y mettre un terme aura des résultats très positifs.

- Vous gagnerez du temps que vous pourrez désormais consacrer à diverses activités physiques ou à des relations sociales plus saines.
- En ayant des activités variées et non seulement virtuelles, vous enrichirez votre vie d'expériences, de connaissances et d'activités nouvelles.
- En ne mangeant plus sur le pouce devant l'écran, vous pourrez avoir un régime alimentaire plus équilibré, ce qui favorisera un meilleur contrôle de votre composition corporelle.
- En récupérant quelques heures passées devant l'ordinateur pour les consacrer à votre sommeil, vous vous assurez d'avoir davantage d'énergie au lever et dans vos tâches quotidiennes.

Les dépendances peuvent prendre différentes formes, mais quelles qu'elles soient, elles ont toutes des répercussions nocives sur la vie et la santé. Voilà pourquoi il importe de prévenir la dépendance ou de s'en défaire lorsqu'elle est déjà installée. De plus, une bonne habitude en amenant souvent une autre, non seulement une vie sans dépendance offre-t-elle plus de temps, elle est également le préalable à une meilleure condition physique.

RÉSUMÉ

- Les **dépendances** peuvent prendre plusieurs formes, mais elles ont toutes en commun une compulsion résultant d'une accoutumance à un produit ou à un comportement, sans égard aux répercussions négatives que cela engendre.

- Le **tabagisme**, l'**abus d'alcool**, l'**abus de drogues** et la **cyberdépendance** sont des formes de dépendance qui ont de nombreuses conséquences psychologiques, physiques ou sociales néfastes.

- La cyberdépendance peut conduire à d'**autres dépendances**, comme à celles du jeu vidéo ou des achats compulsifs.

- Les **dépendances diminuent** considérablement les adaptations physiologiques découlant de l'activité physique et de l'entraînement ainsi que les performances sportives.

Affûtez vos CONNAISSANCES

1. Quels sont les énoncés qui définissent correctement ce qu'est une dépendance ?

a Consommation compulsive ou accoutumance à un produit (alcool, drogues ou tabac) qui a des répercussions nuisibles sur la santé (sociale, physique ou psychologique).

b Consommation compulsive de drogues ou d'autres produits illégaux.

c Association d'un comportement à diverses situations de la vie.

d Comportement compulsif qui a des répercussions nuisibles sur la santé (sociale, physique ou psychologique).

2. Quel est le neurotransmetteur qui joue un rôle dans l'installation de la dépendance ?

3. De quelles manières une dépendance se manifeste-t-elle habituellement ?

a L'impossibilité de résister à l'impulsion de passer à l'acte.

b L'excitation précédant immédiatement le début de l'acte.

c Le soulagement ou le plaisir durant le comportement.

d Un intérêt grandissant pour tout ce qui ne concerne pas l'objet de dépendance.

e La poursuite du comportement malgré l'apparition de troubles psychologiques, physiques ou sociaux.

4. Utilisez les termes ci-dessous pour compléter les énoncés.

> Dépendance psychologique • Maladie • Toxique
> Point Zéro 8 • Carences alimentaires

a L'abus d'alcool, produit   , peut à la longue occasionner de nombreux dérèglements et   .

b Le besoin que ressent une personne de reproduire un comportement ou de consommer une substance parce qu'elle a le souvenir du plaisir qui y est associé reflète la   .

c Afin d'éviter d'être en cause dans un accident de la route à cause de l'affaiblissement de ses facultés, il est possible de téléphoner à l'organisme   pour se faire raccompagner chez soi.

d Une personne qui devient alcoolique affecte considérablement ses relations sociales en plus d'augmenter ses risques de   .

5. Quels énoncés sont vrais en ce qui concerne les affections physiques communes au tabagisme et à l'abus d'alcool ?

a L'alcool et la cigarette irritent tous deux l'oesophage, la bouche et la gorge.

b L'alcool diminue la production d'insuline ; ce n'est pas le cas de la fumée de tabac.

c L'alcool et la cigarette contribuent à la prise de poids.

d Les 2 dépendances peuvent être mortelles à long terme.

6. Faites 3 suggestions qui pourraient aider un ou une de vos amis à arrêter de fumer.

a

b

c

7. Quels sont les organes les plus touchés par une dépendance à l'alcool ?

a Les poumons   **e** Le coeur

b L'oesophage   **f** Le petit et le gros intestin

c Les reins

d Le foie   **g** L'estomac

8. De quel pourcentage de décès de la route l'alcool est-il responsable?

a 10 %   **c** 40 %

b 20 %   **d** 60 %

9. Quels effets négatifs la consommation d'alcool a-t-elle sur la condition physique?

a L'alcool consommé se métabolise trop lentement pour être utilisé comme source d'énergie.

b L'alcool fait engraisser.

c L'alcool diminue le taux de testostérone et augmente le taux de cortisol, 2 facteurs qui diminuent la croissance musculaire.

d L'alcool a un effet diurétique.

e L'alcool diminue la mise en réserve du glycogène musculaire et hépatique.

10. Faites 3 suggestions pour éviter de conduire en état d'ébriété un soir de fête.

a

b

c

11. Quels sont les énoncés qui sont vrais en ce qui concerne la consommation de marijuana?

a Un joint est environ 25 fois plus toxique qu'une cigarette.

b La fumée de la marijuana contient des centaines de produits chimiques cancérigènes.

c La concentration de tétrahydrocannabinol (THC) de la marijuana est passée de 2 % en 1970 à 15 % et même 25 % aujourd'hui.

d La concentration élevée de l'élément psychoactif de la marijuana risque de causer des difficultés d'apprentissage et de la paranoïa.

12. Nommez 3 dépendances nourries par la cyberdépendance.

13. Associez les conséquences néfastes ci-dessous à leur dépendance respective.

Anxiété • Prise de poids • Isolement
Cancer de la peau • Essoufflement à l'effort

a Tabagisme

b Abus de bronzage

c Abus d'alcool

d Cyberdépendance et jeux vidéo

e Abus de drogues

14. Nommez 2 effets nocifs découlant des 3 dépendances suivantes ainsi que 2 avantages d'y mettre fin pour ces raisons.

a Conséquences du tabagisme

Avantages d'arrêter

b Conséquences des abus d'alcool

Avantages d'arrêter

c Conséquences de la cyberdépendance

Avantages d'arrêter

15. Quels sont les avantages d'être libre de toutes les formes de dépendance?

Complétez la carte conceptuelle des informations vues dans ce chapitre en utilisant la liste de concepts fournis. La suite de chaque noeud doit constituer une phrase complète. Suivez bien le sens des flèches.

- La cyberdépendance
- Aux relations familiales et sociales
- Une dépendance
- La dopamine
- L'abus d'alcool
- Physique
- L'abus de drogues

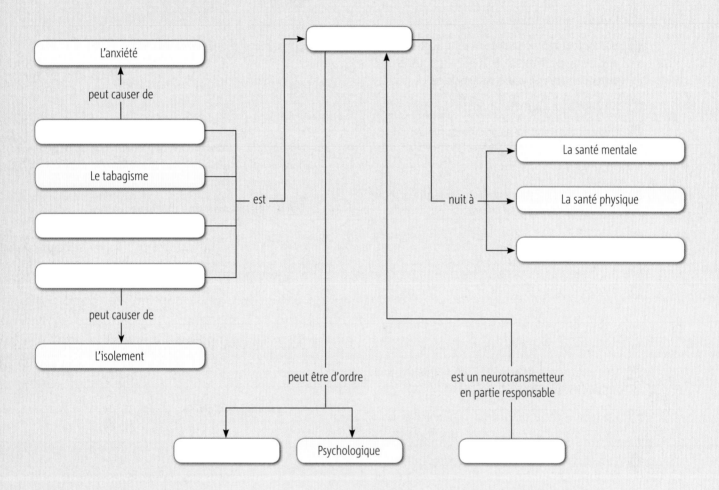

L'anxiété

peut causer de

Le tabagisme

est

peut causer de

L'isolement

peut être d'ordre

Psychologique

est un neurotransmetteur en partie responsable

nuit à

La santé mentale

La santé physique

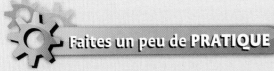

Faites un peu de PRATIQUE

Tentez l'expérience de passer une fin de semaine sans votre ordinateur ou sans votre téléphone intelligent (sauf pour effectuer vos travaux scolaires, bien sûr !) et répondez aux questions suivantes.

1. Avez-vous réussi l'expérience pendant toute la fin de semaine ?

☐ Oui ☐ Non

2. Décrivez votre expérience.

☐ Impossible ☐ Difficile ☐ Faisable ☐ Facile ☐ À refaire

3. Quelle était votre humeur pendant l'expérience ?

4. Est-ce que votre humeur était différente qu'à l'habitude ?

☐ Oui ☐ Non

5. Combien de fois avez-vous songé à terminer l'expérience avant terme ?

☐ Jamais ☐ Quelques fois ☐ Souvent ☐ Très souvent

6. Qu'est-ce que cette expérience vous a appris sur vous-même ?

7. Qu'est-ce qu'elle vous inspire pour l'avenir ?

FORTIFIEZ VOTRE CULTURE... PHYSIQUE

 Sites Internet

Site qui comporte un défi interactif pour aider les fumeurs à arrêter :
• www.jarrete.qc.ca

Des suggestions pour contrer l'abus d'alcool et un calculateur d'alcoolémie :
• http://educalcool.qc.ca/

Des ressources pour aider à contrer la dépendance aux drogues :
• www.0droguepourmoi.ca

Quand l'utilisation d'Internet et des technologies de l'information devient un problème :
• http://cyberdependance.ca

Le jeu doit rester un jeu :
• http://misesurtoi.ca/fr/

 Reportages audiovisuels

« Dépendance et jeux vidéo ». Critique d'un reportage par Cardona Sébastien :
• http://www.kopines.com/le-mag/tous-les-dossiers-c233/dependance-et-jeux-video-reportage-de-france-2-p158.

 Livres et magazines

VALLEUR, MARC, MATYSIAK, JEAN-CLAUDE (2006). *Les pathologies de l'excès : Sexe, alcool, drogue, jeux... Les dérives de nos passions.* Paris, Éditions Jean-Claude Lattès.

Évaluez et transformez une dépendance

Répondez aux questions de cet «À vous de jouer !» pour commencer votre démarche de changement d'habitude.

Établissez votre propre diagnostic

1 Avez-vous l'impression que vous répétez certains comportements que vous désapprouvez par la suite, et ce, de façon régulière ? ☐ Oui ☐ Non

De quel comportement s'agit-il ?

Est-ce un comportement dommageable pour votre santé ? ☐ Oui ☐ Non

Avez-vous l'impression que ce comportement vous pose un ou des problèmes dans votre quotidien ? ☐ Oui ☐ Non

De quel(s) problème(s) s'agit-il ?

Quelles sont les raisons qui, selon vous, vous poussent à reproduire ce comportement ?

2 Pensez-vous être à risque de développer une dépendance ? ☐ Oui ☐ Non

Si oui, de quelle dépendance s'agit-il ?

☐ Tabagisme ☐ Abus d'alcool ☐ Cyberdépendance ☐ Jeu compulsif

☐ Excès de bronzage ☐ Abus de drogues ☐ Abus de médicaments

Autre(s) :

3 Si ces cas s'appliquent à vous, poursuivez votre diagnostic en répondant aux questionnaires sur la consommation de tabac, d'alcool, de drogues ou l'utilisation des technologies de l'information et le jeu qui se trouvent sur le site du **CEC** .

Si vous ne risquez pas d'être aux prises avec une dépendance, tant mieux, mais il vous faut veiller à ce qu'il continue d'en être ainsi. Si vous pensez souffrir ou être en voie de souffrir d'une dépendance, il faudrait vous engager dans une démarche de transformation qui vous permette de vous en affranchir. Il ne s'agit pas nécessairement d'y mettre fin brutalement, mais bien d'y aller étape par étape.

Déterminez votre stade de changement d'habitude

Peu importe votre diagnostic, il est important de poursuivre cet «À vous de jouer». Déterminez d'abord à quel stade de changement de comportement du modèle transthéorique (page 221 du chapitre 7) vous vous situez. Cette démarche vous permettra de connaître vos attitudes par rapport à vos comportements.

4 Cochez l'affirmation qui correspond le plus à votre situation pour chacun des regroupements suivants.

a ☐ Je n'ai pas de dépendance et cet état des choses me satisfait. (M)

☐ J'ai une dépendance et cet état des choses me préoccupe. (D)

☐ J'ai une dépendance, mais cette situation n'a aucune importance pour moi ou les personnes de mon entourage. (P)

b ☐ Je n'ai pas de dépendance et je perçois les avantages que me procure cette situation. (M)

☐ Je perçois plus d'avantages à me défaire de ma dépendance qu'à la conserver telle quelle. (D)

☐ J'ai une dépendance, mais je perçois plus d'inconvénients à la modifier qu'à la conserver telle quelle. (P)

c ☐ Je n'ai pas de dépendance et j'ai confiance en mes capacités de conserver ma situation telle quelle. (M)

☐ Je crois en mes capacités à me défaire de ma dépendance. (D)

☐ J'ai une dépendance et même si j'essayais de m'en défaire, je sais que je n'y arriverais pas. (P)

d ☐ Mon entourage (amis, famille) ne partage pas en général cette dépendance. (M)

☐ Plusieurs personnes de mon entourage partagent tout comme moi cette dépendance. (P)

e ☐ Je n'ai pas de dépendance et je vais maintenir cet état tel quel. (M)

☐ J'ai une dépendance et je veux m'en débarrasser. (D)

☐ J'ai une dépendance, mais je n'essaierai de m'en défaire que le jour où ma vie en dépendra. (P)

f Combien de cases (P), (D) et (M) avez-vous cochées ?

(P) : _____ (D) : _____ (M) : _____

5 À quel **stade de changement** vous situez-vous ?

☐ **Précontemplation** si vous n'avez coché que des cases (P).
Vous n'avez probablement pas l'intention de vous défaire de votre dépendance.

☐ **Contemplation** si vous avez coché 4 cases (P).
Vous avez sans doute l'intention de vous défaire de votre dépendance.

□ **Préparation** si vous avez coché 2 ou 3 cases (D).

Vous tâtez le terrain et êtes en voie de tenter de vous défaire de votre dépendance. Il ne vous reste qu'à trouver l'étincelle qui vous fera entreprendre concrètement votre démarche.

□ **Action** si vous avez coché 4 cases (D).

Vous avez réussi à vous défaire de votre dépendance et vous mettez en oeuvre des moyens pour garder cette bonne habitude.

□ **Maintien** si vous avez coché 4 ou 5 cases (M).

Vous n'avez pas de dépendance et vous souhaitez poursuivre dans cette voie, voire même diminuer d'autres comportements sporadiques potentiellement nuisibles pour votre santé.

Analysez votre intention de changement

Selon le **modèle d'analyse des variables de l'intention de changement** (Godin, page 218 du chapitre 7), il y a un lien direct entre l'intention de transformation d'une habitude de vie et des variables précises. Tentons d'interpréter certaines d'entre elles.

6 Nommez 3 avantages à court ou à moyen terme de vous défaire de votre dépendance ou encore de maintenir vos bonnes habitudes concernant les dépendances. Choisissez des avantages significatifs pour vous.

7 Nommez 2 effets positifs qu'aura la fin de votre dépendance sur votre pratique d'activités physiques ou sur une autre de vos habitudes de vie.

8 Nommez 2 conséquences à court, à moyen ou à long terme qui pourraient vous affecter si vous conserviez votre dépendance.

9 Nommez 2 personnes de votre entourage qui pourraient vous encourager dans votre démarche ou avec lesquelles vous pourriez vous défaire de votre dépendance.

Nom de la personne 1 :

Nom de la personne 2 :

10 Indiquez une contrainte qui pourrait vous empêcher de mettre fin à votre dépendance. Envisagez une stratégie réaliste pour pallier cette contrainte.

Contrainte :

Stratégie :

11 Trouvez un comportement santé qui vous procurera du plaisir et grâce auquel vous pourriez contrer votre dépendance.

12 Si vous entamiez une démarche pour vous défaire de votre dépendance ou pour maintenir votre absence de dépendance, à combien, sur une échelle de 1 à 10, estimez-vous vos chances d'atteindre cet objectif ?

1 ☐ • 2 ☐ • 3 ☐ • 4 ☐ • 5 ☐ • 6 ☐ • 7 ☐ • 8 ☐ • 9 ☐ • 10 ☐

Expliquez votre réponse.

Préparez votre démarche

Il est maintenant temps de passer à l'action. Nous vous suggérons de commencer avec une démarche de 6 semaines.

13 Fixez-vous un **objectif intermédiaire** atteignable en 3 semaines. Cet objectif doit être **réaliste** et **mesurable**. Par exemple : *D'ici 3 semaines, je vais consommer de l'alcool seulement la fin de semaine et me limiter à 4 consommations au maximum.*

Objectif intermédiaire :

14 Donnez-vous un **objectif de fin de démarche** qui vous semble atteignable en 6 semaines. Par exemple : *D'ici 6 semaines, je vais consommer de l'alcool seulement la fin de semaine et me limiter à 3 consommations au maximum.*

Objectif de fin de démarche :

15 Indiquez quelles **stratégies** du modèle transthéorique (page 221 du chapitre 7) vous utiliserez pour favoriser l'atteinte de vos objectifs et comment elles s'appliqueront pour vous.

Laissez des traces de votre démarche

Pour vous aider, tenez un **journal** pendant la période de mise en application de votre démarche pour vous défaire de votre dépendance.

16 Cumulez des informations qui vous permettront d'ajuster votre objectif.

Marche à suivre

- Indiquez votre comportement nuisible dans l'espace prévu à cette fin dans l'entête de votre journal.
- Indiquez la quantité du produit consommé (ex. : nombre de cigarettes, de consommations d'alcool) ou le temps passé à votre comportement nuisible (ex. : nombre d'heures d'utilisation des technologies de l'information) dans la colonne «Quantité».
- Indiquez l'heure dans la colonne «Heure».
- Indiquez le contexte dans la colonne «Contexte».
- Indiquez la personne avec qui vous étiez si elle s'est adonnée à cette dépendance avec vous dans la colonne «Personne présente».
- Indiquez dans la colonne «Contrainte(s) vécue(s) et Stratégie(s) envisageable(s)» la contrainte (ex. : contexte, personne) qui vous a amené à reproduire le comportement, ainsi que la stratégie que vous appliquerez pour y remédier si cette contrainte se représente.

Journal de bord de ma démarche pour me défaire de ma dépendance :					
Semaine	**Quantité**	**Heure**	**Contexte**	**Personne présente**	**Contrainte(s) vécue(s) et Stratégie(s) envisageable(s)**
					Contrainte : Stratégie :
					Contrainte : Stratégie :
					Contrainte : Stratégie :
au					Contrainte : Stratégie :
Du					Contrainte : Stratégie :

Rendez-vous sur **CEC** pour imprimer d'autres pages de journal de bord et ainsi faire le suivi de toute votre démarche.

Mesurez votre avancement

Après 3 semaines, il est temps d'analyser et d'interpréter votre démarche.

17 Avez-vous atteint votre **objectif intermédiaire** ?

    a ☐ Atteint   ☐ Non atteint

    b Donnez des **indicateurs mesurables** qui résument où vous en êtes par rapport à ce dernier.

    c Est-ce que ces résultats sont satisfaisants pour vous ?

      ☐ OUI ☐ NON

18 Que les résultats soient tels qu'escomptés ou non, il faut continuer ! Est-ce que votre objectif reste le même ? Reformulez-en un, un peu plus réaliste à atteindre si le premier était trop ambitieux (ou non mesurable).

Objectif de fin de démarche :

Bonne chance et allez-y progressivement, mais sûrement !

Bilan de fin de démarche

Après 6 semaines, il est temps d'analyser et d'interpréter l'ensemble de votre démarche.

19 Avez-vous atteint votre **objectif de fin de démarche** ?

    a Atteint ☐   Partiellement atteint ☐   Non atteint ☐

    b Expliquez votre réponse en fonction d'**indicateurs mesurables** qui résument où vous en êtes par rapport à votre objectif de fin de démarche.

20 Si vous avez **atteint ou partiellement atteint** votre objectif, expliquez quelle stratégie vous a été la plus utile.

21 Si votre **objectif** n'a **pas** été **atteint**, indiquez les contraintes (contexte, personne, etc.) que vous devrez vaincre à l'avenir pour parvenir à réussir votre démarche et expliquez tout de suite comment vous vous y prendrez.

Bonne continuation !

Éviter l'excès de stress et bien gérer son sommeil

ÉCHAUFFEMENT

Êtes-vous une personne généralement stressée ?

Êtes-vous une personne stressée ou surfez-vous sur la vague ? Pour évaluer votre niveau de stress, répondez au questionnaire suivant (Lemyre et Tessier 2003).

	Pas du tout	Pas vraiment	Très peu	Un peu	Quelque peu	Pas mal	Beaucoup	Énormément
A Je suis détendu(e).	8	7	6	5	4	3	2	1
B Je me sens débordé(e) ; j'ai l'impression de manquer de temps.	1	2	3	4	5	6	7	8
C J'ai des douleurs physiques : maux de dos, maux de tête, mal à la nuque, maux de ventre.	1	2	3	4	5	6	7	8
D Je me sens préoccupé(e), tourmenté(e) ou anxieux (anxieuse).	1	2	3	4	5	6	7	8
E Je ne sais plus où j'en suis, je n'ai pas les idées claires, je manque d'attention et de concentration.	1	2	3	4	5	6	7	8
F Je me sens plein(e) d'énergie, en forme.	8	7	6	5	4	3	2	1
G Je sens peser un grand poids sur mes épaules.	1	2	3	4	5	6	7	8
H Je contrôle mal mes réactions, mes émotions, mes humeurs, mes gestes.	1	2	3	4	5	6	7	8
I Je suis stressé(e).	1	2	3	4	5	6	7	8

Additionnez les chiffres correspondant à vos choix de réponses. Attention, ils ne sont pas les mêmes pour chaque question.

Résultat :

Moins de 20 : Votre niveau de stress est bas.
Vous ressentez le stress moins que la moyenne de la population. Actuellement, vous semblez donc en mesure de faire face de manière adéquate aux défis de la vie.

Entre 21 et 30 : Votre niveau de stress est moyen.
Vous ressentez le stress autant que la moyenne des gens.
Vous semblez donc en mesure de faire face de ma-

nière adéquate aux défis de la vie, mais vous ressentez quand même un peu de pression.

Entre 31 et 50 : Votre niveau de stress est élevé.
Vous ressentez le stress plus que la moyenne des gens. En fait, vos réponses indiquent que vous ressentez plus de stress que les deux tiers des gens.

Plus que 51 : Votre niveau de stress est très élevé.
Vos réponses indiquent que vous ressentez le stress de manière extrême et que celui-ci vous affecte émotivement et physiquement.

APRÈS LA LECTURE DE CE CHAPITRE, VOUS SEREZ EN MESURE :

- d'analyser votre niveau de stress ;
- de définir ce qu'est le stress et ses phases ;
- de définir les phases du sommeil ;
- de comprendre et d'expliquer les avantages d'une bonne gestion du stress ;
- de comprendre et d'expliquer les avantages d'une bonne gestion de son sommeil ;
- d'expliquer les liens entre l'activité physique, le sommeil et le stress.

S tress et sommeil sont interdépendants. C'est la métaphore de «l'oeuf ou la poule» qui s'applique. Ressentez-vous du stress parce que vous manquez de sommeil ou avez-vous de la difficulté à dormir à cause de l'intensité de votre stress? La plupart du temps, c'est un sacré cercle vicieux.

Nous verrons d'abord dans ce chapitre en quoi consiste le stress (qu'il soit positif ou négatif), les dommages que risque de causer un stress prolongé, les stratégies auxquelles recourir pour réduire son niveau de stress, dont la pratique d'activités physiques, et les avantages que la maîtrise du stress apporte.

Nous considèrerons ensuite les liens entre le stress et le sommeil, les phases du sommeil, les avantages d'un bon sommeil, quelques troubles du sommeil et la façon de contrer l'insomnie ainsi que l'influence réciproque de l'activité physique et du sommeil.

Le stress

L e stress est à la base une réaction normale de protection que nous avons lorsque nous nous sentons en danger ou en situation inconnue. Le corps se prépare ainsi à agir en mobilisant un potentiel d'énergie inhabituel, pour fuir ou combattre si notre intégrité physique est menacée, par exemple.

La définition généralement acceptée du stress a été établie en 1956 par un Montréalais d'origine autrichienne, Hans Selye. Selon lui, le stress est **une réponse du corps** à **une demande environnementale**, c'est-à-dire un **syndrome général d'adaptation**. Ainsi, les réactions physiologiques à un agent stressant sont des indicateurs concrets du stress ressenti par une personne. Le stress peut être **positif ou négatif**, selon que la réponse physiologique est adaptée ou non à la situation. Selye nomme *eustress* (stress positif) une réponse adaptée et proportionnelle de l'organisme à l'évènement stressant, et *distress* (stress négatif) une réponse mésadaptée et disproportionnelle.

Richard Lazarus, un autre chercheur qui s'est intéressé à l'étude du stress, précise que si une personne sent qu'elle a les ressources pour s'adapter à une situation potentiellement stressante, elle sera moins stressée qu'une personne qui fait une évaluation contraire. La réaction est différente selon le sentiment d'efficacité que la personne ressent dans telle ou telle situation, c'est-à-dire selon l'évaluation qu'elle fait de la situation par rapport à ses ressources adaptatives. Le stress négatif apparaît lorsqu'une personne est confrontée à des demandes qui excèdent ses ressources.

☼ Voir « Efficacité personnelle perçue », page 218 du chapitre 7.

----- Les sources du stress émotionnel -----

Le stress peut être lié à un évènement qui met notre intégrité physique en danger, mais il peut également être provoqué par notre interprétation ou notre façon d'aborder les évènements faisant partie de notre quotidien. Il s'agit alors du stress émotionnel. C'est le stress qui nous affecte le plus et celui qui peut nous mener au stress chronique.

Pourquoi certaines personnes qui vivent des situations similaires ressentent-elles un stress différent ? Pour le Centre d'étude sur le stress humain, cela dépend de 4 facteurs, désignés par l'acronyme CINÉ :

- le **c**ontrôle de la situation,
- la prévisibilité ou l'**i**mprévisibilité de l'évènement,
- la **n**ouveauté de la situation,
- la gravité de la menace pour l'**é**go (sa personnalité).

À chaque fois que le syndrome général d'adaptation est déclenché (c'est-à-dire que vous ressentez du stress), la cause correspond toujours à au moins 1 de ces 4 facteurs.

----- Les facteurs aggravants du stress émotionnel -----

L'importance du niveau de stress est généralement évaluée en lien avec les 6 facteurs suivants.

1. La gravité perçue de l'évènement

Lorsqu'une grande importance est accordée à l'évènement, le niveau de stress est susceptible d'être amplifié.

2. Le nombre d'attentes par rapport à un évènement

Le fait d'augmenter ses attentes envers une situation peut augmenter le niveau de déception envisagé, et par conséquent augmenter le stress.

3. L'imminence de l'évènement

Généralement, les heures ou les minutes qui précédent un évènement stressant sont les pires. L'accident d'auto qu'une personne a le temps d'envisager est un bon exemple de la montée rapide du stress.

4. Le temps d'anticipation avant l'évènement

Lorsqu'un évènement est envisageable longtemps d'avance, certaines personnes vont vivre un stress par projection, longtemps d'avance.

5. La probabilité de l'évènement

Un rendez-vous chez le médecin après une batterie de tests de dépistage du cancer du sein est plus stressant qu'une visite de routine parce que la probabilité de se faire annoncer une mauvaise nouvelle est plus grande.

6. Le fait de ne pas savoir comment se préparer à un évènement

Donner un cours magistral est moins stressant pour un professeur que faire un exposé oral pour un élève du secondaire, car leurs capacités de préparation ne sont pas les mêmes et l'anticipation de la façon dont va se conclure l'évènement est plus claire pour le premier.

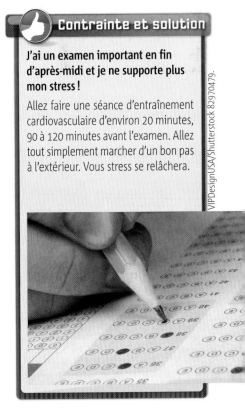

Contrainte et solution

J'ai un examen important en fin d'après-midi et je ne supporte plus mon stress !

Allez faire une séance d'entraînement cardiovasculaire d'environ 20 minutes, 90 à 120 minutes avant l'examen. Allez tout simplement marcher d'un bon pas à l'extérieur. Vous stress se relâchera.

VIPDesignUSA/Shutterstock 82970479.

Fluctuation de la résistance au stress

Niveau de résistance normal au stress

Phase d'alarme   Phase de résistance   Phase d'épuisement

Résistance au stress

Le stress peut passer par 3 phases : la première est la phase d'alarme, la deuxième est la phase de résistance et la troisième est la phase d'épuisement. La résistance au stress augmente graduellement pour culminer en phase de résistance, alors qu'en phase d'épuisement, elle diminue sous la normale.

Pour illustrer ces 3 phases, nous utiliserons 2 exemples. Le premier : vous croisez un délinquant armé dans une ruelle sombre. Le deuxième : votre professeur vous convoque dans son bureau pour vous parler de votre résultat d'examen. Dans le premier exemple, l'agent stressant est physique alors que, dans le deuxième, l'agent stressant est psychologique.

La phase d'alarme

La phase d'alarme correspond au moment de la prise de conscience de l'agent stressant. C'est au cours de cette phase, qui peut durer de quelques minutes à une heure, que les premières réactions physiologiques se manifestent. En fait, c'est la sécrétion rapide d'adrénaline qui va provoquer la plupart de ces réactions. Elles tiennent à notre instinct de survie, qui est inné, et la plupart d'entre elles sont bien adaptées à la fuite ou au combat. Elles sont cependant moins utiles lorsque l'agent stressant est psychologique. Vous trouverez dans le tableau suivant les réactions physiques qui s'enclenchent lorsque vous apercevez le délinquant armé près de vous et au moment où votre professeur vous apostrophe d'un air inquiétant.

Si vous êtes capables de faire face à la situation, c'est-à-dire faire face à l'agent stressant en l'éliminant ou en l'évitant, vous serez en mesure de revenir rapidement à votre état normal. Si toutefois la source de stress persiste, vous passerez à la phase de résistance.

Réactions physiologiques au stress dans la phase d'alarme	
Réaction du corps	**Utilité en cas de menace à l'intégrité physique**
Augmentation de la fréquence cardiaque	Comme le coeur bat plus vite, le sang et les carburants (le glucose et les acides gras libres) se rendent plus rapidement aux muscles et au cerveau, qui sont prêts à réagir.
Augmentation de la viscosité sanguine (la quantité de glucose et d'acides gras dans le sang est plus grande, le sang est plus épais)	En cas de blessure, la perte de sang sera moins importante.
Vasoconstriction	Les vaisseaux sanguins superficiels réduisent leur diamètre ; en cas d'hémorragie, il y aura moins de perte de sang.
Augmentation du tonus musculaire	Les muscles sont prêts à l'action, fuir ou combattre.
Cessation de la digestion	Comme le corps aurait besoin de toute son énergie pour prendre la fuite ou combattre, aucune énergie n'est consacrée à autre chose.
Meilleure oxygénation du cerveau	La vigilance et l'état d'éveil sont augmentés, nous sommes à l'affût de toute source de danger.
Augmentation des perceptions sensorielles (par exemple, la dilatation des pupilles)	Toute information est importante, le corps s'ajuste pour en percevoir le plus possible.
Sécrétion d'endorphine par l'hypothalamus (une glande du cerveau)	L'endorphine est une hormone sécrétée par le corps qui, comme la morphine, amoindrit les sensations de douleur. Encore une fois, le corps se prépare au pire.

La phase de résistance

Si la source de stress est toujours présente de quelques minutes à une heure après son apparition, le corps se met en phase de résistance. La concentration d'acides gras libres et de glucose va encore augmenter dans le sang et des hormones, comme le cortisol, seront sécrétées. Ces réactions servent à aider le corps à continuer pendant encore quelque temps à être prêt à faire face à la situation. C'est à ce moment que le stress devient positif (*eustress*) ou négatif (*distress*). Dans l'exemple du délinquant armé, votre stress vous aidera à fournir l'effort physique nécessaire pour vous sauver ou l'affronter. Dans le cas de la rencontre avec votre professeur, le stress peut vous aider à mobiliser vos ressources pour bien faire valoir votre position. Ces cas où le stress vous aide entrent dans la catégorie du stress positif. Mais si votre malaise est démesuré par rapport à la situation et que vous avez l'impression de ne pas avoir les ressources nécessaires pour y faire face, votre stress devient négatif.

Réaction physiologique au stress dans la phase de résistance	
Réaction du corps	**Utilité par rapport à l'agent stressant**
Accroissement de la concentration de cortisol dans le sang (sécrété par les glandes surrénales et à l'initiative de l'hypothalamus)	Le cortisol va déplacer les cellules immunitaires vers certains organes, ce qui va provoquer une réaction anti-inflammatoire. Il augmente aussi la plasticité du cerveau, ce qui aura pour effet un traitement plus rapide et efficace des informations. De plus, le cortisol va réduire la réaction d'adaptation au stress.

La phase d'épuisement

Les gens qui subissent quotidiennement du stress et qui ne parviennent pas à revenir à leur niveau normal de résistance au stress risquent de tomber dans une phase d'épuisement. Au cours de cette phase, le cortisol est constamment sécrété et toutes les réactions physiologiques de la phase d'alarme sont présentes, même si elles sont moins intenses.

Peter Bernik/Shutterstock 62240599.

Réactions physiologiques au stress dans la phase d'épuisement	
Réaction du corps	**Dommage causé par la réaction physiologique**
Sécrétion constante de cortisol	Le cortisol va épuiser l'organisme. Comme il agit sur les cellules immunitaires, les gens qui se trouvent dans cette phase sont plus susceptibles d'être malades.
Présence des réactions, bien que moins intenses, de la phase d'alarme	À long terme, ces réactions, souhaitables lorsqu'il faut passer à l'action, vont causer des problèmes de santé qui peuvent aller de problèmes de digestion comme les ulcères d'estomac à des problèmes cardiovasculaires comme l'hypertension artérielle et la crise cardiaque.

Une situation stressante qui perdure ou l'accumulation de diverses sources de stress pendant plus de 1 mois peuvent mener à cette phase indésirable. Le schéma ci-contre illustre l'accumulation des sources de stress. Alors qu'une personne a déjà un niveau de stress élevé, un autre agent stressant advient en augmentant encore son niveau global de stress.

Les personnes en phase d'épuisement sont en quelque sorte continuellement en syndrome général d'adaptation et en subissent les réactions physiologiques, mais leur corps n'est plus en mesure de les tolérer.

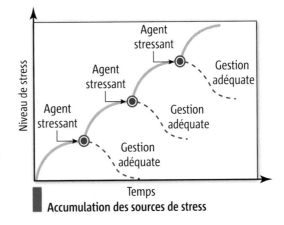

Accumulation des sources de stress

----- Souffrir de stress sur une longue période de temps -----

Un échec amoureux, la séparation de vos parents ou un manque d'argent peuvent élever votre niveau de stress pendant quelques semaines, voire quelques mois. Vous subissez alors les effets à moyen terme du stress. Si ce stress se maintient au-delà de cette période et se répète au fil des années, vous êtes certainement en phase d'épuisement et vous vous exposez aux conséquences à long terme du stress. La plupart de ces conséquences sont dues au maintien des réactions physiologiques du syndrome d'adaptation. À titre d'exemple, l'élévation de la fréquence cardiaque et l'augmentation de la viscosité sanguine, des réactions de la phase d'alarme, provoquent, à moyen terme, de l'hypertension artérielle et des palpitations cardiaques qui représentent à long terme un risque de crise cardiaque.

La figure suivante comprend quelques conséquences possibles à moyen et à long terme du stress chronique. Elles sont présentées selon qu'elles affectent les dimensions mentale, émotionnelle ou physique de votre santé.

Olly/Shutterstock 66372415.

Conséquences sur la dimension mentale de la santé

À moyen terme
- Concentration plus difficile
- Diminution de l'estime de soi

À long terme
- Tentation de combler son mal-être par la consommation de drogues, de tabac, d'alcool, de médicaments ou de nourriture
- Risque de dépression

Conséquences sur la dimension émotionnelle de la santé

À moyen terme
- Sensation d'être à fleur de peau
- Colère
- Impulsivité
- Irritabilité
- Déprime

À long terme
- Tensions attribuables aux relations interpersonnelles
- Relations interpersonnelles plus difficiles

Conséquences sur la dimension physique de la santé

À moyen terme
- Maux de tête
- Tensions musculaires (raideurs)
- Tremblements
- Problèmes de digestion
- Essoufflement plus rapide
- Rhumes et petites infections plus fréquentes
- Problèmes de peau plus fréquents (ex. : eczéma)

À long terme
- Risque de troubles musculosquelettiques
- Risque de plusieurs maladies cardiovasculaires
- Risque de diabète de type II

Conséquences du stress chronique

Sebastian Kaulitzki/Shutterstock 27143545.

Réduisez votre stress émotionnel

l est possible de réduire le stress émotionnel en agissant sur l'agent stressant ou sur les symptômes (les émotions ressenties). Lorsque cela est possible, **agissez sur la source de votre stress** en adoptant des stratégies axées sur le problème. Cherchez à acquérir de nouvelles habiletés ou à trouver une solution à votre problème. Par exemple, si vos finances vous stressent, l'établissement d'un budget est une stratégie qui vous aidera à éliminer ce stress. Lorsqu'il est impossible d'agir sur l'agent stressant, **agissez sur les symptômes du stress**. Optez pour une stratégie qui agira tant sur le plan mental que sur le plan physique : vous devez éviter de penser à la source de votre stress et libérer l'énergie accumulée à cause du syndrome général d'adaptation. Diverses stratégies peuvent être efficaces, seules ou combinées, pour agir sur les symptômes du stress :

- faire de l'activité physique ;
- recourir à des techniques de relaxation ;
- mettre en place des habitudes aidantes.

----- L'activité physique et la gestion du stress -----

Le syndrome général d'adaptation mobilise les ressources du corps afin de mettre à sa disposition toute l'énergie pour une réaction imminente de fuite ou de combat. Rarement de nos jours avons-nous besoin de réagir à l'évènement stressant de ces façons. L'énergie est donc emmagasinée et non utilisée. L'activité physique permet d'utiliser ce potentiel énergétique emmagasiné et de réduire ainsi les effets du stress. Voici en quoi et comment l'activité physique peut vous aider à gérer votre stress.

La pratique de l'activité physique

Il a été démontré que la pratique d'une activité physique d'intensité modérée de 1 à 3 heures par semaine réduit le niveau de stress. Cette diminution est sûrement en lien avec le fait qu'avoir une bonne capacité aérobie augmente la protection contre le stress. Bien que les raisons en soient encore mal connues, elle est probablement attribuable à une adaptation du système nerveux. De plus, l'*American Council on Exercise* affirme que la pratique d'une activité aérobie 20 minutes par jour à raison de 6 jours par semaine améliore significativement la capacité à gérer le stress.

L'activité physique pour un meilleur système immunitaire

Le stress prolongé peut affaiblir le système immunitaire. C'est entre autres la raison pour laquelle nous contractons plus facilement un virus après une période de stress intense. L'activité physique procure donc le double avantage de diminuer le stress et de renforcer le système immunitaire. Ce renforcement du système immunitaire aide à son tour à éviter les maladies lorsqu'une période de stress intense se produit.

La relaxation postactivité physique

Après la pratique d'une activité physique modérée de 20 à 45 minutes, vous bénéficiez d'une période de 90 à 120 minutes de sensation de relaxation qui réduira votre niveau de stress. Bien que cela soit dû dans la plupart des cas à la sécrétion d'endorphine, une hormone euphorisante, certaines personnes en ressentent l'effet relaxant sans pourtant avoir pratiqué leur activité physique avec une intensité et une durée suffisantes pour provoquer sa sécrétion.

Les activités sportives

Les jeux ou les sports aident également à diminuer le stress, car ils font appel à vos capacités physiques et vous obligent à réfléchir à vos actions en jeu. Pendant que vous réfléchissez à qui vous allez passer le ballon, ou de quel côté vous allez déjouer le défenseur, votre attention porte sur autre chose que votre source de stress.

----- Des techniques de relaxation -----

Certaines personnes ajouteront à l'activité physique l'une ou l'autre des techniques de relaxation suivantes. L'intérêt de ces techniques est qu'elles favorisent l'émission d'ondes alpha, les mêmes ondes qui sont produites lorsque vous êtes entre la veille et le sommeil.

Anatomie & physiologie

L'effet de la relaxation sur les ondes cérébrales

La relaxation provoque plusieurs effets physiologiques, telle la réduction de la fréquence cardiaque. Elle a également un effet important sur les ondes cérébrales, dont elle fait augmenter les ondes alpha, lesquelles correspondent à un état de calme.

La méthode Jacobson

La méthode Jacobson est basée sur l'idée qu'il existe un lien entre les émotions et la tension musculaire : relâcher ses tensions aurait un effet calmant sur ses émotions. Cette méthode active se pratique en contractant pendant un court laps de temps une région musculaire et en se concentrant ensuite sur la sensation de détente que procure son relâchement. Le tout doit se faire en contrôlant sa respiration et les yeux fermés, pour éviter toute source de distraction. Bien qu'une séance complète puisse durer plus de 1 heure, il est possible d'exécuter cette méthode rapidement, même assis dans le métro.

La respiration abdominale

La respiration abdominale est une méthode de relaxation simple et efficace. La respiration abdominale permet au corps d'inspirer plus d'oxygène, de mieux évacuer les déchets gazeux et de réduire la fréquence respiratoire et la fréquence cardiaque. Il s'agit de respirer non pas en gonflant sa poitrine, mais en gonflant l'abdomen lors de l'inspiration et en le dégonflant à l'expiration.

Le yoga

Le yoga est une discipline physique et mentale qui remonte à l'Inde ancienne. Par la pratique de divers mouvements et de la méditation, le yoga vise la recherche d'un état de tranquillité profonde et d'harmonie physique et mentale. En plus d'avoir des effets bénéfiques sur la flexibilité musculaire et la force endurance, le yoga favorise la détente. Par son travail musculaire, le yoga permet de dépenser l'énergie emmagasinée et, par la concentration qu'il requiert, il détourne l'attention des sources de stress. De plus, il apporte certains avantages de la respiration abdominale, puisqu'il faut ajuster sa respiration à la posture exécutée (l'asana).

La visualisation

La visualisation est une technique qui vise à influencer le subconscient pour se donner plus de moyens pour réaliser un objectif. Il fait appel à l'imagination. Cette technique est largement utilisée par les athlètes de haut niveau qui visualisent une exécution parfaite avant une prestation, mais c'est également une technique utile pour visualiser des situations agréables qui peuvent amener une sensation de détente et diminuer le stress. Tout le monde a la capacité de se représenter mentalement des images, des sons, des sensations et des émotions pour relaxer.

La visualisation : des effets concrets

Si vous souhaitez constater à quel point votre esprit peut avoir des effets physiologiques, essayez l'exercice suivant. Imaginez-vous assis ou assise sur l'herbe dans un parc pendant une canicule estivale. Visualisez le plus de sensations possible : le toucher de vos cuisses sur l'herbe, la couleur des arbres, la chaleur du soleil, etc. Ensuite, imaginez que quelqu'un vous verse un verre d'eau glacée dans le dos. Avez-vous frissonné ? De telles sensations peuvent être ressenties avec un minimum de concentration. Pourtant, elles n'existent que dans votre esprit. Songez à ce que vous pouvez faire en visualisant des lieux ou des souvenirs heureux qui favorisent la détente.

Le training autogène

Le training autogène (autorelaxation concentrative) est une méthode de relaxation créée par le psychiatre Johannes Heinrich Schultz, qui s'est inspiré de travaux sur l'hypnose. Cette méthode d'autosuggestion s'apparente à la visualisation en ce sens qu'elle vise à ressentir des sensations imaginées (comme de la lourdeur ou de la chaleur) progressivement dans toutes les régions du corps. Grâce à cette méthode, il est possible d'atteindre un état de complète relaxation en se concentrant sur les sensations ressenties.

----- Des habitudes à mettre en place -----

Les réactions aux défis de la vie sont aussi tributaires d'un ensemble de facteurs. Pour garder le cap sur vos objectifs et vous donner les moyens de rester positifs, voici quelques derniers conseils.

Alimentez-vous bien

Un régime alimentaire équilibré et des heures de repas stables peuvent, au quotidien, réduire votre niveau de stress. Les aliments riches en magnésium comme les légumes verts sont en outre de bons aliments «chasse-stress».

Entourez-vous bien

Votre réseau social peut être un soutien bénéfique en période stressante. De plus, vos amis sont probablement les personnes les mieux placées pour savoir comment vous changer les idées ou vous aider à dédramatiser une situation problématique.

Dédramatisez en analysant les conséquences à long terme

Un évènement peut être extrêmement stressant dans l'immédiat, par exemple un échec amoureux, mais ne plus avoir d'importance à long terme. Demandez-vous si la source actuelle de votre stress aura vraiment une importance aussi grande dans 6 mois, 1 an ou 5 ans.

Prévoyez les périodes de stress

Si vous avez la possibilité de prévoir vos périodes de stress à l'avance, vous serez en mesure de mettre en oeuvre des stratégies pour y faire face. Par exemple, la fin d'une session d'étude est une période intense ; avisez-en votre entourage (famille, employeur) et planifiez votre temps en conséquence.

Jannoon028/Shutterstock 6480896$2$.

Ayez un dialogue interne positif

Tout le monde se parle. Quelquefois c'est au sens propre, plus souvent au sens figuré ! Il est important que votre dialogue avec vous-mêmes soit positif. Vous êtes après tout votre ami le plus proche et traitez-vous comme tel. En étant positif ou positive plutôt que défaitiste, vous aurez une meilleure maîtrise de votre façon d'aborder les évènements et ultimement de votre niveau de stress.

----- Les avantages d'une bonne gestion du stress -----

Une bonne gestion du stress permet :

- de ne pas se sentir dépassé par les évènements du quotidien ;
- d'éviter de compenser par certains abus (alcool, nourriture, tabac) ;
- de maintenir son système immunitaire bien fonctionnel ;
- de réduire les risques de maladies cardiovasculaires ;
- et, surtout, d'avoir un sommeil réparateur.

Le sommeil

Avant de nous attarder sur l'influence que le stress et le sommeil peuvent avoir l'un sur l'autre, il est important de connaître les phases du sommeil.

----- Les phases du sommeil -----

Le sommeil n'est pas un état continu. Il a plusieurs phases auxquelles correspondent des activités électriques différentes du cerveau. Ces phases se succèdent et se répètent pour former des cycles d'environ 60 à 90 minutes : l'endormissement, le sommeil léger, le sommeil profond et le sommeil très profond. Un cinquième moment vient s'ajouter à la succession de ces 4 phases, le sommeil paradoxal, c'est-à-dire le moment où nous rêvons.

Souvent, après le sommeil paradoxal, nous nous éveillons quelques minutes sans toutefois en avoir conscience. Ces microréveils sont plus fréquents vers la fin de la nuit. Comme vous pouvez le constater sur le graphique ci-contre, la première partie de la nuit se compose surtout d'un sommeil profond qui est physiquement réparateur, alors que la seconde partie, dominée par le sommeil léger, est favorable à la récupération nerveuse.

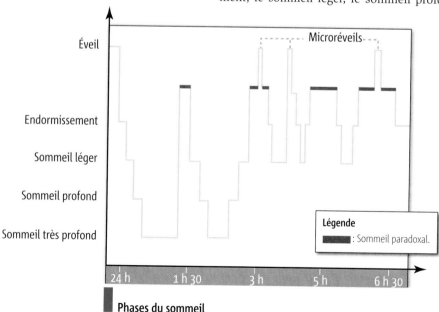

Phases du sommeil

L'influence du stress sur le sommeil et vice-versa

Le niveau de stress a plusieurs influences négatives sur le sommeil. D'abord, la préoccupation que la source de stress occasionne peut être trop prenante et vous empêcher de dépasser la phase d'endormissement. Cette phase ne devrait pas dépasser 20 à 30 minutes. Or, si après cette période de temps vous êtes toujours éveillés, vous avez besoin de réduire votre niveau de stress avant de vous endormir. De plus, le stress risque d'allonger vos périodes de microréveil, voire même de vous empêcher de revenir à une phase d'endormissement. À ce moment, les risques d'insomnie sont plus élevés. Par contre, **si vous avez de bonnes nuits de sommeil, vous réduirez votre niveau de stress et vous contrebalancerez ses effets**.

Les avantages d'une bonne nuit de sommeil

Bien que la bonne gestion du stress soit un des effets importants d'un sommeil récupérateur, il en découle d'autres avantages. En voici quelques-uns.

Une plus grande vigilance

Lorsque vous dormez bien, votre niveau de vigilance reste optimal. Ainsi, votre temps de réaction, votre champ visuel et votre capacité de jugement ne sont pas diminués. De cette façon, à l'école, au travail ou sur la route, vous êtes en mesure de bien juger des informations importantes et de prendre des décisions éclairées.

Une meilleure humeur

Il existe un lien étroit entre le sommeil et l'humeur. Si vous dormez moins, vous êtes plus irritables et bien souvent de mauvaise humeur. Il faut accorder une grande importance à votre quantité de sommeil puisque sa privation peut mener à des problèmes plus graves que les sautes d'humeur. En effet, des troubles anxieux ou dépressifs sont observés chez 35 % à 45 % des gens qui souffrent d'insomnie.

Zurijeta/Shutterstock 73176982.

Un système immunitaire plus résistant

La mélatonine, l'hormone du sommeil, est naturellement sécrétée lorsque vous dormez. Cette hormone a entre autres une fonction antioxydante et une fonction de stimulation du système immunitaire. Avoir une bonne durée et une bonne qualité de sommeil favorise donc votre protection contre les bactéries et virus.

Un contrôle de la faim

Il est prouvé que le sommeil régule l'appétit. Encore une fois, c'est une question hormonale. Lorsque la quantité de sommeil est insuffisante, il y a une diminution du taux de leptine (l'hormone qui réduit l'appétit) et une augmentation du taux de ghéline (l'hormone qui augmente l'appétit). Une étude publiée dans le *Journal of Applied Physiology* a démontré que des personnes dormant moins de 4 heures par jour avaient une propension à manger plus de glucides dans une journée que des gens ayant des heures normales de sommeil. À long terme, bien dormir réduit donc les risques d'obésité et de souffrir des maladies qui y sont liées. ✹

Sur le vif

Les heures de sommeil idéales

Le nombre d'heures de sommeil idéal varie en fonction de l'âge et aussi en fonction de la personne. Il est évidemment très élevé pour les bébés et les enfants et diminue avec l'âge. Les adultes ont en général besoin de 7 à 8 heures de sommeil par nuit. Certaines personnes ont besoin, pour profiter des mêmes effets positifs du sommeil, de 9 ou 10 heures alors qu'il n'en faut que 4 à de rares personnes. Après un nombre d'heures approprié de sommeil, vous ne devriez pas ressentir de fatigue dans la journée et être capables de vous concentrer et de faire vos activités quotidiennes normalement sans avoir de période de somnolence.

✹ Voir « Le surplus de poids et l'obésité », page 238 du chapitre 8.

Des troubles du sommeil : somnolence diurne et insomnie

Le symptôme majeur des troubles du sommeil est la somnolence diurne excessive, c'est-à-dire le fait de lutter pour demeurer éveillé pendant le jour. C'est de 5 % à 15 % de la population qui en sera affectée au cours de sa vie. Plusieurs troubles du sommeil l'occasionnent, dont l'insomnie.

L'insomnie a pour caractéristique principale une mauvaise qualité du sommeil. La personne qui souffre d'insomnie a de la difficulté à revenir dans la phase d'endormissement après les microréveils, qui sont plus nombreux que la moyenne. De plus, les insomniaques s'éveillent souvent prématurément et sont encore fatigués au réveil. Environ 13 % des Canadiens âgés de 15 ans et plus en souffrent. Heureusement, l'insomnie n'est pas une maladie en soi et il est possible d'y remédier.

L'insomnie : causes et remèdes

Chez la plupart des gens, les causes de l'insomnie ne sont pas d'origine pathologique. Il est donc possible d'agir sur les facteurs de risque pour espérer mieux dormir. Les principaux facteurs de risque sont les suivants : le stress, l'environnement de sommeil, le changement de routine, la consommation de stimulants (par exemple le café et les boissons énergisantes), la consommation d'alcool ou de drogues et l'alimentation avant le coucher. Voici donc quelques conseils qui vous seront utiles pour mieux dormir.

Faites de la relaxation au coucher

Lorsque vous tardez à vous endormir, il ne faut surtout pas forcer le sommeil. Cela ne fonctionnera pas. Pratiquez plutôt une activité de relaxation qui vous permettra de passer à un état entre la veille et le sommeil. Après une courte séance de relaxation, vous serez donc en mesure d'aborder la première phase du sommeil.

Organisez votre environnement de sommeil

Le bruit, la lumière intense et la température trop froide ou trop élevée sont des éléments qui nuisent au sommeil. Veillez donc à ce que votre chambre à coucher soit située si possible dans un endroit calme (loin de la rue), faiblement éclairé, avec une température entre 18 °C et 20 °C.

Adoptez une routine de coucher

En vous couchant à la même heure chaque soir, votre horloge circadienne (horloge interne) se règle et se prépare au sommeil. C'est une des meilleures façons de s'assurer d'avoir un bon sommeil. Votre organisme est capable de bien négocier un retard de 90 minutes et une avance de 60 minutes. Au-delà de cette période de temps, il aura besoin d'adaptation. Ayez une routine de préparation au coucher (comme vous laver, lire un livre) qui, à la longue, vous conditionnera à dormir.

Évitez l'alcool et la caféine

Évitez de boire de l'alcool et des boissons caféinées en soirée. Même si l'alcool a d'abord tendance à vous faire somnoler, une fois que votre système digestif se met à le métaboliser, le sommeil diminue en qualité et vous risquez de vous éveiller.

Ne soupez pas trop tard

Finalement, prenez votre dernier repas de la journée au moins 1 h 30 avant le coucher et évitez qu'il soit trop copieux ou trop épicé, car cela ralentit la digestion et repousse votre sommeil.

----- L'activité physique et le sommeil -----

L'activité physique et le sommeil peuvent avoir de nombreux bénéfices réciproques. Une activité physique entraînant une forte dépense d'énergie a des effets positifs sur la phase de sommeil profond, une des phases qui nous permet de bien récupérer. Cependant, cette activité doit être faite de préférence le matin ou en début d'après-midi.

☀ Voir « Les réactions du corps à la fréquence des entraînements », page 77 du chapitre 2.

Chose certaine, il ne faut pas faire de l'activité physique trop intense moins de 3 heures avant d'aller au lit.

En contrepartie, lorsque vous vous entraînez, il est important de bien récupérer pour que le corps puisse s'adapter à l'entraînement. C'est pendant le sommeil que sont entre autres reconstituées vos réserves énergétiques et que les microdéchirures musculaires sont réparées. Les hormones de croissance sont sécré-

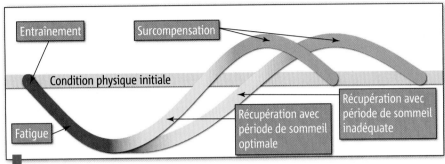

Influence du sommeil sur la courbe *fatigue-récupération-surcompensation*

tées en plus forte concentration pendant le sommeil, principalement pendant les 2 premières heures. Ce sont ces dernières qui sont responsables de la reconstruction cellulaire. La première courbe sur le schéma ci-dessus indique l'influence d'un sommeil optimal sur la récupération ☀ d'une séance d'entraînement alors que la deuxième est celle correspondant à un manque de sommeil.

La gestion du stress et celle du sommeil sont donc des habitudes de vie qui vont de pair ; elles s'influencent l'une l'autre. Il est primordial de veiller à bien gérer son stress et à avoir une bonne qualité de sommeil en recourant à différentes stratégies, et en particulier à l'activité physique.

RÉSUMÉ

- Le **stress** est une réaction normale de protection que nous avons lorsque nous nous sentons en danger ou en situation inconnue : c'est le **syndrome général d'adaptation**.

- Le stress peut être **positif** (*eustress*) ou **négatif** (*distress*) selon que les réactions physiologiques qu'il déclenche sont adaptées ou non à la situation.

- Le **stress émotionnel** est lié à 4 facteurs : le sens du contrôle, l'imprévisibilité de l'évènement, la nouveauté de la situation et la gravité de la menace pour l'égo.

- Le stress peut traverser 3 phases : la **phase d'alarme**, la **phase de résistance** et la **phase d'épuisement**.

- Il existe des stratégies de **gestion du stress**, comme la pratique d'activités physiques et les techniques de relaxation.

- Le sommeil et le stress sont interreliés.

- Le **sommeil** est caractérisé par des **phases** : endormissement, sommeil léger, sommeil profond et sommeil très profond. Les rêves adviennent lors du sommeil paradoxal.

- Il est possible de **favoriser son sommeil** en faisant, par exemple, de la relaxation avant de se coucher, en organisant son environnement de sommeil et en adoptant une routine de sommeil.

Affûtez vos CONNAISSANCES

1. Quelle est la définition du stress selon Hans Selye?

a Un sentiment d'angoisse ou d'anxiété qui n'est contrôlable que par la relaxation.

b Un état de panique plus ou moins passager.

c C'est un syndrome général d'adaptation, c'est-à-dire une réponse du corps à une demande environnementale.

d Réaction du corps quand les épreuves de la vie nous paraissent insurmontables.

2. Comment Selye appelle-t-il une réponse à l'agent stressant adaptée et proportionnelle à la gravité de l'évènement?

a Le stress

b Le *distress*

c Le syndrome d'adaptation

d L'*eustress*

3. Placez dans l'ordre les phases du stress sur le schéma suivant.

Phase d'épuisement • Phase d'alarme • Phase de résistance

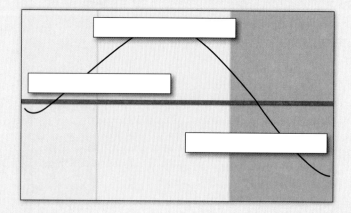

4. Nommez les 4 sources du stress émotionnel selon le Centre d'étude sur le stress humain.

5. Nommez 3 facteurs aggravants du stress émotionnel.

6. Associez les réactions physiologiques du corps au stress à leur utilité dans la phase d'alarme, si l'agent stressant est physique.

Vasoconstriction • Meilleure oxygénation du cerveau • Sécrétion d'endorphine

a Réduction de la douleur

b Perte de sang moins importante

c État de vigilance et d'éveil augmenté

7. Quelle est l'hormone sécrétée lors de la phase de résistance du stress?

a L'adrénaline

b Le cortisol

c L'endorphine

d La testostérone

8. Nommez 1 stratégie visant la réduction du stress qui libère l'énergie emmagasinée et qui vous oblige à vous concentrer sur autre chose que sur la source de votre stress. Expliquez comment elle agit sur ces 2 aspects.

a Stratégie :

b Explication :

9. Pendant combien de temps est-il possible de se sentir détendu après une période d'activité physique modérée de 20 à 45 minutes ?

a Une heure

b De 90 à 120 minutes

c Environ 2 heures

d Pratiquement toute la journée

10. Associez les phases ou moment de sommeil à leur caractéristique respective.

Apparition des rêves • Récupération nerveuse • Récupération physique

a Phase de sommeil léger

b Phase de sommeil profond

c Sommeil paradoxal

11. Parmi les énoncés suivants, lesquels décrivent des facteurs qui risquent de nuire à votre sommeil ?

a Une température plus élevée que 20 °C

b Une pièce sombre

c Aller au lit plus de 1 h 30 minutes après votre heure normale de coucher

d Manger un repas épicé au souper

e Prendre un café en après-midi

12. Donnez 3 conséquences positives d'une bonne quantité et d'une bonne qualité de sommeil.

13. Expliquez le lien entre le sommeil et la prise de poids.

14. Il est souhaitable de pratiquer des activités physiques 3 heures avant de se coucher pour favoriser sa récupération.

a Vrai

b Faux

15. Expliquez en quoi un sommeil adéquat vous aide à bien récupérer d'une performance physique et à reprendre l'entraînement. Faites le lien avec la courbe *fatigue-récupération-surcompensation*.

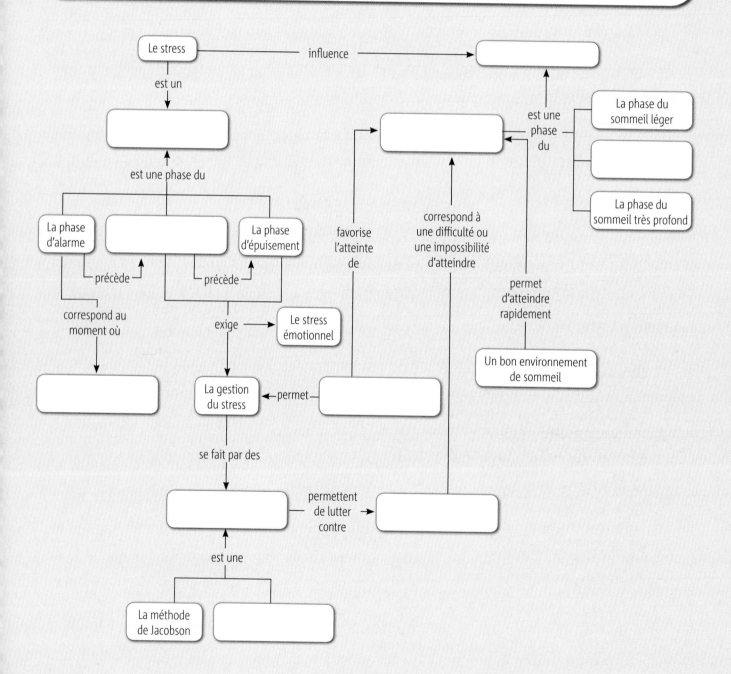

Complétez la carte conceptuelle des informations vues dans ce chapitre en utilisant la liste de concepts fournis. La suite de chaque noeud doit constituer une phrase complète. Suivez bien le sens des flèches.

- L'activité physique modérée
- L'insomnie
- La phase d'endormissement
- La phase de résistance
- La phase du sommeil profond
- La respiration abdominale
- Le corps se prépare à l'action
- Le sommeil
- Méthodes de relaxation
- Syndrome général d'adaptation

Le stress — influence →

est un

est une phase du

La phase d'alarme | | La phase d'épuisement

précède — précède

correspond au moment où

exige → Le stress émotionnel

La gestion du stress ← permet —

se fait par des

permettent de lutter contre →

est une

La méthode de Jacobson |

est une phase du

La phase du sommeil léger

La phase du sommeil très profond

favorise l'atteinte de

correspond à une difficulté ou une impossibilité d'atteindre

permet d'atteindre rapidement

Un bon environnement de sommeil

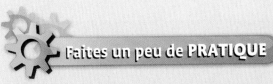

Faites un peu de PRATIQUE

Déterminez si votre sommeil est en quantité et en qualité suffisantes en évaluant si vous avez tendance à vous endormir dans diverses situations du quotidien. Accordez-vous, en fonction de la dernière semaine et pour les situations présentées dans le tableau ci-dessous, une note de 0 à 3 selon les critères suivants (adapté de http://www.sommeilsante.asso.fr/test.html) :

0 = Je ne m'endors jamais.

1 = Je m'endors très rarement.

2 = Je m'endors parfois.

3 = Je m'endors souvent.

Situation	Risque de m'endormir
Assis ou assise en train de lire	
Assis ou assise en train de regarder la télévision	
Assis ou assise dans un lieu public (cinéma, théâtre, réunion)	
Passager ou passagère d'une voiture (ou transport en commun) roulant sans arrêt pendant une heure	
L'après-midi à la maison	
Assis ou assise en train de parler à quelqu'un	
Après un repas, assis ou assise	
Passager ou conducteur d'une voiture pour une période de moins de 1 heure	

Si vous avez **moins de 11**, vous avez des heures de sommeil adéquates.

Si vous avez entre **11 et 16**, vous ressentez une fatigue anormale : vous devriez revoir vos habitudes de vie relatives à vos heures de sommeil.

Si vous avez **entre 17 et 24**, vous êtes en état de fatigue avancée : vous devez revoir vos habitudes de vie relatives à vos heures de sommeil. Évitez de conduire, et si la situation perdure, consultez votre médecin.

FORTIFIEZ VOTRE CULTURE... PHYSIQUE

 Sites Internet

Dossier PasseportSanté sur le stress et l'anxiété :
* http://www.passeportsante.net/fr/Actualites/Dossiers/ DossierComplexe.aspx?doc=stress_dossier

L'Institut du sommeil et de la vigilance est un site d'information et de sensibilisation sur le sommeil :
* http://www.institut-sommeil-vigilance.org/

Le Centre d'aide aux étudiants de l'Université Laval offre des ressources pour bien composer avec le stress et les études :
* http://www.aide.ulaval.ca/sgc/pid/1111

 Livres et magazines

* DUCASSE, FRANÇOIS, CHAMALIDIS, MAKIS (2006). *Champion dans la tête : La psychologie de la performance dans le sport et dans la vie.* Montréal, Les éditions de l'Homme.

* LEMIRE, L., TESSIER, R. (2003). « La mesure de stress psychologique en recherche de première ligne : concept, modèle et mesure ». *Canadian Family Physician – Le Médecin de famille canadien*, n° 49, p. 1166-1168.

* MORIN, CHARLES M. (2009). *Vaincre les ennemis du sommeil.* Montréal, Les éditions de l'Homme.

* Magazine *Psychologie*

Évaluez et transformez votre niveau de stress

Avant d'entreprendre votre démarche de transformation, il faut connaître votre niveau de stress. Vous êtes en mesure de le déterminer grâce aux réponses que vous avez données aux questions de la section «Échauffement» et en complétant cette première analyse en y ajoutant vos impressions personnelles.

Établissez votre niveau de stress

1 Êtes-vous une personne stressée?

a Quel est votre résultat d'après vos réponses au questionnaire de la section «Échauffement»?

☐ Moins de 20 points, vous avez **un niveau de stress bas**.

☐ Entre 21 et 30 points, vous avez **un niveau de stress moyen**.

☐ Entre 31 et 50 points, vous avez **un niveau de stress élevé**.

☐ Plus de 51 points, vous avez **un niveau de stress très élevé, voire inquiétant**.

b Vous considérez-vous comme une personne stressée?
☐ OUI   ☐ NON

c Indiquez votre niveau de stress de 1 à 10.

1☐ • 2☐ • 3☐ • 4☐ • 5☐ • 6☐ • 7☐ • 8☐ • 9☐ • 10☐
Bas   **Élevé**

d Quelles sont les 2 sources de stress les plus importantes pour vous?

Si vous avez obtenu moins de 31 points et que vous ne vous considérez pas comme une personne stressée, vous avez sûrement de bonnes stratégies pour gérer vos stress quotidiens; il faut poursuivre de cette façon. Si vous avez obtenu plus de 30 points ou que vous vous considérez comme une personne stressée, il faut vous engager dans une démarche de transformation afin de trouver de meilleures façons de gérer votre stress.

Pour savoir à quel point vous êtes prêt ou prête à changer votre approche du stress ou à en maintenir une bonne gestion, déterminez à quel stade de changement de comportement du modèle transthéorique vous vous trouvez.

Déterminez votre stade de changement

Déterminez à quel stade de changement du **modèle transthéorique** (page 221 du chapitre 7) vous vous situez. Cette démarche vous permettra de connaître vos attitudes par rapport à votre gestion du stress.

2 Cochez l'affirmation qui correspond le plus à votre situation pour chacun des 5 regroupements suivants.

a ☐ Je me préoccupe de mon niveau de stress et le gère bien. (M)

☐ Je me préoccupe de mon niveau de stress et le gère mal. (D)

☐ Mon niveau de stress n'a aucune importance, je finis toujours par m'arranger. (P)

b ☐ Je gère bien mon stress et en constate les avantages. (M)

☐ Je gère mal mon stress et je conçois les avantages à apprendre à mieux le gérer. (D)

☐ Je gère mal mon stress et je vois plus d'inconvénients à apprendre à mieux le gérer qu'à le laisser tel quel. (P)

c ☐ Je gère bien mon stress et j'ai confiance en mes capacités de conserver cette bonne habitude. (M)

☐ Je gère mal mon stress, mais je crois en mes capacités d'en améliorer la gestion. (D)

☐ Je gère mal mon stress, mais même si j'essayais d'en améliorer la gestion, je sais que je n'y arriverais pas. (P)

d ☐ Mon entourage gère généralement bien son stress. (M)

☐ Mon entourage (amis, famille) est en général stressé. (P)

e ☐ Je gère bien mon stress et je vais maintenir cette bonne habitude. (M)

☐ Je gère mal mon stress, mais je vais en améliorer la gestion. (D)

☐ Je gère mal mon stress, mais je n'en modifierais pas la gestion à moins que de graves problèmes puissent être évités. (P)

f Combien de cases (P), (D) et (M) avez-vous cochées ?

(P) :   (D) :   (M) :

3 À quel **stade de changement** vous situez-vous ?

☐ **Précontemplation** si vous n'avez coché que des cases (P).
Vous n'avez probablement pas l'intention d'améliorer votre gestion du stress.

☐ **Contemplation** si vous avez coché 4 cases (P).
Vous avez sans doute l'intention d'améliorer votre gestion du stress.

☐ **Préparation** si vous avez coché 2 ou 3 cases (D).

Vous tâtez le terrain et êtes en voie d'améliorer votre gestion du stress. Il ne vous reste qu'à entreprendre concrètement votre démarche.

☐ **Action** si vous avez coché 4 cases (D).

Vous avez amélioré votre gestion du stress et vous mettez en oeuvre des moyens pour garder cette bonne habitude.

☐ **Maintien** si vous avez coché 4 ou 5 cases (M).

Vous gérez bien votre stress et vous souhaitez poursuivre dans cette voie, voire améliorer votre gestion du stress.

Analysez votre intention de changement

Selon le **modèle d'analyse des variables de l'intention de changement** (Godin, page 218 du chapitre 7), il y a un lien direct entre l'intention de transformation d'une habitude de vie et des variables précises. Tentons d'interpréter certaines d'entre elles par rapport à la gestion de votre stress.

4 Nommez 3 avantages à court ou à moyen terme d'améliorer votre gestion du stress ou de maintenir votre bonne gestion du stress. Choisissez des avantages significatifs pour vous.

5 Nommez 2 effets positifs que la bonne gestion du stress aurait sur votre pratique d'activités physiques ou sur une autre de vos habitudes de vie.

6 Nommez 2 conséquences à court terme qui affecteront votre mode de vie si vous ne modifiez pas votre gestion du stress.

7 Nommez 2 personnes de votre entourage qui pourraient vous appuyer ou vous encourager dans votre démarche.

Nom de la personne 1 :

Nom de la personne 2 :

8 Indiquez une contrainte qui pourrait vous empêcher d'améliorer votre gestion du stress ou de maintenir votre bonne gestion du stress. Trouvez ensuite une solution réaliste à laquelle vous pourrez avoir recours au cours du prochain mois.

Contrainte :

Solution :

9 Si vous entamiez une démarche pour améliorer votre gestion du stress ou si vous voulez maintenir votre bonne gestion du stress, à combien, sur une échelle de 1 à 10, estimez-vous vos chances d'atteindre cet objectif?

1 ☐ • 2 ☐ • 3 ☐ • 4 ☐ • 5 ☐ • 6 ☐ • 7 ☐ • 8 ☐ • 9 ☐ • 10 ☐

Expliquez votre réponse.

Préparez votre démarche

Passez maintenant à l'action en planifiant votre démarche.

10 Fixez-vous un **objectif intermédiaire** atteignable en 3 semaines. Cet objectif **lié à votre gestion du stress** doit être **mesurable** et cibler principalement vos **sources de stress** identifiées à la question *1d*. *D'ici 3 semaines, je vais diminuer ma sensation de stress de 8/10 à 7/10 avant les évaluations pratiques formatives de mes cours de soins infirmiers.*

Objectif intermédiaire :

11 Donnez-vous un **objectif de fin de démarche** qui vous semble atteignable en 6 semaines. Par exemple : *D'ici 6 semaines, je vais diminuer ma sensation de stress à 6/10 avant toutes les évaluations pratiques de mes cours de soins infirmiers.*

Objectif de fin de démarche :

12 Indiquez quelles **stratégies visant la réduction du stress** (pages 353 à 356 de ce chapitre) et les **stratégies du modèle transthéorique** (page 221 du chapitre 7) vous utiliserez pour favoriser l'atteinte de vos objectifs et comment elles s'appliqueront pour vous.

Laissez des traces de votre démarche

Pour vous aider, tenez un **journal de votre niveau de stress** pendant votre période de mise en application de votre démarche.

13 Cumulez des informations qui vous permettront d'ajuster votre objectif.

Marche à suivre

- Indiquez dans la colonne «Niveau de stress» votre niveau de stress ressenti chaque jour de la semaine.
- Indiquez dans la colonne «Sources» la ou les sources de ce niveau de stress. Elles seront surement similaires à celles identifiées à la question *1d*.
- Indiquez, dans la colonne «Stratégies», les moyens que vous avez mis en oeuvre pour gérer votre stress.
- Donnez dans la colonne «Efficacité» une cote de 1 à 5 aux résultats de votre stratégie. La cote 1 correspond à *inefficace* et la cote 5 à *totalement efficace*.
- Indiquez finalement dans la colonne «Heures de sommeil» la quantité d'heures de sommeil que vous avez eue la veille de cette journée.

Journal de ma démarche pour diminuer mon stress					
Semaine		Niveau de stress	Sources	Stratégies	Efficacité	Heures de sommeil
	Dimanche					
	Lundi					
	Mardi					
au	Mercredi					
	Jeudi					
	Vendredi					
Du	Samedi					

Rendez-vous sur **CEC** plus pour imprimer d'autres pages de journal de votre niveau de stress et ainsi faire le suivi de toute votre démarche.

Mesurez votre avancement

Après 3 semaines, il est temps d'analyser et d'interpréter votre démarche.

14 Avez-vous atteint votre **objectif intermédiaire**?

    a Atteint ☐   Non atteint ☐

    b Donnez des **indicateurs mesurables** qui résument où vous en êtes par rapport à ce dernier.

c Est-ce que ces résultats sont satisfaisants pour vous?

□ OUI □ NON

15 Que les résultats soient tels qu'escomptés ou non, il faut continuer! Est-ce que votre objectif reste le même? Reformulez-en un un peu plus réaliste à atteindre si le premier était trop ambitieux (ou non mesurable).

Objectif de fin de démarche :

Bonne chance et allez-y progressivement, mais sûrement !

Bilan de fin de démarche

Après 6 semaines, il est temps d'analyser et d'interpréter l'ensemble de votre démarche.

16 Avez-vous atteint votre objectif de fin de démarche?

a Atteint □   Partiellement atteint □   Non atteint □

b Expliquez votre réponse en fonction d'**indicateurs mesurables** qui résument où vous en êtes par rapport à votre objectif de fin de démarche.

17 Si vous avez **atteint ou partiellement atteint** votre objectif, expliquez quelle stratégie vous a été la plus utile.

18 Si votre **objectif** n'a **pas** été **atteint**, indiquez les contraintes que vous devrez vaincre à l'avenir pour parvenir à réussir votre démarche et expliquez tout de suite comment vous vous y prendrez.

Bonne continuation !

Adopter de saines habitudes posturales

Avez-vous de bonnes ou de mauvaises habitudes posturales ?

Répondez aux questions suivantes pour déterminer si vous avez de bonnes ou de mauvaises habitudes posturales.

A Passez-vous de longues périodes de temps devant votre ordinateur sans changer de position ?
☐ Oui ☐ Non

B Est-ce que votre espace de travail à l'ordinateur a été ajusté de façon à minimiser autant que possible les tensions musculaires ?
☐ Oui ☐ Non

C Travaillez-vous habituellement sur une chaise offrant un bon support lombaire ?
☐ Oui ☐ Non

D En position assise, faites-vous attention à ne pas courber le dos vers l'avant ou sur les côtés ?
☐ Oui ☐ Non

E Dormez-vous sur le ventre ?
☐ Oui ☐ Non

F Portez-vous votre sac à dos sur les 2 épaules ?
☐ Oui ☐ Non

G De façon générale, avez-vous tendance à tenir vos épaules vers l'avant ?
☐ Oui ☐ Non

H Quand vous devez soulever un objet qui est au sol, le faites-vous en prenant garde à maintenir l'objet le plus près du corps possible ?
☐ Oui ☐ Non

I Lorsque vous déplacez une lourde charge, prêtez-vous attention à votre alignement articulaire et à la stabilisation de votre bassin ?
☐ Oui ☐ Non

J Faites-vous des exercices de renforcement et de flexibilité de vos muscles centraux ?
☐ Oui ☐ Non

K Passez-vous quotidiennement plus de 1 heure consécutive au volant d'une automobile ?
☐ Oui ☐ Non

L Est-ce que le siège de la voiture a été ajusté de façon à éviter les tensions musculaires ?
☐ Oui ☐ Non

Si vous avez coché plusieurs cases rouges, il serait indiqué d'évaluer et de rectifier vos habitudes posturales pour prévenir d'éventuels maux de dos ou d'autres problèmes musculosquelettiques.

APRÈS LA LECTURE DE CE CHAPITRE,
VOUS SEREZ EN MESURE :

- d'analyser les courbures de votre colonne vertébrale et d'évaluer si elle est en santé ou si elle subit des déformations ;

- de comprendre le rôle de la colonne vertébrale et des muscles centraux dans la mécanique d'une bonne posture ;

- de comprendre les forces appliquées à la colonne vertébrale selon les positions adoptées et les mouvements exécutés ;

- de connaître les 7 principaux facteurs et leurs modulateurs de risque qui prédisposent à des troubles musculosquelettiques ;

- de connaître les bonnes habitudes posturales qui vous permettront de minimiser les risques de souffrir d'une affection musculosquelettique ;

- de vous engager dans une démarche qui vous aidera à modifier vos mauvaises habitudes posturales.

Que nous soyons assis à un bureau, debout dans une file d'attente, en train de nous entraîner à la course à pied, de frotter le plancher ou de dormir, nous habituons notre corps à maintenir certaines postures et nous lui faisons subir des stress musculaires plus ou moins importants dans l'exécution de nos mouvements quotidiens. De mauvaises postures autant que des mouvements mal exécutés sont susceptibles d'entraîner des maux de dos et autres troubles musculosquelettiques qui nuiront à votre bien-être et à la pratique de vos activités physiques.

Notre posture naturelle est le résultat de toutes les positions et de tous les mouvements que nous répétons jour après jour. La **posture idéale** est celle qui assure un bon alignement des articulations et des segments corporels (éléments musculosquelettiques) tout en imposant un minimum de tension musculaire et de stress aux articulations. Nous en verrons d'abord les avantages.

Comme la posture est essentiellement le résultat conjoint du travail de la colonne vertébrale et des muscles centraux du corps, nous analyserons ensuite ces 2 éléments pour mieux comprendre la mécanique d'une posture saine. Nous traiterons enfin des précautions à prendre pour éviter des blessures et des problèmes qui peuvent affecter le système musculosquelettique.

Les avantages de bonnes habitudes posturales

Vous libérer de vos mauvaises habitudes posturales pour en adopter de bonnes contribue de diverses manières à l'amélioration de votre santé et peut avoir une influence positive sur votre pratique d'activités physiques. En voici quelques avantages à court, à moyen et à long terme.

- Vous serez moins à risque de développer un trouble musculosquelettique (tendinopathie, arthrose, lombalgie ou hernie discale).

- Vous ressentirez en général moins de tensions, de raideurs ou de douleurs musculaires, tendineuses ou articulaires.

- Vous acquerrez une posture d'apparence plus esthétique.

- Vous maintiendrez un meilleur équilibre de la force et de la flexibilité de vos muscles centraux, ce qui vous aidera à maintenir votre bassin en position neutre.

- Vous serez moins à risque de vous blesser en exécutant une tâche physique quotidienne (frotter le plancher, jardiner ou pelleter, par exemple).

- Vous aurez une colonne vertébrale en meilleure santé.

- Vous serez moins à risque de développer une déformation de la colonne vertébrale (hypercyphose ou hyperlordose).

- Vous aurez davantage envie d'adopter ou de conserver un mode de vie actif avec un dos en santé, des muscles centraux forts, flexibles et équilibrés.

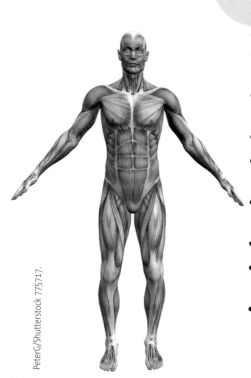

La colonne vertébrale

L a colonne vertébrale, aussi appelée *rachis*, constitue la structure centrale du corps. Solide et relativement mobile, elle soutient la tête et fournit des points d'attache aux côtes et aux muscles du dos et du cou. Elle transmet le poids du tronc vers les membres inférieurs et, enfin, elle protège la moelle épinière.

----- Un ensemble de vertèbres -----

La colonne vertébrale se compose de 33 vertèbres. Ces os possèdent une structure commune, mais ils présentent des caractéristiques particulières, liées à leur fonction et à leur mobilité. La surface des vertèbres est protégée par une couche de cartilage très résistant à la friction. Ce tissu limite l'usure et l'irritation des vertèbres et des disques intervertébraux. Ces disques intervertébraux, qui relient les vertèbres les unes aux autres, ont pour fonction de réduire la compression et la friction entre elles en agissant en quelque sorte comme des coussins amortisseurs.

----- Les courbures de la colonne vertébrale -----

Si vous observez la colonne vertébrale sur l'illustration ci-contre, vous remarquez que ses courbures évoquent un *S*. Ces courbures permettent de distribuer la charge à laquelle la colonne vertébrale est soumise. Le fait que les vertèbres soient légèrement inclinées par rapport à la verticale limite le transfert de la force de compression en la divisant avec une force de glissement. C'est ainsi que les vertèbres et les disques intervertébraux de la région lombaire, bien que davantage sollicités que ceux des régions thoracique et cervicale, n'ont pas à supporter à eux seuls tout le poids du torse et de la tête, ni les charges transportées.

----- Les déformations de la colonne vertébrale -----

La colonne vertébrale peut subir différentes déformations : l'hyperlordose, l'hypercyphose et la scoliose. Les deux premières consistent en une accentuation des courbures normales.

L'hyperlordose lombaire

L'hyperlordose lombaire, relativement courante chez les personnes très sédentaires, se manifeste par un creusement de la région lombaire. Elle résulte entre autres de l'adoption répétée de mauvaises habitudes posturales et d'une faiblesse des muscles centraux, ce qui favorise la bascule du bassin vers l'avant. Cette affection occasionne à la longue des déséquilibres musculaires et des maux de dos récurrents.

L'hypercyphose thoracique

L'hypercyphose thoracique se caractérise par une accentuation de la courbure du haut du dos, ce qui donne une apparence voûtée. Cette déformation s'accompagne souvent d'une courbe cervicale prononcée, appelée *hyperlordose cervicale*. L'hypercyphose est une affection fréquente chez les travailleurs qui sont mal assis et ont les yeux rivés sur un écran d'ordinateur ou sont concentrés sur un document pendant de longues périodes.

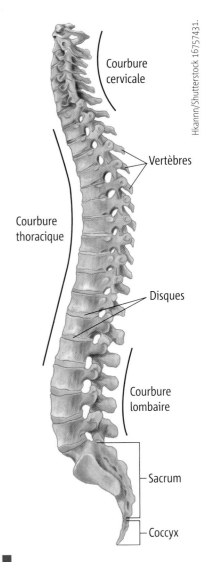

Hkann/Shutterstock 16757431.

Courbure cervicale

Vertèbres

Courbure thoracique

Disques

Courbure lombaire

Sacrum

Coccyx

Vue latérale de la colonne vertébrale

Les femmes enceintes ont temporairement une hyperlordose.

Diego Cervo/Shutterstock 54334180.

Ostill/Shutterstock 71304151.

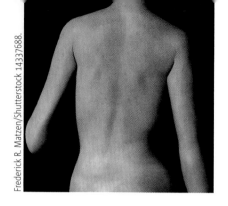

La scoliose

La scoliose se présente comme une torsion de la colonne vertébrale. La scoliose grave est généralement une affection congénitale. Dans les autres cas, elle apparaît pour une raison encore inconnue à l'adolescence et serait probablement d'origine génétique.

Les muscles centraux
et l'importance de l'équilibre musculaire

es muscles centraux sont un ensemble de muscles profonds et superficiels des régions du bassin, de l'abdomen, du dos, des fesses et du haut des cuisses. Les muscles centraux sont responsables du maintien de la colonne vertébrale et des transferts de forces entre les membres inférieurs (jambes) et supérieurs (bras) dans tous nos mouvements quotidiens et sportifs. Ils permettent également au corps de se tenir en équilibre en assurant un gainage continuel de la colonne et du bassin, peu importe la position ou le mouvement.

✿ Voir l'illustration des muscles centraux du corps, page 163 du chapitre 5.

✿ Voir « Les muscles agonistes et antagonistes », page 194 du chapitre 6.

Comme les **muscles centraux agonistes et antagonistes** ✿ **fixés au bassin et au bas de la colonne vertébrale** influent sur le positionnement et la stabilité du bassin et de la colonne, ils doivent être suffisamment **équilibrés**, tant au niveau de leur **force** que de leur **flexibilité**, afin d'éviter une déformation de la colonne vertébrale et de provoquer des maux de dos. Ainsi les psoas-iliaques, les droits antérieurs des cuisses, les tenseurs du fascia lata et les abdominaux, muscles agonistes qui sont situés à l'avant du bassin et qui assurent la flexion des hanches et du tronc, doivent être en équilibre avec leurs antagonistes respectifs : les grands fessiers, les érecteurs du rachis et les ischiojambiers, situés à l'arrière du bassin, qui interviennent dans l'extension des hanches et du tronc.

> ### ⚠ Sur le vif
>
> **Le raccourcissement musculaire**
>
> Lorsqu'un muscle n'est pas régulièrement utilisé à sa pleine longueur et qu'au contraire il est la majorité du temps maintenu dans une position raccourcie, il tend à se rétracter et à perdre de sa flexibilité et de son amplitude, ce qui provoque des tensions musculaires et articulaires plus intenses.

Une personne qui dispose de muscles centraux suffisamment forts, flexibles et équilibrés pourra maintenir en tout temps son bassin en position neutre en contractant ses abdominaux de façon à ce qu'il ne bascule ni vers l'avant (antéversion) ni vers l'arrière (rétroversion). Elle protègera ainsi son dos en maintenant les courbures naturelles de sa colonne.

Bassin en position neutre

Dans tous les cas, une bonne façon d'avoir des muscles centraux suffisamment forts, flexibles et équilibrés de part et d'autre du bassin consiste à pratiquer des activités physiques régulières et diverses, qui imposent une variété de mouvements et sollicitent les muscles centraux. N'hésitez pas à pratiquer des entraînements spécifiques , comme le Pilates.

✿ Voir « L'entraînement des muscles centraux du corps », pages 162 à 167 du chapitre 5.

✿ Voir « L'entraînement des muscles centraux du corps », pages 162 à 167 du chapitre 5.

En pratique

Contrez l'antéversion et la rétroversion du bassin

Contrez au besoin l'antéversion ou la rétroversion de votre bassin à l'aide des exercices qui vous sont suggérés.

L'antéversion du bassin

Si le bas de votre dos a tendance à creuser, c'est que vos muscles érecteurs du rachis, vos psoas-iliaques et vos quadriceps ont tendance à être raccourcis, occasionnant ainsi l'antéversion du bassin (bascule vers l'avant) et, par le fait même, une lordose trop accentuée. Pour corriger ce problème :

- étirez vos muscles érecteurs du rachis, vos psoas-iliaques et vos quadriceps ;
- renforcez les muscles antagonistes (grands fessiers, ischiojambiers et abdominaux).

La rétroversion du bassin

Si votre bassin est en rétroversion, c'est parce que vos ischiojambiers et possiblement vos abdominaux sont raccourcis et font basculer votre bassin vers l'arrière. Pour corriger ce problème :

- étirez vos ischiojambiers ;
- étirez vos abdominaux ;
- renforcez les muscles antagonistes (érecteurs du rachis, psoas-iliaques et quadriceps).

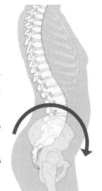

Bassin en antéversion

Bassin en rétroversion

Évaluez votre propre posture

D emandez à une personne de votre entourage d'observer les éléments suivants de votre posture pour l'évaluer : l'équilibre des courbures de votre colonne vertébrale, l'alignement de vos segments corporels, l'égalité de vos épaules et de vos hanches ainsi que l'alignement articulaire de vos chevilles avec vos genoux et vos hanches.

1. L'équilibre des courbures de votre colonne vertébrale

- Tenez-vous debout, de profil à la personne qui vous observe. Idéalement, il doit être possible de tracer une ligne verticale imaginaire (ligne jaune ci-contre) partant de l'oreille et allant jusqu'à la cheville, en passant par l'épaule, la hanche et la tête du tibia. Les courbures de votre dos semblent-elles équilibrées ?

- Placez-vous maintenant dos à un mur, de manière que vos talons, vos fesses, vos épaules et votre tête soient plaqués contre la paroi verticale, ce qui ne devrait pas vous demander d'effort si votre posture est bonne.

- Toujours dos au mur, dans la même position qu'au point précédent, mesurez l'espace, en centimètres, entre le mur et votre creux lombaire ainsi qu'entre le mur et votre creux cervical ; l'espace entre le mur et chacune de ces 2 courbures devrait être d'environ 4 centimètres.

- Maintenant, fléchissez le tronc à 90° vers l'avant, les paumes l'une contre l'autre ; aucune courbe latérale de la colonne ne devrait être observable.

1

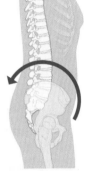

Environ 4 cm

RembeX/Shutterstock 66896134.

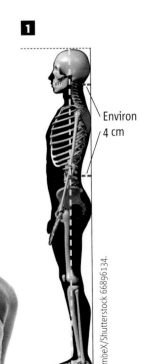

AXL/Shutterstock 93120706.

2. L'égalité de vos épaules et de vos hanches

- Encore debout, placez-vous de façon que la personne qui vous observe vous voie de dos.

- Vos 2 épaules sont-elles à la même hauteur ? Vos hanches sont-elles au même niveau ? Les angles formés entre vos bras et votre taille sont-ils symétriques ?

3. L'alignement articulaire cheville, genou, hanche

- Toujours debout, placez-vous face à la personne pour qu'elle observe finalement le positionnement à plat de vos pieds ainsi que l'alignement articulaire de chacune de vos chevilles avec le genou et la hanche du même côté. Si tous ces éléments anatomiques sont alignés, votre posture est bonne.

Des courbures vertébrales déformées peuvent résulter de l'adoption répétée de mauvaises postures, de la présence de faiblesses et de déséquilibres musculaires ou d'une perte de la flexibilité. Au contraire, des courbures vertébrales équilibrées font état d'une structure musculaire de base solide ainsi que de bonnes habitudes posturales. N'ayez crainte, cependant, il n'est jamais trop tard pour améliorer son sort grâce à une pratique régulière d'activités physiques.

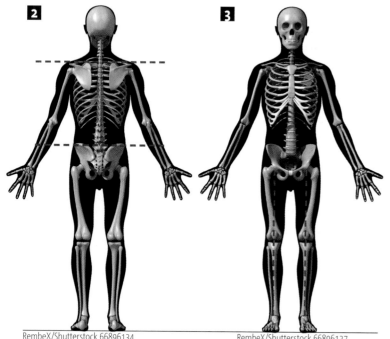

RembeX/Shutterstock 66896134.

RembeX/Shutterstock 66896137.

Les maux de dos et autres troubles musculosquelettiques

Les maux de dos proviennent d'une blessure ou sont le résultat d'une mauvaise posture et font partie des troubles musculosquelettiques. Ce terme regroupe de nombreuses affections de gravité variable (dont les tendinopathies, l'arthrose, les lombalgies, les hernies discales) pouvant toucher les tendons, les cartilages, les muscles, les nerfs et les os. Depuis les années 1980, le nombre de personnes souffrant de maux de dos chroniques et de troubles musculosquelettiques divers a grandement augmenté. Cette augmentation s'explique par la dégradation de la condition physique du fait d'une sédentarisation croissante et aussi par l'adoption de mauvaises habitudes posturales. Elle est également attribuable aux stress mécaniques imposés au corps, dont les effets sont susceptibles d'être accrus par des facteurs de risque et leurs modulateurs.

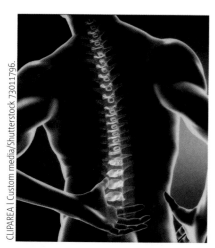

CLIPAREA | Custom media/Shutterstock 73011796.

 Sur le vif

Le stress et les maux de dos

À la longue, le stress peut influer sur l'apparition de maux de dos, car il augmente les tensions musculaires. À force d'être contractés, les muscles de la colonne vertébrale se raccourcissent, ce qui accroît la compression appliquée aux disques intervertébraux. Ces conditions prédisposent de plus à une déformation des courbes normales de la colonne.

----- **Quatre troubles musculosquelettiques courants** -----

Les troubles musculosquelettiques les plus communs sont les tendinopathies, l'arthrose, les lombalgies et les hernies discales.

Les tendinopathies

Une mauvaise posture, autant en position debout qu'assise, peut affecter la santé des tendons. Le fait d'exercer une tension trop grande ou trop constante sur ces éléments anatomiques peut les irriter, ou dans le pire des cas, en causer la rupture. Les tendinopathies sont très courantes, car les tendons sont des tissus très vulnérables. Les tendons les plus souvent affectés sont ceux du poignet, du coude, des épaules, du genou et du talon (le tendon d'Achille).

La **vulnérabilité des tendons** s'explique à la fois par leur rôle et par leur structure. Comme leur **fonction** est d'attacher les muscles aux os de façon à leur transmettre le mouvement généré par les muscles, les tendons sont la cible de tensions continuelles. Lorsqu'ils sont longuement sollicités, ces tissus se fragilisent et sont les plus susceptibles de s'irriter et de se rompre. Du point de vue de leur **structure**, les tendons sont formés de fibres de collagène regroupées en faisceaux torsadés à la manière d'une corde et enrobés d'une gaine protectrice. À noter que la composition du collagène dépend de facteurs génétiques, ce qui rend certaines personnes plus sensibles que d'autres aux tendinopathies. Par ailleurs, les tendons contiennent très peu de vaisseaux sanguins, ce qui limite leur approvisionnement en nutriments et ralentit leur rythme d'adaptation aux exigences de la vie quotidienne et des entraînements.

L'arthrose

L'arthrose est une usure normale des cartilages articulaires, mais certains facteurs peuvent en accélérer l'apparition, tels un excès de poids, une lésion d'un coussin cartilagineux (fibrocartilage) ou la trop grande sollicitation d'une articulation. L'arthrose survient surtout après la cinquantaine et affecte surtout les genoux, les hanches, la colonne vertébrale, les mains et les pieds. Le surentraînement des athlètes est souvent un terrain propice à l'arthrose, laquelle peut apparaître dès la trentaine. Dans les cas les plus graves, le cartilage disparaît complètement, ce qui est irréversible et douloureux. Notez que le cartilage peut également se briser lors d'un traumatisme violent, comme une chute en ski.

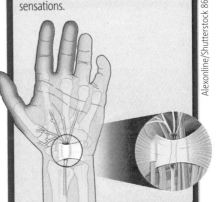

Anatomie & physiologie

Le syndrome du canal carpien

Le syndrome du canal carpien est une irritation douloureuse et handicapante, souvent causée par l'usage excessif du clavier et de la souris d'ordinateur qui sollicite fortement les muscles des doigts et leurs tendons. Les tendons traversent un « tunnel », le canal carpien, situé dans le poignet. Un mauvais alignement articulaire (flexion ou extension) combiné à un trop grand nombre de répétitions ou à une contraction statique soutenue impose un stress supplémentaire qui irrite les tendons et cause de l'inflammation, ce qui comprime le nerf médian qui innerve en partie la main. Non seulement l'inflammation tendineuse est-elle douloureuse et rend-elle certains mouvements difficiles, la compression du nerf peut s'accompagner de picotements ou d'engourdissements et mener à une perte de dextérité et de sensations.

Alexonline/Shutterstock 86604217.

Anatomie & physiologie

Le seuil de résistance des tissus

De quelque nature qu'il soit, tout tissu biologique a un seuil de résistance déterminé. Lorsqu'il subit une force qui dépasse ce seuil, le tissu se rompt et il se produit une blessure. Le seuil de résistance d'un tissu peut varier dans le temps, ainsi que selon la fréquence de la sollicitation et de repos postactivité physique. En effet, lorsqu'ils subissent des stress mécaniques, les tissus ont besoin de repos pour se réparer et se renforcer. Or, lorsqu'une articulation est hyper sollicitée, le seuil de résistance des tissus diminue progressivement.

Les lombalgies

Les lombalgies sont les maux qui affectent la région lombaire. Toute la colonne vertébrale est vulnérable, mais la région lombaire est la plus à risque. Les lombalgies surviennent parfois en soulevant une charge maladroitement (en forçant avec le dos plutôt qu'avec les jambes, par exemple) mais, plus souvent qu'autrement, elles sont dues à une diminution de la résistance des tissus attribuable à de mauvaises habitudes posturales. Elles sont causées par l'irritation ou une blessure des nombreux petits ligaments et muscles profonds qui stabilisent les vertèbres et le bassin. Quand un de ces ligaments subit une déchirure, il s'agit d'une entorse lombaire. Lorsque c'est un muscle ou son attache tendineuse qui subit une petite déchirure ou s'étire excessivement, le muscle se contracte instantanément pour se protéger et déclenche une douleur plus ou moins intense. L'exemple le plus commun d'une telle contracture musculaire au niveau du cou est le torticolis.

Oliveromg/Shutterstock 86338714.

👍 Contrainte et solution

Comment pelleter sans se faire mal ?

Il ne se passe pas d'hiver au Québec sans qu'il faille donner quelques coups de pelle, alors autant le faire correctement ! Pour ce faire, évitez à tout prix de soulever la neige loin de vous et de ne forcer qu'avec le dos. Fléchissez davantage les jambes, qui vous aideront à soulever la neige et, une fois la pelle pleine, gardez la charge près de vous, placez votre main du bas le plus près possible du début du manche et redressez-vous en contractant vos abdominaux pour maintenir votre bassin en position stable et neutre dans l'effort. En travaillant de cette manière, vous pelletterez la neige de façon sécuritaire. Faites-le à votre rythme, en prenant de bonnes inspirations, et n'oubliez pas de faire régulièrement de petites pauses.

Les hernies discales

Une hernie discale peut survenir à la suite d'un accident ou d'un effort trop violent. Les mouvements les plus risqués sont ceux de flexion ou d'hyperextension du tronc, surtout s'ils sont accompagnés d'un mouvement de rotation du tronc ou exécutés avec une charge (enlever son vélo du toit d'une auto, par exemple). Notons que plusieurs hernies discales surviennent lors de tâches aisées, comme ramasser un crayon au sol, car la blessure résulte de la diminution progressive de la résistance des tissus.

Une hernie provoque des engourdissements et une douleur intense. Ordinairement, les hernies se soignent à l'aide de massages, de traitements par la chaleur et d'analgésiques. Toutefois, les cas les plus graves peuvent nécessiter une intervention chirurgicale au cours de laquelle le disque hernié est enlevé.

© iStockphoto 136624/Amygdala_Imagery.

----- Les stress mécaniques de la vie quotidienne -----

Le stress mécanique est proportionnel aux forces auxquelles sont soumis les tissus (muscles, tendons, ligaments, cartilage et disques intervertébraux) et varie selon les positions adoptées et les mouvements répétés. Par exemple, être assis sur une chaise sans dossier exerce une force de compression sur les disques lombaires 50 % plus élevée que celle exercée en position debout (valeur de référence établie à 1). Encore en position assise sans dossier, sans appuyer les bras et le dos voûté vers l'avant, la force de compression exercée passe au double de ce qu'elle est en position debout et est pratiquement équivalente à la force de compression subie en soulevant un objet posé au sol les jambes tendues !

Le tableau ci-dessous illustre les forces de compression que subissent les disques lombaires dans quelques positions et mouvements courants. Vous pourrez ainsi mieux veiller à minimiser le stress mécanique que vous imposez à votre colonne vertébrale.

Forces de compression exercées sur les disques lombaires selon la position ou le mouvement	
Position ou mouvement	**Force de compression en rapport avec la position debout**
Couché sur le dos	0,25
Couché sur le côté	0,75
Debout	**1**
Assis sans dossier	1,5
Flexion avant du tronc (≈ 30°) jambes tendues	1,75
Flexion avant du tronc (≈ 90°) jambes tendues	2
Assis sans dossier ni appui des bras le dos voûté	2
Soulever une charge du sol jambes tendues	2,5
Soulever une charge du sol assis	3,25

----- Les facteurs et leurs modulateurs de risque ----- de troubles musculosquelettiques

Bien que les stress mécaniques soient considérables, ce n'est pas tout le monde qui développera des maux de dos ou un trouble musculosquelettique. C'est plutôt le cumul de différents facteurs qui, à la longue, finit par irriter les tissus et diminuer leur résistance. Il est toutefois possible de prévenir leur apparition dans une certaine mesure, en étant à l'affût des facteurs qui y prédisposent et également des modulateurs qui risquent d'en amplifier les effets.

Voici les 7 principaux facteurs de risque.

1. La contraction musculaire statique (isométrique) prolongée

Exemple

Écrire à l'ordinateur pendant une longue période sans changer de position avec les épaules et le haut du dos légèrement contractés.

2. La force appliquée

Exemple

Déplacer une brouette très lourde d'un point A à un point B.

3. L'amplitude articulaire

Exemple

À plat ventre, écrire sur son portable ou une tablette avec la tête en extension vers l'arrière.

4. La répétition d'un mouvement inhabituel

Exemple

Une joueuse de badminton débutante qui pratique pour la première fois le smash.

Kzenon/Shutterstock 94032007.

5. **La pression mécanique sur les tissus**

> **Exemple**
> — Travailler à l'ordinateur avec les avant-bras appuyés en angle sur l'arrête de la table plutôt que de répartir le poids de l'avant-bras sur une plus grande surface plane.

6. **La température froide**

> **Exemple**
> — Pédaler à vélo l'automne sans vêtements convenables.

7. **Les chocs**

> **Exemple**
> — La course à pied exige un nombre élevé de répétitions d'une même gestuelle avec absorption de chocs.

L'influence individuelle de chacun de ces facteurs de risque est habituellement limitée, mais leur combinaison accroît grandement le risque d'apparition d'une affection musculosquelettique, surtout en présence d'un ou de plusieurs **modulateurs de risque**, qui sont la **fréquence**, l'**intensité** et la **durée d'exposition**. En effet, le stress mécanique appliqué aux tissus sera d'autant plus élevé que les positions ou les mouvements seront répétés un grand nombre de fois dans une courte période de temps (fréquence), qu'ils seront intenses (intensité) et qu'ils seront maintenus longtemps (durée).

Prévenir maux de dos et troubles musculosquelettiques

Pour adopter de saines habitudes posturales, et par conséquent éviter les maux de dos et les troubles musculosquelettiques, voici des recommandations générales et particulières que nous vous invitons à suivre.

----- Faire un entraînement fonctionnel ----- pour les muscles centraux

Avoir des muscles centraux forts, flexibles et bien équilibrés assure une stabilité optimale de la colonne et du bassin, et par conséquent une bonne posture. Consultez la section sur l'entraînement des muscles centraux du corps ☼ dans le chapitre 5 pour savoir comment les entraîner.

☼ Voir « L'entraînement des muscles centraux du corps », pages 162 à 167 du chapitre 5.

----- Surveiller sa posture -----

Puisque la vie nous oblige à prendre différentes postures et différentes positions, il faut, pour adopter et conserver de bonnes habitudes posturales, surveiller sa posture en tout temps pour imposer un minimum de tension musculaire et de stress aux articulations.

----- **Penser à se reposer** -----

Le repos est également un élément essentiel pour prévenir les risques de maux de dos, que ce soit à court ou à long terme. Il faut **prévoir des pauses au cours de nos activités** quotidiennes, et également **intercaler des périodes de repos** entre les séances d'activités physiques de la semaine. De cette manière, le corps a le temps de réparer les tissus endommagés.

Sur le vif

Micropauses

Une façon simple d'éviter une tendinopathie ou un autre problème musculosquelettique consiste à introduire des micropauses au cours des activités susceptibles d'être stressantes pour les tissus, particulièrement lors du travail isométrique (statique) des muscles. L'objectif est de détendre fréquemment, mais brièvement, les muscles sollicités. Au lieu de faire une pause de 10 minutes après avoir travaillé 60 minutes à l'ordinateur, il est préférable de s'arrêter 1 minute toutes les 10 ou 15 minutes. Un bon moyen de relâcher les tensions musculaires pourrait aussi être de changer de position, par exemple en marchant ou en faisant quelques pompes ou redressements assis.

Sebastian Kaulitzki/Shutterstock 75605368.

----- **Quelques recommandations particulières** -----

Voici quelques recommandations pratiques touchant votre position pendant le sommeil, le travail debout, le travail à l'ordinateur, le port d'un sac à dos, le soulèvement et le déplacement d'une charge, la conduite automobile et l'entraînement.

Dormir

Dormez sur le dos ou sur le côté. Évitez de dormir sur le ventre pour ne pas faire subir un stress inutile aux régions cervicale et lombaire.

Ajustez la grosseur et le type d'oreiller à votre morphologie, afin de permettre un relâchement du cou, des épaules et de la colonne.

Sur le vif

Dans quelle position dormir en cas de lombalgie ?

Si vous souffrez de douleurs lombaires, dormez sur le dos et surélevez vos jambes avec 2 ou 3 oreillers. Vous diminuerez ainsi votre courbure lombaire en faisant basculer votre bassin vers l'arrière. Vous réduirez de cette manière au maximum la tension appliquée au bas de votre dos.

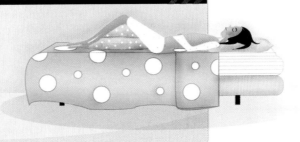

Travailler en position debout prolongée

Si vous travaillez en position debout de façon prolongée, il faut chercher à répartir votre poids sur vos 2 jambes et faire de petits déplacements fréquents qui jouent le rôle de micropauses. Ceci contribuera à une meilleure circulation sanguine, maintiendra votre colonne bien alignée et minimisera la compression des disques. L'achat d'un tapis antifatigue et de bons souliers est également suggéré.

Maintenez votre bassin en position neutre. Évitez de porter des talons trop hauts (8 centimètres et plus), car ils risquent de causer des douleurs et des déformations aux pieds ainsi qu'une hyperlordose lombaire.

Travailler à l'ordinateur

Ajustez la hauteur de votre chaise de manière à ce que vos pieds reposent à plat par terre et que vos fémurs soient parallèles au sol sans être comprimés sur la chaise.

Ajustez l'écran pour que vos yeux soient à la hauteur du tiers supérieur de l'écran. Cela vous évitera de courber le dos et de stresser inutilement la région cervicale tout en respectant l'angle naturel des yeux.

Vos avant-bras doivent être appuyés au moins à 80 % sur une surface plane afin de détendre les épaules et de minimiser la pression mécanique. Pour diminuer encore davantage les risques de tensions musculaires aux épaules, servez-vous, si possible, alternativement de vos 2 mains pour manipuler la souris.

Évitez de casser les poignets ou de les appuyer sur une surface inégale ou irritante afin d'éviter les points de pression.

Votre chaise doit soutenir tout le dos et offrir un bon support lombaire ; il est suggéré de varier légèrement l'inclinaison du dossier pendant de longues périodes de travail assis.

Évitez de travailler à un bureau trop haut qui vous force à relever vos épaules ou à casser les poignets lorsque vous utilisez le clavier ou la souris.

Porter son sac à dos

Enfilez les 2 bretelles de votre sac à dos et ajustez-les pour que le sac s'appuie sur tout votre dos.

Si votre sac est muni d'une sangle de taille, utilisez-la car elle répartit une partie de la charge vers les hanches et les jambes.

Évitez de surcharger votre sac ; son poids maximal ne devrait pas dépasser le dixième de votre poids corporel (par exemple, un maximum 6 kilogrammes pour une personne de 60 kilogrammes).

Soulever une charge

Comme le montrent les exemples de la figure ci-dessous, peu importe la posture adoptée en soulevant une charge, la force de compression appliquée aux disques lombaires est importante. Lorsque la charge est soulevée avec le dos plutôt qu'avec les jambes, la force de compression exercée sur les disques lombaires augmente dangereusement.

  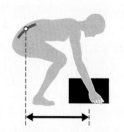

Bonne position : dos droit et charge rapprochée

Mauvaise position : dos courbé et charge éloignée

Mauvaise position : dos mi-courbé et charge très éloignée

La force de compression sur les disques lombaires est croissante du premier exemple au troisième.

Pour prévenir les blessures, il faut non seulement éviter de soulever un objet posé sur le sol en ayant les jambes tendues, mais aussi, et surtout, éviter de le soulever s'il est loin du corps. En effet, plus l'objet est éloigné, plus la force appliquée aux disques, aux ligaments et aux muscles est grande, augmentant ainsi le risque de se blesser.

De là vient l'importance de toujours soulever une charge aussi près que possible du corps et d'utiliser vos jambes en veillant à maintenir l'alignement optimal des genoux ☼ lors de la poussée des jambes. Pour ce faire, contractez vos abdominaux et stabilisez votre bassin en position neutre. Ceci évitera de courber ou de creuser le dos, tout en diminuant le stress lombaire.

☼ Voir « Quelques exercices pour entraîner vos muscles centraux », page 165 du chapitre 5.

Si vous devez lever la charge au-dessus de la tête, ne placez pas vos pieds parallèlement, mais plutôt l'un derrière l'autre afin de rester en équilibre.

Déplacer une charge

Pour déplacer une charge, contractez toujours vos abdominaux pour maintenir le bassin en position neutre. De cette manière, vous pourrez transférer l'énergie de la partie inférieure du corps à la partie supérieure, sans surcharger le bas de votre dos.

Utilisez les muscles puissants de vos jambes et du bassin pour déplacer des objets ou des meubles lourds et moins les muscles plus faibles du tronc et des bras.

Si vous transportez une charge, tenez-la le plus près possible du tronc. Ceci réduit les forces appliquées au bas du dos.

Si vous déplacez des objets latéralement, à la manière d'un travail à la chaîne, ouvrez les pieds pour faciliter la rotation des hanches et du tronc afin de diminuer le stress au dos.

Conduire

Réglez l'inclinaison du dossier pour que tout le dos soit appuyé et ajustez, si possible, votre support lombaire afin de maintenir votre bassin en position neutre.

Réglez la hauteur de votre siège et sa distance par rapport au volant de manière à ce que vos épaules soient détendues et en position neutre (c'est-à-dire ni vers l'avant ni vers l'arrière).

Maintenez vos coudes légèrement fléchis, si possible appuyés et à la même hauteur, de manière à garder votre colonne vertébrale bien droite.

Évitez d'avoir les jambes en pleine extension ou d'être assis trop bas.

En pratique

Retirez des objets lourds du coffre sans vous blesser

Ne soulevez pas à bout de bras les objets lourds que vous avez déposés dans le coffre de votre voiture. Dans cette situation, nous oublions souvent les bonnes pratiques et, bras tendus, nous forçons en ne fléchissant que le tronc et en nous servant peu de nos jambes, tout en effectuant une torsion du tronc. Ce sont là 3 façons de se blesser le bas du dos.

Sergiy Zavgorodny/Shutterstock 12676762.

S'entraîner

Il faut se méfier de certains exercices ou mouvements qui imposent des surcharges importantes ou déséquilibrées aux articulations, en particulier à la colonne vertébrale. Les **exercices de musculation** faisant appel à de **lourdes charges**, par exemple, doivent être exécutés avec une progression exemplaire et avec un grand contrôle car, en cas de déséquilibre, un faux mouvement peut résulter en une blessure grave.

Quant aux **exercices aérobies**, ce n'est habituellement pas leur intensité qui crée des risques, mais plutôt le fait qu'ils impliquent un grand nombre de répétitions d'une même **gestuelle** (par exemple pédaler ou courir). D'où l'importance d'adopter une bonne gestuelle.

*P*our adopter et conserver de bonnes habitudes posturales, il faut surveiller sa posture en tout temps et veiller à minimiser les tensions musculaires au minimum, que ce soit au lit, en automobile, à l'étude, au travail à l'ordinateur, en manoeuvrant des charges et même en pratiquant une activité physique, un sport ou un entraînement. La pratique régulière et suffisante d'activités physiques, et en particulier l'entraînement des muscles centraux du corps, demeure le meilleur moyen de maintenir une musculature suffisamment forte, souple et équilibrée pour protéger le dos et diminuer les risques de souffrir d'un trouble musculosquelettique.

RÉSUMÉ

- La **posture** naturelle est le résultat de toutes les positions et de tous les mouvements que nous répétons jour après jour.

- La **posture idéale** est celle qui assure un bon alignement des articulations et des segments corporels tout en imposant un minimum de tension musculaire et de stress aux articulations.

- Les disques intervertébraux de la **colonne vertébrale** servent à absorber en partie les forces de compression, et ses 3 courbures normales servent à distribuer la charge à laquelle ses 33 vertèbres sont soumises.

- La colonne vertébrale peut subir des **déformations** : l'hyperlordose, l'hypercyphose et la scoliose.

- Les **muscles centraux**, lorsque suffisamment forts, flexibles et équilibrés de part et d'autre du bassin, assurent un gainage continuel de la colonne et du bassin, peu importe la position ou le mouvement.

- Outre les accidents, il y a **7 principaux facteurs de risque** d'apparition d'un trouble musculosquelettique (contraction musculaire isométrique prolongée, force appliquée, amplitude articulaire, répétition d'un mouvement inhabituel, pression mécanique sur les tissus, température froide, chocs), dont l'effet peut être amplifié par **3 modulateurs** (fréquence, intensité et durée d'exposition).

Affûtez vos **CONNAISSANCES**

1. Quels sont les énoncés qui définissent une colonne vertébrale en santé ?

a Une bonne posture, vue de dos, se caractérise par le fait que les épaules sont à la même hauteur et les hanches au même niveau.

b Une bonne posture, vue de profil, se caractérise par un creux lombaire plus prononcé que le creux cervical.

c Une bonne posture, vue de dos, se caractérise par des angles symétriques entre les bras et la taille.

d Une bonne posture, vue de profil, peut se représenter par une ligne imaginaire partant de l'oreille jusqu'à la cheville du même côté, en passant par l'épaule, la hanche et la tête du tibia.

2. Dites quels énoncés sont vrais en ce qui concerne la colonne vertébrale.

a La colonne vertébrale est composée de 33 vertèbres qui ne comportent aucune inclinaison par rapport à la verticale.

b La colonne vertébrale protège la moelle épinière et constitue une structure solide et mobile.

c Les vertèbres sont légèrement inclinées afin de diminuer le transfert de force de compression verticale, c'est pourquoi la colonne a une forme en *S*.

d Les disques intervertébraux ont peu d'utilité.

3. Complétez les définitions des déformations de la colonne vertébrale.

a _____ se manifeste par une une accentuation de la courbure du haut du dos.

b _____ se manifeste par un creusement de la région lombaire.

c _____ se présente comme une torsion de la colonne vertébrale.

4. Quelles sont les assertions qui sont vraies en ce qui concerne les muscles centraux ?

a Ils sont, lorsque trop faibles, les seuls responsables des lombalgies et des hernies discales.

b Ils influencent directement le positionnement du bassin en position neutre, en antéversion et en rétroversion.

c Des muscles centraux suffisamment forts aident à protéger le dos en soulevant une charge du sol.

d Les muscles centraux sont uniquement des muscles profonds situés tout le long de la colonne vertébrale.

5. Quelles caractéristiques vos muscles doivent-ils posséder pour maintenir votre bassin en position neutre ?

_____

_____

_____

_____

_____

6. Complétez l'énoncé ci-dessous de façon qu'il soit juste.

Pour contrer l'antéversion du bassin, il faut entre autres…

a étirer les muscles érecteurs du rachis et les ischiojambiers.

b étirer les muscles psoas-iliaques, érecteurs du rachis et les quadriceps.

c renforcer les grands fessiers, les ischiojambiers et les érecteurs du rachis.

d renforcer les muscles abdominaux, les ischiojambiers et les grands fessiers.

7. Associez les positions ou les mouvements de *a* à *f* aux forces de compression exercées sur les disques lombaires.

1,5 • ¾ • 3,25 • 2,5 • 1 • 2

a Position couchée sur le côté

b Soulever une charge du sol, les jambes tendues

c Se tenir debout

d Position assise sans dossier ni appui des bras, le dos voûté

e Soulever une charge du sol, assis

f Assis sans dossier

8. Quelles sont les troubles musculosquelettiques les plus communs?

9. Pourquoi est-il mauvais de trop solliciter une articulation?

10. À quelles occasions les hernies discales risquent-elles de survenir? Expliquez-en la raison.

11. Quels sont les facteurs de risque de troubles musculosquelettiques dans les exemples suivants?

a Clavarder, les avant-bras en appui sur le coin du bureau.

b Se pratiquer pour une première fois, pendant plusieurs minutes, à jouer de la guitare.

c Briser une dalle de ciment à l'aide d'un marteau-piqueur.

d Soulever un meuble extrêmement lourd.

e Rédiger un travail à l'ordinateur avec un écran trop haut qui force à relever la tête.

f Tenir une pancarte à bout de bras pendant une répétition de théâtre.

g Effectuer une première sortie de course à pied le printemps à -5 °C.

12. Quels sont les modulateurs des facteurs de risque d'apparition d'un problème musculosquelettique?

a La nouveauté du mouvement exécuté ou de la position adoptée

b La fréquence d'exécution du mouvement ou de la position

c La durée d'exécution du mouvement ou de la position

d La variété des mouvements exécutés et des positions adoptées

e L'intensité d'exécution du mouvement ou de la position

13. Que faut-il faire au quotidien pour surveiller sa posture?

14. Comment faut-il porter un sac à dos pour ne pas s'exposer à des problèmes musculosquelettiques?

15. Pour éviter de se blesser au dos, que devrait toujours faire une personne lorsqu'elle soulève une charge?

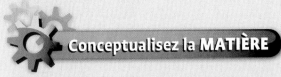

Complétez la carte conceptuelle des informations vues dans ce chapitre en utilisant la liste de concepts fournis. La suite de chaque noeud doit constituer une phrase complète. Suivez bien le sens des flèches.

- Les facteurs de risque
- La flexibilité, la force et l'équilibre des muscles centraux
- Les chocs
- La lombalgie
- Surveiller sa posture
- Les modulateurs
- Les positions adoptées
- L'intensité d'exposition
- Troubles musculosquelettiques

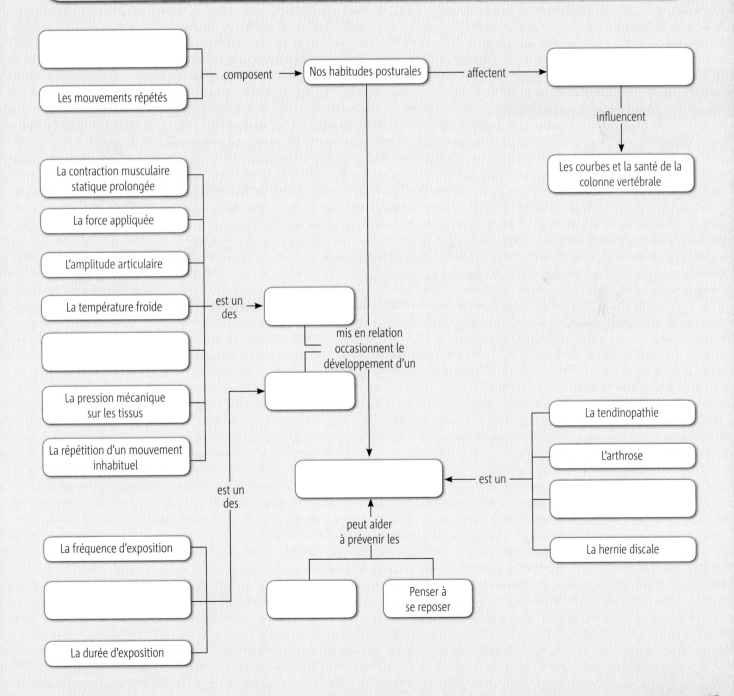

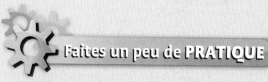

Faites un peu de PRATIQUE

Un de vos amis, qui étudie en architecture, termine sa session et passe énormément de temps devant son ordinateur dans le but de finaliser tous ses travaux à la perfection. Il commence cependant à sentir des raideurs au niveau du cou et des douleurs au bas du dos, ainsi qu'aux épaules. Puisqu'il ne peut pas arrêter de travailler assidûment à ses études, donnez-lui 2 conseils pour diminuer ses raideurs au cou et limiter l'aggravation de ses douleurs au bas du dos et aux épaules.

a Premier conseil :

b Deuxième conseil :

Évaluez et transformez vos habitudes posturales

Avant d'entreprendre votre démarche de transformation de vos habitudes posturales, il faut savoir où vous vous situez. Les réponses que vous avez faites aux questions de la section «Échauffement» vous en ont donné une idée. Complétez votre analyse à l'aide des questions qui suivent.

Dépistage

1 Si vous souffrez de douleurs (courbatures, inconforts) musculosquelettiques ou d'un trouble musculosquelettique depuis les 12 derniers mois, répondez aux questions *a*, *b*, *c*, *d* ci-dessous et poursuivez ensuite votre démarche à la section «Déterminez votre stade de changement d'habitude» (page 391). Si vous ne souffrez pas d'un trouble musculosquelettique, passez au numéro 2 pour poursuivre votre démarche.

a Quelle est ou quelles sont les régions affectées ?

Cou ☐   Épaule ☐   Poignet ☐   Dos ☐   Genou ☐

Autre :

b S'il s'agit d'un trouble musculosquelettique diagnostiqué, duquel s'agit-il ?

Tendinopathie ☐   Arthrose ☐   Lombalgie ☐

Hernie discale ☐   Autre ☐

c Quelle(s) mauvaise(s) habitude(s) posturale(s) chronique(s) devez-vous modifier pour éviter ou arrêter de souffrir de ce trouble musculosquelettique ?

d S'il y a lieu, quelle est ou quelles sont les activités courantes parmi les suivantes qui sont susceptibles de favoriser la reproduction de cette ou de ces mauvaises habitudes posturales ?

Position couchée au lit ☐   Étude ☐   Travail à l'ordinateur ☐

Travail ☐   Soulèvement d'une charge ☐

Déplacement d'une charge ☐   Conduite automobile ☐

Entraînement ☐   Autre :   Aucune ☐

2 Si vous ne souffrez pas actuellement d'un trouble musculosquelettique, répondez aux questions qui suivent pour vous aider à constater si certaines de vos habitudes posturales vous mettent à risque.

a De façon générale, devez-vous maintenir des positions qui exigent des contractions musculaires prolongées ?

Oui ☐   Non ☐

Précisez :

b Devez-vous répéter régulièrement des mouvements nécessitant un grand déploiement de force ?

Oui ☐   Non ☐

Précisez :

c Devez-vous souvent maintenir des positions qui exigent une amplitude articulaire importante ?

Oui ☐   Non ☐

Précisez :

d Effectuez-vous ces temps-ci des gestes répétitifs inhabituels qui sollicitent précisément une ou plusieurs articulations ?

Oui ☐   Non ☐

Précisez :

e Adoptez-vous habituellement des positions qui imposent un point de pression sur une partie de votre corps ?

Oui ☐   Non ☐

Précisez :

f Effectuez-vous fréquemment des efforts musculaires dans des environnements froids sans vêtements convenables ?

Oui ☐   Non ☐

Précisez :

g Exécutez-vous souvent des activités qui imposent des chocs répétés ?

Oui ☐   Non ☐

Précisez :

h Prenez-vous des pauses régulièrement lorsque vous travaillez à l'ordinateur ou à un bureau ?

Oui ☐   Non ☐

Précisez :

i Prenez-vous habituellement le temps d'adapter au besoin votre espace de travail à l'ordinateur ou de bureau afin qu'il permette une activité de travail la plus ergonomique possible ?

Oui ☐   Non ☐

Précisez :

j Faites-vous généralement attention de rechercher la position naturelle de repos des articulations afin de minimiser autant que possible les tensions musculaires lors de vos activités courantes ?

Oui ☐   Non ☐

Précisez :

k Lorsque vous lisez, étudiez ou êtes en position assise pour travailler, votre dos est-il presque toujours complètement appuyé sur le dossier ?

Oui ☐   Non ☐

Précisez :

l En position assise, prêtez-vous de façon générale attention à maintenir une bonne posture (bassin en position neutre et colonne bien alignée) ?

Oui ☐   Non ☐

Précisez :

m Lorsque vous soulevez ou déplacez une lourde charge, faites-vous attention de toujours la maintenir le plus près de vous possible ?

Oui ☐   Non ☐

Précisez :

Si vous avez répondu à un ou plusieurs des énoncés précédents par des réponses en rouge, vous avez des habitudes posturales à améliorer et êtes possiblement à risque d'en souffrir.

Une fois cette étape de dépistage terminée, vous êtes en mesure d'énoncer si oui ou non vous répétez et adoptez une ou plusieurs mauvaises habitudes posturales qui comportent des risques pour la santé de votre système musculosquelettique.

Déterminez votre stade de changement d'habitude

Quel que soit le résultat de votre dépistage, il est important de poursuivre cet « À vous de jouer ». Déterminez d'abord à quel stade de changement de comportement du modèle transthéorique (page 221 du chapitre 7) vous vous situez. Cette étape vous permettra de connaître vos attitudes par rapport à vos habitudes posturales.

3 Cochez l'affirmation qui correspond le plus à votre situation pour chacun des regroupements suivants.

a ☐ Je n'ai pas de mauvaises habitudes posturales. (M)

☐ J'ai de mauvaises habitudes posturales et ce fait me préoccupe. (D)

☐ J'ai de mauvaises habitudes posturales, mais cette situation n'a aucune importance pour moi. (P)

b ☐ Je n'ai pas de mauvaises habitudes posturales et je perçois les avantages que me procure cette situation. (M)

☐ Je perçois plus d'avantages à transformer ma ou mes mauvaises habitudes posturales qu'à les conserver telles quelles. (D)

☐ J'ai de mauvaises habitudes posturales, mais je perçois plus d'inconvénients à modifier mon comportement qu'à le conserver tel quel. (P)

c ☐ Je n'ai pas de mauvaises habitudes posturales et j'ai confiance en mes capacités de conserver cela tel quel. (M)

☐ Je crois en mes capacités à transformer ma ou mes mauvaises habitudes posturales. (D)

☐ J'ai de mauvaises habitudes posturales et même si j'essayais de les changer, je sais que je n'y arriverais pas. (P)

d ☐ En général, mon entourage (amis, famille) se préoccupe de maintenir de bonnes habitudes posturales. (M)

☐ En général, mon entourage partage tout comme moi de mauvaises habitudes posturales. (P)

e ☐ Je vais maintenir mes bonnes habitudes posturales. (M)

☐ Je vais prochainement changer ma ou mes mauvaises habitudes posturales. (D)

☐ J'ai une ou des mauvaises habitudes posturales, mais je ne changerai pas tant que cela ne me causera pas plus de problèmes. (P)

4 Combien de cases (P), (D) ou (M) avez-vous cochées?

(P) :   (D) :   (M) :

5 À quel **stade de changement** vous situez-vous?

☐ **Précontemplation** si vous n'avez coché que des cases (P).
Vous n'avez probablement pas l'intention de modifier votre ou vos mauvaises habitudes posturales.

☐ **Contemplation** si vous avez coché 4 cases (P).
Vous avez sans doute l'intention de modifier votre ou vos mauvaises habitudes posturales.

☐ **Préparation** si vous avez coché 2 ou 3 cases (D).

Vous tâtez le terrain et êtes en voie de modifier votre ou vos mauvaises habitudes posturales. Il ne vous reste qu'à trouver l'étincelle qui vous fera entreprendre concrètement votre démarche.

☐ **Action** si vous avez coché 4 cases (D).

Vous avez modifié votre ou vos mauvaises habitudes posturales et vous mettez en oeuvre des moyens pour garder cela tel quel.

☐ **Maintien** si vous avez coché 4 ou 5 cases (M).

Vous n'avez pas de mauvaises habitudes posturales et vous souhaitez poursuivre dans cette voie, voire entreprendre ou poursuivre un programme de renforcement de vos muscles centraux.

Analysez votre intention de changement

Selon le modèle d'analyse des variables de l'intention de changement (Godin, page 218 du chapitre 7), il y a un lien direct entre l'intention de transformation d'une habitude de vie et des variables précises. Tentons d'interpréter certaines d'entre elles.

6 Nommez 3 avantages que vous auriez à court ou à moyen terme de modifier votre ou vos mauvaises habitudes posturales ou d'en maintenir de bonnes. Choisissez des avantages significatifs pour vous.

7 Nommez 2 effets positifs de modifier votre ou vos mauvaises habitudes posturales sur votre pratique d'activités physiques ou sur une autre de vos habitudes de vie (la gestion du stress, par exemple).

8 Nommez 2 conséquences à court, à moyen ou à long terme qui pourraient vous affecter si vous conserviez votre ou vos mauvaises habitudes posturales.

9 Nommez 1 personne de votre entourage qui pourrait vous encourager dans votre démarche ou encore l'entreprendre avec vous.

Nom :

10 Indiquez une contrainte qui pourrait vous empêcher de modifier votre ou vos mauvaises habitudes posturales. Envisagez une solution réaliste pour pallier cette contrainte.

Contrainte :

Solution :

11 Si vous entamiez une démarche pour transformer votre ou vos mauvaises habitudes posturales ou si vous avez déjà de bonnes habitudes que voulez maintenir telles quelles, à combien, sur une échelle de 1 à 10, estimez-vous vos chances d'atteindre cet objectif?

1 ☐ • 2 ☐ • 3 ☐ • 4 ☐ • 5 ☐ • 6 ☐ • 7 ☐ • 8 ☐ • 9 ☐ • 10 ☐

Expliquez votre réponse.

Préparez votre démarche

Il est maintenant temps de passer à l'action. Nous vous suggérons de commencer avec une démarche de 6 semaines.

12 Fixez-vous un **objectif intermédiaire** atteignable en 3 semaines. Cet objectif doit cibler les moyens à appliquer pour modifier votre ou vos mauvaises habitudes posturales. Ces moyens doivent **être spécifiques** et **contextuels**. Par exemple : *D'ici 3 semaines, je vais veiller à faire une habitude de minimiser les tensions musculaires en appuyant mon dos lorsque je suis en position assise.*

Objectif intermédiaire :

13 Donnez-vous un **objectif de fin de démarche** qui vous semble atteignable en 6 semaines et qui consiste à appliquer d'autres moyens. Par exemple : *D'ici 6 semaines, je vais veiller à faire une habitude de minimiser les tensions musculaires en appuyant mon dos lorsque je suis en position assise et d'appuyer mes bras au moins à 80 % sur une surface plane.*

Objectif intermédiaire :

14 Indiquez quelles **stratégies** du modèle transthéorique (page 221 du chapitre 7) vous utiliserez pour favoriser l'atteinte de vos objectifs et comment elles s'appliqueront pour vous.

Laissez des traces de votre démarche

Pour vous aider, tenez un **journal de bord** de la transformation de votre ou de vos mauvaises habitudes posturales pendant la période de mise en application de votre démarche.

15 Cumulez des informations qui vous permettront d'ajuster votre objectif.

Marche à suivre

- Indiquez la ou les mauvaises habitudes posturales que vous avez l'intention de modifier dans la colonne «Mauvaise(s) habitude(s) posturale(s)».

- Indiquez la ou les activités ou le ou les contextes où vous reproduisez cette ou ces mauvaises habitudes posturales dans la colonne «Activité(s)/Contexte(s)».

- Précisez le moyen (par exemple, l'ajustement d'un mouvement, d'une position, l'élimination d'un facteur de risque, la diminution d'un modulateur des facteurs de risque) que vous appliquerez pour transformer votre mauvaise habitude en bonne habitude dans la colonne «Moyen(s)». Indiquez si vous avez appliqué ce moyen ou non.

- Si vous reproduisez votre mauvaise habitude posturale, indiquez, dans la colonne «Contrainte(s) vécue(s) et Solution(s) appliquée(s) ou envisageable(s)», la contrainte qui vous a amené à reprendre votre mauvaise habitude posturale, ainsi que la solution que vous avez appliquée ou appliquerez pour y remédier si cette situation se représente.

Si vous modifiez une autre habitude posturale qui laisse à désirer, n'hésitez surtout pas à l'inscrire.

Journal de bord de mes habitudes posturales				
Jour et date	Mauvaise(s) habitude(s) posturale(s)	Activité(s)/ Contexte(s)	Moyen(s)	Contrainte(s) vécue(s) et Solution(s) appliquée(s) ou envisageable(s)
Lundi			☐ Appliqué ☐ Non appliqué Si non appliqué, contrainte ➝	Contrainte : Solution :
Mardi			☐ Appliqué ☐ Non appliqué Si non appliqué, contrainte ➝	Contrainte : Solution :
⋮			☐ Appliqué ☐ Non appliqué Si non appliqué, contrainte ➝	Contrainte : Solution :

Rendez-vous sur **CEC** plus pour imprimer d'autres pages de journal de bord et ainsi faire le suivi de toute votre démarche.

Mesurez votre avancement

Après 3 semaines, il est temps d'analyser et d'interpréter votre démarche.

16 Avez-vous atteint votre **objectif intermédiaire** ?

   a Atteint ☐   Non atteint ☐

   b Si non atteint, expliquez les contraintes qui ont nui à l'atteinte de votre objectif.

   c Est-ce que l'évolution de la démarche est satisfaisante pour vous ?

    ☐ OUI ☐ NON

17 Que les résultats soient tels qu'escomptés ou non, il faut continuer ! Est-ce que votre objectif reste le même ? Reformulez-en un qui tient davantage compte des contraintes vécues si le premier était trop peu spécifique (ou non contextuel).

Objectif de fin de démarche :

Bonne chance et allez-y progressivement, mais sûrement !

Bilan de fin de démarche

Après 6 semaines, il est temps d'analyser et d'interpréter l'ensemble de votre démarche.

18 Avez-vous atteint votre **objectif de fin de démarche** ?

   a Atteint ☐   Partiellement atteint ☐   Non atteint ☐

   b Si non atteint, expliquez les contraintes qui ont nui à l'atteinte de votre objectif.

19 Si vous avez **atteint ou partiellement atteint** votre objectif, expliquez quelle stratégie vous a été la plus utile.

20 Si votre **objectif** n'a **pas** été **atteint**, indiquez les contraintes (contexte, personne, etc.) que vous devrez vaincre à l'avenir pour parvenir à réussir votre démarche et expliquez tout de suite comment vous vous y prendrez.

Bonne continuation !

INDEX